publication PN°1
Bibliothek der Provinz

Rosa Weilner
Von der Lust Ausländer zu sein
Österreicher *in der Fremde*
herausgegeben von Richard Pils
Verlag *publication PN°*1 Bibliothek der Provinz
A-3970 Weitra, +43 2856 / 3794
ISBN 3 85252 738 4
ISBN 978-3-85252-738-3
Druck: Druckerei Janetschek, Heidenreichstein

Bildnachweis: Max Pollak, Seite 20; M.E. Reidlinger, Seite 150; L. Taylor, Seite 222; alle übrigen Bilder, Rosa Weilner

Umschlag: »Faces«, nach Motiven von Krayem Maria Awad

Rosa Weilner

Von der Lust
Ausländer zu sein

Österreicher in der Fremde

INHALTSVERZEICHNIS

Einleitung

Persönliche Erinnerungen von Zeitgenossen und Lebensgeschichten von außergewöhnlichen Menschen gehören seit geraumer Zeit zu den beliebtesten literarischen Genres. In diesem Buch richtet sich der Fokus auf Ausländer, genauer gesagt auf 22 (Nieder-)Österreicher, die zu Ausländern geworden sind, zu Ausländern auf Zeit oder auf »Ewigkeit«.

Schritt für Schritt entwickeln sich die meisten dieser Lebensgeschichten, da steht nicht die bewusste Entscheidung: »Ich wandere aus!« Oft gibt es ein Hin und ein Zurück und dann den Entschluss zu gehen, in der Fremde eine Entfaltungsmöglichkeit zu finden, wie man sie zuhause nicht gesehen, wie sie die Fremde aber geboten hat. Dann gibt es wohl einen Moment, wo man die ersten Wurzeln geschlagen hat, die einen nicht mehr loslassen. Davon und auch von Auswanderern auf Zeit erzählt dieses Buch.

New York und Boston, Erie in Pennsylvania, Vancouver in Kanada, der amerikanische Westen, Mexiko City, das Küstentiefland von Ecuador, Lima in Peru, Perth und Sydney in Australien – sind einige Stationen dieser Begegnungen mit den »Fremdgängern«.

Dieses Buch entwirft ein buntes Bild von Menschen und der Welt, es erzählt 22 Lebensgeschichten von Österreichern, die unseren Kontinent verlassen haben um in Amerika und in Australien beruflich die Erfüllung und/oder privat ihr Glück zu finden. Menschen, deren Unterschiedlichkeit nicht größer sein könnte! Da ist die 83-jährige Universitätsprofessorin im Ruhestand, die zwischen 1939 und 1945 ihr Studium absolviert hat, da ist ein Stepptänzer, den es nach New York, ins Weltzentrum seiner Kunst, gezogen hat, da ist ein Hopfenzüchter in Oregon, ein Hirnforscher in San Diego, da sind vier Missionare in Ecuador, da ist die jüdische Emigrantin, die Austauschlehrerin in Brooklyn und viele andere.

Sie alle haben etwas gemeinsam: Sie sind Absolventen zweier traditionsreicher niederösterreichischer Gymnasien, der »Keimgasse« in Mödling und des BG/BRG Hollabrunn.

Die Texte enthalten Erinnerungen an die Schulzeit. Aber eine wesentlich wichtigere Rolle spielt das weitere Leben der Protagonisten: das Studium, das Auswandern, Leben und Arbeit in der neuen Heimat und der – manchmal ziemlich skeptische – Blick auf diese. Es gibt auch den einen oder anderen nostalgischen Blick zurück auf »good old Europe« – Oral History pur: von der Nazi-Diktatur und dem Zweiten Weltkrieg bis zu 9/11 und dessen Folgen.

Immer wieder blitzen zwischen den interessanten Alltagsgeschichten Aussagen auf – Lebensweisheiten oder Betrachtungen über »Gott und die Welt« könnte man sie nennen –, Aussagen, die diskussionswürdig sind und wohl auch den Leser nachdenklich machen.

Es ist nicht wichtig, wie etwas war, sondern wie man sich daran erinnert!

Im Zentrum dieses Buches stehen Berichte, die der persönlichen Wahrnehmung und Erinnerung des jeweiligen Interviewpartners entsprechen. Sie repräsentieren seine subjektive Sichtweise, nicht mehr und nicht weniger, eine Sichtweise, die durch die zeitliche, räumliche und manchmal auch intellektuelle Entfernung – besonders, wenn es sich um die Schulzeit handelt – verklärt oder auch geschärft worden sein kann[1]. Solche Rückmeldungen tragen dazu bei, Mechanismen, die zu Misstönen und Schwierigkeiten etwa im schulischen Lernprozess führen können, bewusst zu machen. Sie regen zum Nachdenken an und geben möglicherweise einen Anstoß zu Veränderungen bzw. führen zur Überzeugung, dass dies oder jenes Altbewährte ohne weiteres beibehalten werden soll.

Im Vordergrund steht aber, was die einzelnen Persönlichkeiten zu dem gemacht hat, was sie heute sind. Es geht mir darum zu zeigen, wie vielfältig Leben sein kann, Leben, das sich nicht dort entfaltet, wo es der »Zufall der Geburt« gewollt hat.

---

1) Die Stellungnahmen basieren auf Interviews, die zwischen September 2003 und August 2004 im Rahmen von drei Reisen gemacht wurden. Sie wurden transkribiert, stilistisch geringfügig überarbeitet und zum Teil auch gekürzt.

Vom Reiz Spuren zu suchen –
Anstoß und Ertrag einer Recherche

»Kann ich bitte die Kopierkarte haben?« – Veronika steht mit einem Schularbeitsheft vor mir und hat es eilig. Daneben wartet Andreas aus der ersten Klasse geduldig mit einem Stapel Bücher im Arm. Inzwischen geht Manuela zum Computer um aus dem Internet die für sie wichtigen Informationen herauszuholen. Mei-Mei, die chinesische Gastschülerin, kommt langsam – mit Krücken – herein, erzählt in schon recht gutem Deutsch kurz von ihrem Missgeschick auf dem Schikurs und hat die Absicht ein E-Mail nach Hause zu schicken. Währenddessen suchen Anna und ihre Freundin mit Hilfe des Bibliotheksprogramms Literatur für ein Referat über »Käfer«. Artur übernimmt schnell die Rückgabe- und Entlehnarbeiten, während ich Elisabeth aus der Achten helfe ein Buch über Taoismus zu finden. »Ist das bestellte Buch über Filmmusik schon da?«, fragt Melinda, sie braucht es für ihr Spezialgebiet. »Warum geht das nicht?«, wundert sich ein Erstklassler am Internet-PC. Artur löst das Problem mit einem Tastendruck...

So oder so ähnlich laufen für mich als Deutschlehrerin, die zugleich Schulbibliothekarin ist, viele 15-Minuten-Pausen ab. Das soll ein kleines Blitzlicht auf eine Arbeit werfen, die ungemein spannend und lebendig ist. Ein Beruf, in dem man mit Kindern und Jugendlichen von 10 bis 18 zu tun hat, in dem man alles sein soll – Lehrer, Mama, Kumpel, Therapeut –, ist voll von Erlebnissen und Herausforderungen, die man oftmals »kreativ« lösen muss. Jeder junge Mensch ist eine eigene Persönlichkeit, der man sich nicht entziehen will und kann, wenn der Beruf nicht zur Routine erstarren soll. Das erfordert ein Engagement, das – vielleicht mehr als in manch anderen Berufen – persönliche Zufriedenheit ermöglicht. Dieser intensive Kontakt mit Menschen, für deren positive Entwicklung man mitverantwortlich ist, fordert Kraft, Kraft umso mehr, als man als »Entwicklungshelfer« nur dann erfolgreich ist, wenn man sich ganz einbringt, vor allem bei Schwierigkeiten und Konflikten. Eine innerliche Distanzierung ist kaum möglich und mit dem Berufsethos auch nicht vereinbar.

Diesem Substanz raubenden Effekt der Lehrtätigkeit hat der Gesetzgeber unter anderem dadurch Rechnung getragen, dass er ein berufliches Freijahr ermöglicht. Die Lehrer, die es in Anspruch nehmen wollen, finanzieren es durch teilweisen Gehaltsverzicht in den Jahren davor und danach ohnehin selbst und sie bleiben auch krankenversichert.

Für mich schien so ein Sabbatical nach 20 Dienstjahren eine gute Möglichkeit zu sein, neue Energien zu tanken. Der Zeitpunkt war reif, einmal auch weg von der Schule etwas Neues zu probieren um erst gar nicht einen Ermüdungseffekt entstehen zu lassen.

Freilich, sinnvoll musste es sein, das Freijahr, ich wollte nicht nur faulenzen und entspannen. Also das wirklich nicht, da wollte ich schon meinem Selbstbild treu bleiben (na ja, ehrlich gesagt, das Nichtstun hab ich schon auch genossen). Ich suchte daher nach einer besonderen Art der Nutzung dieser 14 Monate, es sollte für mich selbst, aber auch für die Schule und für meine Schüler irgendeinen Gewinn bringen.

Da ich immer schon gerne reiste und, was nicht zu vermeiden war, dadurch auch gelernt hatte, meine Reisen optimal zu organisieren, kam mir die zündende Idee beim Lesen der »Mitteilungen der Hollabrunner Runde«, wo mir die neuseeländische Adresse eines Absolventen des Hollabrunner Gymnasiums ins Auge sprang. Das war's, das wollte ich tun: zu Ex-Schülern »meiner« Gymnasien Hollabrunn und Mödling im außereuropäischen Ausland reisen, sie zu den Themen Schulzeit in Österreich, Studium, Auswanderung und Leben in der neuen Heimat interviewen, dadurch auch einen besseren Einblick in die Lebensverhältnisse des Gastlandes erhalten, ein bisschen in das Alltagsleben dort eintauchen und schließlich selbst schreiben (Veröffentlichung der Recherche-Ergebnisse).

Meine Rechnung ging voll und ganz auf, immer wieder wurde ich von meinen Gastgebern verwöhnt, quasi weitergereicht, von einem Interviewpartner zum nächsten, zu Freunden oder zu Freunden von Freunden, wurde beherbergt, bewirtet und herumgeführt, ans Meer, zu Sehenswürdigkeiten, durch die schöne Landschaft... Während ich diese Zeilen niederschreibe, spüre ich wieder die Herzlichkeit, die mir entgegengebracht wurde, sodass ich an dieser Stelle meinen innigen Dank an die auslandsösterreichischen Partner aussprechen möchte, die mir eine so faszinierende Art des Reisens und nicht zuletzt die nicht weniger spannende Folgezeit der Ausformulierung und Reinschrift der erzählten Berichte ermöglicht haben, Berichte, die zu intensiven Diskussionen in meinem Freundeskreis geführt haben.

Solch ein Reiseprojekt durch die halbe Welt ganz allein durchzuführen, das war schon eine Herausforderung für mich, aber ich ging mit Optimismus und Freude daran, die täglichen »challenges« aufzugreifen, durchzudenken, sie in eine Ordnung zu bringen und sie schließlich umzusetzen. Eine Logistik des Alleinreisens habe ich dadurch für mich entwickelt – immerhin waren es drei Monate in Nord- und Südamerika »am Stück« und dann noch zwei Monate in Australien, über 20 einzelne Flüge und ebenso viele Hotelzimmer bzw. private Unterkünfte, eine längere Zugfahrt von New York entlang des Hudson River nach Buffalo, die das Gefühl, »in the middle of nowhere« zu sein, entstehen lässt (zumindest bevor man in Australien war), Gewalttouren mit Mietautos von bis zu zehn Stunden Dauer, jede Menge »Public Libraries« in den USA mit kostenloser Internetbenutzung, viele Telefonate und vielen E-Mails…

Immer war ich mit »Plan B« unterwegs: Was tue ich, wenn ich nicht abgeholt werde, wenn die Adresse falsch ist…? Immer wusste ich, wenn ich an einen Ort kam, wie ich weiterreisen würde.

So lange ganz allein unterwegs zu sein, das beinhaltet nicht nur Höhen, sondern manchmal auch Tiefen, Spätsommer in Australien etwa, die endlose Landschaft, diese Eukalyptusbäume, das hat eine eigenartige Wirkung, es ergreift einen, es wirkt irgendwie sehr sentimental, bedrückend auch. Ich habe mir auf meine Weise geholfen und mich einfach spontan als Taglöhnerin bei der Weinlese verdungen, um durch die äußere Struktur wieder meine innere zurechtzurücken und die gewohnte positive Grundstimmung zu erlangen. Einer der Höhepunkte war ein Gastauftritt vor mexikanischen Deutsch-Studenten an der Universität in Mexico City, der mir einen intensiven Gedankenaustausch ermöglichte.

Zu meinen Reiseeindrücken gehören zwar nicht unbedingt dramatische (bis auf das eine Mal, als ich am Boston Airport einen kleinen Auflauf verursachte, weil ich, die allgemeine Bombenangst nicht bedenkend, kurz meinen Rucksack allein ließ), aber doch solche von gänzlich neuer Erlebnisqualität. In Mexiko erfasste mich ein mir bisher nicht bekanntes Empfinden: Ich war wie ein Korken, der auf dem Wasser schwimmt, es gelang mir nicht unterzutauchen, einzutauchen in die Masse, ich wurde – besonders in der U-Bahn, der S-Bahn – genauer angeschaut, gemustert. Ja, ich hob mich hervor, allein die Blässe, der Hauttyp und auch die Gesichtszüge machten es klar, eine

»Gringa«. Es war mir nie vorher passiert, ich hatte es nie vorher gespürt, wie es ist, zu einer Minderheit zu gehören. Ich habe mich immer zu einer Mehrheit zugehörig gefühlt, zumindest was das Äußere betrifft. Wie muss es einem Schwarzafrikaner bei uns gehen?

Die Padres in Südamerika … wenn man sie einmal besucht und bei ihrer Arbeit mit den Menschen gesehen hat, entstehen Bilder im Kopf, entstehen Eindrücke im Gedächtnis, die wohl nie wieder gelöscht werden. Unweigerlich drängt sich mir der Begriff »Berufung« auf, aber was sagen schon Worte.

Nachvollziehbarer ist vielleicht die gewisse spannungsgeladene Unruhe, die mich in bestimmten Situationen in diesem Land, dessen Rechtssicherheit mit der in Österreich nicht verglichen werden kann, ergriffen hat: Padre Carlos holt mich von Pedro Carbo ab, der Koffer wird mit einem Strick auf dem Pick-Up festgebunden, der Padre hat Sorge, dass jemand vor einer roten Ampel aufspringen und sich bedienen könnte. In lockerem Plauderton erzählt er von einem Überfall in Quito, nur sein gutes Spanisch habe ihm aus der Patsche geholfen. Ich hatte wohl die »Woche der 10-Tages-Visa« in Ecuador erwischt: Beinahe hätte ich es nicht bemerkt (»get organized«, eine Grundregel), was zu Schwierigkeiten bei der Ausreise zwei Wochen später geführt hätte. Dem Padre kommt deshalb gleich der Ärger hoch, er schimpft auf die Behörden, dass sie so den Tourismus nicht fördern können, er ist empört und will das für mich regeln, wenn wir nach Guayaquil kommen. Als es soweit ist, bleibe ich im Auto sitzen, der Koffer steht in der Zwischenzeit auf dem Fahrersitz, und ich warte, eine halbe Stunde, eine ganze … Dann male ich mir aus, was wohl passiert sein könnte: Der Padre in Haft, weil er es gewagt hat seinen Unmut zu äußern, weil er dem zuständigen Beamten »die Wahrheit ins Gesicht gesagt« hat, mein Pass als »Corpus delicti« eingezogen und ich allein im Auto. Aber es ist noch früh am Tag, ich kann noch warten. Außerdem ist vom Gebäude her kein verdächtiges Treiben zu beobachten, ein Kommen und Gehen schon, aber eigentlich keine Anzeichen einer Polizeiaktion. Da, Padre Carlos kommt, lachend, alles ist gut. Ein paar Tage später bekomme ich, freilich nur nach persönlichem Erscheinen und langem Warten, meine »prorogo« (Verlängerung).

Verändert Reisen? Ohne Zweifel! In der Zeit meines Unterwegsseins stellte ich an mir fest, dass das, was ich tat, meinen Neigungen sehr entgegenkam und ich diese gut weiterentwickeln konnte. Mir war nie langweilig, bei Wartezeiten saß ich im Café, transkribierte die Aufnahmen meiner Interviews oder beobachtete einfach die Menschen ringsum. Meine natürliche Neugier wurde befriedigt und gesteigert. – Es ist mein Credo: möglichst viel von vielen Gebieten zu verstehen, ein unbedingtes Interesse, es verstehen zu wollen, nicht von vornherein zu sagen, du brauchst mir das nicht zu erklären, das verstehe ich sowieso nicht! So ein Satz würde mir nie über die Lippen kommen. Natürlich, ich bin kein Naturwissenschaftler, habe kein fundiertes Wissen in höherer Mathematik, trotzdem war es immer mein Ziel, auch hier nichts von vornherein abzulehnen, sondern es verstehen zu wollen. Na ja, das ist etwas, das man als Geisteswissenschafter und Mittelschullehrer ja dauernd tun muss – in möglichst vielen Fachgebieten dahindilettieren, einmal sind es Nibelungenstrophe, Kongruenzfragen der Grammatik oder die Romane Bachmanns, dann aktuelle Themen wie Arbeitslosigkeit, die politischen Krisen im Nahen Osten, ethische Fragen zur Gentechnik…

Meine Offenheit für Neues trug, das empfand ich immer stärker, zum Gelingen meines Projekts bei, manchmal jubelte ich sogar innerlich, wenn ein Interview besonders gelungen war. Es stellte sich meist nach kurzer Zeit so etwas wie ein Gleichklang ein. Das Gespräch lief dann ganz von selbst, ich dachte:»Wir verstehen einander, wir haben eine gemeinsame Ebene gefunden. Dieses Interview ist ein sehr schönes, es kommt etwas wirklich Interessantes dabei heraus.« Voller Freude fühlte ich dann:»Toll! Daraus kann man was machen!«

Mit Menschen unbefangen in Kontakt zu treten, das bemerkte ich, war etwas, was ich gerne tat, man machte es mir allerdings auch sehr leicht, wie ich anmerken muss. Und ich hoffe, dass diese Begegnungen, wie ich aus manchen Rückmeldungen schließen darf, für beide Seiten bereichernd waren.

Bereicherung? Was habe ich erwartet, was bekommen? Irgendwie sollte mein Unternehmen etwas Besonderes werden, etwas, das wert ist, veröffentlicht zu werden. Und meine Reise sollte nicht zuletzt auch eine Reise zu mir selbst, zu meinem Mittelpunkt sein.

Eindrücke, Erfahrungen habe ich gesammelt, ja, und wendiger, »reifer« bin ich geworden und, was für mich das Wichtigste ist, in den Begegnungen mit interessanten und warmherzigen Menschen habe ich auch mich selbst intensiver erlebt und viel bewusster wahrgenommen.

Und der Mittelpunkt? Habe ich ihn gefunden? Bei diesem nun schon über zwei Jahre dauernden Projekt kamen und kommen immer wieder auch Selbstzweifel durch: Ist es mein Weg, sehe ich es richtig, hätte ich es besser machen können, schreibe ich es so, dass die Kernaussagen meiner Interviewpartner, die es wert sind, bewahrt zu werden, auch den Adressaten erreichen? (Ein Erstleser lässt mich immerhin hoffen: »Es entwickelt sich beim Lesen eine gefühlsmäßige Beziehung zu diesen mir unbekannten Menschen.«)

Den Mittelpunkt finden! Örtliche Wechsel helfen da nicht, auch das Zurückkehren ist nicht gleichzeitig automatisch ein Wiederfinden seines Mittelpunktes. Vielleicht kann ich ihn nur in mir selbst finden!

Aber als langsam sich herauskristallisierendes Ergebnis meines Reiseprojektes stellt sich etwas ganz anderes in den Vordergrund:

– *Für meine Schüler die Erkenntnis, dass Reisen mit einer bestimmten Intention, zu einem bestimmten Thema bzw. in Verfolgung eines bestimmten eigenen Interessengebietes weit ertragreicher sein kann als touristisches Reisen, das sich im Konsum von »relaxing, events and animation« erschöpft.*

Daraus entwickelte sich ein kleines Unterrichtsprojekt »Themenzentriertes Reisen«, TZR, durch das ich die Schüler auch zu konkreten Interviewvorhaben hinsichtlich eines selbstgewählten Themas im Urlaub ermutigte.

– *Ein im Buchtitel angedeuteter andersartiger Blick auf das Ausländer-Sein, der die Frage der Migration einmal von der anderen Seite beleuchtet, eine entkrampfte Wahrnehmung zulässt und überraschende Einsichten gewährt*

Im Laufe meiner Reisen zu den Auslandsösterreichern entstand in mir ein Bild, das ich in seinen Schlussfolgerungen zur Diskussion stellen möchte. In mir festigte sich der Eindruck, dass diese Landsleute alle »ihren Weg«, vielfach einen überraschend guten, »gemacht haben«, nämlich ihre Art zu leben gefunden haben, zu der sie, so hatte ich oft das Gefühl, sagen konnten: »Ja, das ist genau Meines!« Ich fragte mich, waren es die neuen Lebensumstände im Ausland, die sie neue Entwicklungschancen ergreifen ließen, die ihnen vielleicht sogar nur die Fremde bot bzw. die sie nur in der Fremde, zu Hause aber nicht wahrnehmen konnten. Der mit mir befreundete Maler Krayem, als in Wien lebender Syrer mit den Effekten von Kultur- und Landeswechsel vertraut, meint dazu: »Aus der Trauer wegen verloren gegangener Bindungen entstehen starke Emotionen, die zu besonders kreativen Leistungen anregen.« Dazu komme, dass man sich in der Fremde viel freier und unbelasteter von anerzogenen Konventionen fühle und daher auch reicher entfalten könne.

– Damit gewinnt die oft polarisierte Ausländerfrage eine neue Dimension: »Ausländer sein« heißt auch neue Entfaltungsmöglichkeiten erhalten und ergreifen.

Ich nenne es pointiert »Entgettoisierung«, wenn man es schafft, diesen positiven Aspekt der Veränderung im Zusammenhang mit Migration wahrzunehmen und kulturelle Interaktion als Wert in den Blick zu bekommen. Entgettoisierung, das passiert sicher, wenn man sich von den Stimmungsbildern, den Blitzlichtern dieses bunten Lebens unserer Landsleute, nämlich der Mödlinger und Hollabrunner Absolventen, anstecken lässt. Sie sollen Multikulturalität in ihrer Faszination bewusst machen und durch das Wecken positiver Gefühle Akzeptanz, ja Neugier entstehen lassen.

– Anschreiben gegen das Insel-Dasein

Wenn mein Buch mit den biografischen Berichten ein wenig dazu beitragen kann, die Mentalität von uns Österreichern »Unsere Welt ist Österreich, daneben existiert nicht viel!« aufzulockern, dann hat es seinen Zweck erreicht. Weltoffenheit steht ja gerade uns gut an.

– Die Umsetzung meines Buchprojektes als reizvolle Herausforderung

Es galt Schwierigkeiten zu überwinden und Kritikerstimmen unbeschadet zu verdauen, die offensichtlich – da mögen sich die Leser selbst ein Bild davon machen, wie »brav« mein Buch geblieben ist – einer Lehrerin nur zugestehen überangepasst zu sein und ihr gegenüber geäußerte kritische Meinungen auf das Terrain des Unsagbaren zu verbannen. Eine offene Haltung einzunehmen, das kann ja den Blick erweitern. Ungeachtet dessen spürte ich die Faszination mit Sprache etwas zu gestalten, nach dem einen richtigen Ausdruck zu suchen, die Freude ihn gefunden zu haben und das wunderbare Gefühl sich in der Sprache zu Hause zu fühlen.

– Ein Anstoß für Weiteres

Für mich ist ein Stein ins Rollen gekommen, etwas als Ergebnis meiner Spurensuche, in dessen Richtung ich gerne weitergehen würde: »Alltägliche«

Menschen zu Wort kommen zu lassen, nicht peinlich, effekthaschend oder exhibitionierend, wie es in den zahlreichen Talk-Shows bis zum Erbrechen gemacht wird. Es geht darum Erfahrungen von Menschen – vielleicht speziell von Schülern – wahrzunehmen, die diese mit ihrer Zweisprachigkeit, mit ihrem Ausländer-Sein in Österreich, mit dem In-mehreren-Kulturen-Leben haben.

Es wird so viel über »Ausländer« berichtet, Zahlen, Fakten, Stützlehrer, Jugendarbeitslosigkeit, Jugendkrawalle in Frankreichs Banlieues – sie selbst zu Wort kommen zu lassen, das mag ein Anstoß für deren weitere Chancen sein!

DER KÜNSTLER

»Blind Date« im Café Edison

Viel zu früh betrat ich die Halle des Hotels Edison in der 42. Straße, nahe beim Times Square. Ich war ziemlich aufgeregt und wollte mich vor dem ersten Interview noch ein wenig akklimatisieren, wenn ich schon nicht den »Heimvorteil« hatte. Es war draußen ziemlich schwül – der Hurrikan Isabel war im Anmarsch – und ich war zu Fuß gekommen, direkt aus meinem Hotel in der 32. Straße. Im Café suchte ich mir einen Platz an der Theke, ich musste ja »gefunden« werden. Von Max Pollak hatte ich zwar Auftrittsfotos gesehen, aber wie er ohne Schminke und Kostüm aussah, wusste ich nicht. Ich musterte erst einmal die anwesenden einzelnen Männer, aber niemand kam in Frage. Jetzt hieß es Warten... Langsam steigerte sich meine Nervosität, das erste Interview, ein Künstler mein Gegenüber, wie würde das Treffen verlaufen?... Um mich zu beruhigen, holte ich meine Notizen heraus. Was wollte ich alles fragen? Wohin sollte ich das Gespräch lenken? Ach ja, auch über Michael Moore und die Schriftstellerin Susan Sontag wollte ich reden und über das Lebensgefühl in New York! Während ich das überlegte, sprach mich jemand auf Deutsch an, es war Max. Wunderbar! Er bat mich gleich in den Restaurant-Bereich, wo er mit einem Kollegen, einem argentinischen Tango-Tänzer, beim Essen saß. Zunächst also noch ein kurzes Gespräch zu dritt, dann konnten wir loslegen. Es war, als ob wir das richtige Fadenende eines Wollknäuels gefunden hätten, das Gespräch entrollte sich sozusagen wie von selbst. Zuerst sprachen wir über die Schule, über Max' erste künstlerische Ambitionen... Er erzählte von seinem Initiationserlebnis bei den Wintertanzwochen auf der »Schmelz«. Das hörte sich sehr gut an! Eine Euphorie erfasste mich und mir wurde klar, dass dieses Gespräch etwas hergab. Max hatte etwas zu erzählen, das von allgemeinem Interesse war. Ja, so konnte mein Interviewprojekt funktionieren. Der Bann war gebrochen!

Auf dieses folgten noch jede Menge »blind dates«, denn ich kannte nur vier von insgesamt 21 Interviewpartnern persönlich. (RW)

Es hebt einen in die Stratosphäre!

MAX POLLAK, 33, verheiratet, eine Tochter, Stepptänzer und Körper-Percussionist, New York, USA

Eine meiner ersten Erinnerungen ist, dass ich als ganz kleines Kind Mönch werden wollte, wegen der Haartracht. Aber bereits mit etwa fünf Jahren – ich hatte Fred Astaire tanzen gesehen – stand für mich fest, es musste Steppen sein. Aber wo sollte man das in Mödling lernen? Deshalb ging ich zuerst einmal in die Ballettschule, wo ich der einzige Bub war.

Durch meinen Musiklehrer Michael Haustein hat sich für mich der musikalische Weg eröffnet. Ich habe bei ihm in der Schule meine ersten musikalischen Erfahrungen sammeln können, in seiner Big Band. Ich spielte Schlagzeug. Später gründete ich mit Freunden zusammen eine eigene Band, wir studierten ein abendfüllendes Programm ein und spielten auch auf Bällen.

Eine der besten Lehrerinnen, die ich in meiner Schulzeit hatte, war meine Deutsch-Professorin Ludwiga Reich. Sie hat das unglaubliche Talent, dass sie sich mit den Schülern auf ein Level setzt, sie hat nie von oben herab mit uns geredet, uns oft nach unserer Meinung gefragt und uns positiv motiviert. Ich bin von ihr von Anfang an ernst genommen worden und habe mich dadurch bestärkt gefühlt. Daran erkennt man meiner Meinung nach einen guten Lehrer.

Deswegen mag ich die beiden Professoren so gern, ich habe so viel gelernt, weil sie mich »wie einen Erwachsenen« behandelt haben. Ich habe an der Keimgasse schon auch andere Lehrer kennen gelernt, aber von diesen lernt man nichts, die wichtigen Leute waren für mich Michael Haustein, Ludwiga Reich und die Frau Goller. Auch ihr verdanke ich viel, sie hat mich in Mathematik durch die Matura gebracht.

Es gibt sicher viele Ehemalige, die am liebsten gar nicht an die Schule erinnert werden wollen. Das kann ich mit Sicherheit nicht sagen, ich habe gute Erinnerungen an die Keimgasse.

Das hat wie ein Blitz eingeschlagen!

Mein künstlerisches Schlüsselerlebnis hatte ich als Teenager, mit etwa 13 Jahren, bei den Wintertanzwochen auf der Schmelz in Wien. Ich hatte mich zu einem der Workshops angemeldet. Es war für mich eine tolle Chance mit so großen Tänzern wie dem Brasilianer Ismael Ivo[2], mit Karl Regensburger[3] und Dudu Tucci[4] aus Berlin arbeiten zu können. Und dort hatte ich auch meine erste Konfrontation mit aktiver rhythmischer Musik, mit brasilianischen Percussion-Instrumenten. Das hat wie ein Blitz bei mir eingeschlagen. Ich wurde dann bald von meiner Tanzgruppe abkommandiert um mit etwa 15 anderen Musikern für die Tänzer zu spielen, für die Samba-Klasse von Loremil Machado, dem legendären brasilianischen Capoeira-Tänzer[5]. Bei der Schlussveranstaltung vor Publikum haben wir etwa zwei Stunden durchgespielt. Zunächst haben wir langsam begonnen und als wir mit dem Rhythmus immer schneller wurden, bin ich irgendwie geistig ausgestiegen. Ich kann mich nicht mehr an die Vorführung erinnern, ich war nicht mehr vorhanden, ich war in einer Art Trance, in Ekstase. Ich habe nur die Scheinwerfer gesehen, es überhaupt nicht bemerkt, als die Tänzer aufhörten. Ich konnte nicht aufhören. Erst der Applaus hat mich in die Wirklichkeit zurückgeholt. Ich habe aufgeschaut, auf die Trommeln geschaut und dann auf meine Hände. Sie waren blutüberströmt, voller offener Blasen. Ich hatte mich an den Stimmschrauben verletzt, denn ich beherrschte die richtige Schlagtechnik noch nicht. Aber das war mir während des Spielens nicht aufgefallen. Ich hatte nämlich nie zuvor auf Congas gespielt. Ich weiß nicht, was da während des Trommelns passiert ist, aber an das Gefühl kann ich mich gut erinnern. Und nach diesem Gefühl wurde ich süchtig, ich musste es wieder haben. Ich erlebe dieses Gefühl heute noch, wenn bei einem Auftritt alles stimmt. Es ist ein Gefühl wie Drogen, nein,

---

2) wirkt in Wien bis heute beim Tanzfestival »ImPulsTanz« mit
3) seit vielen Jahren künstlerischer Leiter von »ImPulsTanz«
4) brasilianischer Percussionist, lebt in Deutschland
5) afro-brasilianische Kampfkunst bzw. Tanzform, ausgeübt zu Musik

besser als Drogen, es hebt einen in die Stratosphäre. In solchen Momenten verstehe ich, warum ich das mache, was ich mache, erhalte ich eine Bekräftigung meiner künstlerischen Arbeit. Das ist der Lohn für die Anstrengungen, und der zählt mehr als Geld.

Da geht es beinhart zu

Aber zurück zu meiner Ausbildung. Ich habe im Theater an der Wien meine Musicalausbildung gemacht und bin einige Zeit in »Freudiana« aufgetreten. Ich habe nach drei bis vier Jahren Tätigkeit im Musical verstanden, dass die amerikanischen »companies« in einer anderen Weise funktionieren, da geht es beinhart zu. Da werden Leute gefeuert, wenn sie etwas nicht können, auch im künstlerischen Bereich. In Österreich passiert das nicht. Hier in den USA geht es auch sonst zack zack. Die Bürokratie und die damit zusammenhängende Lahmarschigkeit im künstlerischen Betrieb gibt es ebenfalls nicht. Meine Frau Mary Illes – ich habe sie bei »Freudiana« kennen gelernt – hat drei Jahre lang in Disney World in Orlando/Florida gearbeitet. Das war ein Knochenjob. Sie musste fünfmal am Tag auftreten. Auch auf dem Broadway ist es hart. Man muss im Theater von 19:30 bis 23:30 durchpowern, jeden Abend, achtmal die Woche, denn am Sonntag gibt es auch eine Nachmittagsvorstellung. Nach dem Auftritt ist man total überdreht, man kann dann nicht gleich schlafen gehen. Wenn eine Show lange läuft, ist es ziemlich schwierig sich fit zu halten. Zwischendurch soll man natürlich auf »auditions« (zum Vorsprechen, Vortanzen) gehen. Und wenn man einmal krank wird oder sich verletzt, kann man gleich gefeuert werden. Früher konnte man sogar bei Schwangerschaft gekündigt werden.

Manhattan – der Nabel der Welt in meiner Kunst

In einer sechswöchigen »Freudiana«-Pause bin ich nach New York gereist und zu einer Audition von »Manhattan Tap«, einer bekannten Stepp-Company, die besonders für Improvisation bekannt war, gegangen. Es waren etwa 30 Kollegen da, ich hatte große Angst in den Boden gestampft zu werden. Aber niemand konnte zu Jazzimprovisation steppen, nur ich. Deshalb habe ich 1991 auch den Absprung in die USA gewagt. Dort stieß ich zuerst einmal auf das »umgekehrte« Vorurteil, nämlich dass ein weißer Stepper nie so gut sein könne wie ein schwarzer.

Ich habe ein Projekt mit Ray Brown, dem berühmten Jazzbassisten und Komponisten, gemacht und gleichzeitig in New York Musik studiert, Schlagzeug, und dort die Grundlagen der Musik kennen gelernt. Ich bin als Tänzer ja in erster Linie Musiker. Mein Studium am »Broadway Dance Center« in der 55. Straße hat von Ende 1991 bis Anfang 1993 gedauert. Ich hatte damals ein Studentenvisum und musste auch im Office arbeiten, damit ich die Arbeitserlaubnis bekommen konnte. Ich habe das nur wegen »Manhattan Tap« gemacht, sonst hätte ich mit der Gruppe nicht auftreten können. Bis 1997 war ich dabei und konnte in dieser Zeit viele Stepp-Legenden erleben, die jetzt zum Teil schon gestorben sind.

Nach meiner Zeit bei »Manhattan Tap« habe ich meine spezielle künstlerische Ausdrucksform entwickelt, den Rumba-Tap. Ich bewege mich mit Händen und Füßen zu unterschiedlichen Rhythmen. Ich kombiniere Stepptanz mit Rumba und mache Körper-Percussion, denn eine Trommel wäre zu unelegant. Ich wurde anfangs darauf hingewiesen, dass das eine gute Idee, aber ziemlich schwer zu realisieren sei, deshalb trainierte ich intensiv und konnte so meine eigene Art des Tanzes entwickeln.

In Kuba habe ich einmal losgelegt

Mit einem Kollegen, einem Schlagzeuger, der oft für meine Stepp-Klassen spielt, wenn ich unterrichte, auch beim »New York Tap Festival«, bin ich 1998 zum ersten Mal nach Kuba gefahren, zu einem zweiwöchigen Percussion-Tanz-Kurs an der Universität von Havanna. Dort habe ich meine Steppschuhe ausgepackt und einmal losgelegt. Dann sind die Lehrer hergekommen und haben gefragt, ob ich das für die Studenten unterrichten könnte. So hat es angefangen, seit damals mache ich alljährlich Workshops in Havanna. Das macht immer Riesenspaß.

Das »New York Tap Festival« findet seit 2001 jährlich statt. Es handelt sich dabei um Workshops mit einem abschließenden Auftritt. Jeden Tag ist eine andere Show, alle Künstler haben ihren Auftritt mit einem bestimmten Schwerpunkt, einmal ist eine »international night«. Es herrscht freier Publikumsverkehr und das Programm ist in der »New York Times« abgedruckt. Das ist für einen Stepper eine sehr wichtige Veranstaltung mit großem öffentlichen Interesse.

Man ist als Stepptänzer Musiker

Es passiert nicht sehr oft, dass Stepplehrer in ihren Stunden Live-Musik dabei haben. Ich bezahle meinen Schlagzeuger natürlich. Den meisten Kollegen ist es nicht angenehm noch extra etwas Geld draufzulegen. Aber ich finde es unheimlich wichtig, dass die Studenten, ob sie jung oder alt sind, während der Stunde Live-Musik wahrnehmen und damit umgehen lernen. Viele üben nur mit CDs; wenn dann plötzlich bei einem Auftritt eine Band oder Combo dabei ist, wissen die Stepper nicht, was sie machen sollen. Sie haben sich nie mit Musikern unterhalten, nie zu Live-Musik gesteppt, sie wissen nicht, wie man sich der Musik gegenüber verhält. Diesem Unwesen möchte ich den Garaus machen, man ist als Stepptänzer Musiker, das ist eine Tatsache.

Ich habe leider schon zuviel Blut geleckt

Der Auftritt mit der Gruppe »Beat the Donkey« letzte Woche im »Museum of Contemporary Art« in Chicago war anstrengend, aber toll. Herrlich, wenn man spürt, wie die Schwingungen vom Publikum rüberkommen. Bei dieser Gruppe bin ich seit 2000, zwei Shows haben wir in dieser Zeit gemacht. Seit April 2002, seit die »New York Times« unsere CD als eine der zehn besten »World Music CDs« eingestuft hat, haben wir mehr Auftritte, sind wir sozusagen abgehoben. Das Telefon begann zu klingeln. Die Gruppe folgt einem ungewöhnlichen Konzept: Wir haben keinen Bass, sondern Basstrommeln, Akkordeons und Percussion-Instrumente. Wir machen balinesische Musik, mit Metallophonen und Gongs, die eigenartig klingen. Es ist meditative Musik, kombiniert mit fernöstlicher Kampfkunst und Steppnummern.

Wichtig für mich ist, in einer Gruppe wie »Beat the Donkey« zu sein. Produzenten kommen auf uns zu, auf diese Art und Weise lernen mich die richtigen Leute kennen, davon beziehe ich auch mein Business.

Es ist sowieso besser, es kommen Leute auf mich zu, weil ihnen mein Tanzstil gefällt, als dass ich an sie herantrete oder mich aufdränge. Das ist auch nicht so meine Natur. Ich habe die Erfahrung gemacht, dass mich Leute, die sich für meinen Stil interessieren, besser behandeln als andere. Wenn ich mit meinen Vorschlägen an jemanden herantrete, gibt es manchmal auch positive Reaktionen. Aber das mache ich nicht oft, ich muss es Gott sei Dank nicht oft machen, weil ich oft genug angerufen werde. Und da ich nach wie vor keinen Manager oder Agenten habe, ist es mir so lieber. Vor großen Auftritten lasse ich mich juristisch beraten. Ein Agent würde sich bei mir nicht auszahlen, denn es gibt sehr viele Engagements, die ich machen könnte, aber ganz einfach nicht machen will, Auftritte, die mich überhaupt nicht interessieren oder die dumm sind. Fernsehwerbung ist so ein Beispiel. Da muss man viel investieren, um überhaupt in die Kreise hineinzukommen. Und was wäre dann? Ich wäre nicht stolz darauf, das hat künstlerisch keinen Wert für mich. Fernsehauftritte haben für mich nur dann einen Wert, wenn es sich um eine Bühnenshow handelt, die gesendet wird. Ich habe mich auch seit Jahren nicht mehr bemüht, in eine Broadwayshow hineinzukommen, weil es keine Shows gibt, die mich interessieren. Die Choreographie ist meist langweilig, es fehlt an neuen Ideen. Eine Ausnahme ist vielleicht »Urinetown«, ein Musical von Kurt Weill, das den Weg vom Fringe-Festival (ein großes Alternativ-Festival) zum Broadway geschafft hat. Es wird eine finstere, zynische Unterwelt dargestellt – keine heile, wie es meist auf dem Broadway der Fall ist – und die Choreographie ist besonders ungewöhnlich.

Auf dem Broadway müsste ich dann das machen, was ein Regisseur von mir verlangt, müsste einen bestimmten Stil imitieren. Das ist nicht mein eigenes Ding. Ich habe leider schon zu viel Blut geleckt und bin gerne selbst kreativ. Deshalb arbeite ich so.

Zweifeln gehört zum Künstlersein

Als Schauspieler, Musiker, Tänzer hat man diese Existenz, man hat halt hin und wieder ein paar Monate keinen Auftritt. Dann zweifelt man an sich, arbeitet an sich und versucht etwas zu kriegen. Und dann hat man entweder Glück oder man hat keines. Jetzt im Moment ist die Weltsituation schlecht, die wirtschaftliche Situation in diesem Land schlecht, so dass wir Künstler das auch spüren, und ich fürchte, es wird nicht viel besser. Die Arbeitslosigkeit steigt weiter. Es wird noch lange dauern, bis das wieder anders wird.

Ich hatte ziemlich romantische Vorstellungen

Früher habe ich Manhattan als Nabel der Welt für meine künstlerische Arbeit angesehen. Ich habe ziemlich romantische Vorstellungen gehabt: New York als Zentrum des Jazz und als Weltzentrum des Stepptanzes. Es tut sich hier schon sehr viel, man war und ist hier am Puls der Zeit, das ändert sich nicht. Ich habe in den zwölf Jahren aber eines mitbekommen: Hier wird auch nur mit Wasser gekocht. Es herrscht eine Konzentration an Genies in jeder Sparte, sie kommen von überall her und wollen hier das große Geld machen. Die Konkurrenz ist stark.

Am liebsten mache ich immer wieder neue Projekte, im November 2002 war es eine Show, die André Heller produzieren wollte. Ich habe dafür viel vorgearbeitet, aber für André Heller kam der Film über Hitlers Sekretärin Traudl Junge dazwischen und er hat das Stepp-Projekt leider fallen lassen. Ich habe das erste kubanische Tap-Festival organisiert und bin in der Organisation verschiedener Festivals tätig. Heute habe ich ein »grand proposal« (einen Antrag auf Förderung) für ein Projekt in Guinea abgegeben, um wenigstens einen Teil der Ausgaben, die Reisekosten, erstattet zu bekommen. Sonst muss man alles selbst vorfinanzieren, und das ist nicht leicht. Zum Projekt: Eine Bekannte von mir, auch eine Österreicherin, eine Tullnerin, Irene Koloseus, hat eine Tanzgruppe, die Stepptanz mit afrikanischer Folklore verbindet. Sie plant eine Show über die Stellung der Frau in den verschiedenen Kulturen zu erarbeiten. Sie will nach Guinea fahren und Rituale rund um die Beschneidung der Frau untersuchen. Ich soll mitarbeiten, die Männer interviewen, die Musik und die Tänze studieren, die Gesänge lernen. Drei Wochen in Afrika, das wäre super. Ich war noch nicht dort. Die Beschneidung der Frau ist aber schon ein irre schreckliches Thema. Deswegen möchte ich auch hinfahren. Man darf, wenn man sich für die Abschaffung dieses fürchterlichen Brauches einsetzen will, nicht zu schnell urteilen. Man weiß erst dann, was

Sache ist, wenn man dort gelebt hat, wenn man mit den Leuten geredet hat. Das kann man nicht allein vom westlichen Standpunkt aus betrachten.

In Berlin geht wieder die Post ab

Ich besuche gerne die Shows von Kollegen und Freunden und das ist auch umgekehrt so. Das ist gut, denn sie verstehen viel von meiner Arbeit. Wir helfen einander, coachen einander. Seit ich so »busy« geworden bin, gebe ich auch kaum mehr wöchentliche Stunden in den großen Studios.

Ich habe in den zwölf Jahren in New York ein Netz von Kontakten geknüpft, das ich nützen will, wenn ich nach Deutschland oder Österreich zurückgehe. Unsere Tochter ist jetzt 18 Monate alt, wir denken an eine Rückkehr, bevor sie in die Schule kommt. Ein wichtiger Grund ist nämlich die Schule. In den USA lernt man in der »public school« nichts und die Privatschulen sind sehr teuer.

Wir denken daran nach Berlin oder Hamburg zu gehen. Berlin hat eine besonders interessante Tanzszene und wir haben viele Freunde und Fans dort. Künstlerisch-kulturell geht in Berlin wieder die Post ab. Deswegen zieht es mich, zieht es uns auch zurück. Die Stadt hat ihre ehemalige Schlüsselposition als Zentrum zwischen Ost und West wieder erlangt. Leute aus dem Osten kommen über Berlin oder Wien, allerdings ist Berlin etwas weniger konservativ als Wien.

In den nächsten Tagen reisen wir nach Europa und werden uns in Berlin oder Hamburg mit Produzenten und Regisseuren treffen, die wir kennen, und besprechen, was ansteht, ob etwas möglich ist. Ich will die Gruppe »Beat the Donkey« in Europa geschäftlich promoten. Ob wir bald umziehen, hängt davon ab, wie groß die Kicks sind. Gutes Geld ist auch wichtig. CD-Aufnahmen sind etwas Permanentes, ich bin auf insgesamt drei CDs vertreten. Das bedeutet mir sehr viel. Es gibt nicht viele Stepper, die auf richtigen, d. h. kommerziell erhältlichen, Aufnahmen vertreten sind.

In erster Linie verbringen wir einen mehrwöchigen Heimaturlaub in Österreich. Wir wollen dort Workshops in verschiedenen Tanzstudios machen. Ich würde dort auch gerne einen lukrativen Dauerjob an

Land ziehen. Ich kann mir vorstellen, dass ich einmal den einen oder anderen Workshop in Mödling abhalte, an unserer Schule sowieso. Da gibt es sicher genug talentierte Leute. Es freut uns außerdem sehr, wenn wir alte Freunde und Bekannte aus unserer Musical-Zeit treffen.

In wenigen Jahren sind wir mit dem Umzug konfrontiert, ich erzwinge solche Sachen nicht gerne. Das war auch beim Umzug nach New York so. Daran gedacht hatte ich natürlich, aber ich wäre nicht einfach hierher gekommen, aus heiterem Himmel, ich habe einen richtigen Grund gebraucht, und dieser ist Gott sei Dank mit »Manhattan Tap« wirklich sehr stramm dahergekommen. Ich bin ziemlich sicher, dass sich in der anderen Richtung auch etwas ergeben wird. Da muss einmal etwas sein, das sich immer stärker konkretisiert. Es ist aber hier künstlerisch nicht »tote Hose« für mich, es ist ja auch hier etwas los.

Der Broadway ist Schall und Rauch

Der Broadway! Im Moment liegt dieses Geschäft ziemlich flach, es ist so wenig los, hauptsächlich werden Musicals gespielt. Meine Frau würde gerne ins klassische Theater umsteigen, sie ist aber seit 15 bis 20 Jahren im Musical tätig und hat dort einen guten Namen. Deshalb kommt sie schwer aus dieser Festlegung heraus. Besonders jetzt, wo sehr wenig neu produziert wird, sind die Möglichkeiten eingeengt. Da werden nur Leute engagiert, die der Regisseur schon lange kennt, die schon vor zwei Jahren in der Produktion waren oder die Fernsehstars sind, wie Al Pacino oder Matthew Broderick.

Im Sommer werden seit einigen Jahren im Central Park moderne Inszenierungen von Shakespeare-Stücken gezeigt, die sehr gut sind (»Shakespeare in the Park«). Die Karten sind gratis, man muss sich allerdings um vier Uhr früh anstellen. Ich habe noch keine dieser Produktionen gesehen, aber ich denke, dass diese mit dem modernen deutschen und österreichischen Theater durchaus zu vergleichen sind. Auch in Chicago habe ich unlängst eine sehr interessante Inszenierung der »Metamorphosen« des Ovid gesehen. Die ganze Bühne war ein flacher Swimming-Pool, in dem das Wasser auf einer Seite knöcheltief stand und nach hinten immer tiefer wurde. Das Publikum saß rund um die Bühne. Ich war »hin und weg«. Es war sehr kreativ, aber trotzdem einfach inszeniert, ohne technischen Hokuspokus. Da hatte ich wieder Hoffnung für das amerikanische Theater. Es gibt in diesem Bereich viele begabte Leute, keine Frage, nur schaffen diese sehr oft nicht den Durchbruch, im Gegensatz zu denen, die die richtigen Bekannten haben.

Das Sprechtheater am Broadway existiert praktisch nicht. Es gibt drei große Theater-Gesellschaften, die sämtliche Broadway-Theater besitzen. Wenn ein Produzent ein Stück spielen will, muss er zuerst herausfinden, wann ein Theater frei ist, und es mieten. Die Kosten dafür sind ziemlich hoch. Dann kommt das Casting. Die Kosten für Bühnenbild und Promotion sind auch enorm. Aber ohne Werbung kann man es gleich vergessen. Da kräht kein Hahn nach dir. Das Theaterpublikum kommt meist von außerhalb, von Long Island oder Connecticut, wo die Wohlhabenden zuhause sind. In den Zügen der LIRR, der Long Island Rail Road, sieht man viel mehr Plakatwerbung für Broadway-Shows als in der Stadt. Dort sitzen die Theaterbesucher. Es gehen nicht viele New Yorker ins Theater, nur die Oberschicht, denn es ist teuer. Eine Karte um die 40 Dollar können sich nur 15 bis 20 Prozent der New Yorker leisten. Ich selbst gehe fast nie ins Theater, außer es tritt ein Bekannter von mir auf, da bekomme ich meistens eine Freikarte, oder es wird etwas Besonderes gezeigt, da gebe ich schon mal 40, 60 oder 80 Dollar aus. Aber oft kann ich mir das nicht leisten, überhaupt mit einem Kind. Leute, die ein unterdurchschnittliches Einkommen haben, wie es bei Künstlern oft der Fall ist, können sich manches nicht leisten. Das Wohnen in New York kostet viel, Mieten und Steuern sind hoch, das Einkaufen ist teuer, die U-Bahn ist teuer und ordentlich zu essen ist auch teuer.

Auf dem Broadway hat sich außerdem in den letzten zehn Jahren eine Entwicklung ins Krasse, ins Obszöne vollzogen. Eine Show funktioniert angeblich nur, wenn ein Fernseh- oder Filmstar wie Antonio Banderas oder Melanie Griffith mitmacht. Die Griffith kann nicht tanzen und nicht singen, sie ist Schauspielerin, aber sie tritt in Musicals auf, weil sie so bekannt ist, und sie zieht das Publikum an. Der Broadway ist meiner Meinung nach nur Schall und Rauch. Geld diktiert alles. Wer eine Hauptrolle spielen will, muss bekannt sein. Sein Können ist sekundär. Er war am Broadway und Tausende talentierte Leute schauen durch die Finger, Leute, die ihre Zeit geopfert haben um ihr Handwerk zu lernen. Wie kommen sie dazu von Schlechten ausgebootet zu werden und jahrelang nur zuzuschauen? Ich bin sehr desillusioniert. Es kommt auch hier nicht wirklich auf das Talent an, sondern auf Beziehungen und darauf, wie du aussiehst. An den Mythos New York glaube ich nur bis zu einem gewissen Grad. Das Wichtigste ist: Man muss Druck machen, arrogant sein und die Leute schlecht behandeln.

Ausgeglichene Menschen gibt es nur außerhalb

In New York leben so viele Verrückte. Wenn man zu lange hier bleibt, wird man auch neurotisch. Das lässt sich nicht vermeiden, so wie man mit Sicherheit Hornhaut kriegt, wenn man oft genug auf die Trommel schlägt. Als ausgeglichener Mensch bleibt man nicht in New York, ausgeglichene Menschen gibt es nur außerhalb. Sie kommen nur zu Besuch hierher. Viele bleiben ihr Leben lang in New York, das sind die Extremen, ich habe Respekt davor. Es gibt Künstler, die immer diese Reize brauchen, sie leben aber total einseitig, sie verlieren die andere Hälfte eines gesunden Menschenlebens. Ich sehe das ununterbrochen und ich möchte nicht so enden. Deshalb war für mich von vornherein klar, New York nur für einige Zeit, zum Lernen, um Erfahrungen zu machen und Leute kennen zu lernen, und dann musst du wieder weggehen. New York ist meines Erachtens ungefähr so wie Heroin, viele sagen: »Ich lass es eh dann wieder!«, aber die Gefahr, dass sie draufbleiben, ist groß.

Meine Frau Mary hat nichts dagegen, mit mir nach Europa zurückzugehen. Sie fügt sich in Europa gut ein, sie ist eine der europäischsten Amerikanerinnen, die ich jemals kennen gelernt habe, obwohl sie nicht so lange in Europa war. Es waren insgesamt nur drei Jahre, aber das hat sich doch niedergeschlagen. Sie versteht meine Vorbehalte.

Auf so eine Art erzieht man nicht gesunde Menschen!

Das Leben hier ist anstrengend, allein den normalen Tagesablauf zu bewältigen ist eine Herausforderung. New York ist eine Stadt, wo Reich und Arm besonders eng zusammenleben. Die Kinder sind nicht hell und wach hier, die Schule ist anders. Der Schulbetrieb, wie er nach dem englischen Modell abläuft, ist ermüdend. Es gibt kaum Entspannung zwischen den Stunden, die Schüler haben gerade genug Zeit den Raum zu wechseln. Dort fallen sie dann auf den Sessel. Und zum Essen sind 20 Minuten Zeit, da »knallt man sich einen Hamburger rein« und es geht weiter. Es herrscht eine schreckliche Fettleibigkeit der Kinder durch das Fast Food. Sie hören von klein auf: »So ernährt man sich! Ein Hamburger ist ein Essen!« Auf so eine Art und Weise erzieht man nicht gesunde Menschen. Die Hektik wird schon von der Schule an in die Leute hineingedrückt. Außerdem gibt es große kulturelle Unterschiede zu Europa: Hier will man nicht kritikfähige, mündige Menschen, sondern Konsummenschen. Die geistige Bequemlichkeit, die Saturiertheit, die meiner Meinung nach ein großer Feind einer gesunden gesellschaftlichen Entwicklung ist, hat sich hier ins Extreme gesteigert.

Ein Präsident, der eigentlich kein Präsident ist

Auch mein Lebensgefühl hier ist nicht mehr so, wie es war. Das hat mit der Politik der momentanen Regierung zu tun. Das Gefühl auf der Straße hat sich nicht verändert, aber man spürt überall die Depression. Viele Intellektuelle in New York wollen mit dieser Regierung nichts zu tun haben. Sie sind frustriert darüber, vor allem weil es für sie zu wenig Gelegenheiten gibt, sich mitzuteilen. In den USA gibt es kaum Demonstrationen gegen die Regierung, gegen den Irak-Krieg. Dieser Krieg kostet eine Milliarde Dollar pro Woche. Das ist Wahnsinn. Aber die Leute wachen langsam auf, speziell die Eltern der Soldaten, sie sehen, dass die Versprechungen von George W. Bush, der Krieg sei in zwei Wochen wieder zu Ende, nicht stimmen. Ich verstehe nicht, wie dieser Mensch überhaupt Präsident werden konnte. Na ja, er ist ohnehin nur eine Marionette. Cheney, Rumsfield und Wolfowitz sind die Drahtzieher, Bush hatte Geld und war bekannt.

Nach 9/11 ist viel mehr Polizei und Militär präsent, schwer bewaffnete Jungs in der U-Bahn, aber das erhöht in mir nicht das Gefühl der Sicherheit, das ist mir eher unangenehm.

Bei jeder Gelegenheit, beim großen Stromausfall, beim Hurrikan Isabel, beginnt die Panikmache von neuem. Man hat den Verdacht, die wollen nur ihre Taschenlampen verkaufen.

Leider zählen die Filme und Bücher von Michael Moore nicht zum Mainstream, ihn sehen und lesen nicht genug Leute. Und das, was CNN über den Krieg berichtet, ist natürlich mit dem Pentagon abgesprochen. Wer anderes berichtet, steht auf der Liste des FBI, das ist hier so. Man kann überall im Land die Flaggen sehen, der Patriotismus ist so übertrieben. Hollywood ist eine einzige Propagandamaschinerie. In New York leben die meisten echten Intellektuellen, das hat mit dem europäischen, dem Welteinfluss zu tun. New York ist die internationalste Stadt der USA. Schlimm ist es im Inneren des Landes, kaum eine Stadt dort hat eigenes Flair. Da schaut alles gleich aus, überall die Einkaufszentren, die gleichen Geschäfte und Restaurants, fast immer große Ketten wie »Burger King« oder »Jack in the Box«. Städte an der Peripherie, wie San Francisco, New Orleans, Seattle, haben einen eigenen Charakter. Der Nordwesten ist überhaupt auch wegen seiner Natur, wegen der Vulkane, beeindruckend. Dort sind die Menschen auch etwas entspannter und weniger patriotisch. Wenn man Amerika, wie es wirklich ist, kennen lernen will, muss man mit dem Greyhound durch das Land reisen.

Nach 9/11 sind die Menschen aber auch rücksichtsvoller geworden, sie stehen mehr zusammen. Beim großen »blackout«, dem Stromausfall im Nordosten der USA, hatte man Angst vor einer Welle von Verbrechen. Aber nichts davon ist eingetreten. Das ist eine Art von Patriotismus, mit der ich mich anfreunden könnte.

Österreich – ein unglaublicher Glücksfall

Der Durchschnittsösterreicher zeigt – wie der Amerikaner – auch nicht besonders viel politische Initiative. Meistens beschwert er sich nur in sein Bierglas zuhause, das bringt nicht viel. Trotzdem geht es uns in Österreich unglaublich gut, wir haben Glück, weil wir so ein kleines, unscheinbares Land sind, dadurch haben wir kaum politische Macht und niemand will etwas Besonderes von uns. Das ist ein unglaublicher Glücksfall.

New York, im September 2003

ZUM STUDIEREN, FORSCHEN UND LEHREN

Immer mehr EU-Forscher folgen dem Ruf der Freiheit in die USA

Andreas Feiertag

[...] Geschätzte 1.500 österreichische Forscher arbeiten derzeit jenseits des Atlantiks. Doch der so genannte Brain-Drain ist keineswegs ein spezifisch österreichisches Problem: Einem Bericht des US-Magazins Time zufolge leben derzeit gut 400.000 europäische Wissenschafter aus allen Disziplinen in den USA, jährlich werden es mehr – 87.500 waren es im Jahr 2000.

[...] Was sind die Gründe dafür? Geldmittel? Immerhin haben die [Vereinigten] Staaten allein im Jahr 2000 mehr als 287 Milliarden Euro in Forschung und Entwicklung gebuttert, also um 121 Milliarden mehr als die gesamte EU.

»[...] es liegt [...] an Strukturen und Mentalitäten«, analysiert der österreichische Jurist Viktor Mayer-Schönberger. [...] »An fast allen europäischen Unis und ganz besonders an österreichischen herrscht ein Feudalismusprinzip, dort ist es überhaupt nicht denkbar einem jungen Wissenschafter eine Chance zu geben.« [...]

Aus: Der Standard/Thema, 17./18. Jänner 2004, S. 2.

Ein Jahr wäre schon ewig!

BARBARA SURBÖCK, 21, Studentin, Wirtschaftsuniversität Wien, Auslandssemester an der University of British Columbia, Vancouver, Kanada

Ich habe im Schuljahr 1999/2000 am BG/BRG Hollabrunn maturiert und im Herbst darauf an der Wirtschaftsuniversität Wien Wirtschaftspädagogik zu studieren begonnen. Jetzt befinde ich mich im siebenten Semester, habe vor über einem Jahr die erste Diplomprüfung abgelegt, was eine Voraussetzung war, damit ich mich um einen Studienplatz im Ausland bewerben konnte.

Ich war aber nicht sicher, ob ich das tun sollte. Es lief in Wien alles so gut, ich war seit zwei Jahren mit meinem Freund Michael zusammen. Deshalb wollte ich gar nicht so recht weggehen. Michael hat mir aber zugeredet, ich selbst hatte ein zwiespältiges Gefühl. Ich wusste natürlich auch, dass es die letzte Gelegenheit für einen Studienaufenthalt im Ausland war, später würde es nicht mehr gehen. Ich fragte mich außerdem, ob ich es, wenn ich bleibe, dann womöglich bereuen würde. Damals erinnerte ich mich an eine ehemalige Lehrerin von mir. Sie hat während ihres Studiums wegen ihres Freundes kein Auslandssemester absolviert und es später bereut. Uns hat sie geraten, es anders zu machen als sie. Das saß mir auch im Kopf. Ich war hin- und hergerissen und habe lange überlegt, ob ich meine Bewerbungsunterlagen überhaupt abgeben soll. Bis zum letzten Augenblick – die Einreichfrist endete am 15. Dezember 2002 – zögerte ich. An diesem Vormittag traf ich eine Freundin, mit der ich alle Argumente noch einmal durchging. Schließlich entschied ich mich dafür, als möglichen Studienort nur eine Präferenz anzukreuzen, nämlich Vancouver. Ich strich Edmonton heraus, damit die Chancen etwas

34

geringer (!) würden, und gab die Unterlagen ab. Aber ich glaubte, dass ich sowieso nicht ausgewählt würde.

Ich war ausgewählt worden!

Nach den Weihnachtsferien wurde ich zu einem Interview mit dem Koordinationsbeauftragten für den Austausch mit der University of British Columbia/Vancouver gebeten. Das war in diesem Fall Professor Wilfried Schneider, Institutsvorstand an der Wirtschaftspädagogik. Es sollte auf Englisch geführt werden. Ich hatte mich im Internet ein bisschen über Vancouver und die UBC informiert, besser konnte ich mich darauf nicht vorbereiten. Das Interview verlief recht gut, das einzige Manko, das Professor Schneider entdecken konnte, war, dass ich meine Diplomprüfung in Englisch noch nicht abgelegt hatte. Sonst sei alles super, meinte er.

Drei Wochen später fand ich meinen Namen auf dem Aushang, ich war ausgewählt worden! Ich durchsuchte die Liste, in der Hoffnung einige Freunde darauf zu finden. Aber ich kannte die zwei anderen, die nach Vancouver gehen sollten, nicht einmal. Meine erste Aufregung wurde dann bald von Hektik abgelöst. Ich nahm Kontakt mit den Studenten auf, die im Jahr vorher an der UBC studiert hatten. Sie sagten, es sei alles ganz super gewesen. Ich freute mich sehr, das zu hören. Dann begannen die konkreten Vorbereitungen: Zimmer im Studentenheim buchen, Formulare ausfüllen. Es war enorm viel zu erledigen, aber ich konnte alles von Wien aus machen. Im Rahmen dieses Austauschprogramms sollte ich vom Bund 1.400 Euro als Stipendium erhalten und mir wurden die Studiengebühren in Kanada erlassen. Das machte den Auslandsaufenthalt auch erschwinglich. Denn für Unterkunft und Verpflegung muss man in Wien etwa genauso viel aufwenden wie in Vancouver.

Mir schnürte es die Kehle zu

Bis zur Abreise dauerte es noch Monate. Lange hatte ich nicht realisiert, was mir bevorstehen würde. Ich war deshalb eigentlich auch nicht aufgeregt. Erst am Flughafen hatte ich das Gefühl, als schnürte sich mir die Kehle zu. Der Abschied von der Familie und den Freunden fiel mir schon ziemlich schwer. Aber ich freute mich auch auf das große Abenteuer.

Gemeinsam mit einer Studentin aus Wien kam ich im August hier an. Wir wurden mit einem Shuttlebus abgeholt und ins Studentenheim gebracht. Dort checkte ich mit meinen zwei Koffern ein. Am ersten Abend war ich noch ganz allein im Haus. Das war ein unheimliches Gefühl. Dann habe ich per E-Mail erfahren, dass ich umziehen muss. Ich übersiedelte mit meinem Gepäck in einen der drei 17-stöckigen Wohntürme, wo ich ein Zimmer im 3. Stock bezog. Leider wohne ich nicht ganz oben, da hätte man gute Sicht aufs Meer gehabt. Auf jeder Etage liegen vier Apartments, die ursprünglich für je vier Leute konzipiert waren, jetzt aber von sechs bewohnt werden. Jeder hat zwar ein eigenes Zimmer, aber es ist doch ziemlich klein. Es ist manchmal schwierig, wenn sechs junge Mädchen – mit ziemlich unterschiedlicher Auffassung von Sauberkeit und Rücksichtnahme – auf so engem Raum zusammenleben müssen.

... mit dem »Lonely Planet« in der Hand

Die ersten Tage waren wie gesagt etwas unheimlich, es war kaum jemand da, das Pub war fast leer, erst langsam füllte sich der Campus. Am 22. August begann dann die »orientation week«, eine mehrtägige Veranstaltung, auf der die Austauschstudenten einander kennen lernen sollten, z. B. durch gruppendynamische Spiele. Daneben hatten wir ein umfangreiches Sightseeing-Programm. Das war wirklich gut um sich einzuleben. Bereits am zweiten Tag lernte ich Uli, eine Studentin aus Köln, kennen; sie saß im Bus von »downtown« zum Campus zurück mit dem »lonely planet« in der Hand. Ich habe sie angesprochen und sie war gleich sehr erfreut, jemanden getroffen zu haben, der Deutsch spricht. Sie schloss sich uns Österreicherinnen schnell an, da sie sich mit der zweiten Kölnerin nicht gut verstand. Sie ist eine meiner besten Freundinnen hier geworden. Es ist schön, dass unser Freundeskreis mittlerweile ziemlich international geworden ist.

Ich habe anfangs die Pointen nicht verstanden

Bezüglich der Sprachkenntnisse gab es für mich dann die ersten Schwierigkeiten: Ich hatte das Gefühl, dass alle besser Englisch können als ich. Zu meinen acht Jahren Schulenglisch war ein Englandaufenthalt von drei Wochen dazugekommen, an der Uni hatte ich zwei Englisch-Proseminare absolviert und zwei Semester Wirtschaftsenglisch belegt. Die Fachliteratur an der WU Wien war zum Teil englisch. Und dazu kam noch einiges an kultureller Infiltration, das den systematischen Spracherwerb ergänzte: englische Filme, Popmusik usw.

Ich musste mich anfangs überwinden, auch Englisch zu sprechen, das Verstehen war nicht so schwierig. Außerdem konnte ich mich nicht so ausdrücken, wie ich wollte, und fing sogar an auf Deutsch vorzudenken und es dann zu übersetzen. Aber nach einiger Zeit hatte ich die Scheu überwunden, ich bemerkte, dass das Reden immer besser ging. Englisch wurde dann schnell die allgemeine Kommunikationssprache. Mit anderen Austauschstudenten, die Englisch auch nicht als Muttersprache haben, ist die Verständigung leichter als mit »natives«, speziell mit den Australiern.

Aber das kanadische Englisch ist sehr schön, sehr gut zu verstehen – wenn nicht allzu viele Slang-Ausdrücke vorkommen. Ein Professor z. B. wechselt, wenn er lustige Alltagsgeschichten in seinen Vortrag einfließen lässt, in die Umgangssprache. Ich habe anfangs die Pointen nicht verstanden, jetzt geht es schon besser. Die Mitarbeit an der Uni litt zuerst etwas unter dieser Sprachbarriere. Man muss aufzeigen und vor der ganzen Klasse etwas nicht allzu Blödes über Wirtschaft sagen oder auf Zwischenfragen adäquat reagieren, da gerät man schon in Panik, man sucht nach Vokabeln. Aber auch da legt man nach und nach die Hemmungen ab, man kommt schon rein!

Es ging um ein Skiresort in Colorado

Was das Studium betrifft: Es unterscheidet sich vor allem in einem Punkt vom österreichischen System. Hier stehen die Fallstudien (»case studies«) im Vordergrund. Jede Stunde wird ein anderer Case behandelt. Die Theorie und das Hintergrundwissen muss man sich vorher anlesen. Zu jeder Lehrveranstaltung gibt es ein »text book«, das man kaufen muss. Man beschreibt z. B. große Unternehmen wie Walmart's oder IBM, analysiert deren Schwächen und Stärken, zeigt auf, welche

Möglichkeiten diese Unternehmen haben sich weiterzuentwickeln, welche Strategien für die Zukunft wichtig wären usw. Es ist nicht ganz einfach, strategische Lösungen für Firmen zu finden, die man nicht gut kennt. Besonders interessant fand ich meinen Case in »strategic management«: Es ging um ein Skiresort in Colorado, das strategisch analysiert werden sollte. Ich musste die internen Stärken und Schwächen aufzeigen und auf Möglichkeiten und Gefahren in der Zukunft hinweisen, ich machte die SWOT-Analyse, wobei S für »strengths« steht, W für »weaknesses«, O für »opportunities« und T für »threats«. Das Arbeitsbuch in diesem Fach ist besonders gut, es liefert viel Hintergrundwissen. Außerdem war der Fall insgesamt leicht verständlich. Schwerer fiel mir ein Case über ein Unternehmen, das Halbleiter herstellt. Dazu hatte ich wenig persönlichen Bezug und es gab jede Menge Fachvokabel. Da ist es schon schwer, das Unternehmen zu beschreiben, geschweige denn eine Lösung für ein betriebliches Problem zu finden. In so einem Fall schreibt man ganz einfach irgendetwas. Das Ergebnis ist dann manchmal auch Herumgerede. Bei uns Austauschstudenten liegt es wohl auch ein wenig daran, dass wir kanadische Firmen nicht gut genug kennen.

Wir müssen dann die ausgearbeiteten Ergebnisse abgeben, das sind manchmal nur zwei, manchmal 20 Seiten. Die Aufgaben werden teils allein, teils in Gruppen erledigt und haben einen etwa 20-prozentigen Anteil an der Note. Die Mitarbeit zählt auch 20 Prozent. Es herrscht zwar keine Anwesenheitspflicht, aber da die Gruppen relativ klein sind – etwa 30 Studenten –, kennt der Professor uns namentlich und fordert auch regelmäßig unsere Mitarbeit ein. Die Tests, der Midterm-(20 %) und der Endtest (40 %), sind aber viel wichtiger für die Note. Zuhause habe ich mehr Lehrveranstaltungen belegt, hier sind es vier Kurse zu je drei Wochenstunden, mit denen ich in Summe 20 »credits« im Semester erreichen kann. Das ist die Anzahl, die nötig ist, damit ich das Stipendium auch ausbezahlt bekomme.

Positiv am System hier ist, dass man gelerntes Wissen anwenden muss, man beschäftigt sich hauptsächlich mit der Praxis. In Wien kommt ein anderer Lernansatz zum Tragen. Wir bearbeiten auch Fallstudien, aber nicht ausschließlich, daneben gibt es Vorlesungen, Proseminare,

Präsentationen über theoretische Themen und wir müssen Beispiele rechnen.

Man ist gleich in einer Gruppe drinnen

Ein zweiter großer Unterschied zu Österreich ist das Campusleben. Auf dem Gelände der University of British Columbia kann man studieren, wohnen, essen, Sport betreiben, ausgehen, einkaufen ... Dementsprechend ist auch viel los hier. Es sind alle Fakultäten vertreten, meine Lehrveranstaltungen finden im »commerce building« statt. Es gibt neben den Instituten und Bibliotheken, neben dem Kulturzentrum auch unzählige Sportanlagen, u. a. eine Turnhalle und ein Schwimmbad. Sport bestimmt einen großen Teil des Campuslebens. Man tritt zu Beginn des Semesters einem Club bei, bezahlt seine Einschreibgebühr und ist damit gleich in einer Gruppe drinnen, die viel gemeinsam unternimmt. Ich habe das nicht gemacht, allgemein wird aber viel Wert darauf gelegt, in welchem Club man Mitglied ist. Im »student union building« findet man neben der Mensa, die während der Woche so voll ist, dass man auf dem Gang davor nur mit Mühe weiterkommen kann, auch noch das Kino und – im Keller – das Pub, synonym für Ausgehen auf dem Campus. Fast jeden Mittwoch gehen wir dorthin, da ist »Pit Night« und immer viel los.

Die meisten Gebäude auf dem Campus sind modern und sehr funktionell, schön von der Bausubstanz her ist die Hauptbibliothek aus dem 19. Jahrhundert, die momentan von Grund auf saniert wird. Außerdem liegt auf dem Unigelände der »Buchanan Tower«, ein Bürogebäude, in dem die Kultserie »Akte X« gedreht wurde. (Vancouver gilt nämlich als zweites Hollywood.) Der Campus liegt sehr schön, abseits vom Getriebe der Großstadt und vom Zentrum in einer etwa halbstündigen Busfahrt zu erreichen. Das Gelände ist ziemlich groß und parkähnlich angelegt. Es ist frei zugänglich. Weil es vor einigen Jahren hier Überfälle gegeben hatte, wurden Notrufsäulen aufgestellt und ein Begleitservice, der »safe walk«, eingerichtet. Wenn man abends allein heimgehen muss – die Wege sind ziemlich weit –, kann man zwei Begleiter anfordern. Tagsüber kann man den Park aber auch genießen, riesige Platanen säumen die Wege, dazwischen ist viel Grün. Im September lagerten wir oft auf dem Rasen, zum

Lernen oder zum Essen. Im Oktober verfärbten sich die Blätter bunt, es war ein schöner Herbst. Jetzt ist es schon ziemlich kalt und die Bäume sind kahl.

Eine Art Kulturschock

Von meinen Wiener Studienkollegen ist niemand im Ausland. Für die meisten ist der Hauptgrund dafür, dass sie nicht von ihrem Freund/ihrer Freundin getrennt sein wollen. Auch bei mir war das der Grund für Zweifel. Aber Michael hat mich unterstützt und sehr bestärkt es zu tun. Das finde ich auch richtig und wichtig. Er hat kein Auslandssemester gemacht, aber er denkt daran, bald ein Praktikum in Brüssel zu absolvieren. Wenn eine Beziehung ernsthaft ist, muss sie auch vier Monate Trennung überstehen, meine ich. Ein Jahr wäre ich sicher nicht gefahren, das wäre schon ewig! Außerdem plante Michael mich bereits Mitte Oktober zu besuchen. Nach seinem Aufenthalt kam ich jedoch in eine Phase, in der die erste Euphorie zu Ende war, ich bekam eine Art Kulturschock. Ich hatte ein bisschen Heimweh, viel Stress auf der Uni und das Gefühl, zuhause sei alles viel schöner! Zu allem Überdruss bekam ich noch Fieber und fühlte mich ziemlich verlassen. Ja, ich steckte wahrscheinlich noch im Kulturschock drinnen, als meine Eltern Ende Oktober zu Besuch kamen.

Wenn ich jetzt auf die letzten zwei Monate zurückblicke, muss ich sagen, der Aufenthalt hat mir viel gebracht. Ich musste selbstständiger werden, ich war ja ganz allein hier und baute mir einen neuen Freundeskreis auf. In Wien war alles geregelt, dort hatte ich mein Zimmer, meine Freunde, an der Universität wusste ich genau, was ich zu tun hatte. Als ich hierher kam, fühlte ich mich wie eine Erstsemestrige. Ich wusste nicht einmal, wie mit dieser Plastikkarte die Türen auf dem Campus aufgehen und wo die Hörsäle sind.

Aber ich bereue es überhaupt nicht hergekommen zu sein, es ist eine einzigartige Erfahrung.

Vancouver, im November 2003

Im Hof des SALK-Instituts in La Jolla/San Diego

Magier des Lichts und der Form – Louis I. Kahn (1901–1974)

Die Stadt San Diego hat Jonas Salk, der mit seinen Mitarbeitern den Polio-Impfstoff entdeckt hatte, für sein Forschungsinstitut ein spektakuläres Grundstück oberhalb der Steilküste von La Jolla zur Verfügung gestellt. Geplant wurde die Anlage von dem berühmten Architekten Louis I. Kahn, der als Sohn einer Deutschen und eines Russen in Estland geboren wurde und mit fünf Jahren mit seiner Familie in die USA ausgewandert ist.

Das Salk-Institut – eine Beurteilung aus architektonischer Sicht: »Hier rückt das Laborgebäude mit seinem zentralen Plateau den Pazifischen Ozean in den Blickpunkt des Besuchers und des in seiner ›Denkzelle‹ tätigen Forschers. Der von einem Bodenbelag aus Travertin und den sorgfältig behandelten Sichtbetonoberflächen der Laborbauten begrenzte Hofraum trifft auf den von Himmel und Meer begrenzten Naturraum. Mit diesem bildhaft vor Augen geführten Verschmelzen von Rationalem und Irrationalem inszenierte Kahn die unmittelbar spürbare Dimension des Transzendenten und schuf damit einen der eindrucksvollsten Außenräume der Architekturgeschichte.«

Quelle: Romantiker, Visionär und Magier; Literatur und Kunst, NZZ Online, 17. 2. 2001.

... wenn man in einer Scientific Community verankert ist!

KLAUS STIEFEL, 30, Neurobiologe am Salk-Institut, San Diego/Kalifornien, USA

Was ich mache? Da ist am besten, ich zeige es gleich an meinem Arbeitsplatz. Das Gehirn jedes Tiers, speziell das der Wirbeltiere, besteht aus einer Unzahl von Nervenzellen. Die Transformation der Wahrnehmung der Umgebung in einen Verhaltensoutput, z. B. von dem Zeitpunkt an, wo die Maus sieht oder riecht, dass hier Futter ist, bis zu ihrem Entschluss dorthin zu laufen, bis zur Fähigkeit, die Balance zu halten, den Weg zu finden usw., das alles beruht auf der Aktivität dieser Nervenzellen. Das ist generell das, was die Neurobiologie untersucht: sowohl die Sensorik der Wahrnehmung als auch den Motoroutput, wie auch die inneren Zustände, also die Motivation der Maus oder des Tieres, überhaupt etwas zu machen. Das Forschungsgebiet ist ziemlich zerstückelt, weil es sehr kompliziert ist. Im Optimalfall ist es so, dass man alle Vorgänge kennt und versteht, aber man kann natürlich nicht an allem gleichzeitig arbeiten. Ich arbeite an der Integration von Signalen in einzelnen Zellen. Das »Funktionieren« dieser Maus beruht darauf, dass eine Unzahl von Zellen interagieren. Aber es ist dabei auch wichtig zu verstehen, wie eine einzelne Zelle funktioniert. Das ist im Prinzip hier in unserem Labor der Fokus.

Die Sprache der Nervenzelle

Die Gebiete, die mich speziell interessieren, sind folgende: Die Sprache der Nervenzelle sind elektrische Impulse, eine Zelle schickt Impulse zur anderen. Die Impulse der Nervenzelle im Ruhezustand, wo der Potentialunterschied flach und nicht strukturiert ist, sind schon oft untersucht worden. Das entspricht aber nicht der Situation, die in der

Realität anzutreffen ist. Wenn man in einer lebenden Maus die Impulse in einer Nervenzelle misst, wird sie nicht auf einen Impuls warten, sondern es wird sich ständig etwas tun. Diese Art von Aktivität und wie sie mit den hereinkommenden Signalen interagiert, das ist sozusagen mein Forschungsgebiet. Ich zeige dir jetzt, wie diese Forschung gemacht wird, es handelt sich um Ganzzell-Patch-Clamp-Ableitungen.

Ein typisches Experiment läuft folgendermaßen ab: Die Maus wird dekapitiert – das ist leider nicht zu vermeiden – das Hirn wird rausgenommen und in dünne Scheiben geschnitten. Wenn es gut gemacht wird, bleiben die Zellen sechs Stunden am Leben. Die Maus ist tot, aber die Zellen funktionieren noch immer. Diese »slices« (Scheiben) kommen in eine Kammer. Ich suche mir dann durch das Mikroskop eine Zelle aus, von der ich eine Messung mache. Das geht so, dass ich durch das Mikroskop gar nicht mehr selbst durchschaue, sondern sie wird, weil es ein Infrarotmikroskop ist, von der Kamera erfasst und ich sehe es dann auf dem Bildschirm, d. h. durch die mikroskopische Beobachtung sehe ich schon einmal, wo die Zellen sind und um welche Typen es sich handelt. Wenn ich eine Zelle ausgesucht habe, mache ich die Messung auf folgende Weise:

An die Zelle heransaugen

Es gibt eine Pipette, sie wird mit Flüssigkeit gefüllt, auf einen Roboter – den Pipettenhalter – gesteckt und hinübergeschwenkt. Durch diesen Mikromanipulator bin ich in der Lage, die Pipette an die Zelle heranzuführen, das ist sozusagen der Joystick für diesen Miniroboter, eine Umdrehung ist vielleicht 25 Mikrometer. Ich muss nur an die Zelle herankommen, darf sie aber nicht zerstören. Sobald ich an der Zelle dran bin, sauge ich mich fest. Ich wende die »Patch-Clamp-Technik« an, für deren Etablierung zwei Forscher namens Neher und Sackmann 1991 den Nobelpreis für Medizin bekommen haben. Früher gab es die Methode, mit spitzen Elektroden direkt in die Zelle hineinzustechen. Da entstand ein Loch, man war in der Zelle drinnen. Jetzt verwenden wir die neue Methode. Sie ist deswegen so erfolgreich, weil man sich an die Zelle heransaugen kann. Da kann man dann dieses Stück Zelle – das mache ich meistens – unter der Elektrode wegsaugen und den Zustand der ganzen Zelle messen. Was man auch machen kann, ist, die Elektrode wieder zurückziehen und ein Membranstück daranhalten um die Ströme zu messen. Ströme kommen dadurch zustande, dass es Proteine in der Zellmembran gibt, die sich spannungsabhängig öffnen und schließen. Früher hat man, wenn man nur dieses Stück an der Pipette gehabt hat, nur die Aktivität von zwei, drei Proteinen gemessen. Das war eine der ersten Möglichkeiten einzelne Membranproteine bei der Funktion zu beobachten. Man konnte dann die Ströme messen, die durch einen Ionenkanal fließen. Das war schon extrem spektakulär. Deswegen haben Neher und Sackmann auch den Nobelpreis bekommen. Das Schwierige war die Elektroden zu produzieren. Das ist heute alles standardisiert. Das ist die Maschine, mit der wir die Elektroden herstellen. Das Glasröhrchen kommt hinein, wird erhitzt und auseinander gezogen. Die so entstehende Spitze ist die Elektrode, die etwa 7 MOhm haben muss. Unter dem Mikroskop kann man sie dann anschauen, sie ist ganz spitz.

Die Zelle gibt eine passive Antwort

Ich darf in die Zelle nicht hineinkrachen, sondern muss mich ransaugen. Wenn ich mich dranklebe, kann ich die elektrischen Signale in dieser Zelle messen. Das geht so: Schwache elektrische Signale in der Größenordnung von Millivolt werden im Vorverstärker verstärkt, kommen in den Hauptverstärker und werden dann eventuell noch gefiltert. Das gänzlich verstärkte Signal wird in diesem Board digitalisiert und natürlich gespeichert und dokumentiert. Man sieht die Zeit auf der x- und die Spannung auf der y-Achse. Die Schwankungsbreite geht von -89 Millivolt bis $+35$. Anfänglich ist die Kurve relativ schwach, von hier bis hierher injiziere ich zusätzlich noch Strom, und (nach dem Ohm'schen Gesetz, $U = R \cdot I$) wenn ich Strom injiziere – die Zelle selbst stellt einen Widerstand dar –, gibt es eine Spannungsänderung. Diese Spannungsänderung ist sozusagen »subthreshold«, die Zelle gibt nur eine passive Antwort. Wenn man mehr Strom injiziert, gibt es die so genannten Aktionspotentiale, d. h. was ich hier injiziere, ist einfach nur eine Stufenfunktion, ein Rechteckpuls. Das Ergebnis ist, dass die Zelle nach einer gewissen Zeit selbst Signale setzt. Die genaue Dynamik dieser Aktivitäten, wenn dann mehrere solcher Aktionspotentiale hintereinander wirksam sind, wie diese Aktionspotentiale als Funktion des injizierten Stroms variieren, wie sich die Aktionspotentiale durch Perturbationen (Beeinflussung) des Spannungssignals zeitlich verschieben lassen, das sind die Fragen, die ich und die meisten anderen im Institut sich in der Forschung stellen. Hier habe ich nur Testpulse um die Zelle zu charakterisieren. Die Spannung könnte man länger hinleiten, die Zelle lässt sich etwa eine Stunde am Leben erhalten. Bei den eigentlichen Experimenten wird das 30 Sekunden lang ausgehalten. Es ergeben sich verschiedene Möglichkeiten, was man an Experimenten machen kann. Ich habe hier so einen langweiligen Stufenpuls, man kann auch kompliziertere Signale injizieren. Der Slice wird ständig von einer Nährlösung umspült um die cerebrospinale Flüssigkeit zu ersetzen. In diese kann ich auch eine Menge pharmakologischer Substanzen reingeben, die gewisse Ströme verstärken, abschwächen oder modulieren.

Das ist jedes Mal ein kreativer Akt

Welche Stoffe testet man nun? Es gibt immer eine Hypothese. Meine Hypothese bei den letzten Experimenten war, dass Acetylcholin – eine Substanz, die in den subkortikalen Hirnkernen vorkommt, wenn man wach und kognitiv aktiv ist – bestimmte Auswirkungen auf das Aktionspotential hat. Es ist nie so, dass ich denke, heute probierst du mal das. Damit man einen Effekt nachweisen kann, reicht ja nicht ein Experiment aus, man muss 20 bis 30 Experimente durchführen. Das ist jedes Mal ein kreativer Akt, wenn ich mir eines überlege, aber es ist nie aus der Luft gegriffen. Ich habe es mir schon Monate vorher überlegt und es basiert auf vorheriger Forschung. Natürlich hat jeder Kollege hier seine Richtung, in die er stößt. Es ist auch selten, dass jemand allein in einem Bereich arbeitet, wir forschen vielmehr an ähnlichen Dingen. Ich arbeite momentan konkret mit einem Kollegen intensiver zusammen. Es ist immer gut, wenn man nicht allein im Vakuum vor sich hinwurstelt.

Ich habe bei jedem Experiment eine genaue Hypothese, dass z. B. dieser oder jener Ionenkanal, durch den Strom fließt, wichtig für den Effekt ist. Diesen blockiere ich dann spezifisch und kontrolliere, ob der erwartete Effekt eingetreten ist.

Ich finde, dass meine Arbeit sehr kreativ ist, weil ich zuerst mal eine Hypothese aufstellen muss. Das müssen interessante Hypothesen sein, die zu Experimenten führen, die noch jemanden überraschen. Wenn ich Tetrodotoxin, das Toxin des bekannten giftigen japanischen Fisches, verwende, gibt es keine Aktionspotentiale. Das ist bekannt. Wenn ich jetzt dieses Experiment machte, würde es niemanden mehr überraschen. Die Experimente müssen außerdem eine neue Fragestellung lösen oder zu lösen versuchen. Meist geht man so vor, dass man sich eine Fragestellung sucht, die einen interessiert. Dann versucht man interessante Experimente dazu zu konzipieren. Man beginnt und korrigiert während des experimentellen Ablaufs vielleicht noch etwas, aber die große Richtung ist schon Monate vorher geplant.

Eine Kombination von Experiment und Simulation

Eine zweite Forschungsrichtung in unserem Institut ist, dass wir auch Simulationen rechnen, nicht nur Experimente machen, sondern aufgrund der Berechnungen auf dem Computer auch zu Ergebnissen kommen. Dabei handelt es sich um Sets von Differentialgleichungen, wo jede Differentialgleichung für einen Strom steht, der in der Zelle vorkommt. Wenn man diese Berechnungen koppelt und alles richtig macht, sollte das Ergebnis so aussehen wie das des Experiments. D. h., dass man die »plots« (die grafischen Darstellungen), die man von den Experimenten bekommt, auch durch die Gleichungen bekommt. Wenn das nicht der Fall ist, muss irgendwo noch etwas fehlen – z. B. ein Strom, der für dieses Verhalten kritisch ist – oder es waren die Parameter nicht richtig gewählt. Eine erfolgreiche Simulation, die das Verhalten der Zelle in einem gewissen Bereich reproduziert, ist auch der Beweis dafür, dass man es auch wirklich quantitativ verstanden hat. Ich weiß, wie viel Strom da sein muss, damit ich das Verhalten, das ich im Experiment gesehen habe, erklären kann. Deswegen ist beides wichtig, solange man eine Berechnung nicht selbst »nachkochen« kann, hat es wenig Wert. Ich verwende ein Simulationsprogramm, das von einem Kollegen aus Yale stammt. Hier sieht man die graphische Darstellung so eines Aktionspotentials, das entsteht. Man sieht auch, dass die Zelle am Anfang bis zu einer sehr depolarisierten Spannung geht und dann wieder auf -60 kommt, wo Zellen normalerweise angesiedelt sind. Das ist wie gesagt unsere zweite Schiene.

Die Kombination dieser beiden Bereiche macht die Arbeit hier für mich so interessant. Das befruchtet sich auch gegenseitig. Es gibt Kollegen, die Experimente machen, die ich für nicht so sinnvoll halte, weil z. B. der theoretische Unterbau fehlt oder weil nicht die richtig interessanten Fragen gestellt werden. Dann gibt es Theoretiker, die leicht den Kontakt zur Realität verlieren. Sie lassen Simulationen laufen, die nicht mehr viel mit der Wirklichkeit zu tun haben. Deswegen ist es gut, dass wir hier im Labor beides gleichzeitig machen oder noch besser, dass eine Person beides macht. Natürlich ist es mehr Arbeit, aber es geht und es ist mein spezieller Ansatz: die Kombination von Experiment und Simulation.

Ich mache hier In-vitro-Ableitungen, weil ich mit diesen einzelnen isolierten Gehirnzellen arbeite. Das komplettiert man mit In-vivo-Ableitungen, wo man die Tiere anästhesiert und ihnen Elektroden ins Gehirn implantiert. Das machen die Kollegen nebenan mit Affen. Man zeigt den Tieren dann z. B. ein Muster und überprüft, wie sie auf Farbe und Geschwindigkeit reagieren. Den Affen wird auch etwas beigebracht: Memory spielen. Dann misst man die Aktivität, abhängig davon, ob sie sich etwas merken oder sie etwas schon vergessen haben. Da ist es natürlich besonders wichtig, dass man eine Hypothese hat, denn es sind unterschiedliche Hirnareale betroffen. Wenn man die Antwort auf visuelle Reize messen will, wird man nur sinnvolle Antworten finden, wenn man in diesem Bereich die Ableitungen macht. Es geht in unserer Arbeit eigentlich darum zu verstehen, wie ein intaktes Gehirn funktioniert. Wir schaffen – das hoffen wir zumindest – die Grundlagen dafür.

... so viel wie ein dicker Mercedes

Zu meinem Arbeitsplatz: Die Ausrüstung ist sehr teuer, sie kostet so viel wie ein dicker Mercedes. Es ist ein kleiner Roboter, der schwebt und von einem Faraday'schen Käfig umgeben ist. Ein Instrument, das eine Präzision von weniger als 1 µm hat! Wenn man sich der Zelle nähert, sieht man zunächst schon eine Bewegung. Wenn ich an der

Zelle dran bin, kann ich den Roboter bis zum einzelnen Mikrometer bewegen. Das ist wirklich High Tech, man bezahlt sowohl für die Qualität als auch für die kleinen Stückzahlen, die produziert werden.

Vor kurzem war ich auf einer Tagung der amerikanischen Gesellschaft für Neurowissenschaft in New Orleans. Jeder, der 400 Dollar zahlen kann, darf daran teilnehmen. Das, was ich vorgestellt habe, muss ich schnell zu Publikationen »verwursten«. Es ist gerade auch die richtige Zeit. Ich komme etwa auf zwei Veröffentlichungen pro Jahr, das ist jedes Mal ein dicker Brocken Arbeit. Ein Artikel von 25 Seiten ist das Ergebnis von drei Jahren Forschungsarbeit, auch wenn es nicht nach so viel aussieht. Für eine Abbildung braucht man etwa drei Monate.

Mein Ziel ist ein rein wissenschaftliches. Ich möchte dazu beitragen, die Funktionsweise der Gehirnzellen verständlich zu machen. Ich betreibe Grundlagenforschung, möchte erfahren, wie das Gehirn funktioniert. Ich habe keine Medikamente, die man entwickeln könnte, im Hinterkopf. Natürlich bauen Leute, die angewandte Forschung machen, auf unseren Ergebnissen auf. Aber für mich ist das geistige Experiment, die Idee interessant. Die praktische Anwendung ist für mich eher sekundär.

Die Experimente mache ich alle selbst. Man braucht dazu praktische Erfahrung, beim Herstellen von Hilfsmitteln und bei den Experimenten. Ich muss wissen, welche Parameter ich einstellen, welche Lösung ich hinzufügen soll, um wirklich gute, zuverlässige Experimente machen zu können. Das passiert nicht über Nacht. Auch Hilfsmittel muss man selbst herstellen können. Wenn sie standardisiert sind, ist die meiste Forschungsarbeit auf diesem Gebiet schon geschehen. Neben dem intellektuellen Teil ist also geschickte Handarbeit wichtig. Es gibt einige Tricks, wenn man diese nicht drauf hat, wird man keine guten Experimente und Ableitungen machen können. Mein Arbeitsplatz ist aber in erster Linie der Computer.

»March of Dimes«

Das Salk-Institut ist ein Forschungsinstitut, das nach Jonas Salk benannt ist, dem Entwickler des Polio-Impfstoffes. Er hat eine große Spendenaktion (»March of Dimes«) gestartet, um Polio zu verhindern.

Als das institutionalisiert war, wurde immer noch viel Geld gespendet. Salk war der erste Präsident dieses Instituts, in dem Forschung in verschiedenen Bereichen betrieben wird, nämlich Pflanzenzucht, Krebs-Immunologie und Neurobiologie. Das Grundstück hier in La Jolla, einem Ortsteil von San Diego, wurde von der Stadt (San Diego County) zur Verfügung gestellt, die Organisation »March of Dimes« finanzierte den Bau und für die Betriebskosten kommt teils der Staat Kalifornien auf. Wir sind auch mit der Universität von San Diego (UCSD, University of California, San Diego) assoziiert, sie liegt gleich nebenan. Alle unsere Doktoranden machen dort ihr Doktorat. Mein Chef Terry Sejnowski ist Professor an der UCSD. Es ist immer gut, wenn man in einer Scientific Community verankert ist. Es gibt an der Universität ähnliche Forschungsgebiete, da kann man sich austauschen. An der Uni gibt es Vorträge und die Bibliothek.

Ich bin seit eineinhalb Jahren hier. Vorher war ich im Max-Planck-Institut für Hirnforschung in Frankfurt am Main und habe dort promoviert. Mein Dissertationsthema war einschlägig, ich habe einen ähnlichen Aspekt behandelt wie hier in der Forschung. In Frankfurt ist die Forschung eher theoretisch. Wir hatten auch ein Labor, wo aber die wenigsten Kollegen In-vitro-Versuche gemacht haben, mehr in vivo. Davor habe ich in Wien Biologie studiert, dort mit Diplomarbeit und Diplomprüfung abgeschlossen. Während meines Studiums habe ich ein Austauschsemester in San Diego (UCSD) absolviert.

Ins Salk-Institut kam ich, weil ich meinen jetzigen Chef kannte. Das hat gut gepasst. Ich habe von der deutschen Forschungsgemeinschaft ein Stipendium für zwei Jahre bekommen. Ich bin zwar Österreicher, habe aber zwei Jahre in Deutschland geforscht und kehre wahrscheinlich auch wieder dorthin zurück, deshalb erfüllte ich auch die Kriterien. Trotzdem hat es mit der Bewilligung einige Zeit gedauert, das Stipendium ist erst später gültig geworden. Zunächst wurde ich vom Salk-Institut bezahlt. Das Stipendium kriege ich jetzt noch eineinhalb Jahre. Dann werde ich weitersehen. In Österreich tut sich auf meinem Forschungsgebiet wenig, in Deutschland ist das anders. Entweder ich gehe dorthin zurück oder ich bleibe hier. Es ist relativ leicht, temporäres Geld aufzustellen, vom Institut oder von der National Scientific

Foundation. So hätte ich gute Chancen meinen Aufenthalt hier aus-
zudehnen.

Das hat mich schon immer interessiert

Der Weg in die Gehirnforschung stand für mich nicht von Anfang
an fest. Das hat sich erst im Lauf des Studiums entwickelt. Man lernt
irgendetwas, dann sieht man Fragestellungen, interessiert sich mehr
dafür, lernt weiter, das geht Schritt für Schritt. Nach der Diplomarbeit
in Wien habe ich allerdings mein Forschungsgebiet sehr radikal
gewechselt. Ich hatte knapp ein Jahr dafür geforscht, da konnte nicht
so viel rauskommen. Im Labor lief es auch nicht so gut. Dann habe
ich mich der Neurobiologie zugewendet, das Gebiet hat mich schon
immer interessiert. Ich stellte auch fest, dass in diesem Bereich die
wichtigen Forschungen noch nicht gemacht worden sind. Es gibt
natürlich Felder, die schon seit den 70er Jahren erforscht werden.

Ich habe 1991 am BG Mödling, an der »Keimgasse«, maturiert, im
naturwissenschaftlichen Zweig. Ich denke, wir haben schon was
gelernt. In Chemie bekam ich durch die Schule eine gute Basis. Wenn
ich heute bemerke, dass mir Grundlagen der Höheren Mathematik
fehlen, setze ich mich drei Wochen hin und lerne in dieser Zeit mehr
als in zwei Jahren Unterricht. Ich habe jetzt natürlich eine andere
Motivation und Lernhaltung. In der Schule trichtert man sich vieles
für die Note ein. Anders war es, wenn wirklich Interesse herrschte,
wie das bei mir in Chemie der Fall war. Da habe ich in der Schule viel
gelernt.

… wenn es gerechtfertigt ist, sie zu essen

Tierversuche sind natürlich bei uns ein Thema. Wir vermeiden ein
Leiden der Mäuse soweit wie möglich. Sie kommen in eine Kammer,
werden anästhesiert und fallen ins Koma. Das Leiden ist dadurch
minimiert. Die grundsätzliche Fragestellung lautet: Ist es gerechtfertigt, Tiere für wissenschaftliche Zwecke zu töten? Ich bin halt schon
der Meinung, wenn es gerechtfertigt ist, sie zu essen! Denn man
könnte sich perfekt auch ohne Fleisch ernähren. Das machen viele
Leute auch. Ich glaube schon, dass die wissenschaftliche Forschung
einen großen Wert hat. In unserem Bereich ist die »Verwendung« von

Tieren nicht zu vermeiden. Wichtig ist, dass man versucht, das Leiden zu minimieren, nicht unnötig viele Tiere »verbraucht«, dann ist es gerechtfertigt. Viele Tierrechtsbewegte entscheiden sehr emotional, denke ich.

Ich fühle mich hier an der Westküste sehr wohl, hier gibt es unter den Intellektuellen sehr kritische Meinungen zu Bush. Hier ist Bush jedenfalls nicht gewählt worden und man wartet auf die nächste Wahl. Unter Kollegen redet man frei über Politik, diskutiert darüber. Die Menschen ärgern sich schon sehr, auch einige Demonstrationen gab es vor dem Irak-Krieg, aber nur kleinere. Die Leute in San Diego sind aber zum Teil sehr konservativ, weil es hier viel Militär gibt. Im Allgemeinen kriege ich auch mit, was sich in Österreich gerade abspielt.

San Diego ist eine perfekte Location, die Lage am Meer ist für mich sehr inspirierend. Es ist nicht kalt, ich frühstücke manchmal am Strand, das ist herrlich. Ich wohne in Pacific Beach, einer eher alternativen Gegend. Diese besondere Spielart des »american way of life« gefällt mir. Es gibt wenig alte Leute mit Hunden, eher Kids mit Skateboards, Radler und Surfer.

Ich tauche auch, das geht gut hier. Allein wegen dieser äußeren Bedingungen würde ich gerne noch eine Zeitlang hier bleiben.

San Diego, im November 2003

Ich war ja kein Einstein, als ich nach Amerika kam, sondern ein junger Mann mit Ideen!

ALFRED HAUNOLD, 74, verheiratet, sieben Kinder, Universitätsprofessor in Ruhe, Corvallis/Oregon, USA

Ich bin in Retz aufgewachsen und habe dort mit der Volksschule begonnen. Mein Vater war als junger Lehrer nach Retz gekommen, nach seiner Ausbildung an der Lehrerbildungsanstalt Hollabrunn. Dort hat er meine Mutter kennen gelernt. 1936 übersiedelten wir nach Horn, wo mein Vater Bezirksschulinspektor wurde. Nach dem Einmarsch Hitlers hat er seinen Posten verloren, deshalb ist die Familie nach Retz zurückgegangen. Ein halbes Jahr später wurde er wieder eingestellt, weil man Lehrer brauchte. Die Zeit ohne Einkommen konnten wir überstehen, weil wir niedrige Lebenshaltungskosten hatten. Wir wohnten im Haus meiner Großmutter und waren Selbstversorger.

Meinem Vater war 1938 gekündigt worden, weil er Mitglied der Vaterländischen Front gewesen war und seinen Posten durch politische Beziehungen bekommen hatte. Sein Bruder, mein Onkel Sepp, war hoher Beamter und ein Du-Freund von Dollfuß[6], sie waren in der gleichen Studentenverbindung, der Franco-Bavaria. Mein Vater hat sich aber als Schulinspektor nie sehr wohl gefühlt, er war lieber Lehrer. Als er wieder eingestellt wurde, war er 40 Jahre alt. Während des Krieges wurde er ein paar Mal einberufen, aber immer wieder zurückgestellt, weil er Lehrer war. Am Ende des Krieges kam er zum Volkssturm, aber bevor die Russen einmarschierten, war er wieder zuhause. Er war also den Großteil des Krieges zuhause, hat Glück gehabt. Für den Ersten Weltkrieg war er gerade ein Jahr zu jung gewesen.

---

6) Dollfuß war auch Absolvent des Hollabrunner Gymnasiums, Maturajahrgang 1913.

Nach meinen vier Volksschuljahren machte ich im Spätsommer 1939 die Aufnahmsprüfung für die Oberschule für Jungen in Znaim. Ich bin dann jeden Tag mit dem Zug zehn Minuten vor sieben von Retz Richtung Znaim abgefahren. Da hieß es um sechs Uhr aufstehen. Um zwei Uhr kam ich nach Hause, hatte dann eine halbe Stunde Klavierunterricht und um vier Uhr wurde gegessen. Im Anschluss musste ich bis etwa acht Uhr die Hausübungen machen.

Meine Kindheit verlief relativ unbeschwert

Ich erinnere mich gut an den Winter 1941/42, damals war ich zwölf Jahre alt. Aus Kriegsgründen wurde die Sommerzeit den ganzen Winter hindurch beibehalten. Damals war ein schwerer Winter mit 30 Zentimeter Schnee. Es war morgens so dunkel, dass meine Mutter täglich mit mir zum Bahnhof ging. Sonst hätte ich mich verirrt. Wenn ich so zurückdenke, haben wir uns trotz der Kriegszeit Bubenstreiche in der Schule geleistet, z. B. Plastilin mit einem Blasrohr an die Tafel geschossen. Eine genauere Erinnerung habe ich an ein schreckliches Ereignis. Es war 1942, als Heydrich ermordet wurde. Als Racheaktion wurde das tschechische Dorf Lidice liquidiert. Die Attentäter hatten sich anscheinend im Dorf versteckt und man nahm an, irgendjemand im Dorf (vielleicht sogar der Pfarrer) wusste, wer und wo sie waren. Daher das Ultimatum der deutschen Armee: Entweder ihr liefert die Attentäter aus oder jeder Bewohner des Dorfes wird standrechtlich erschossen! Täglich stand etwas darüber in der Zeitung, auf dem Bahnhof waren die Plakate zu sehen, auf denen die Namen der am Vortag Hingerichteten standen. Das ging wochenlang[7] dahin und war für mich als Kind sehr bedrückend.

1943/44 kamen die Luftangriffe. Da mussten wir um zehn Uhr in den Luftschutzkeller, einen Granitkeller, wo es sicher war. Es gab aber kaum Angriffe auf Znaim. Einmal, Ende 1944, wurde unser Zug von Tieffliegern angegriffen, als wir zurückgefahren sind. Mir ist nichts passiert, aber die Maschine war zerschossen. Wie ich heimgekommen bin, weiß ich nicht mehr.

---

7) Heute weiß man, dass Lidice am 10. 6. 1942 schlagartig vernichtet wurde.
   Siehe: http://bob.swe.uni-linz.ac.at/vwm/betrifft/60/lidice60.html

Meine Kindheit verlief trotzdem relativ unbeschwert, ich habe von den Kriegsereignissen nicht sehr viel mitbekommen. Auf Retz wurden erst gegen Kriegsende ein paar Bomben abgeworfen. Die Znaimer Oberschule für Jungen war bis zum Ende des Krieges Teil des deutschen Reiches. Wir waren in vier Parallelklassen zu je 40 Schülern untergebracht, etwa ein Drittel davon Tschechisch sprechend. Mir fallen Namen wie Kotruba, Benarsch, Darsilek ein, sie haben aber alle Deutsch gesprochen. Damals hat sich niemand getraut, Tschechisch zu sprechen. Ob sie es zuhause getan haben, weiß ich nicht. Besonders viele Kinder waren aus so genannten Mischehen. Ich weiß, dass zu Kriegsende einige meiner Mitschüler, Kotruba, Antosch, Darsilek, Benarsch, Böhm, nach Österreich kamen. Sie wurden trotz ihrer tschechischen Namen vertrieben. Das waren alles Sudetendeutsche.

Nach 1945 haben »vertriebene« Professoren in Retz eine Fortbildungsschule aufgemacht, es waren etwa 150 Schüler zu unterrichten. Aber ein Großteil der Vertriebenen hatte sich entschlossen nach Deutschland zu gehen, nur wenige blieben. Deshalb war der Schulbetrieb nicht lange aufrechtzuerhalten. Da stellte sich für mich die Frage, wohin ich jetzt gehen sollte, nach Horn oder nach Hollabrunn. Ich entschied mich für das BG Hollabrunn. Dort musste ich eine Aufnahmsprüfung machen. Im Frühjahr 1946 kam ich in die siebente Klasse. Über den Sommer habe ich Mathematik-Nachhilfe bei Professor Ignaz Lödl genommen. Er war etwas politisch belastet, durfte deshalb nicht unterrichten. Aber er war ein guter Mathematiker und sehr nett. Im Herbst hatte ich die Mathematik-Prüfung, alle anderen Gegenstände hatte ich schon vorher bestanden. Dann kam ich in die achte Klasse. Im Juni 1947 habe ich maturiert, mit Ach und Krach, es war schwer, besonders Mathematik, wir mussten das Integral können. Ich habe einen Dreier gekriegt, in Latein einen Zweier, in Deutsch und Englisch einen Einser.

Im Hollabrunner Gymnasium habe ich nur ein gutes Jahr verbracht. Ich erinnere mich an den Tanzkurs, die Kapelle »WIVATOSU« (nach den Anfangsbuchstaben der Namen der vier Musikanten) hat für uns gespielt. Sonst gab es wenige Vergnügungen. Ich war mit schulischen Arbeiten sehr ausgelastet. Wir mussten damals noch Russisch lernen, dann Latein, Englisch, Mathematik usw. Ich habe bei meinem Onkel Otto in Suttenbrunn gewohnt und bin mit dem Rad nach Hollabrunn gefahren, vorbei am Barackenlager in der Nähe der Bahnkreuzung, wo Russen einquartiert waren. Den ganzen Nachmittag musste ich lernen. Ich hatte wenig Freizeit. Mit Essen wurde ich gut versorgt. Was ich allerdings damals gegessen habe, würde ich heute nicht mehr anrühren. Schmalzbrot und Speck, damals war es sehr gut, das starke Roggenbrot, das die Bauern mit dem »Ura« (Sauerteig) selbst gemacht haben. Das Brot wurde vorbereitet und in großen Laiben mit einem Leiterwagen zum Bäcker gebracht. Es hat sechs Wochen lang gehalten und selten Schimmel angesetzt. Wenn, dann haben wir den Schimmel ein bisschen abgekratzt, Schmalz drauf gestrichen und es zum Kaffee, der mehr ein Gerstensaft war, gegessen. Oft gab es auch Eierspeise, Eier hatten wir selbst. Wir haben während des Krieges gut gegessen, es gab Gänse, Enten und Hühner, ein Schaf, Ziegen und Kitze, die mit sechs bis acht Wochen geschlachtet wurden. Zwei Schweine konnte man als Selbstversorger auch haben. Rindfleisch hat man nicht gekannt. Auch Butter hat es nicht gegeben.

Gefroren haben wir unheimlich im Winter

Ab 1947 war die Ernährungssituation viel schlimmer für mich. In Wien herrschte Mangel an allem. Ich habe immer wieder Lebensmittel von zuhause mitgebracht, besonders Eier und Schmalz. Haferflocken hat man irgendwie gekriegt. Nur gefroren haben wir unheimlich im Winter.

Ich habe an der Hochschule für Bodenkultur in Wien immatrikuliert. Durch Beziehungen meines Onkels bin ich ins Studentenheim Peter-Jordan-Straße 86 hineingekommen. Es gab dort keine Fensterscheiben, die Fenster waren mit Pappe verklebt. Ich habe von zuhause meine schwere Tuchent mitgebracht und meistens im Bett studiert. Es war nicht geheizt, waschen mussten wir uns mit kaltem Wasser, Duschen war unmöglich. Samstags bin ich nach Gersthof ins Tröpferlbad gegangen.

Ich habe Landwirtschaft studiert. Als ich im siebenten Semester war, habe ich mit Professor Kopetz vom Institut für Pflanzenbau und

Pflanzenzüchtung wegen meiner Dissertation gesprochen. Er hat gesagt, er würde mich gerne betreuen. Ich habe als Volontär an seinem Institut gearbeitet und im achten Semester mit der Dissertation begonnen. Mein Thema hatte einen Bezug zum späteren Forschungsgebiet in Nebraska, »Untersuchung der österreichischen Weizen- und Getreidesorten auf Kornausfall«. Das war damals noch ein sehr starkes Problem. Die Bauern bauten ziemlich viel Getreide. Mähdrescher hat es nur wenige gegeben, sodass es mit der Sense geschnitten wurde. Dabei kam es zum Kornausfall. Ich habe Unterschiede je nach Sorte festgestellt und eine 200 Seiten lange Dissertation verfasst, mit vielen Tabellen.

Ich gehe lieber nach Amerika

Nach der Promotion im November 1952 war ich ein Jahr Assistent am Institut für Pflanzenbau. In dieser Zeit habe ich mich um ein Fulbright-Stipendium beworben. Ich musste zum Interview, mein Englisch war nicht sehr gut, trotz der acht Jahre Unterricht im Gymnasium. Ich habe zwar alles verstanden, konnte aber nicht gut sprechen, die Übung hat mir gefehlt. Mir wurde das Fulbright-Stipendium trotzdem im März 1953 zugesprochen. Professor Kopetz hat mir auch eine fixe Stelle als Assistent in der Versuchsstation der Universität in Groß Enzersdorf angeboten. Aber ich habe gedacht, ich gehe lieber nach Amerika und will dort in der Pflanzenzüchtung weiterkommen. Mein Doktorat war unter Dach und Fach, ich war schon Assistent an der Uni. Um mich für die Zukunft vorzubereiten, habe ich mit Kammeramtsdirektor Müller von der Niederösterreichischen Landeslandwirtschaftskammer gesprochen, der mir eine fixe Stelle nach meiner Rückkehr anbot.

Mir sind die Augen nur so aufgegangen

Mitte August 1953 bin ich in die USA gegangen, nach Lincoln/ Nebraska, habe aber mit Direktor Müller weiterhin Kontakt gehalten. An der University of Nebraska habe ich in der Weizenzüchtung gearbeitet. Man hatte dort ein tolles Programm, mir sind die Augen nur so aufgegangen. Was die für einen riesigen Forschungsbetrieb hatten! Den Bereich Züchtung kannte ich schon von Wien her, aber wie man das weiterentwickelt, zytologisch, mikroskopisch, das habe ich dort gelernt. An der BOKU haben wir nur die Grundlagen studiert, während ich in Nebraska direkt in der angewandten Forschung mitarbeiten konnte. Wir hatten ein schönes Labor, daneben habe ich Statistik-Vorlesungen belegt. Das hat man bei uns in Wien damals nicht gekannt. Ein österreichisches Doktorat war im Vergleich zu einem amerikanischen PhD (Doctor of Philosophy) sehr wenig. Ein PhD war fast soviel wie eine Habilitation.

Fulbright war »post graduate«, ein Stipendium für Wissenschaftler mit abgeschlossenem Doktoratsstudium. Die Stiftung hat die Reise hin und zurück bezahlt. Ich musste mich aber selbst um den Unterhalt kümmern. Ein guter Freund von mir aus derselben Wiener CV-Korporation war in Nebraska und hat Chemie studiert, er hat mir ein »assistantship« (Assistentenstelle) an der Universität verschafft. Deshalb konnte ich auch hinkommen. Ich habe für 100 Dollar (etwa 2.600 Schilling) im Monat – das Dreifache meines Gehaltes in Wien – 20 Stunden im Forschungszentrum gearbeitet. Mit dem Rest der Zeit konnte ich machen, was ich wollte, z. B. Vorlesungen belegen. Das war eine sehr schöne Zeit, ich war noch ledig, hatte viele Freunde und studierte intensiv. Größere Reisen konnte ich nicht unternehmen, das hätte ich mir nicht leisten können.

Wir waren ziemlich viel auf den Versuchsfeldern draußen, auch die Professoren, mit denen ich gearbeitet habe. Versuchsfelder gab es in Wien ebenfalls, sie waren aber klein. Ein Großteil lag im Hochschulgarten. In das Glashaus durften nur sehr wenige hinein. In Groß Enzersdorf war das Versuchsgut, das aber mehr ein Erwerbsgut war. Dissertanten haben relativ wenig auf den Feldern gearbeitet, im Vergleich zu Nebraska. Was mich am meisten gewundert hat, ist, dass Professor Kopetz, so nett er als Institutsvorstand war, kaum auf die Felder gegangen ist. Wir haben in Wien auch neue Weizenkreuzungen gemacht, er selbst war aber nicht dabei. Er hatte seine drei Assistenten, die mit den Dissertanten gearbeitet haben. Das war auch an anderen Instituten üblich, die Professoren hatten überhaupt sehr wenig Kontakt mit der Praxis, nicht einmal auf ihrem jeweiligen Spezialgebiet. Wissenschaftlich war man damals in Österreich eben noch hinten dran. Da hat ziemlich viel gefehlt. Einer der Gründe war, dass die Forschung Ende der 30er und in den 40er Jahren in den USA, England, Australien und Japan weitergelaufen ist, wovon man in Österreich und Deutschland hauptsächlich wegen des Krieges nicht viel mitbekommen hat.

Biochemie war in Wien fast unbekannt, wichtige Erkenntnisse in diesem Bereich wurden erst Mitte der 50er Jahre in Lehre und Forschung miteinbezogen. Als ich nach Nebraska kam, war Biochemie gang und gäbe dort. Heute herrscht gleiches Niveau. Auch in Statistik konnten wir in Wien sehr wenig. Es hat ein Jahrzehnt gedauert, bis man in Österreich aufgeholt hat. Nebraska war für mich wie das Aufstoßen einer neuen Tür. Es war unheimlich toll, ich hatte die Möglichkeit alles auch auszuprobieren. Ein Labor, Mikroskope, das Material, Versuchsfelder, alles stand zur Verfügung.

Jeden Tag musste Wein verkostet werden

Nach meiner Rückkehr aus den USA kam ich zunächst in die Landwirtschaftskammer und wurde Betriebsprüfer. Ich habe gedacht: »So schlecht kann es auch nicht sein!« Aber es war grässlich, die reine Buchführung, alles musste mit der Hand gerechnet werden. Es gab keine Rechenmaschinen. Ich hatte vor allem Außendienst, war von sechs Uhr früh bis acht Uhr abends unterwegs, in den Lagerhäusern. Die Arbeit hat alle möglichen Schikanen gehabt. Wenn Schweine nach St. Marx geliefert wurden, wurden auch welche »schwarz« mitgenommen und ähnliches. Der Betriebsführer versuchte dann diese Dinge zu vertuschen. Wenn wir – wir waren immer zu zweit – als Buchprüfer auf Unregelmäßigkeiten draufgekommen sind, haben wir die Betriebsleiter hereingeholt und gefragt, warum das nicht stimme. Die Antwort war häufig: »Na ja, das ging nicht anders! Gehen wir doch einmal ins Gasthaus essen!« Die Leute haben uns bewirtet um uns einzuseifen. Mir ist das sehr komisch vorgekommen. Nachdem ich das drei Monate gemacht hatte, habe ich mir gesagt, ich kann nicht mehr, aus Gewissensgründen, auch aus Gesundheitsgründen, meine Sehkraft hatte abgenommen. Deshalb habe ich beschlossen, als Buchprüfer aufzuhören. Mir wurde dann eine Stelle an der Bezirksbauernkammer Krems angeboten. Ich habe zugesagt. Das war mir lieber, denn da konnte ich mit den Bauern praktisch arbeiten. Mein Chef, Herr Ing. Müller, war ein netter Mann und von den Bauern sehr geschätzt. Es hat mir gut gefallen. Ich hatte ein Dienstmotorrad und bin im Weinbaugebiet umhergefahren, habe die Winzergenossenschaften oder die einzelnen Bauern besucht und sie beraten. Danach wurde natürlich »gesoffen«, d. h. Wein verkostet. Um vier Uhr nachmittags hat das angefangen und ich bin anschließend halb betrunken mit dem Motorrad nach Hause gefahren. Das war jeden Tag so. Nach kurzer Zeit in Krems habe ich gedacht, wenn ich hier einsteige, bin ich innerhalb von fünf Jahren ein Säufer. Das Einkommen war auch nicht besonders hoch, die Amerikaner – ich habe den Kontakt aufrechterhalten – haben mich ersucht wieder hinüberzukommen und boten mir ein Monatsgehalt von 300 Dollar. An der Kammer habe ich damals etwa 1.000 Schilling verdient. Deshalb dachte ich, ich bin jung, ich kann mir noch ein paar Jahre Ausland leisten. Ende August 1955 ging ich wieder nach Nebraska zurück. Meine Überlegung war, ich könnte dort etwas ersparen und nach einigen Jahren wieder zurückkehren.

Die Dissertation hat mir die Türen geöffnet

In Nebraska wurde der Harte Rote Winterweizen angebaut, der als Brotgetreide Verwendung findet und viel exportiert wurde, auch nach Europa, wo er einen guten Ruf hatte. Eine der großen Sorgen für die Weizenzüchter damals und heute war die Rostkrankheit, Schwarzrost und Braunrost. Wir haben im Versuchsglashaus 100 Körner mit Rost infiziert, die »Überlebenden« wurden in Felder ausgesetzt und Resistenzzüchtungen gemacht. Damit habe ich im Fulbright-Jahr hauptsächlich gearbeitet. Nach meiner Rückkehr wurde mir ein anderes Programm zugeteilt. Durch Kreuzen verschiedener Sorten sollte der Eiweißgehalt des Getreides erhöht werden. Damals wurde noch sehr wenig mit Mutationen gearbeitet. Meine Kollegen Dr. Johnson und sein Assistent Dr. Schmidt hatten durch Zufall entdeckt, dass eine der wilden Weizensorten eine genetische »self-sterility« besaß, was die künstlichen Kreuzungen erleichterte. Wir versuchten, diese Selbststerilität auf Kultursorten zu übertragen und ertragsreichere Sorten zu züchten. Im nächsten Frühjahr haben wir Hunderte von Kreuzungen gemacht. Der Fortschritt im Bereich der Pflanzenzüchtung ist nur durch Massenpopulation zu erreichen, natürlich muss man wissen, was man nachzüchtet und was man wegwirft. Zum Thema Selbststerilität und erhöhtem Eiweißgehalt beim Weizen habe ich eine Dissertation in Nebraska geschrieben. Die hat mir dann die Türen geöffnet, denn ich war ja kein Einstein, als ich nach Amerika kam, ich war ein junger Mann mit Ideen und hatte nur wenige wissenschaftliche Resultate und Publikationen. Ich habe dann die Arbeit mit den Kreuzungen weitergeführt, 1960 das amerikanische Doktorat (PhD) gemacht und wurde »assistant professor« (Dozent), wodurch sich mein Gehalt verdoppelte.

Man könnte Fleisch damit verpacken

Mir wurde dann eine Stelle in der Maiszüchtung angeboten, es handelte sich um Arbeit, die ziemlich ähnlich der in der Weizenzüchtung war. Einige Zeit vorher hatte man an der Purdue-Universität in Illinois ein rezessives Maisgen entdeckt. Maisstärke besteht aus zwei Hauptkomponenten, zu ¾ aus Amylopektin (ein verzweigtes Molekül) und zu ¼ aus Amylose (ein unverzweigtes Molekül). Dieses rezessive Gen ermöglichte, das Verhältnis Amylopektin zu Amylose zu ändern und Maisstärke zu gewinnen, die zum Großteil aus unverzweigten Molekülen bestand, also ideal war für essbare Folien (ähnlich wie es die Industrie mit Polyäthylen machte). Dann hätte man Mais dazu verwenden können, um essbare Folien, um Stärkefilme für die Lebensmittelindustrie zu erzeugen. Man könnte Fleisch damit »verpacken«, diese Verpackung würde sich als Stärke in der Bratpfanne auflösen. Doch leider hat sich Mais als essbare Verpackung nie richtig durchgesetzt, Erdgas, Polyäthylen, Polypropylen sind so billig, dass man mit der Stärke nicht konkurrieren konnte.

Wir haben in Nebraska fünf Jahre daran gearbeitet und es ist uns tatsächlich gelungen, das Amylopektin-Amylose-Verhältnis zu ändern. Wir hatten Mais-Zuchtlinien entwickelt, die erhöhten Hektarertrag versprachen. Als mir diese Stelle als Maisgenetiker angeboten worden war, hatte ich zugesagt, denn erstens schien es eine interessante Arbeit zu sein und ich musste keine weiteren Stellengesuche ausschicken. Zweitens hatten wir bereits zwei Kinder und ein Haus in Nebraska.

Doch als das Interesse der Stärkeindustrie an diesem Forschungsbereich nach ein paar Jahren nachließ, musste ich mich um eine andere Position umschauen.

In der Forschung ist dieser Ansporn immer da

Ein Freund und Studienkollege aus Nebraska hat damals in Washington D. C. für die Smithsonian Institution (ein Zentrum für Forschung und Recherche u. a. in der Wissenschaft) gearbeitet. Dort gab es ein Programm, das verschiedene Forschungsprojekte, die an Universitäten und privaten Forschungsinstituten liefen, zusammenfasste und dokumentierte. Ziel war Doppelgleisigkeiten zu vermeiden. Es wurde mir damals eine Stelle angeboten, wo ich zwar nicht selbst Forschung betreiben würde, aber viel Kontakt mit Forschern haben konnte. Ich habe in Nebraska gekündigt, das Haus verkauft und bin mit drei Kindern nach Washington D. C., in die Bundeshauptstadt, übersiedelt. Wir wohnten zur Miete in Sue Spring/Missona, in einer Vorstadt von Washington. Das Institut lag in der Nähe des Weißen Hauses, gegenüber dem Hauptquartier der »National Geographic Association«. Am Anfang war meine Arbeit sehr interessant, aber dann bin ich draufgekommen, dass das mehr oder minder ein Verwaltungsposten war. Mir hat bald der direkte Kontakt mit der Forschung gefehlt. Nach Weihnachten, im Frühjahr 1965, habe ich festgestellt, dass das auf die Dauer nichts für mich wäre. Es war gut bezahlt, ich bekam ein Drittel mehr als vorher, aber für mich war einerseits die Großstadt nichts, denn ich bin auf dem Land aufgewachsen. Meiner Frau Mary hätte es gefallen, es war klimatisch in Washington so ähnlich wie hier in Oregon, ein bisschen Schnee im Winter und landschaftlich sehr schön. Andererseits hat mich die Arbeit nicht befriedigt. Irgendetwas hat gefehlt, der Ansporn, etwas Neues zu finden oder zu entwickeln. In der Forschung ist dieser Ansporn immer da. Man hat eine Idee, ein Ziel, das man unbedingt erreichen will. Deshalb wollte ich wieder ins Universitätsleben zurück und beantwortete verschiedene Stellenangebote. An der Oregon State University war eine Stelle als Hopfenzüchter ausgeschrieben. Ich war schon etwas in den USA herumgekommen und reiste im Sommer 1956 durch Oregon, das landschaftlich so ähnlich wie das Alpenvorland ist. Aber das war nicht der Hauptgrund des Wechsels, sondern die Arbeit in der Forschung. Ich habe mit dem Mann, der mich später aufgenommen hat, telefoniert und ihm gesagt, dass ich nichts von Hopfen verstehe, dass ich aber über Pflanzenzüchtung allgemein Bescheid wüsste. Meiner sehr guten chemischen Ausbildung hatte ich es zu verdanken, dass ich unter 20 Kandidaten ausgewählt wurde. Die Bezahlung war zwar ein Rückschlag, doch die Lebenshaltungskosten in Oregon waren etwas niedriger als in der Hauptstadt. Ich kündigte dann bei Smithsonian, dort wollte man mich mit einer Gehaltsaufbesserung halten, denn ich hatte in fünf Monaten den Arbeitsrückstand eines Jahres aufgearbeitet, doch ich war nicht zu halten.

Wir sind im August 1965 nach Corvallis übersiedelt, das hat eine ganze Woche gedauert, damals wurden die »Interstate Highways« (mehrspurige Bundesstraßen) ausgebaut, es gab überall Baustellen. Wir haben einen Tag in Nebraska Station gemacht und Freunde besucht. Dann sind wir das erste Mal nach Corvallis gekommen. Die Stadt hatte damals 25.000 Einwohner. Wir mieteten zunächst ein kleines Haus und kauften nach einem Jahr, im September 1966, das Haus, in dem wir jetzt wohnen.

Sie haben mir »aus der Hand g'fressen«

In der Hopfenforschung arbeitete ich am Anfang an der Mehltauresistenz. Nach zwei Jahren ging mein Chef in die Zentrale, ins Landwirtschaftsministerium nach Washington D. C., und ich habe einen Teil seiner Arbeiten übernommen. Schon in meinem ersten Jahr hier hatte ich einen seiner Vorschläge bearbeitet, nämlich Mutationszüchtungen. Man kann z. B. bei verschiedenen Pflanzen, etwa Weizen oder Roggen, die Chromosomenanzahl verdoppeln. Normalerweise ist es eine diploide Sorte, wo der doppelte Chromosomensatz vorhanden ist, außer in den Geschlechtszellen, da gehen sie auf die Hälfte zurück, werden bei der Kreuzung vereint und wieder diploid.

Fuggle, eine Hopfensorte, die die größte Brauerei des Westens, Anheuser-Busch, verwendete, war ertragsarm. (Anheuser-Busch produziert heute etwa 110 Millionen Hektoliter Bier pro Jahr, soviel wie ganz Deutschland.) Man wollte den Ertrag dieser Sorte erhöhen. Durch normale Auslese ging das nicht. Es war eine Sorte, die vor etwa 100 Jahren in England gezüchtet worden war und seither durch Stecklinge vegetativ vermehrt wurde. Wenn wir eine größere Ertragssteigerung erzielen wollten, mussten wir den Weg der Mutationskreuzung gehen. Ich habe mit Colchizin, einem Gift, das bei der Zellteilung die Spindelfasern lähmt, angefangen um die Chromosomenanzahl zu verdoppeln. Das musste ich zytologisch und mikroskopisch auswerten. Ich habe fast ein ganzes Jahr gebraucht, bis ich eine tetraploide Hopfensorte hatte. Im nächsten Frühjahr kreuzten wir diese tetraploide mit einer männlichen Sorte und setzten etwa 1.000 Sämlinge aus. Von diesen kam eine meiner erfolgreichsten Züchtungen, die Sorte »Willamette« (benannt nach dem Fluss, der durch Corvallis fließt), die hier in den USA etwa 10 % der gesamten Hopfenproduktion und etwa 25 % der Hopfengaben von Anheuser-Busch ausmacht.

Ich hatte also schon nach einem Jahr den großen Durchbruch, aber das war mir damals noch nicht bewusst. Es dauerte etwa zehn Jahre, bis die Sorte von der Industrie aufgenommen wurde: ein Jahr zum Kreuzen, mindestens drei Jahre für Versuche im Glashaus, für Feldprüfung im Kleinversuch und dann kam der Großversuch. Dabei habe ich mit den Bauern zusammengearbeitet, sie haben freiwillig mitgemacht und alle Feldarbeit übernommen. Ich bin zuerst alle zwei Wochen auf den Feldern gewesen, als die Ernte nahe kam, sogar zwei- bis dreimal pro Woche. Ich sollte auch die Ernte überwachen. Mein Rat war den Bauern wichtig. Sie haben mir, wie man auf Deutsch sagt, aus der Hand g'fressen. Sie haben dadurch auch Verdienst gehabt.

Ohne Hopfen geht es nicht

»Willamette« war einer meiner Erfolge, ein anderer war die Sorte »Cascade«. Mein Vorgänger hatte drei Sorten entwickelt, die im Kleinversuch geprüft worden waren. Aber die haben sich nicht richtig durchgesetzt. Als ich sein Programm übernommen habe, habe ich seine Sorten zytologisch untersucht und bin draufgekommen, dass eine dieser Sorten triploid, d. h. steril und qualitativ unbrauchbar war. Aber aus einer anderen habe ich »Cascade« entwickelt, die heute etwa 3 bis 5 % der amerikanischen Hopfenproduktion ausmacht, sehr viel von

»micro breweries« (Kleinbrauereien) verwendet und auch nach Asien und Lateinamerika exportiert wird. Von »Willamette« wird wenig exportiert, da Anheuser-Busch fast die gesamte Ernte aufkauft.

Die Hopfengaben im Bier sind heutzutage im Vergleich zu früher gering. Der Bitterstoffgehalt, was für den Brauer am wichtigsten ist, wurde durch Züchtung der neuen Sorten wesentlich erhöht. Man muss allerdings ein Spezialist sein, um Unterschiede in den Hopfensorten zu erkennen. Die Brauereien haben ihre »taste panels« (Verkoster-Teams), die schon Geschmacksunterschiede herausfinden können, aber der normale Mensch nicht. Die Brauereien machen außerdem Mischgaben an Hopfen, es wird nicht nur eine Sorte verwendet, aber ohne Hopfen geht es scheinbar auch nicht.

Was die Hopfenproduktion betrifft, ist die Chemie nicht stehen geblieben, es wurde und wird weiter geforscht, damit möglichst rentabel gearbeitet werden kann. Deshalb wird Hopfen nicht nur als Naturhopfen verwendet, sondern als Verarbeitungsprodukt wie Extrakt und Pulver. Hopfenextrakt wurde in den 60er Jahren mit den Lösungsmitteln Methylenchlorid oder Hexan hergestellt, dann in Dosen gefüllt. Das Lösungsmittel verdampfte. Heute wird Hopfenextrakt fast ausschließlich durch CO_2 als Lösungsmittel gewonnen. Man erspart sich den teuren Transport von Naturhopfen in Ballen. Hopfenextrakt hat außerdem noch einen weiteren Vorteil: Naturhopfen, zu Ballen gepresst, oxidiert im Lauf der Zeit, sodass nach etwa einem Jahr nur mehr die Hälfte des Brauwertes übrig bleibt. Extrakt, in luftdichten Dosen abgefüllt, kann nicht so leicht oxidieren. Der Braumeister will einen bestimmten Bittergehalt in seinem Bier erreichen und muss die natürlichen Hopfenproben auf den Bittergehalt prüfen. Er muss abschätzen, wie viel Kilogramm Hopfen er in den Kessel geben muss. Beim Extrakt gelingt das viel leichter. Der Extrakt wird in Dosen zu 20 oder 30 Kilo abgefüllt. Eine andere Möglichkeit wäre, den Hopfen zu vermahlen und in Pellets zu pressen, die man unter Stickstoff haltbar machen könnte.

Chemiker sind noch auf etwas draufgekommen: Wenn man den Hopfen in den Braukessel leert, muss das Gebräu kochen, dadurch werden Isomeren erzeugt, die dem Bier den richtigen Geschmack geben. Das heißt, dass sich das Molekül spaltet, Alphasäure wird zu Isoalphasäure umgebaut, die wasserlöslich ist. Das kann man heute auch chemisch bewerkstelligen, dadurch wird natürlich die Rentabilität des Rohhopfens verdoppelt, man braucht weniger Hopfen. Und wenn Isoalphasäure entsteht, verdoppelt sich die Rentabilität noch einmal.

Die Hopfenproduktion in den USA ist in den letzten Jahrzehnten nicht höher geworden, denn auch der Konsument will weniger bittere, sondern immer leichtere Biere. Die Hopfengaben betragen heute etwa ein Fünftel von dem, was sie vor 60 Jahren waren. Früher verwendete man Naturhopfen, da war das Bier viel würziger und schwerer. So etwas trinkt heute kaum noch jemand.

Jetzt werden in den USA 80 % der Hopfenproduktion zu Extrakt oder Pellets verarbeitet, 20 % werden als Rohhopfen verwendet. In Deutschland ist das Verhältnis 60 : 40. Der Anteil an Extrakt-Hopfen nimmt weiter zu, das ist unaufhaltsam. Vor 40 Jahren gab es etwa 300 Hopfenpflanzer in den USA und etwa 15.000 in Deutschland. Heute sind es maximal 80 in den USA und weniger als 2.000 in Deutschland.

Die Hopfenernte hat sich auch gewaltig geändert: Früher wurde mit der Hand gezupft, heute geht alles maschinell. Die Hopfenpreise haben sich aber seit 30 Jahren kaum geändert, sie sind relativ niedrig. Heute ist es für einen Anfänger fast unmöglich ohne riesiges Kapital in die Hopfenproduktion einzusteigen. Man muss viel investieren, in eine Pflückmaschine z. B., die so groß wie ein Haus ist und etwa eine Million Dollar kostet. Sie übernimmt aber auch die Arbeit von etwa 500 Leuten. Ein Hopfenbetrieb, der überleben kann, muss mindestens 40, 50 Hektar groß sein. Meist sind es aber Mischbetriebe, kombiniert mit Tierzucht, Weizen- oder Gemüseanbau. Das Wetter hier ist günstig für den Hopfenanbau, mediterranes Klima, wir liegen auf 45° nördlicher Breite. Im Sommer regnet es nicht, da muss bewässert werden. Wasser gibt es hier genug, beidseitig sind Berge, die »Coast Range« geht auf 1.000 Meter hinauf, im Osten sind die »Cascades« mit Bergen über 3.000 Meter.

Von Europa hört man öfter den Vorwurf, der Hopfen in den USA sei nicht gut, weil er bewässert wird. Und dann kommt ein Sommer wie heuer, 2003, der heiß und trocken ist! Die Folge ist, dass die Ernte in Deutschland eine Katastrophe war, es gab einen Ernteausfall von einem Drittel. Noch schlechter ging es den Tschechen mit dem »Saazer Hopfen«, bei dem die Durchschnittsernte ohnehin nur ein Drittel der Durchschnittsernte in Deutschland ist. Und in Deutschland erntet man in normalen Jahren etwa zwei Drittel der Durchschnittsernte der USA. Aber Saazer Hopfen ist weltweit als Edelhopfen begehrt. Die Brauer zahlen eine Prämie für ihn, die Tschechen können nie genügend produzieren um den Weltmarkt zu versorgen, auch weil die Sorte sehr niedrig im Ertrag ist.

Wenn ich das heute machen würde, wäre ich Multimillionär

Ich habe meinen Hopfensorten Namen gegeben, habe dafür aber keine Patente anmelden können, das gab es damals noch nicht. Seit Mitte der achtziger Jahre gibt es Pflanzenpatente. Wenn ich das heute machen würde, wäre ich Multimillionär. 1965, als ich in die Hopfenzüchtung einstieg, war das für mich unerforschtes Gebiet, »virgin territory«. Immer, wenn ich neue Ideen hatte, hieß es: »Das geht nicht, das kann man nicht machen!« Aber alles, was ich anfing, war neu und ich hatte kaum Fehlschläge zu verzeichnen. Natürlich musste ich mich dahinter klemmen, jedes Jahr von März bis Ende Oktober war ich täglich auf den Feldern und in den Versuchsgärten und habe selber mitgearbeitet, mit meinem Assistenten, mit vier bis fünf Angestellten und mit Studenten. Ich habe ihnen gesagt, was sie machen sollen, und fast wöchentlich mein Material überprüft.

Landwirtschaftliche Forschung wird in den USA auch privat betrieben, von Unternehmen, die viel Geld investieren. Da muss etwas rausschauen. Solche Erfindungen können dann patentiert werden. Oder man forscht an Universitäten wie der Oregon State University oder der Washington State University, dort gibt es eine landwirtschaftliche Fakultät und Professoren, die nur Forschung betreiben. Anfänglich war ich Assistant Professor, musste auch Vorlesungen halten und mit Studenten arbeiten. Später, wenn man sich einen Namen gemacht hat, hält man nur Vorlesungen für Fortgeschrittene und arbeitet mit Dissertanten, und sobald man ordentlicher Professor (full professor) ist, kann man sich weigern zu unterrichten. Es hemmt die

Forschungsarbeit, wenn man in den Unterrichtsbetrieb verstrickt ist. Viele meiner Kollegen, die jetzt fast alle in Pension sind, konnten sich mehr auf die Forschung konzentrieren um mit der Industrie zusammenzuarbeiten. Wir bekommen Gelder von der Industrie und vom USDA (United States Department of Agriculture, vom Landwirtschaftsministerium), das auch eine Forschungsabteilung hat, das Agriculture Research Service (ARS). Dort werden Mitarbeiter aufgenommen und als Spezialisten den verschiedenen Unis oder anderen Forschungsinstituten der Regierung zugeteilt. Auch ich war Bundesbeamter, wurde vom USDA angestellt und der Oregon State University zugeteilt. Ich habe nur mit Dissertanten gearbeitet, ab und zu Seminare gehalten und im Betrieb des Instituts mitgearbeitet.

Neben meinen Hauptsorten Willamette und Cascade habe ich eine dritte wichtige Sorte, »Nugget«, entwickelt, insgesamt entwickelte ich etwa 20 neue Hopfensorten, die alle noch verwendet werden, meistens von Kleinbrauereien. Willamette, Cascade und Nugget, meine größten Erfolge, werden von Großbrauereien in den USA und weltweit eingesetzt. Meine Züchtungen wurden alle öffentliche Patente, man sagte damals nämlich, die Regierung bezahlt mein Gehalt und einen Teil meiner Laboranten. Die Forschungsgelder, die ich von der Industrie, von den Brauereien, den Hopfenhändlern und Bauern kriegte, reichten aus, dass ich zwei bis drei Angestellte bezahlen konnte. Außerdem arbeitete immer auch eine Chemikerin mit, weil ich mich nicht in alles vertiefen konnte. Mitreden ja, aber die chemischen Untersuchungen habe ich nicht selbst gemacht, das wäre zu viel Arbeit gewesen. Ich war oft auf den Feldern und im Labor, im Winter habe ich zytologisch gearbeitet, also Chromosomenuntersuchungen und Ähnliches gemacht. Weil ich so viele Außengelder kriegte, konnte ich nicht ein Patent verlangen, sondern die Regierung, das Landwirtschaftsministerium, ist der Inhaber dieser öffentlichen Patente (public patents). Heute wäre es trotzdem möglich Privatpatente zu bekommen, da das Patentrecht an die neue Zeit angepasst wurde.

Der Hopfenhandel, der weltweit in den Händen von etwa fünf großen internationalen Firmen liegt, die in Deutschland, England, Australien, den USA und Asien angesiedelt sind, hat seine eigenen Züchtungsbetriebe, und zwar mit Genmaterial, das von unseren Forschungsarbeiten kam. Das mit Regierungsmitteln entwickelte Genmaterial muss laut Gesetz allen anderen für Forschungszwecke zugänglich gemacht werden. Dort werden dann neue Kreuzungen gemacht. Es wurden neue Sorten entwickelt und privat patentiert, doch keine Aromasorten. Etwa die Hälfte meiner Erfolge sind Aromasorten, auf diesem Gebiet ist es ziemlich schwierig zu arbeiten, während die Bitterstoffwerte (Alphasäuren) relativ einfach zu beeinflussen sind.

Als ich mit der Hopfenforschung angefangen habe, wurde gesagt, im Bereich der Bitterstoffwerte sei kaum etwas zu verändern, das sei genetisch durch viele einzelne Gene beeinflusst, da sei ein Fortschritt schwer zu erreichen, das würde Jahrzehnte dauern. Ich habe im Jahr 1970 die erste Kreuzung in Richtung Bitterstoffgehalt gemacht und damit gleich den Bitterstoffgehalt verdoppelt, von 8 bis 10 auf etwa 15 %. Eine viel geringere Steigerung wäre schon als Sensation angesehen worden. Zuerst hieß es: »Das gibt es nicht, da muss ein Fehler passiert sein. Der Chemiker muss sich vertan haben!« Aber ich habe es nachgeprüft, es war richtig. Heute verwenden private Forschungsinstitute das gleiche Genmaterial und haben ihre eigenen patentierten Hoch-Alphasorten entwickelt. Früher hat man in Deutschland gemeint, die Amerikaner ruinieren den Hopfenbetrieb, weil man in Deutschland Sorten mit durchschnittlich 4 bis 5 % Alphasäure hatte. Wir hatten 15 %. Dann hat man auch in Deutschland unser Genmaterial verwendet und heute hat man dort genauso viel Alphagehalt in den Hopfensorten wie wir.

Eine andere Bierkultur

Es hat sich in der Bierproduktion auch eine Veränderung durchgesetzt. Hier in den USA hat man vor Jahren versucht, die Leichtbiere zu forcieren. Da hieß es, das sind Kinderbiere, Frauenbiere. Heute ist etwa ein Drittel des Bierausstoßes Leichtbier, wo der Alkoholgehalt etwas niedriger ist. In Deutschland kommt das auch langsam in Mode, weil die Autofahrer etwas weniger Alkohol trinken wollen. In den USA gibt es die 0,8-Promille-Grenze. In Österreich soll es angeblich noch niedriger sein (0,5 ‰). Da kann man nicht einmal eine ganze Flasche Bier trinken. Alkoholfreies Bier wäre eine Lösung, doch das muss man technisch herstellen: Bier wird normal gebraut und durch Ausdampfung unter reduziertem Druck oder Osmose wird der Alkoholgehalt auf 0,5 % reduziert. Diese Biere schmecken aber nicht so gut. Die meisten österreichischen Brauereien sind »kleine Rutsch'n«, sie produzieren aber gute Biere; Hubertus in Laa, Wieselburger, Schwechater, Ottakringer und andere. Gösser braut mehr oder weniger ein Spezialbier, Stiegl und Ottakringer schmecken mir gut.

Die guten lokalen Biere hier in den USA kosten entsprechend mehr, so wie die Importbiere, und sie kommen aus den etwa 600 Mikrobrauereien. »Sierra Nevada« z. B. hat einen Ausstoß von einer halben Million Hektoliter pro Jahr. Das Bier wird im ganzen Land vertrieben und kostet fast doppelt soviel wie das von Anheuser-Busch. Es kommt auch auf die Sorten an, im Sommer werden hauptsächlich Leichtbiere mit etwa 3 % Alkohol umgesetzt. Durchschnittsbiere haben zwischen 5 und 6 %.

Aber der größte Unterschied zwischen den sehr guten und mittelmäßigen Bieren liegt nicht im Alkohol-, sondern im Extraktgehalt. Es herrscht hier eine andere Bierkultur. Für die besten Durchschnittsbiere verwenden die Brauereien als Rohmaterial für die Hefe nicht reine Gerste, sondern nur etwa 25 bis 30 %, der Rest sind Stärkeprodukte aus Reis und Mais, die in den Kessel kommen. Dadurch wird das Bier dünn, schmeckt wie Wasser mit etwas bitterem Geschmack. Außerdem trinken die Amerikaner das Bier eiskalt, auch das Glas kommt aus dem Eisschrank. Da kann sich der Geschmack nicht richtig entwickeln. Ich trinke im Winter kein Bier aus dem Eisschrank, sondern aus unserem Wintergarten, der ein perfekter Kühlraum ist. Temperaturen von 45 bis 50° Fahrenheit (7 bis 10° C) sind kühl genug, da kriege ich noch genug Schaum. Die Amerikaner wollen davon auch nicht zu viel, englische Tradition eben. Ich bevorzuge Biere von Microbreweries, sie sind teurer und stärker gehopft. Allerdings liegt der Preisunterschied nicht am Hopfen. Das Durchschnittsbier kostet im »sixpack« (6 x 0,33 Liter) 2,50 bis 3 Dollar, das Anheuser-Busch 4 Dollar und die Biere von Kleinbrauereien kosten 6 bis 8 Dollar, fast soviel wie das Importbier von Heineken oder Beck.

Es gibt international eine große Vielfalt auf dem Biersektor. Belgische Biere gehen bis auf 12 % Alkohol hinauf, das ist ein Wahnsinn für den Autofahrer. Andere wie das englische Guiness sind sehr stark gehopft. Der Bitterstoffgehalt im Stout ist drei- bis fünfmal so hoch wie in einem normalen Bier. Aber das sehr bittere Bier mag ich auch nicht. Meine Mutter war öfters zu Besuch bei uns, sie hat gesagt, dass ihr das amerikanische Bier besser schmeckt als das österreichische, das sei nicht so bitter. Das österreichische Bier ist bitterer als amerikanisches Durchschnittsbier, nur die Produkte der Kleinbrauereien sind mit den Bieren aus Österreich und Deutschland vergleichbar. In den USA gibt es auch noch andere Geschmackskomponenten, Biere mit Himbeer-, Erdbeer-, Zitronen- oder Wacholdergeschmack.

Ritter des Hopfenordens

Ich wurde 1995 pensioniert. Meinem Nachfolger an der Uni überließ ich derartig viel Material, dass er drei weitere Hopfensorten entwickelt hat. Er möchte aber, dass ich wegbleibe. Ich habe dort zwar noch mein Büro, arbeite aber viel von zuhause, denn meine Kontakte zur Industrie bestehen noch.

Im Jahr 2002 habe ich das »Große Österreichische Ehrenkreuz für Wissenschaft und Kunst Erster Klasse« gekriegt. Die offizielle Einladung dazu fand ich allerdings erst nach meiner Rückkehr aus Österreich im Briefkasten. Da wieherte der Amtsschimmel kräftig!

Ich bekam auch andere Ehrungen, im Jahr 2001 den »Distinguished Service Award« von der ASBC, der »American Society of Brewing Chemists«, meiner Berufsorganisation. Der Orden bestand aus einer Urkunde und einem Scheck über 1.000 Dollar. Von Österreich bekam ich nur den Orden mit Urkunde. Seit dem Jahr 1983 bin ich »Ritter des Hopfenordens«, verliehen vom »International Hop Production Bureau« in Straßburg, Frankreich. Diese Organisation ist eine internationale Gesellschaft für Hopfenforschung und die Ehrung trug viel zum persönlichen Ruf bei. Der Orden ist weltweit in allen Hopfenanbauländern bekannt und wird nur an wenige Leute verliehen.

Stolz bin ich auch darauf, dass alle meine sieben Kinder es mehr oder weniger zu etwas Respektablem im Leben gebracht haben. Die Jüngeren sind gerade dabei, sich etwas aufzubauen. Ich habe ihnen ihr Studium finanziert, sodass sie keinen »student loan« (Studentenkredit) aufnehmen mussten. Meine Tochter July wohnt mit ihrer Familie in der Nähe von uns, in Albany. Sonst sind meine Kinder in alle Winde verstreut.

Das ist ganz anders als in Österreich. Für uns ist ein Kind, das 600 Kilometer entfernt wohnt, eigentlich nahe. Wenn ich jemanden die 120 Kilometer nach Portland zum Flughafen bringe, ist das überhaupt nichts, da zucke ich nicht einmal mit der Wimper. In Österreich ist für manche Leute ein Umweg von 30 Kilometern schon ein Problem.

Für die Pension zahlt man selbst ein, bis zu 15 % des Bruttolohnes steuerfrei. Wenn man es frühzeitig herausnimmt, muss man es versteuern. Ein Pflegeheim kostet etwa 3.000 bis 4.000 Dollar im Monat, aber drei Viertel der Amerikaner können sich das nicht leisten. Sie finanzieren ihr Leben im Alter anders. Die meisten Leute haben ein eigenes Haus. Wenn man z.B. vor etwa 40 Jahren ein Haus um 10.000 Dollar gekauft hat, kann man es jetzt um 200.000 verkaufen. Also man finanziert sich das Alter zum Teil durch die Wertsteigerung des Hauses. Außerdem gibt es die Möglichkeit eine negative Anleihe darauf aufzunehmen. Der Verkaufspreis des Hauses wird festgelegt und der Besitzer bekommt monatlich eine bestimmte Summe, die dann den Wert des Hauses entsprechend verringert. Die Amerikaner verbringen nur wenige Jahre in einem Pflegeheim, man bleibt so lange im eigenen Haus wie möglich. Die Kirchen haben auch Pflegeheime. Die 95-jährige Tante meiner Gattin Mary ist schon lange Witwe, sie verfügt nur über ein niedriges Einkommen und hat Angst, dass sie zu lange lebt, d.h. dass ihre Ersparnisse vor ihrem Tod aufgebraucht sind. Aber sie wohnt in einem karitativ geführten Heim der katholischen Kirche, dort würde man sie nicht rausschmeißen. Große Sprünge kann sie nicht machen.

Ich kann mir für mich und meine Frau schon ein Pflegeheim leisten. Ich hätte auch eine Pflegeversicherung abschließen können. Dazu sind medizinische Untersuchungen notwendig und da meine Frau an chronischer lymphozytischer Leukämie leidet, würde das etwa 500 Dollar pro Monat ausmachen. Um diesen Betrag versichere ich mich aber lieber selbst. Viele Leute sorgen privat vor, mit »mutual funds«

(Investmentfonds) und hoffen auf Kapitalzuwachs. Wenn sie das Geld brauchen, haben sie es, ansonsten vererben sie es ihren Kindern.

Mir gefällt das Leben an der Westküste

Es ist hier nicht so stressig wie im Osten. Ich bin außerdem kein Großstadtmensch, denn ich bin auf dem Land aufgewachsen. New York empfinde ich als Ameisenhaufen. Hier im Westen sind die Leute sehr tüchtig, sie arbeiten viel. Manche haben einen zweiten Job.

Oregon ist ein landwirtschaftliches Gebiet, u. a. werden Haselnüsse und Heidelbeeren auf großen Plantagen gezüchtet. Ebenso werden Zuckerrüben für die Samenproduktion angebaut. Das geht folgendermaßen: Nach der Weizenernte, Ende Juli, Anfang August, wird sofort gepflügt. Die Zuckerrüben werden gesät, sie wachsen den Herbst und Winter hindurch, sehen aus wie kleine Karotten. Im Frühjahr schießen sie dann ins Kraut und im August werden die Samen geerntet. Diese Einzelkornsamen gehen auch nach Österreich.

Interessant ist das »sweetcorn«, der Zuckermais. Er hat kleinere Kolben als der normale Mais, ist eine genetische Mutation und wurde in den 30er Jahren entwickelt, durch das damals entdeckte rezessive Gen »Sugary 1«. In den 50er Jahren wurde es aus Inzuchtlinien und durch »outcrossing« (Kreuzen) weiterentwickelt. Auf diese Art kriegte man den süßen Geschmack ohne hohen Stärkegehalt. Es hat lange gedauert, bis ich mich daran gewöhnt habe, aber jetzt esse ich es sehr, sehr gern, meistens separat, das Sweetcorn extra und das Fleisch extra. Es wird in wenig gezuckertem Wasser kurz gekocht und direkt vom Kolben gegessen. Es gibt je nach Züchtung gelbliche oder weiße Körner. Wir können Zuckermais das ganze Jahr frisch kaufen. Er kommt im Winter aus Südamerika (meistens Chile), ab März aus Mexiko, im April, Mai aus Texas, Kalifornien oder Arizona. Bei uns ernten wir Sweetcorn im August und September.

Man kann den Fortschritt nicht aufhalten ...

Die Hauptargumente der Gegner der Genforschung sind, dass sie einen Eingriff in die Natur bedeutet und dass man die Folgen nicht abschätzen kann. Ja, man kann das nie hundertprozentig ausschließen, aber ich habe einmal gesagt, dass man den Fortschritt nicht aufhalten kann. Hätte man bestimmte Forschungsansätze damals verboten, hätte man Forschern mit Strafen gedroht, hätten sich die Ideen trotzdem durchgesetzt, langsamer zwar, aber trotzdem. Heute muss man noch etwas bedenken. Die Leute, die »bei der vollen Schüssel sitzen«, auch hier in den USA, meinen: »Nein, die Folgen kann man nicht abschätzen.« Dann braucht man eben mehr Zeit zum Forschen, sage ich. Ich sehe das sehr pragmatisch. Die Weltbevölkerung wächst im Durchschnitt um etwa 5 % im Jahr. Als ich 1947 von der Mittelschule abging, gab es etwa zwei Milliarden Menschen, heute sind es sechseinhalb. Das landwirtschaftliche Areal, auf dem Lebensmittel und sonstige notwendige Stoffe produziert werden können, geht jedes Jahr zurück. Deshalb muss man heute bei geringerer Fläche mehr produzieren. Da gibt es mehrere Möglichkeiten. Erstens durch Züchtung neuer Sorten, die mehr Ertrag bringen. Das tut man ohnehin schon seit über 100 Jahren. Zweitens durch Bewässerung. Da besteht die Schwierigkeit, dass heute nur eine bestimmte Menge Wasser zur Verfügung steht und dass Bewässerung auch etwas kostet. Drittens durch Kunstdünger. Dadurch wird aber das Grundwasser zum Teil negativ beeinflusst, denn Düngemittel können leicht in Brunnen oder öffentliche Wasserversorgungsquellen einsickern. Der Nitratgehalt z. B. im Grundwasser (von stickstoffhaltigen Düngemitteln oder von der Viehhaltung) liegt in den USA bei zwei bis fünf Milligramm pro Liter. Ein Milligramm wäre besser. Aber meines Wissens sind die Grenzwerte in Deutschland viel höher, etwa 50 Milligramm, was gesundheitliche Fragen aufwirft. Daran dachte man in Europa lange nicht. Jetzt kümmert man sich mehr darum, aber jetzt ist es zu spät, das Grundwasser ist ja schon verseucht.

Ein anderer Punkt ist, dass man Pflanzen genetisch derart herrichten kann, dass sie z. B. eine genetische Krankheitsresistenz haben und nicht gespritzt werden müssen. Das macht man in den USA seit 30 Jahren mit dem Bacillus thuringiensis[8]. Da habe ich schon Bedenken

---

8) Nicht als Insektizid, das an der Sonne relativ schnell abgebaut wird, sondern als Bacillus-thuringiensis-Gene auf die Pflanzen übertragen, die Pflanze produziert ständig die Toxine und schützt sich dadurch dauerhaft selbst.
Siehe: http://www.gruene-biotechnologie.de/downloads/taspo.pdf

gehabt, habe sie auch heute noch. Eine andere Möglichkeit wäre die Roundup-Resistenz. Die Firma Monsanto hat ein Mittel mit dem Namen »Roundup« entwickelt, das die Chlorophyllsynthese bei Pflanzen unterbricht. Spritzt man die Pflanzen, werden sie innerhalb von etwa drei Wochen ganz gelb und sterben ab. Monsanto hat für dieses Roundup ein Patent gekriegt und relativ viel daran verdient. Dann ist das Patent abgelaufen und ein Wissenschaftler hat gedacht, man könnte doch eine Roundup-Resistenz in Kulturpflanzen einbauen. Man könnte dann spritzen, die Unkräuter würden sterben und das Getreide kann lustig weiterwachsen. Das ist das, wogegen in Europa die Leute sind, gegen roundup-resistenten Weizen und Mais. Die Europäer wollen das nicht, sie sagen, man kann nicht abschätzen, was in 100 Jahren sein wird, ob die Menschen daran sterben können. Bei uns werden solcher Weizen und Mais, auch Sojabohnen, schon seit fast 30 Jahren verwendet. Es gibt schon ab und zu Proteste dagegen, aber weil nur ein bestimmter Teil des Maises Speisemais ist, fällt das wohl nicht so ins Gewicht. Ich glaube, Speisemais ist nicht roundup-resistent, sondern ein Teil des anderen Maises, der als Stärke in verschiedene Futtermittel und Industrieprodukte hineinkommt. Dieser ist auf Roundup-Resistenz umgestellt worden und hat sich bestens bewährt. Man hat jedenfalls bisher keine negativen Konsequenzen feststellen können.

Ich habe Bedenken, wenn zu spät gespritzt wird

Ich habe in dieser Sache aber eher pragmatische Argumente: In Ländern, wo sich die Bevölkerung alle 20 bis 30 Jahre verdoppelt, wo es keine Überproduktion gibt wie in Österreich, sieht man das vermutlich anders als in Europa. Wenn ein Bauer dort auf der gleichen Fläche 10 bis 20 % mehr produzieren könnte ohne wesentlichen Mehraufwand, würde er es tun!

Als Lösung für die Hungersnöte in den Entwicklungsländern hört man immer wieder: Schenkt eure Überschüsse den Armen! Das tun wir auch zum Teil. Die USA gaben früher etwa eine Milliarde Dollar aus, um Überschüsse in Hungergebiete zu schicken. Aber es hat durch Korruption nicht funktioniert, wie es sollte. Außerdem ist es unseren Bauern gegenüber nicht gerecht, sie haben viel Arbeit, die Gerätepreise sind hinaufgegangen, aber die Produktpreise sind gefallen und die Steuerbelastung ist geblieben oder sogar noch höher geworden. Die Lebensmittelproduzenten müssen überleben und wollen auch etwas verdienen. Die Hopfenbauern, die Farmer, die ich hier kenne, sind alle Millionäre, weil sie 300, 400, 500 »acres« Land (Morgen, zu je etwa 4.000 m^2) haben, manche sogar über 1.000 Acres. Doch das ist zum Großteil totes Kapital, das nur bei Landverkauf realisiert werden kann. Ein Traktor kostet heute 150.000 Dollar, ein Mähdrescher 400.000 bis 500.000, eine Hopfenzupfanlage eine Million. Sie wird nur drei Wochen im Jahr verwendet. Na ja, die Kirchen sind auch alle Millionäre, weil sie Kunstschätze besitzen. Aber der Pfarrer kann ja nicht ein Altarbild verkaufen. Das sind Dinge, die schwierig sind, die der Laie oft nicht versteht.

Die älteste Tochter meines Bruders in Wien arbeitet für die internationale Organisation »Vier Pfoten« und ist gegen genetische Manipulation eingestellt. Ich kann ihr das nicht ausreden, ich kann nur sagen, wissenschaftlich habe ich keine Bedenken. Ich habe Bedenken, wenn zu spät gespritzt wird, denn da bleiben Rückstände in den Lebensmitteln.

Corvallis, im Oktober 2003

Eine High School in Brooklyn

... U-Bahn-Station Bergen Street, ich muss raus, ... hier sieht es ganz anders aus als in Manhattan, keine Wolkenkratzer, sondern niedrige, meist zweistöckige Backsteinbauten, keine Verkaufstempel aus Glas und Aluminium, sondern etwas in die Jahre gekommene Einzelhandelsgeschäfte, einfache Restaurants, ein Supermarkt, rechts die Baltic Street, dort muss ich hin, hab aber noch etwas Zeit mich umzusehen ...

Da ist die Schule, The Brooklyn School for Global Studies, links eine Art Schulhof, eingezäunt, asphaltiert, an der Wand steht das Motto: Understand Ourselves, the World and How to Make Change, ziemlich ambitioniert ...

Gleich daneben der Eingang, Erinnerungen an High-School-Schießereien werden wach, die Bilder laufen im Kopf ab, aber hier gibt es keine Metalldetektoren, keine Sicherheitsschranken, nur einen Tisch, wo ein Security-Check erfolgt, meine Kameratasche wird kontrolliert, mein Ausweis, ich bekomme einen »visitor pass«, werde darauf hingewiesen, dass ich nicht filmen darf, und warte, bis ich von Michaela Krieghofer abgeholt werde ... nach mir kommt eine Schülerin, sie wird gefragt, warum sie zu spät kommt ...

Wir gehen in Michaelas Stammklasse – hier wechseln die Schüler die Klassen, nicht die Lehrer. Auf dem Gang treffen wir Ebony, eine Afroamerikanerin. Da fällt mir sofort Paul McCartney's Song ein: »Ebony and ivory living together in perfect harmony«. Sie fragt nach ihrem letzten Test, »Passed!« ... bestanden, sie lächelt und bedankt sich. Interessante Frisur, das stark gekrauste Haar ist zu kleinen Zöpfchen geflochten, bis in den Nacken hinunter, nach einem Muster, bei ihr sind es schräge Streifen. Das scheint in zu sein, viele tragen die Haare so, auch die Burschen. Man kann die unterschiedlichsten Kreationen sehen. »Das machen sie sich gegenseitig in der Mittagspause!«

Erster Stundenbesuch, eine Abschlussklasse, Siebzehnjährige, sechs Tische in drei Reihen, die Schüler schlendern rein. »Good morning, Miss K!« Krieghofer ist ihnen wohl zu schwierig, ein Mädchen kommt zu mir her und erkundigt sich, warum ich da bin. Find ich nett! 23 Schüler sind es, davon 14 Mädchen. Zehn Latinos, sieben Schwarze, vier Weiße, eine Asiatin und ein islamisches Mädchen mit Kopftuch. Langsam läuft es an, Michaela schreibt Rechenaufgaben an die Tafel, dann werden die Hausübungen kontrolliert. Die Schüler arbeiten einige Rechnungen in Gruppen durch, dann werden sie besprochen, »cubic root...«, schrittweise wird erklärt. Manche, so habe ich den Eindruck, lassen die Schule, einen bestimmten Bereich der Außenwelt, der ihnen wahrscheinlich nicht wichtig ist, gar nicht an sich heran, wie ferngesteuert wirken sie, lethargisch. Und natürlich gibt es auch die Obercoolen, der Bursche im Michael-Jordan-T-Shirt packt schon ein. – Ihr Äußeres scheint ihnen sehr wichtig zu sein. Sie sind sehr modisch gekleidet, sportlich, sieht alles sehr neu aus, Sweaters, Jeans und Sneakers, wahrscheinlich In-Marken, die ich nicht kenne.

Nächste Stunde mit dem Matheprogramm »Alice« nach »Alice in Wonderland«, wenn sie etwas isst, verdoppelt sie sich, wenn sie etwas trinkt, halbiert sie sich. »A product within a radical...«. Viele passen auf, besonders einige Mädchen beteiligen sich ernsthaft. Die meisten wirken zwar etwas müde – ach ja, es ist Montag –, aber sie rechnen mit. Ein Junge steht auf und erklärt einer anderen Gruppe etwas. Wie viele sind es diesmal? 13, fünf Schwarze, fünf Latinos, drei Weiße.

Ich finde es toll, wie Miss K. das macht, sie möchte, dass ihre Schüler aufmerksam sind, dass sie mittun. Das gelingt ihr, weil sie sehr nett und geduldig ist. Sie hat einen guten Draht zu ihnen... (RW)

Sie waren nicht netter zu mir als zu anderen Lehrern!

MICHAELA KRIEGHOFER,
30, Lehrerin für Mathematik an
einer High School in Brooklyn,
New York, USA

Während eines großen Teils meiner Schulzeit in der Keimgasse – ich habe 1991 maturiert – habe ich mich mit meinen Eltern ziemlich schlecht verstanden. Mein Vater war streng. Ich habe mich unverstanden gefühlt. Deshalb habe ich mich sehr gerne in der Schule aufgehalten. Bei einem Stundenentfall in der Früh war ich trotzdem um 8 Uhr da, wie meine Clique auch. In der Unterstufe haben wir uns ziemlich »aufgeführt«. Ich glaube, insgesamt haben mich die Lehrer gehasst, weil ich so viel getratscht habe. Trotzdem hatte ich im Zeugnis oft einen Vorzug. Meine beste Schulfreundin war aus der »Bachgasse« zu uns gekommen. Danach habe ich es aufgegeben, die Beste sein zu wollen. Denn jetzt war sie es. Es gab aber zwischen uns keine Rivalität, sie war bloß ein bisschen besser als ich. Sie hat mich öfter ermahnt, ruhig zu sein. Sie war sehr fleißig und hat später Medizin studiert. Mir war das Rundherum in der Schule wichtiger als das Lernen. Ich bin immer wieder aufgefallen, war schulbekannt.

Wir haben die jungen Lehrer gemocht, weil sie »cool« waren, aber die erfahrenen waren mir im Unterricht lieber. Unsere Deutschlehrerin haben alle geliebt, sie war 28 Jahre alt und hatte rote Haare. Sie hat mit uns auch außerhalb der Schule etwas unternommen. Das hat sonst niemand gemacht. Wir haben z. B. mit ihr einen Film gedreht. Dabei hatten wir viel Spaß. Aber im Unterricht war sie nicht konsequent genug, und das haben wir ausgenutzt. Wir hatten einen »supercoolen« Lehrer in Bildnerischer Erziehung, Professor Trattner, den die Siebt- und Achtklassler duzen durften. Ich wollte das aber nicht tun.

Ich habe einige Lehrer sehr lieb gewonnen. Zu einer Professorin hatte ich noch lange nach meiner Schulzeit Kontakt. Sehr gemocht habe ich ihre aufopfernde Art, sie war für mich eine wichtige Ansprechpartnerin. Ich habe sie als einzige Erwachsene erlebt, mit der ich wirklich privat reden konnte. Das war für mich damals sehr wichtig.

Hier in New York ist das nicht so: Vertrautheit zwischen Lehrern und Schülern gibt es kaum, für persönliche Probleme steht ein Schulpsychologe zur Verfügung. Darum müssen wir Lehrer uns gar nicht kümmern. Wir müssen den Betreffenden nur an die richtige Stelle vermitteln.

Aber zurück zu den Schulerinnerungen: In Geographie hatten wir in der Unterstufe Professor Gergely. Einmal hat er uns aufgefordert – gegen ein Plus natürlich – die 50 US-Bundesstaaten in alphabetischer Reihenfolge auswendig zu lernen. Ich habe das gemacht und noch lange Zeit gekonnt. In Englisch war der Unterricht sehr interessant, in Mathematik auch. Ich habe gerne gerechnet. Wir hatten Frau Professor Tauböck von der dritten bis zur achten Klasse.

Ich habe schon in der vierten Klasse AHS daran gedacht, dass ich Lehrerin werden könnte, weil ich mir diesen Beruf als »cool« vorgestellt habe. Großes Interesse hatte ich auch an Kunst, aber diesbezüglich habe ich zu wenig Unterstützung bekommen. Damals hatte ich nicht genug Selbstvertrauen. In der achten Klasse schwankte ich zwischen Innenarchitektur- und Lehramtsstudium. Retrospektiv gesehen würde ich mich wieder für das Lehramt entscheiden. Mein Interesse an Sprachwissenschaft war während meiner Studienzeit zwar sehr groß, aber das war ein »brotloses« Studium, deshalb habe ich Englisch (wegen der besseren Chancen auf einen Arbeitsplatz) und Mathematik für das Lehramt studiert. Mathematik würde ich allerdings auf keinen Fall mehr wählen, das war ein Horror, ein Kampf von Anfang an.

Ich war auf den Geschmack gekommen

Nach Beendigung meines Studiums wollte ich eine Veränderung, ich wollte weg aus Österreich. Nicht einmal das Probejahr habe ich absolviert. Mein damaliger Freund war nicht begeistert, dass ich ins Ausland gehe. Aber ich war durch ein Studiensemester in Maryland (bei

Washington D. C.) auf den Geschmack gekommen. Nach New York zu gehen war von Österreich aus die einzige Möglichkeit, um im Ausland unterrichten zu können. Hier sucht man immer Lehrer. Viele meiner Kollegen kommen aus Kanada oder der Karibik.

Durch die österreichische Universitätsausbildung mit den zwei abgeschlossenen Studien in Mathematik und Englisch war meine Einstufung hier nicht schlecht. Üblicherweise wird man mit einem Lehramtsstudium auf Bachelor-Niveau eingestuft. Der Master bedeutet einen Gehaltssprung. Die Wochenstunden auf der Uni in Österreich bis zum Magisterium sind viel mehr als bis zum Master hier. Mir wurden auch einige Credits aus dem Ergänzungsstudium in Italienisch[9] angerechnet, ich bin also auf Master-Niveau eingestuft worden.

Ich habe mich nicht fertig machen lassen

Die erste Zeit in New York war sehr anstrengend, zwei Monate gab es nichts außer Schule. Ich war zwar diesbezüglich vorgewarnt worden, ich konnte mich dem Stress trotzdem nicht entziehen, die Korrekturen und Vorbereitungen musste ich machen. Die ersten Wochen waren besonders schlimm; viele Kollegen resignieren schon in dieser Zeit. Wir hatten damals nach einigen Wochen schulfrei, wegen eines Hurrikans – so wie heuer –, darüber war ich froh, denn ich war fix und fertig. Dazu kam, dass wir bis Ende September keinen Gehaltsscheck gekriegt hatten.

Im Oktober/November machte es plötzlich klick, ich war cooler geworden. Ich habe nicht mehr so viel korrigiert. Von Anfang an habe ich mich aber nie von den Klassen fertig machen lassen. Die Schüler waren auch nicht netter zu mir als zu den anderen Lehrern. Es gab ganze Stunden, in denen ich nicht unterrichten konnte, weil sich die Schüler so aufgeführt haben. Aber ich bin nach dem Unterricht aus der Schule rausgegangen und habe nicht mehr dran gedacht. Auf der Straße war ich anonym. Das Unterrichten war im ersten Semester sehr schwierig, danach musste ich die Schule wechseln. Meine erste Schule lag bei Coney Island, dem »Strand« von Brooklyn, nahe den so

---

9) Ich bin zweisprachig aufgewachsen, meine Mutter stammt nämlich aus Triest.

genannten »Projects«, das sind Wohnblöcke, ganze Viertel, wo die Ärmsten der Armen leben. Zu den sozialen Verhältnissen meiner damaligen Schüler ist zu sagen, dass etwa 50 Prozent weder bei ihrem Vater noch bei ihrer Mutter lebten, sondern bei einer Tante oder der Großmutter. Man wusste als Lehrer oft nicht, wer Ansprechpartner war.

Ich hatte anfangs 80 Prozent Burschen, ein Grund dafür ist, dass es eine berufsbildende Schule war (Schwerpunkt z. B. Automechaniker). Insgesamt waren die Leistungen in diesen Klassen total schlecht. Es saßen fast nur Schwarze drin, die ich zuerst gar nicht auseinander halten konnte. Jetzt ist das anders, jetzt habe ich viel mehr Bezug zu den Schülern. Positiv war damals, dass ich mich mit den Kollegen gut verstanden habe. Ich war auch oft mit anderen Österreichern unterwegs. Gute Freunde zu haben war in der ersten Zeit außerordentlich wichtig, ist natürlich immer wichtig. Regelmäßig zu den Treffen zu kommen, war aber nicht einfach, bei diesen großen Entfernungen. Ich brauchte von meiner damaligen Wohnung etwa zwei Stunden bis Manhattan.

Er hatte die Vision einer Schule ohne Tests

Im Jänner musste ich dann die Schule wechseln. Ich war »echt fertig«, weil ich es nicht wollte. Aber – das war Glück im Unglück – ich kam in eine sehr nette kleine Schule, in der ich jetzt noch unterrichte, »The Brooklyn School for Global Studies«. Ich habe mich auch bei der Lehrer-Austausch-Organisation beschwert, denn die Betreuer hatten sich nicht für mich eingesetzt. Man kann sich eben nur auf sich selbst verlassen. Mit dem Schulwechsel war auch ein Wohnungswechsel verbunden. Ich wohnte zuerst bei einem älteren sizilianischen Ehepaar in einer katholisch-italienischen Gegend. Mit meinem Italienisch konnten die beiden leider nichts anfangen, sie sprachen nur einen sizilianischen Dialekt, keine Hochsprache. Sie waren auch sehr streng, Herrenbesuche waren nicht erlaubt. Vorher hatte eine Nonne bei ihnen gewohnt. Diese Unterkunft war also nicht von langer Dauer. Anschließend wohnte ich in einer jüdischen Gegend. Nach dem Schulwechsel bin ich dann in eine nette Gegend in Brooklyn gezogen, die einen kleinstädtischen Charakter hat. Viele junge Leute leben hier, ich treffe auch manchmal Schüler auf der Straße oder in Geschäften, wo sie jobben. Es gibt viele gemütliche Cafés und Restaurants mit Küchen aus allen Weltgegenden. Viele Häuser sind stilvoll, sie sehen so englisch aus. Daneben ist gleich ein »arab quarter«. In einem anderen Viertel, in Midwood, wohnen viele orthodoxe Juden. Brooklyn ist multikulturell. Meine Schüler haben von Österreich noch nichts gehört, sie glauben, dass ich Russin oder Jüdin bin. Das ist amüsant.

Mein neuer Direktor war ausgezeichnet. Er war der Gründer der Schule und hatte die Vision einer Schule ohne Tests, stattdessen gab es »alternative assessments« (Projekte). Es gab natürlich schon eine Abschlussprüfung für jeden High-School-Absolventen, die »Math A Regents Exam«. Wir hatten ein interaktives Mathe-Programm. In dieser Schule habe ich viel Neues und Interessantes kennen gelernt, das hat mir persönlich viel gebracht.

Aufgrund dieses Wechsels und nach einem Interview mit dem Direktor hatte ich mich fürs Bleiben entschieden. Nach dem ersten Jahr hat es mir an dieser Schule gut gefallen. Wir hatten damals etwa 400 Schüler und waren etwa 30 Kollegen. Aber dann ist dieser Direktor – aus Krankheitsgründen – in Frühpension gegangen, seine Nachfolgerin ist 34 Jahre alt, hat aber kaum Unterrichtserfahrung. Sie sieht sich mehr als Managerin denn als Pädagogin. Sie hat leider die Neuerungen ihres Vorgängers systematisch wieder abgebaut. Die Konferenzen, die vorher offene Diskussionsrunden waren, wurden wieder zu Meetings mit Vorträgen umfunktioniert. Diese Entwicklung ist eine Katastrophe für die Schule. Die Direktorin hatte, wie ich es sehe, die richtigen Beziehungen und bekam dadurch diesen Posten, sie hat aber nicht die richtigen Fähigkeiten. Viele motivierte Kollegen, die vom Gründer der Schule angeworben worden waren und ein wirklich gutes Team gebildet hatten, haben sich in der Folge andere Schulen gesucht, in Long Island und Westchester. Dort verdienen die Lehrer etwa 90.000 Dollar im Jahr. Es kommt häufig vor, dass Junglehrer ein paar Jahre in Public Schools in New York unterrichten und dann weggehen. Deshalb herrscht hier auch großer Lehrermangel. Wir Österreicher dürfen aber nicht wechseln, wir müssen in New York bleiben.

... kein schwieriges Jahr

Mit der neuen Führung, mit dem neuen System kann ich mich nicht mehr identifizieren, für mich ist die Schule hier »gelaufen«, abgehakt. Über meine Abschlussklassler, die »seniors«, freue ich mich sehr, sie sind o. k. Sie wissen, dass dieses Jahr das wichtigste für das College ist. Außerdem habe ich auch andere Gruppen in Mathematik: eine mit 25, eine mit 20, eine mit 18 Schülern und zwei Fördergruppen.

Ich habe die Jahre hier gut überstanden und heuer ist es nicht besonders schwierig für mich, denn ich kenne meine Schüler mittlerweile sehr gut. Trotzdem muss ich aufpassen und extra vorsichtig sein, besonders bei persönlichen Äußerungen und Kritik an den Leistungen. Es kann nämlich »alles gegen dich verwendet werden«.

An manchen Tagen ist die halbe Klasse leer. Und zu den Elternabenden kommen generell sehr wenige Eltern. Es gibt an meiner Schule viele Problemschüler. Vor kurzem war eine Schlägerei. Einem Burschen wurde durch einen Faustschlag die Lippe so verletzt, dass sie regelrecht heruntergehangen ist. Der Schläger ist ein Junge, der sich selbst schon aufgegeben hat. Es herrscht hier höhere Gewaltbereitschaft als in Österreich.

Eine meiner Schülerinnen wohnt jetzt wieder bei ihrer Oma, zuerst war sie bei ihrer Tante. Die Mutter ist gestorben, als sie in der neunten oder zehnten Klasse war, und der Vater ist gewalttätig. Aber auch die Großmutter ist überfordert. Es gibt zu viele Schüler hier, bei denen das Elternhaus nicht funktioniert – wo z. B. die Mutter Alkoholikerin ist – oder die sozialen Umstände schlecht sind. Niemand kümmert sich um sie.

Was mir an den Mädels hier besonders gefällt, ist, dass sie selbstbewusster sind als die Mädchen in Österreich. Das sieht man z. B. daran, wie sie sich kleiden. Sie machen extreme Moden wie die tiefen Ausschnitte mit, auch dann, wenn sie zu dick sind.

Ohne College-Abschluss kriegt man nur letztklassige Jobs

Das Schulsystem ist hier überhaupt ganz anders als in Österreich, kein Klassen-, sondern ein Kurssystem. Man kann die Math-A-Prüfung nach der neunten, der zehnten Klasse oder später ablegen. Damit kann man aufs College gehen. In Mathematik lernen die Schüler bis dorthin, jetzt mit Österreich verglichen, den Unterstufenstoff. Die neunte Klasse befindet sich auf einem Niveau der dritten Klasse AHS. In den Anfangsvorlesungen auf dem College lernt man z. B. die Integrale. In der High School werden praktisch keine Fremdsprachen unterrichtet. Nur ein Jahr Spanisch ist Pflicht. Es wird wenig Wert auf die Naturwissenschaften, auf Biologie, Physik und Chemie, gelegt, und auch wenig auf Kunst und Musik. Wichtig sind Englisch, »Social Studies« (Gemeinschaftskunde) und Mathematik, Fächer, die alle vier Jahre hindurch unterrichtet werden. Dazu kommen Wahlfächer aus dem allgemein bildenden, dem beruflichen oder dem Hobby-Bereich. Das Angebot richtet sich bei uns danach, was die Lehrer anbieten können und wollen. Es gibt keine Noten, sondern »credits«. Einen Credit bekommt man, wenn man ein Semester lang ein Fach vier Stunden pro Woche absolviert.

Jede öffentliche Schule muss ein bestimmtes Leistungsniveau erreichen, eine Prozentzahl, besonders in Mathematik und Englisch, sonst wird die Schule geschlossen oder das Führungsteam ausgewechselt. Ein Erfolg muss da sein. Da reicht nicht die Aussage: »Wir sind halt eine schlechte Schule!«

Die Schüler dürfen höchstens bis zum 21. Lebensjahr auf der High School bleiben. Dann müssen sie aufs College. Ohne College-Abschluss kriegt man keine besondere Arbeit, nur letztklassige Jobs. Da es hier kaum berufsbildende Schulen und auch keine Lehre gibt, haben die meisten Leute keine berufsspezifische Ausbildung. Die erwerben sie dann erst im Job.

Ich habe beobachtet, dass die Lehrer hier oft die Schule wechseln. Und wenn Neue kommen, fragt man sich, wer es schafft und wer nicht. Viele geben schon nach einem Jahr auf. Für die meisten ist der Grund des Scheiterns die Angst vor der Klasse, sie lassen sich im wahrsten Sinn des Wortes fertig machen. Manche erfüllen auch die Voraussetzungen für diesen Beruf nicht. Als ich hier begann, habe ich auch nicht gewusst, ob ich als Lehrer geeignet bin. Aber das Unterrichten gefällt mir.

Ich unterrichte Mathe sehr gern. Und ich liebe die englische Sprache, allerdings bin ich ungeduldig, wenn ich es mit sprachlich unbegabten Menschen zu tun habe.

Wir haben fassungslos hinübergeschaut

Unsere Schule liegt nahe von Brooklyn Heights, einer sehr teuren Wohngegend mit alten Brownstone-Häusern, die sind Luxus pur und liegen an der »waterfront«, am East River. Von dort hat man einen guten Ausblick auf Manhattan und die Brooklyn-Bridge. Ich habe dort meinen ersten 4. Juli gefeiert, es gab ein Feuerwerk mit der Skyline von Manhattan als Hintergrund. Der erste 4. Juli war für mich der schönste. Letztes Jahr habe ich mich überhaupt geweigert zu feiern.

In Brooklyn Heights wohnen viele Leute, die in Manhattan arbeiten, sie fahren mit der U-Bahn oder mit dem Rad hinüber. Die Brooklyn-Bridge ist zweigeschoßig, unten die Autos, oben die Fußgänger und Radler. Ich bin von diesem Stadtteil total begeistert, wegen der sehr schönen, stilvollen Häuser. Faszinierend sind auch die vielen Gingko-Bäume, deren Laub sich im Herbst knallgelb verfärbt.

Die Schule ist auch nur wenige Kilometer Luftlinie vom World Trade Center entfernt, vom Schuldach aus konnte man die Türme sehen. Ein Schüler hat von dort aus am 11. September gefilmt. Ich habe an diesem Tag drei Stunden durchgehend unterrichtet und konnte wegen meiner Aufsichtspflicht nicht rausgehen. Als ich dann in den dritten Stock hinaufgekommen bin, war von den Türmen nichts mehr zu sehen. Es war unvorstellbar für uns, das WTC, das die anderen Wolkenkratzer um ein gutes Stück überragt hatte, das zu meinem Bild von Manhattan gehörte, war nicht mehr da. Besonders schlimm war, dass wir zu dem Zeitpunkt noch nicht wussten, was passiert war. Auch später konnten wir es erst gar nicht glauben. Mein Kollege Thomas, ein Salzburger, konnte an diesem Tag nicht nach Manhattan hinein, weil keine U-Bahn gegangen ist. Es durften auch keine Autos hineinfahren. Wir haben dann die Kollegen, die in Manhattan wohnen, bei uns aufgenommen. Wir sind später mit dem Bus zur Brooklyn-Brigde gefahren, aber etwas war nicht mehr da. Hunderte von Menschen standen in Brooklyn Heights, es war unheimlich. Eine riesige Rauchwolke schwebte über Lower Manhattan. Wir haben fassungslos hinübergeschaut. Und seither bringen die Menschen Erinnerungsstücke und Blumen hierher, auch heute noch.

Eine Woche war Lower Manhattan abgesperrt, alles war staubig. Die Asche zog auch herüber, wir mussten in der Schule alle Klassenfenster schließen, vor allem wegen der Kinder mit Asthma. In der Umgebung haben wir dann immer wieder Dokumente aus dem World Trade Center gefunden.

Der 11. September löste wirklich ein Trauma aus, man war an diesem Tag verwundbar geworden. Ich habe es bis heute noch nicht wirklich verarbeitet und Wochen später während eines nächtlichen Gewitters Angst bekommen, dass wieder etwas passiert ist. Ich beschäftige mich heute nicht gerne damit und will mich gar nicht erinnern. Vor einigen Tagen haben wir in der Schule eine Gedenkminute abgehalten, das hätte ich mir lieber erspart.

Viele Österreicher, die hier leben, kehren zurück, wenn ihre Kinder in die Schule kommen. Unter den Lehrern ist momentan eine Rückkehrwelle bemerkbar. Viele, die bleiben, entscheiden das von Jahr zu Jahr. Auch bei mir war das so. Ich bin jetzt das fünfte, das letzte Jahr hier und jedes Jahr war anders.

Im Sommer 2004 kehre ich nach Österreich zurück und möchte dort an einer AHS unterrichten. Ich habe mich auch schon an mehreren Schulen um eine Stelle beworben, in Baden und Mödling.

New York, im September 2003

DIE MISSIONARE

Die folgenden fünf Beiträge rücken eine Welt ins Zentrum unseres Bewusstseins, über die wir ansonsten nicht so viel zu hören bekommen, die Länder Lateinamerikas, im Speziellen Ecuador und Peru.

Im Jahr 2000 formulierte die UNO in New York die so genannten »Millennium Development Goals«: Bis 2015 soll u. a. erreicht werden, dass die weltweite Armut halbiert, jedem Kind der Schulbesuch ermöglicht, die Kindersterblichkeit gedrittelt, AIDS gestoppt und die Zahl der Menschen ohne Trinkwasser halbiert wird. Das ist ein absolut notwendiges Ziel auf dem Weg zu einer gerechteren Welt, und auch sehr ambitioniert. Vor allem die westlichen Industriestaaten sind dadurch zu einer verstärkten Entwicklungszusammenarbeit aufgerufen, aufgerufen, die Position des Zuwartens, des Beobachtens zu verlassen und ihre globale Verantwortung viel stärker wahrzunehmen als bisher. Von Menschen, die das längst getan haben, ist hier die Rede.

Schon vor vielen Jahren haben einige Priester aus der Erzdiözese Wien ihre Posten in Österreich verlassen um in Ecuador zu leben und zu arbeiten. Sie sind Seelsorger, die sich nicht auf die Seite der Herrschenden, sondern auf die der armen Bevölkerung stellen, auch wenn es für sie selbst einmal gefährlich wird. Sie kämpfen gegen den Konformismus, gegen den »Machismo«, sie engagieren sich dafür, die Gesellschaft zu verändern oder diese Veränderung zumindest in die Wege zu leiten.

Sie tun das auch durch Sozialarbeit im weitesten Sinn mit Schwerpunkten in den Bereichen Bildung und Gesundheit – durch Förderung des Schulbesuchs, durch die Erhaltung und Verwaltung von Schulen und Kindergärten, durch die Einrichtung von medizinischen Zentren, durch AIDS-Aufklärung usw.

Sie sind Multiplikatoren, die Netzwerke von Helfern vor Ort aufgebaut haben und weiter aufbauen, genauso wie ein Netzwerk von Spendern aus Österreich. Geldspenden verstehen sie in erster Linie als Hilfe zum Aufbau und zur Ausstattung einer Einrichtung, dann muss sich diese selbst finanzieren – Hilfe zur Selbsthilfe!

Und sie empfinden ihre Missionstätigkeit als sehr befriedigend, obwohl sie manchmal durch die politische und wirtschaftliche Entwicklung – in Ecuador selbst und weltweit – mehr Gegen- als Rückenwind erfahren.

Sie war die berühmte Maria
und ich der berüchtigte Bruder!

JOSEF HEISSENBERGER, 66, Bischofsvikar für die »Pastoral Social« (Caritas) der Erzdiözese Guayaquil, Erzbischof-Romero-Preisträger 1983, Pfarrer in Guayaquil, Ecuador

Meine Gymnasialzeit habe ich im Knabenseminar Hollabrunn verbracht, wo ich mich sehr wohl fühlte. Ich erinnere mich noch sehr gut an diese schöne Zeit mit den Schulkameraden und einigen sehr guten Professoren. Ich bin in Zöbern geboren, nach Kriegsende sind wir nach Aspang am Wechsel übersiedelt, dort habe ich auch die Volksschule besucht. Von dort nach Hollabrunn zu kommen, das war in den fünfziger Jahren eine Tagesreise. Die Fahrt durch Wien, allein, mit meinem großen Koffer, war für mich ziemlich aufregend. Ich war damals zwölf Jahre alt, besuchte die zweite Klasse Hauptschule und hatte mich entschlossen Priester zu werden. Ein Freund von mir, Edi Deim, hatte sich entschieden ins Seminar Hollabrunn einzutreten. Und ich dachte: »Was er kann, das kann ich auch!« Aber meine Familie war sehr arm, deswegen habe ich Unterstützung bekommen, von Priestern, die mich kannten. So konnte ich in Hollabrunn studieren, in einem guten Gymnasium. Ich erinnere mich an einige Professoren. Da war z. B. Professor Kraft, ein exzellenter Mathematiker, er konnte sehr gut erklären. Er war auch ein bisschen streng. Professor Simhandl war ebenfalls sehr gut. Ich bin mit den Lehrern gut ausgekommen, obwohl wir so manchen Schabernack getrieben haben. Es war rückblickend gesehen eine wunderschöne Zeit.

Das hat mich natürlich beeinflusst

Nach meiner Matura im Jahr 1957 trat ich ins Wiener Priesterseminar ein. Auch die Studienzeit war schön. Man war zwar ein bisschen eingesperrt, aber man hat gewusst, wie man überleben kann. Auf der anderen Seite war es doch eine Ausbildungszeit, eine Zeit der religiösen Vertiefung. Allerdings haben wir fast nichts Pastorales (praktisch Seelsorgliches) gelernt. 1962, bei Beginn des Zweiten Vatikanischen Konzils, bin ich zum Priester geweiht worden. In meinen Studienjahren, das kann ich sagen, gab es eine Person, die mich beeinflusst hat, nämlich meine Schwester Maria, die damals in Österreich schon einigermaßen bekannt war. Sie ist sieben Jahre älter als ich. Sie war zunächst Pastoralassistentin und ist dann, als ich schon im Priesterseminar war, in die Mission nach Südkorea gegangen. Ich habe für sie die »Hinterlandschaft« zu organisieren versucht, d. h. ihre Arbeit in Österreich bekannt gemacht und eine Spendeninfrastruktur aufgebaut. Sie war die berühmte Maria und ich der berüchtigte Bruder. Oft musste ich hören: »Ah, Sie heißen Heissenberger, Sie sind der Bruder von der Maria!« Meine Schwester hat in Südkorea mit einem Projekt für Schuhputzerbuben begonnen, dann ein SOS-Kinderdorf, ein katholisches Sanatorium, ein Rehabilitationszentrum für TBC-Kranke, ein Bildungshaus für Frauen gebaut und verschiedene andere Aktivitäten gesetzt. Das hat mich natürlich beeinflusst. In Südkorea hat es damals eine Suche nach Missionaren gegeben. Bischöfe von dort haben mich eingeladen auch hinzukommen. Da ich aber – das wusste ich schon von der Mittelschule her – nicht gut im Sprachenlernen war, war mir klar, dass es für mich unmöglich war, Koreanisch zu lernen. Ich meinte, ich hätte zwar eine Neigung für die Mission, aber keine Eignung. Und was macht man, wenn man die Eignung nicht hat? Ich wurde Kaplan, zuerst in der Pfarre Sankt Stephan in Baden bei Wien, dann in Sankt Josef-Weinhaus im 18. Bezirk. Anschließend war ich fünf Jahre Subregens im Priesterseminar.

Jetzt oder nie!

Aber im Jahr 1975 habe ich mich doch entschlossen in die Mission zu gehen. Ich war damals 38 Jahre alt; bis zum 40. Lebensjahr erlaubte es die Diözese den Priestern Missionar zu werden. Später könnten sie sich nicht mehr akklimatisieren, da gelinge die »Inkulturisation« nicht mehr. Da habe ich mir gesagt: »Jetzt oder nie!«, und habe angesucht. Ich wollte nach Südamerika gehen, in ein Land, wo man Spanisch spricht, weil Spanisch und Latein viel gemeinsam haben.

Meine erste Wahl war Argentinien. Ich habe daraufhin dem dortigen Bischof, einem Deutschen, geschrieben. Aber es ist nie ein Brief zurückgekommen. Eines Tages hat mich ein steirischer Missionar, der in Südkorea mit meiner Schwester gearbeitet hat, besucht und mir Grüße von Maria überbracht. Er ist dann nach Deutschland weitergefahren, nach Aachen. Dort hat er zufällig in einem Warteraum mit dem Weihbischof von Guayaquil Kontakt bekommen. Dieser hat ihn gefragt, ob er nicht einen Österreicher kennen würde, der als Missionar nach Ecuador gehen wolle. Er meinte, ja, er kenne einen, gestern habe er ihn getroffen, aber dieser wolle nach Argentinien, weil es dort auch vier Jahreszeiten gibt. Er könne es nämlich in den Tropen nicht aushalten.

Dieser Weihbischof hat mich trotzdem angerufen. Wir haben uns in München getroffen. Und ich habe mir gesagt, wenn der andere nicht antwortet, nehme ich eben die Einladung nach Ecuador an. Man braucht eine Einladung, um hingehen zu können. Dann habe ich mich ein Jahr lang vorbereitet und im Lateinamerika-Institut in Wien einen Spanisch-Kurs belegt. Als entscheidendes Kriterium habe ich mir folgendes vorgenommen: Wenn ich den Kurs regelmäßig besuche, wenn ich durchhalte, obwohl ich damals schon sehr viel zu tun hatte, dann habe ich vielleicht auch die Berufung. Und ich habe durchgehalten!

Ich habe sieben Beutelratten erschlagen

Im Jahr 1976 bin ich nach Guayaquil gekommen. Hier habe ich dann angefangen die Sprache neu zu lernen, ich habe zwar grammatisch einiges gewusst, aber verstanden habe ich fast nichts. Ich habe etwas gefragt, die Leute haben mir geantwortet, ich habe noch einmal gefragt und beim dritten Mal habe ich die Antwort immer noch nicht verstanden. Ich war zuerst in einer Pfarre in Salitre, einem richtigen Wild-West-Ort damals, voll mit Pferden. Es war eine interessante Pfarre, ich war ganz allein dort, war überhaupt der einzige Ausländer im ganzen Kanton. Die Leute sind zu mir zum Beichten gekommen, weil sie gewusst haben, dass ich fast nichts verstehe. Ja, ich habe am Anfang Schwierigkeiten mit der Sprache gehabt, aber die Leute waren freundlich und haben mich sehr gut aufgenommen. Die sechseinhalb

Jahre in Salitre waren eine Zeit, wo ich die Menschen hier sehr lieben gelernt habe.

Es hat also für mich gut angefangen, obwohl meine Erwartungen ganz anders gewesen sind. Ich hatte mir nicht vorgestellt, dass ich, was Hygiene betrifft, so viele Schwierigkeiten durchmachen müsste. In der ersten Woche, als ich allein dort war, habe ich sieben Beutelratten erschlagen und alles war voll mit »cucarachas« (Kakerlaken) und Fledermäusen. Es war hart. Das Wetter hat mir nicht so zugesetzt, sondern die fehlende Hygiene war am Anfang das Ärgste für mich. Aber die Leute waren sehr lieb, sehr nett. Ich habe bald viele Mitarbeiter gehabt, mich auf die Ausbildung von Katechisten konzentriert, viele Dörfer besucht, wo vorher noch nie ein Priester war. Herbert Leuthner[10], der nach mir gekommen ist, hat wieder neue Dörfer entdeckt und sein Nachfolger Padre Carlos Trapp[11] ebenfalls. Man kann sich das in Österreich schwer vorstellen. In dieser Zeit hat es in Salitre noch keine Wege gegeben, wir sind mit Kanus gefahren oder geritten. Ich habe in Salitre auch eine Kirche gebaut ohne etwas von Architektur zu verstehen. Heute würde ich das anders machen. Das Pfarrhaus stand im Rohbau, als ich gekommen bin. Da sind die »iguanas« (Leguane) auf dem Fensterbrett gelegen. Ich habe dann in einem Raum ohne Fenster und ohne Tür gewohnt und der Pfarrer in einem Bambushüttchen. Ich wollte anfangen, den Pfarrhof wohnlicher zu gestalten und Räume für die Gruppen herzurichten, aber die Leute wollten zuerst eine Kirche haben. Also wurde die Kirche gebaut, alle haben mitgeholfen. Ich musste mir etwas einfallen lassen, um den Bau zu finanzieren, natürlich mit Hilfe der Pfarren, wo ich früher war. Der größte Teil des Geldes kam aus Österreich, und zwar nicht oder kaum von Institutionen, sondern von meinen Freunden und ehemaligen Pfarrangehörigen.

Über die Grenzen unseres Vikariats hinaus bekannt

Meine nächste Aufgabe war Pfarrer und Bischofsvikar in der Stadt Daule. Dieses Amt hatte ich bis 1998 inne. Das Vikariat Daule war

---

10) Siehe S. 136 ff.
11) Siehe S. 101 ff.

ein Riesengebiet. Als ich nach Ecuador gekommen bin, gab es in dieser Zone einen ecuadorianischen, sonst nur ausländische Priester. Als Bischofsvikar war meine wichtigste Aufgabe, denke ich, Einheit in den Klerus zu bringen, ganz gleich welcher Nationalität und Mentalität der Betreffende angehörte. Wir erreichten eine Zusammenarbeit der Priester, der Schwesterngemeinschaften und auch der Laien. Bald waren wir über die Grenzen unseres Vikariats hinaus bekannt. Herbert Leuthner und ich haben sogar einen Solidaritätsfonds gegründet, der zum Großteil von uns Österreichern finanziert wurde. Ein Fixbetrag unseres Gehalts ist in diesen Fonds geflossen, damit wurden Materialien für die Katechese gekauft, Pastoralassistenten entlohnt, Aktionen gestartet und die Ausbildung gefördert.

Ich war der erste Österreicher in der Erzdiözese Guayaquil und habe die anderen nachgezogen. Herbert Leuthner war der zweite. Als er mich einmal besuchte, meinte er: »Wie wäre es? Mich würde Mission auch interessieren!« Und ich habe ihm gesagt: »Komm und schau dir das an!« Da ich durch meine Schwester Kontakt nach Korea hatte, habe ich auch von dort Helferinnen bekommen, später auch Priester. Ich habe also für mein Bischofsvikariat große Unterstützung erhalten.

Die Menschen gesellschaftlich und spirituell formen

Wir – alle Priester und hauptamtlichen Mitarbeiter des Vikariats – haben uns 1991/92 entschieden ein gemeinsames Pastoral-Projekt zu starten, eine hochinteressante Aufgabe. Alle Beteiligten haben mitgeholfen, manche mit mehr, manche mit weniger Enthusiasmus. Wir haben einen ungefähren Zeitplan ausgearbeitet, wie man das Leben hier verbessern, wie man die Menschen gesellschaftlich und spirituell formen und wie man sie zum Mitmachen und Durchhalten ermutigen könnte. Diese Entwicklung sollte in Phasen ablaufen. Zuerst kam die Analyse der gesellschaftlichen Zustände, dann die Einteilung des Gebietes in Sektoren und die Gewinnung von Mitarbeitern in den jeweiligen Sektoren ...[12]

---

12) Siehe auch Text von Herbert Leuthner, S. 141 ff.

Wir wollten über die Pfarren die ganze Diözese umgestalten. Ich war allerdings nur Bischofsvikar und der Bischof hat mir Leute seiner Wahl geschickt. Nicht alle wollten das mittragen, was wir für unser Projekt ja schon entschieden hatten. Deshalb hat es durch die Personalbesetzung des Bischofs viele Probleme gegeben. Aber es war hochinteressant und spannend für mich. Früher habe ich die Pfarre immer wieder gewechselt, denn nach vier bis fünf Jahren habe ich es nicht mehr ausgehalten, denn alles war auf meine Person bezogen, meine Zeit war fast völlig verplant. Ich habe »keine Luft mehr gekriegt« und dachte dann: »Aus, Schluss, ich muss wieder neu anfangen!« Diesmal war es nicht so, das war ein Projekt, das weitergegangen ist.

Allerdings hat es Probleme zwischen der Diözese und uns gegeben, meine Autorität als Bischofsvikar wurde untergraben. Deshalb wollte ich zurücktreten. Ich habe sogar einen Hungerstreik gemacht, vier Tage lang. Das war eine ernste Krise. Ich bin schließlich doch geblieben, weil der Bischof mich formell darum gebeten hat.

Ich hatte die Spannkraft nicht mehr

Nach 1998 habe ich mich trotzdem dazu entschlossen, das Amt des Bischofsvikars zurückzulegen, weil ich einen Herzinfarkt erlitten hatte. Ich habe gespürt, ich halte die Spannung mit den neuen Priestern nicht aus. Ich hatte die Spannkraft nicht mehr und wollte in Pension gehen. Das hat der Bischof abgelehnt. Ich hätte gerne bei den Bischöfen in ganz Ecuador für das Projekt geworben. Aber das hat dem Bischof auch nicht getaugt und er hat gemeint, ich soll die »Pastoral Social« für die ganze Erzdiözese Guayaquil übernehmen. Meine Antwort war: »Ich werde versuchen, was ich kann!«

Am Anfang, das war 1999, hatten wir eigentlich nichts, keine Infrastruktur. Das, was bis jetzt gelungen ist, ist die Integration aller 63 »dispensarios medicos« (der medizinischen Zentren) in den Pfarren. Wir haben dadurch für die Menschen eine medizinische Basisversorgung geschaffen, die sehr gut angenommen wird. Einige dieser 63 Zentren, nämlich 20, bieten neben der allgemein-medizinischen Versorgung auch Spezialisierungen an. Außerdem gehören zu unserem Verbund fünf Kliniken.

Jeder Pfarrer muss sich um die Finanzierung selbst kümmern

Die Dispensarios Medicos hat es natürlich schon vor 1999 gegeben. Viele Priester haben ihre sozialen Anliegen bereits vorher zu verwirklichen versucht, denn die ärztliche Versorgung für die Menschen war sehr schlecht gewesen. Die Pfarrer haben also – oft auf Spendenbasis – die medizinischen Zentren aufgebaut. Sie hatten und haben bezüglich der Finanzierung völlige Freiheit. Auch der laufende Betrieb wird heute nicht von der Diözese zentral finanziert. Die Patienten zahlen für Untersuchungen bei uns weniger als bei niedergelassenen Ärzten. Trotzdem muss es sich selbst erhalten, es müssen ja Geräte angeschafft werden, meist auf Kredit, und die Raten müssen zurückgezahlt werden. Wir versuchen jetzt alle Dispensarios Medicos in unserer Diözese zu erfassen, die Verwaltung zu vereinheitlichen, bestimmte Regeln einzuführen, Standards festzulegen. Wir wollen damit in den nächsten Jahren das Niveau in unseren medizinischen Zentren anheben. Wir bieten den Betreibern auch verschiedene Dienste an, z. B. eine Verteilerstelle für Medikamente zu sein. Dadurch können wir die Medikamente billiger beschaffen. Wir haben Verträge mit Pharmafirmen abgeschlossen und bekommen erhebliche Diskonte, die wir an die Patienten weitergeben.

Außerdem liegt uns die Ausbildung der Verwalter und Ärzte sehr am Herzen. Wir haben mit einer Universität einen Vertrag abgeschlossen und können Mitarbeiter zur Ausbildung hinschicken. Es sind hervorragende Kurse, wir haben jetzt schon den fünften laufen. Sie werden zur Hälfte von der Bischofskonferenz finanziert, die andere Hälfte muss der Teilnehmer selbst bezahlen. Dieses Programm bringt eine enorme Verbesserung der Effizienz.

Außerdem haben wir Vorsorgeuntersuchungen eingeführt (Krebsabstrich, Mammographie usw.), bis jetzt sind 5.000 Frauen untersucht worden. Wir planen in Zukunft mehr medizinische Programme für alle anzubieten.

Die Situation der Frauen ist alarmierend

Als Bischofsvikar für soziale Belange habe ich auch mit der Frauenpastoral angefangen. Die Situation der Frauen hier ist alarmierend:

Ein Großteil wird beschimpft, geschlagen, misshandelt, auch psychisch. Daher habe ich schon in meiner Zeit in Daule gemeinsam mit dem Frauen-Nothilfe-Zentrum »Maria Guare« betroffenen Frauen psychologische, juristische und medizinische Hilfe angeboten. Und seit ich in Guayaquil bin, habe ich begonnen in den Pfarren Sozialgruppen zu gründen, damit sie sich selbst helfen können.

Die Rollenverteilung innerhalb der Familie ist ungleich, 45 % der Familien sind überhaupt inkomplett. Dann ist die Frau »jefe del hogar« (Alleinerhalterin der Familie), Vater und Mutter in einem, geht arbeiten und muss die Kinder erziehen. Oft hat sie gar kein Einkommen oder sie wäscht und bügelt für andere. Wir haben hier in der Diözese auch eine Organisation namens »Hogar de Cristo« gegründet, die ganz einfache und billige Bambushütten produziert, damit die Familien – meist sind es Mütter mit Kindern –, die vom Land in die Stadt ziehen, ein Dach über dem Kopf haben.

Derzeit bin ich dabei ein Projekt für Kleinkredite für Frauen zu starten. Die von mir 1982 in Salitre gegründete »Cooperativa de Ahorro y Credito Salitre Ltda«, eine Spar- und Kreditgenossenschaft, ist derzeit eine enorme Organisation mit ungefähr 15.000 Mitgliedern und hat sich über das ganze Bischofsvikariat ausgebreitet. Hier müssen wir es ganz anders machen, ohne viel Bürokratie, damit auch Ärmere profitieren können. Wir verlangen von den Frauen nämlich keine Garantien für den Kredit. Jeweils fünf Frauen verfügen gemeinschaftlich über 500 Dollar. Sie kaufen z. B. Zutaten um Kokosspeisen zuzubereiten und können diese verkaufen. Sie müssen wöchentlich eine Rate zurückzahlen und sich gegenseitig kontrollieren. Meine Aufgabe ist es, zunächst einmal das Geld zu beschaffen und das System gut aufzubauen. Dann soll es von selbst laufen.

»Niños a la Escuela«

Weiters haben wir begonnen »promotores comunitarios de salud« (Gesundheitsreferenten der Gemeinden) auszubilden, die in unserem großen Projekt mitarbeiten. Sie bauen Gruppen von freiwilligen Helfern in den Pfarren auf, das sind vier bis sechs Leute, die gemeinsam etwa allein stehende schwangere Frauen besuchen. Dabei entdecken sie z. B. auch, dass diese Kinder haben, die nicht in die Schule gehen, weil kein Geld dafür vorhanden ist. Wir haben bereits mit Hilfe einiger Pfarren aus Österreich, nämlich Bruck an der Leitha, Lichtenegg, Aspang, Wenigzell, und durch private Spender das Projekt »Niños a la Escuela« begonnen und dadurch bereits 400 Kindern einen Schulbesuch ermöglicht.

Wir trachten danach, dass sich in den Pfarren mit der Zeit Gruppen bilden, die versuchen solidarisch zu werden. Im städtischen Bereich ist das schwieriger. Hier gibt es einfach zu viele Leute, die buchstäblich nichts haben. Auf dem Land hilft die Familie doch irgendwie weiter oder die Frau kann z. B. ein Schwein füttern. Aber in der Stadt geht das nicht.

Als Bischofsvikar bin ich Mitglied der Antikorruptionskommission. Die Arbeit in dieser Kommission ist gefährlich. Das Telefon wird abgehört. Wir besprechen zwar telefonisch nichts Wichtiges, trotzdem bedeutet es enormen Stress.

Hier ist die Kirche für die Bevölkerung wirklich viel wert

Ich bin als Bischofsvikar auch in einer »Jubileo 2000/Red Guayaquil« (Kommission zur Reduktion der Auslandsschuld, Gruppe Guayaquil) vertreten. Das ist international ein wichtiges Thema. Ich erwarte, dass die USA endlich begreifen, dass sie nicht so weitermachen können. Statt Krieg zu führen müssten sie Auslandsschulden stunden, umschulden oder überhaupt nachlassen, wenn das Geld in soziale Projekte fließt. Aber das funktioniert nicht! In den letzten Jahren hat Ecuador 40 bis 50 % des Budgets für Schuldentilgung ausgegeben, infolgedessen haben wir keine Gesundheitsversorgung, kein funktionierendes Schulwesen. Immer wieder streiken die Lehrer, sie kriegen nicht das, was der Staat ihnen versprochen hat. Die Lehrer verdienen hier wirklich wenig. Das Anfangsgehalt der Volksschullehrer ist niedrig, 180 Dollar im Monat, und sie müssen auch für Unterrichtsmaterialien aufkommen, für Kreide usw.

Die Presse hier ist Gott sei Dank sehr wach. Die Zeitungen greifen viele Themen auf und berichten seriös. Die Presse und die Kirche genießen hohes Ansehen in der Bevölkerung.

Ich betreue auch eine Pfarre, die nicht wirklich groß ist, nur 8.000 Einwohner. Und weil es in der Umgebung mehr Kirchen gibt, ist es nicht so tragisch, wenn ich nur am Wochenende dort bin. Während der Woche bin ich ständig unterwegs oder in der Zentrale der Pastoral Social.

Gestern war ich in Angelegenheit »REDIMA« (Verband der medizinischen Zentren) in Quito. Ich bin sehr beschäftigt. Hier habe ich 25 Angestellte, Universitätsprofessoren und internes Personal. Eine Klinik ist auch im Haus, im dritten Stock sind die »servicios medicos«, die ärztlichen Dienste. Ich bin auf einem Posten im mittleren Management. »Basisarbeit« als Seelsorger leiste ich nur in meiner Pfarre. Das alles schaffe ich gesundheitlich schon irgendwie. Das tropische Klima ist nicht angenehm für mich, ich muss Medikamente nehmen und mich mittags hinlegen.

Die Diözese hat auch große Aufgaben zu erfüllen, sie hat aber wahrscheinlich nicht mehr Budget zur Verfügung als wir in der Pastoral Social. Die Deutschen und die Österreicher helfen uns viel, aus Deutschland kommen in letzter Zeit allerdings weniger Spenden, es geht den Deutschen finanziell schlechter, auch die Säkularisierung wirkt sich negativ aus.

Eine kleine reiche Schicht hat alles in der Hand

Hier haben wir ganz andere Probleme. Die ecuadorianische Gesellschaft ist nicht wie die europäische auf einer breiten Mittelschicht aufgebaut, sondern eine kleine reiche Schicht hat alles in der Hand. Und der Rest hat kaum etwas. Zu mir kommen jede Woche mindestens fünf Leute, die mich um irgendeine Arbeit bitten. Viele davon sind Akademiker, sie haben buchstäblich nichts um ihre Familie zu erhalten. Sie erzählen, dass sie aus der Wohnung rausgeworfen werden, wenn sie die Miete drei Monate lang nicht bezahlen können. Die Leute haben Kinder und wissen nicht, was sie tun sollen. Sparen ist nicht möglich, wenn man immer zu wenig hat. Die Menschen haben keine finanziellen Reserven wie in Österreich, hier sind alle verschuldet. Und wenn dann noch eine Krankheit dazukommt, ...

Es gibt aber viele Bereiche, wo wir helfen können. Und es erfüllt mich mit Freude und Dankbarkeit, dass ich immer wieder ein neues Projekt planen und umsetzen kann.

Ich danke Gott, dass er mich nach Ecuador geschickt hat, zu sehr liebenswerten Menschen. Dieses Land ist meine zweite Heimat geworden. Hier bin ich alt geworden, habe aber immer meinen Glauben und mein Vertrauen auf Gott beibehalten. Er wird allen, ob in Österreich oder in Ecuador, alles vielfach vergelten. Denn »denen, die Gott lieben, gereicht alles zum Guten« (Röm 8,28).

Guayaquil, im Dezember 2003

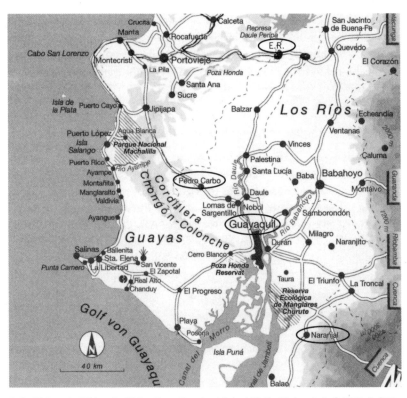

E. R.: El Rosario (Bildquelle: Volker Feser, Ecuador, Michael Müller Verlag, 2. Aufl. 2002, S. 471.)

Ein ganz normaler Vormittag im Leben des Carlos Trapp
oder
Don Camillo und Haubenkoch

Gemeinsam mit Ginni, der Pfarrsekretärin, und Mauro, einem Untermieter im Pfarrhaus, genießen Padre Carlos und ich das Frühstück; herrlich duftende Weckerl, Tortillas mit Champignons und Kräutern von der Fensterbank, eine Maracuja, frischer Saft von Baumtomaten, der viel fruchtiger schmeckt als unser Tomatensaft...

»Buenos dias!« Ein als »ingeniero« betitelter jüngerer Mann kommt herein, er will bei den Vorbereitungen zum abendlichen Pfarr-Bingo helfen. Er wird vom Padre zum Fenster geleitet, dort entspinnt sich gleich ein angeregtes Gespräch. Es geht um die besonderen Pflanzen im Vorgarten, eine davon ist der Setzling eines Baumes, der vom Aussterben bedroht ist. Niemand, der ins Haus kommt und Interesse für die Pflanzen zeigt, kann sich der Begeisterung des Padres entziehen. Dieser sieht es als Beitrag zur Erhaltung der Artenvielfalt, denn in der Landwirtschaft geht der Trend auch hier in Richtung Monokultur.

Etwas später die erste Ausfahrt ins Ortszentrum von El Rosario, zu einer Señora, die die Wäsche macht. Sie hat keine Waschmaschine, sondern wäscht mit der Hand, wie es hier üblich ist. Sie füttert auch ein paar Schweine, »chanchos«, und was sie sonst noch tut, um ihre Familie durchzubringen, weiß ich nicht. Die Wände der Häuser in der Nachbarschaft sind aus Bambus. Wenn man abends vorbei kommt, fällt das blaue Licht des Fernsehgeräts durch die Ritzen auf die Straße, ein eigenartiger Anblick.

Weiter geht es, der linke Arm des Padres ist immer beim Autofenster draußen, die Hand meist zum Gruß erhoben. »Muy buenos...!«, ruft er immer wieder (»Einen guten...!«). Oft hupt er auch kurz. Ein älterer Herr in einem Klein-LKW kommt uns entgegen, die beiden Fahrzeuge stoppen mitten auf der Fahrbahn, viel Verkehr ist ohnehin nicht. »Muy buenos, Don Antonio!«, oder wie das Gegenüber heißt. Gleich wird besprochen, wann das Holz eines alten Dachstuhls aus Santa Lucia abgeholt, wann und wo es abgeschliffen und in Bretter geschnitten wird. Dieses Holz wird in der neuen Kirche für den Altar und die Bänke verwendet. »Wunderschönes, gesundes, altes Holz, das auch noch relativ billig zu bekommen war«, freut sich der Padre.

Dann geht es wieder zurück ins Pfarrhaus, denn es warten schon einige Burschen, die mit ihm und seinem Pick-Up zwei Jungstiere abholen sollen, die Hauptpreise beim Bingo.

Bald kommen sie zurück, die Tiere werden mit Stricken an den Pfeilern der Gartenmauer festgebunden. Sie wirken ruhig. Der Padre kommt ins Haus und schaltet den CD-Player ein. Das ist inspirierend für ihn. Ob die Stiere auch klassische Musik mögen?

Jetzt geht's ans Kochen. Auch da ist Padre Carlos in seinem Element. Er kocht sehr kreativ, experimentiert gern mit einheimischen Kräutern und Gewürzen. Es gibt Reis als Beilage, gedämpft in einem Topf mit doppeltem Boden. Reis – ein Produkt, das ja hier gedeiht.

Wie herrlich es duftet! Bald sitzen wir zu viert am Esstisch. Plötzlich hören wir ein dumpfes Geräusch, als wäre etwas Schweres zu Boden gefallen – der Pfeiler? Wir sehen nach, einer der Jungstiere hat sich losgerissen und springt jetzt übermütig auf der Straße herum. Gleich laufen die Burschen herbei um ihn wieder einzufangen. Zuerst schreien sie aufgeregt durcheinander, dann nähern sie sich langsam und ruhig dem Tier und fangen es wieder ein. Jetzt strahlen sie und erwarten einen bewundernden Zuruf. Padre Carlos sieht vom Fenster aus zu und applaudiert ihnen. Er ist begeistert von so viel Lebensfreude – einer Lebensfreude, die er auch selbst ausstrahlt und die ansteckend ist. (RW)

Wenn ich in Österreich geblieben wäre, wäre ich ein anderer Mensch geworden!

KARL TRAPP, 55, Pfarrer von El Rosario, Erzdiözese Guayaquil, Ecuador

Von meiner Volksschulzeit in Oberrußbach habe ich nur die Erinnerung an alte Bänke, die man runterklappen konnte und die eine Vorrichtung für ein Tintenfass hatten. Es war eine einklassige Volksschule. Was ich bis heute an meinem Lehrer Herrn Huber bewundere, ist, dass er alle Klassen pädagogisch ausgezeichnet betreut hat.

Nach drei Jahren Hauptschule Großweikersdorf stellte sich für mich, schon relativ früh, die so genannte Priesterberufsfrage. Von zuhause, von meinen Eltern, kam keine Initiative, mein Vater hat mich z. B. nie gefragt, ob ich Priester werden möchte. Und ich hatte auch kein direktes Vorbild. Das ist selber gewachsen. Unser Religionslehrer Kaplan Wendelin Meri hat uns mit einem Overhead-Projektor den Werdegang eines Priesters präsentiert, von klein auf bis zum Sterben. Das hat vermutlich schon beeindruckend auf mich gewirkt. Schließlich setzte sich unser Pfarrer Karl Amon dafür ein, dass ich nach Hollabrunn ins Erzbischöfliche Knabenseminar wechseln konnte.

Eine heile Welt

Von 1961 bis 1967 war ich im Seminar, damals herrschte noch strenges, geordnetes Seminar-Leben, mit einer genauen Tageseinteilung: Frühmesse und Abendandacht, Schule und fixe Lernzeiten mit Silentium, Freizeit und Sport ... Ich kam in die dritte Klasse, auch andere waren neu, meist Burschen vom Land, sodass die Integration leicht war. Damals war das Seminar noch eine heile Welt, eine geschlossene Gesellschaft. Wir waren auch im Gymnasium eine eigene Klasse. Ich habe das Seminar nicht als etwas Widerliches empfunden, habe mich nicht gezwungen gefühlt, es war ja mein eigener Entschluss hinzugehen. Inwieweit es mich geprägt hat, kann ich nicht sagen. Die Erwartungen, die ich in den Wechsel gesetzt hatte, erfüllten sich. Während dieser Zeit habe ich keine persönliche Krise erlebt, ich wollte nicht weg.

In der Schule habe ich schon ringen müssen, in Latein und Griechisch, auch in Mathematik, bin aber immer durchgekommen. Ja, dieses Ringen, dieses Kämpfen, um ein bestimmtes Ziel zu erreichen, ist sicher prägend geworden für mein späteres Leben. Von den Professoren hatte ich die »alte Garde«. Mit unserem Klassenvorstand Professor Simhandl z. B. war ich bis zu seinem Tod in Verbindung. Er hat es in seiner gütigen, humanistischen Art verstanden, uns die klassische Bildung näher zu bringen. Mein Deutschlehrer hat mir nicht die Liebe zur Literatur erschlossen, die ist erst später gekommen. Aber das zeigt auch, dass ein Lehrer in Wirklichkeit nicht auf Dauer Wege verstellen, sondern nur »aufschieben« kann.

Das hat meine Studienzeit unheimlich bereichert

Nach der Matura 1967 hat sich mir schon die Frage gestellt: Soll ich wirklich ins Priesterseminar gehen? Ich hatte damals bereits folgende Sicht: Wenn eine Entscheidung, eine Sache als Schwerpunkt da ist und sich nicht etwas anderes als große Hinterfragung dazwischen schiebt, dann soll man bei der ersten Entscheidung bleiben. Es hat nichts Wichtiges dagegen gesprochen.

Wir sind also zu siebent aus meiner Klasse ins Priesterseminar in Wien eingetreten, ich bin aber als einziger geblieben. Meine Zeit dort (von 1967 bis 1973) war etwas turbulent. Der Leiter des Hauses, Regens Steiner, ist nach einem Jahr in Pension gegangen. Dann kam Regens Zehndorfer, er hat dann geheiratet, ihm folgte Regens Toth. In dieser Zeit sind viele ausgetreten. Es herrschte Unruhe, nicht nur personell, sondern wohl auch durch das Konzil bedingt. Das Zweite Vatikanische Konzil war 1965 zu Ende gegangen und hatte Erwartungen geweckt, von denen man nicht wusste, wie man sie umsetzen sollte. Es war ohne Zweifel eine Zeit des Übergangs.

Das, was mich heute beschäftigt, auch theologisch, ist alles erst später gekommen. Ich gehöre vielleicht zu den Leuten, die nicht sagen können, dieser oder jener hat mich entscheidend geprägt. Nach der Matura – das ist schon prägend vom bereits vorher bestehenden Interesse her – habe ich die Bekanntschaft eines damals schon alten Pfarrers gemacht, nämlich von Karl Keck aus Senning. Er war ein geschätzter Lokalhistoriker mit unheimlich gutem Gedächtnis. Durch ihn bin ich in Beziehung mit alten Pfarrbibliotheken gekommen. Dort, wo Pfarren nicht mehr besetzt waren oder sich niemand um die Bücher gekümmert hat, hat er die Bestände gerettet, in Eigenregie. Er hat die Bücher gesammelt und teils in die Diözesanbibliothek, teils in die Nationalbibliothek in Wien gebracht. Ich habe beim Transport geholfen, ich hatte damals schon den Führerschein. Wir sind oft gemeinsam ausgefahren, dadurch habe ich auch viele dieser aufgelassenen Pfarrhöfe kennen gelernt, z. B. Aspersdorf oder Schrattenthal. Ich war eigentlich auch sehr gern im Pfarrhof Senning, da habe ich eine Atmosphäre erlebt, die es heute in dieser Form, glaube ich, in Österreich nicht mehr gibt; auch geprägt durch die »Fräu'n Marie«, die brave Haushälterin. Es war familiär und Pfarrer Keck hat dann erzählt und erzählt. Ich bin zwar kein Historiker, aber ich habe von ihm viel über Weinviertler Lokalgeschichte erfahren. Dadurch hat sich mein großes Interesse für Geschichte und auch Literatur entwickelt.

Diese Begegnung hat meine Universitätsstudienzeit bestimmt und ungemein bereichert. Das Studium selbst trat im Gegensatz dazu eher in den Hintergrund, es war damals noch ziemlich leicht, die Ansprüche an der Universität waren nicht besonders hoch. Ich habe einen Theologiebetrieb erlebt, wo die Professoren brav ihr Pensum gelesen haben. Ich habe meine Prüfungen abgelegt, das meiste aus irgendeinem Buch gelernt.

1972 wurde ich zum Diakon geweiht. Meist kommt man danach in eine Pfarre, ich wurde aber Hilfspräfekt im Seminar Hollabrunn und verbrachte jede Woche fünf Tage dort und zwei Tage in Wien. Ich kehrte nach Hollabrunn zurück, obwohl ich in den Jahren nach der Matura nicht das Bedürfnis hatte, immer wieder hinzufahren. Ich sah das Seminar nicht als »verlorene zweite Heimat«.

Wir sind in die Kellergasse marschiert

Nach meiner Priesterweihe 1973 kam ich als Kaplan zu Dechant Leyendecker nach Poysdorf. Mit dem Bründlfest in Maria Bründl Anfang September hat meine Zeit dort begonnen, aber die Situation hat sich bald auf tragische Weise verändert. Einige Wochen später, es war ein Montag im Oktober, kam ich morgens von meinem Zimmer runter und der Pfarrer hatte einen Herzinfarkt erlitten. Er wurde sofort ins Spital gebracht, ist aber am darauf folgenden Samstag gestorben. Ich erinnere mich noch sehr gut an den Tag vor seinem Infarkt, es war ein Sonntagnachmittag. Er hat mich gefragt, ob ich Lust hätte mit ihm ein bisschen spazieren zu gehen. Wir sind in die Kellergasse marschiert, es war ein wunderschöner Herbsttag. Gerade im Weinviertel sind da die Farben so leuchtend, ist die Temperatur so mild, der Himmel so schön blau. Dann sind wir in einen Keller reingegangen und haben einen alten Wein verkostet, einen 10-jährigen. Das war Dechant Leyendeckers letzter Trunk, eine Woche später war er tot.

Als junger Kaplan wird man nicht mit der Leitung einer Pfarre betraut, so wurde Dr. Pospischil, Pfarrer von Schrattenberg, als Pfarrverwalter eingesetzt. Er blieb in seiner Pfarre und ich war etwa bis Ostern allein, bis der neue Pfarrer kam. Dieser war ein schwieriger Mensch, aber ich kam gut zurecht mit ihm. Ich habe damals auch in der Volksschule und in der Handelsschule unterrichtet und mich um das Kolpinghaus gekümmert. In Poysdorf habe ich mich sehr wohl gefühlt und es gibt bis heute Kontakte dorthin.

Das wurde nie richtig diskutiert

Nach zwei Jahren wurde ich gefragt, ob ich als Präfekt ins Knabenseminar Hollabrunn gehen wolle, ich war einverstanden, verbrachte dann neun Jahre dort und unterrichtete in dieser Zeit auch Religion am BG Hollabrunn.

Was ich bis heute schätze, ist, dass Rektor Kurz nicht autoritär war. Als Präfekt war ich bei meinen zwei Klassen, der fünften und der sechsten, habe mit ihnen das Gemeinschaftsleben gepflegt, mit ihnen geredet, sie beraten. Ich hielt es für wichtig, es den jungen Leuten auch klar zu sagen, wenn der Priesterberuf meiner Meinung nach nicht das Richtige für sie war. Diese Zeit war aber auch schon schwierig für das Seminar Hollabrunn. Wir haben bemerkt, dass immer weniger Burschen eingetreten sind. Aber das wurde nie richtig diskutiert, wir arbeiteten halt weiter. Als ich 1984 dann endgültig wegging, hatte ich das Gefühl, jetzt geht die Zeit für das »kleine Seminar« zu Ende.

Ich wollte aber schon vorher von Hollabrunn weggehen. Zwei Pfarren wären in dieser Zeit in Frage gekommen: Hausleiten und Großweikersdorf. Hausleiten, eine so genannte Mutterpfarre im Weinviertel (was die Gründung betrifft), hätte mich sehr interessiert, auch kunstgeschichtlich und historisch. Das wäre mein Metier gewesen. Dechant Öfferl wusste das auch. Ich habe zugesagt, aber in der Diözese hat man nein gesagt, ich möge noch ausharren, hieß es. Als dann Pfarrer Leuthner nach Ecuador gegangen ist, wurde auch seine Pfarre Großweikersdorf vakant. Auch diese war mir nicht fremd. Ich habe angesucht, aber es hieß wieder: Warte noch! Ich sollte bis zur Ablöse von Rektor Kurz und seinem Führungsteam weiterhin im Seminar Hollabrunn bleiben. Ja, auch mit dieser Pfarre ist es nichts geworden.

»I fratschl gern die Leut' aus!«

Dann habe ich 1983 Pfarrer Leuthner in Ecuador besucht, mit Erwin Ruff und Helmut Schüller, zu dritt sind wir aufgebrochen, »natürlich unwissend, blöd, ohne Spanisch, ohne nix«. So kamen wir nach Salitre in der Diözese Guayaquil. Herbert Leuthner war bereits seit drei Jahren dort. Eines Tages fragte er mich: »Wie wär's, willst du nicht auch herkommen?« Ich habe ihm während meines Aufenthalts keine Zusage gegeben, aber ich wollte es mir überlegen, obwohl ich vorher nie an eine Missionstätigkeit gedacht hatte. Ich war ja darauf auch nicht speziell vorbereitet.

Nach meiner Rückkehr nach Österreich habe ich ein Ansuchen an die Diözese gestellt, ob sie mich für Ecuador freistellen würde. Darauf erhielt ich ein Jahr lang keine Antwort und zu Schulschluss 1984 kam ein Anruf vom Bischofsvikar, er bat um einen sofortigen Rückruf. Zum ersten Mal in meinem Leben habe ich gedacht: »Du hast mich ein Jahr warten lassen, jetzt lasse ich dich warten!« Ich wollte mich erst am Montag melden, denn ich half dem Poysdorfer Pfarrer am Wochenende aus, es war wieder Bründlfest. Dann erhielt ich die endgültige Zusage. Und am ersten Adventsonntag 1984 kam ich in Salitre an. Ich habe damals nicht gewusst, was mich erwartet. Wir sind als Weltpriester nicht für Missionsarbeit ausgebildet, ja, es ist auch keine Erstmission, aber man muss doch in einen anderen Kulturkreis hineingehen. Aus heutiger Sicht war es wirklich ein Himmelfahrtsunternehmen. Ich habe noch zuhause etwas Spanisch gelernt und vermutlich gedacht, sonst ist eh alles wie in Europa. Da habe ich mich aber getäuscht. Damals hatte ich z. B. keine Ahnung von den Menschen hier, von ihrer Mentalität. Die ersten drei Monate in Salitre waren Monate, wo ich zunächst einmal salitrenisches Spanisch gelernt habe. Ich bin »ins Wasser gesprungen«, nach dem Motto: Schwimm oder geh unter! Aber mein Interesse an den Menschen – »I fratschl gern die Leut' aus!« – hat mir dabei geholfen, dass ich mich immer besser eingelebt habe. Ja, mein Werdegang ist kein klassischer, der Stufen durchläuft und die nötige Vorbereitung erhält, sondern das ist eher selbst erarbeitet und errungen. Ich musste hier meinen eigenen Weg und meine eigene Methode finden. Es war ein eigenartiges Gefühl, als Herbert Leuthner im Februar 1985 nach Pedro Carbo, in seine jetzige Pfarre, ging und ich allein blieb. Die ersten Jahre in Salitre waren nicht einfach. Nach der anfänglichen Euphorie, dem Enthusiasmus, mit dem ich an meine neue Aufgabe heranging, kam eine – eher emotionell bedingte – schwierige Phase, vermutlich eine Art Kulturschock. Ich konnte mir den Grund dafür nicht erklären. Eines war sicher, ich wollte nicht weggehen aus Salitre oder zurück nach Österreich. Ich habe in meiner Tätigkeit nicht mehr so viel Animo gespürt wie vorher. Aber das habe ich bald überwunden, es war nicht prägend für die spätere Zeit.

… sie sollen nicht Steine werfen

Beigetragen zu dieser Krise hat damals wohl auch die politische Situation in Salitre, die sich 1987 noch zugespitzt hat. Am 27. November wurde das so genannte Bezirkserhebungsfest gefeiert, ein für jeden Kanton wichtiges Fest mit großem Festzug. Aber innerhalb der Bevölkerung herrschte großes Unbehagen, weil unter dem amtierenden »presidente« (Bürgermeister) nichts weiterging. Das spürte ich. Was ich nicht wusste, war, dass das ja der Regelfall in Ecuador ist. Dieser Stimmung habe ich damals entsprochen, indem ich drei Meter schwarzen Stoff gekauft und damit den Kirchturm beflaggt habe. Das war ein so unverhofftes Zeichen, dass der Festzug zusammenbrach. Zu Mittag gab es einen Volksaufstand und das »municipio« (Bezirksamt) wurde mit Steinen beworfen. Ich wäre als Pfarrer zum »desfile« und zur nachfolgenden Sitzung eingeladen gewesen, aber ich war bei den Leuten auf der Straße und sagte ihnen, sie sollen nicht so unvernünftig sein und Steine werfen, es sei ja ihr Gebäude und kaputte Fenster brächten nichts. Daraufhin haben sie aufgehört. Die Honoratioren, die im Municipio waren, um den Festzug abzunehmen, mussten aber über Leitern ins Freie flüchten und konnten die gebratenen Schweinshaxen nicht essen. Dann war Wochen hindurch Streik. Die Straßen wurden blockiert, schließlich wurde der Eingang in das Municipio vermauert.

Am 8. Dezember wurde die Situation auch für mich kritisch. In einem Dorf war eine Messe angesetzt, zu der der Presidente, er war etwas betrunken, erschien und mit mir reden wollte. Dazu kam es aber nicht. Jedenfalls wurde mir die Luft aus den Autoreifen gelassen und ich musste mich über Hinterwege nach Salitre durchschlagen. Daraufhin kam auch die Diözese ins Spiel, der damalige Bischof gab mir zu verstehen, dass ich zumindest für einen Monat aus Salitre weggehen soll, man habe Angst, dass man mich umbringen könnte.

Ich reiste dann nach Quito, wohnte bei den Kapuzinern und wartete ab, bis die Lage wieder ruhiger würde. Aber ruhiger wurde nichts. Ein Jahr lang hat die öffentliche Verwaltung im Municipio nicht funktioniert, der Bürgermeister hat zurücktreten müssen, auch unter der neuen »presidenta« hat sich die Situation nicht gebessert. Aber seit diesem Jahr geht der Festzug nicht mehr am Municipio vorbei. Dieses Ereignis hat sich in den Köpfen der Salitrener eingeprägt.

Ich wollte nicht mehr brav warten

Ich bin dann noch einige Jahre geblieben und 1993, nach der Rückkehr vom Heimaturlaub, wollte mir der Bischof eine andere Pfarre übertragen. Heinrich Doblhoff-Dier, ein weiterer Priester aus der Erzdiözese Wien, war neu gekommen und sollte Salitre übernehmen. Für mich war eine Pfarre in Guayaquil, nämlich Prosperina, vorgesehen. Bis Weihnachten sollte ich Doblhoff-Dier in Salitre einführen, wie es Pfarrer Leuthner mit mir gemacht hatte. Während dieser Zeit änderten sich die Vorstellungen des Bischofs bezüglich meiner neuen Pfarre. Man schlug mir vor, nach Tarifa zu gehen, wo ich mich ab 1994 um die Pfarrneugründung und um den Aufbau des religiösen Lebens kümmern sollte. Ich war einverstanden, besorgte erst einmal ein Auto, ließ den Pfarrhof herrichten usw. Die Arbeit ist recht schön vorangegangen. 1997 wurde der Nachbarpfarrer versetzt und seine Pfarre Samborondon blieb verwaist. Es hieß, ich sollte diese Pfarre mitbetreuen, aber die Entscheidung darüber wurde längere Zeit nicht getroffen. Ich musste mit ansehen, dass beispielsweise die geistliche Schwester dort nicht einmal Hostien für die Kranken bekommen konnte. Deshalb bin ich zum Generalvikar gegangen und habe ziemlich nachdrücklich eine Entscheidung verlangt. Die Ungewissheit hat meinen Unmut erregt, ich konnte und wollte nicht mehr brav warten, bis der Bischof von sich aus entschieden hatte. Meine Vorgangsweise hat der Führung in der Diözese nicht gefallen. Ich weiß, dass solche Entscheidungen schwierig sind, weil Priestermangel herrscht, aber manchmal werden sie auch verschleppt. Die Folge war, dass ich dann einige Zeit drei Pfarren betreut habe, Samborondon, Tarifa und La Victoria del Monte, alle im Vikariat Daule, das war schon schwierig. Im Jahr 2000 hörte ich zufällig davon, dass eine große Umorganisation in meinem Pfarrgebiet geplant war. Ich konnte es nicht glauben und schrieb einen Brief an den Bischof, in dem ich ihm mitteilte, dass ich die Pfarren zurücklege und bis zum 27. August eine Entscheidung bezüglich meiner Zukunft erwarte. Der Brief wurde nicht beantwortet – er war wohl zu scharf abgefasst. Was dem Bischof, glaube ich, die Galle ins Gesicht getrieben hat, war, dass ich ihm einen Termin genannt habe. Am Fest des Heiligen Hyazinth, am 7. August, hat ihm ein Pfarrer aus unserem Vikariat beim Mittagessen mitgeteilt, dass ich vorhabe nach Manabí, in die Nachbardiözese von Guayaquil, zu gehen, wenn er nicht reagiert. Vier Stunden später kam die Antwort, ich wurde gefragt, ob ich bereit wäre, nach El Rosario, in meine jetzige Pfarre, die drei Autostunden nördlich von Guayaquil liegt, zu gehen. Ich war viele Jahre »brav«, habe nie protestiert, nie Anlass zur Klage gegeben, aber die Situation damals hat mein Blut in Wallung gebracht.

Mich interessiert es, ihre Wurzeln kennen zu lernen

Bei El Rosario handelte es sich um eine Neugründung, es gab nur eine kleine Kapelle, die ziemlich heruntergekommen war – schauerlich war das –, keinen Pfarrhof, kein Auto. Die Leute haben mich freundlich begrüßt und es hat mir gleich gefallen. Ich habe zugesagt und begonnen hier aufzubauen. Über die MIVA, eine österreichische Hilfsorganisation, konnte ich ein Auto bekommen und mit österreichischen Spenden mit dem Bau des Pfarrhofs beginnen, denn ich musste ja irgendwo wohnen. Der 7. Oktober 2001 ist der Gründungstag meiner Pfarre. Jetzt bauen wir an einer neuen Kirche, materiell wie immateriell.

Der Ort selbst ist mit etwa 1.500 Einwohnern relativ klein, aber die 30 »recintos« (Dörfer), die zu meiner Pfarre gehören, liegen in einem Umkreis von 50 Kilometern. Einmal im Monat wird in jedem Recinto eine Messe gelesen. Durch die Größe der Pfarren hier ist es unbedingt notwendig Laienmitarbeiter zu finden, die viel von der Pfarrarbeit mittragen. Viele Menschen hier sind in der Landwirtschaft tätig, aber die Vermarktung ihrer Produkte zu einem halbwegs fairen Preis ist sehr schwierig. Es herrscht hohe Arbeitslosigkeit. Die Jüngeren halten sich mit Gelegenheitsarbeiten über Wasser und sehen im Weggehen, z. B. nach Quito, ihre einzige Chance. Da bedeutet es schon viel, wenn – mit finanzieller Hilfe aus Österreich – ein Pfarrhof und jetzt auch eine Kirche errichtet werden, da können wenigstens ein paar Leute längere Zeit beschäftigt werden. Ja, hier ist ein Pfarrer neben Seelsorger je nach Bedarf auch Architekt, Baumeister, Ökologe, Sozialhistoriker, Gärtner, Koch usw. Und der Pfarrhof wird immer mehr zu einem Ort der Begegnung. Das begeistert mich.

Ich musste in El Rosario wieder neu anfangen, denn der Volkscharakter ist hier doch ein bisschen anders. Diese Leute sind Manabiter, obwohl das Pfarrgebiet nach Guayaquil gehört, so gesehen ist auch meine Drohung (»Ich gehe nach Manabí!«) wahr geworden. Mich interessiert es, ihre Wurzeln kennen zu lernen, damit ich sie besser verstehen kann. Manchmal kann man nach ihren »apellidos« (Familiennamen) die Heimatstadt ihrer spanischen Vorfahren bestimmen. Und sie verwenden in ihrem Spanisch auch veraltete Ausdrücke.

Eine Transformation der Gesellschaft in die Wege leiten

Im Allgemeinen wäre es wohl besser, nicht immer wieder in ein anderes Gebiet versetzt zu werden, denn man plant ja seine Arbeit für einige Zeit voraus. Andererseits lernt man aber dadurch das Land besser kennen, man wird nicht engstirnig. Dadurch weiß ich auch viel vom Volkscharakter. Ich verstehe die Menschen hier, das bestätigen sie mir immer wieder, habe keine Probleme mit ihnen, obwohl sie zum Teil sehr empfindlich sind und man relativ schnell Konflikte heraufbeschwören kann. Aber wo es brennt, darf man kein Öl draufgießen, oder – anders gesagt – man muss sie »ausdampfen« lassen, dann geht es wieder. Die Menschen erzählen mir viel, sie wissen, dass ich nicht von hier bin, und trotzdem ist eine Vertrauensbasis da. Es interessiert sie, woher ich mein Wissen über Land und Leute beziehe, manchmal testen sie mich auch. Da ist es von Vorteil, wenn ich die Feinheiten kenne.

Ich habe ein intensives Interesse für alles, was sich hier abspielt, von der Politik bis hin zum alltäglichen Leben. Ich möchte eindringen in diese Welt und sie auch modifizieren. Es kommt noch dazu, dass man als Pfarrer in Ecuador einen ganz anderen Stellenwert hat als in Österreich. Kirche ist, was ich so lese und höre, für viele in Österreich kein Thema, während hier doch noch viel von »comunidad«, von Gemeinschaft, von Miteinander, die Rede ist. Hier kann man Hilfe leisten und aufzeigen, wo es lang gehen sollte, geleitet von nüchternen Erkenntnissen und einer tiefen Zuneigung für die Menschen.

Ich möchte nicht mehr in einem Barock-Bilderrahmen leben

Die Ecuadorianer fragen mich oft, ob es mir hier gefällt. Ich kann das nicht so beantworten. Darauf sage ich dann, dass es mich wütend macht, dass hier so viele Möglichkeiten etwas aufzubauen nicht genutzt werden. Das bemerken auch Ecuadorianer, die ein bisschen nachdenken. Kürzlich hat jemand zu mir gesagt: »Wir haben hier so schöne Früchte, die Mangos z. B., wieso lassen wir sie verfaulen?« So eine Aussage verwende ich dann als Ausgangspunkt für meine Predigt, ich sage, dass ein »cambio«, ein Wandel, eine Bewusstseinsänderung, notwendig ist und dass wir gemeinsam diesen Wandel in Angriff nehmen müssen. Es ist schön, dass es hier viele Möglichkeiten gibt, Konzepte zu entwickeln. Die Umsetzung solcher Projekte ist aber dann auch schwierig, anfangs ist die Begeisterung der Leute groß, sie lässt aber schnell nach. Vor einiger Zeit starteten wir z. B. ein Projekt für ökologischen Landbau. 64 Interessenten aus vier Gemeinden wollten Gemüse biologisch produzieren. Jetzt sind nur noch etwa 15 dabei. Das ist ziemlich ernüchternd, auch für die Ecuadorianer selbst. Eine Ursache ist wohl, dass die Menschen hier alles gleich haben wollen. Sie fangen etwas Neues an und wollen gleich Millionär sein. Dass man dazu vielleicht 20 oder 30 Jahre braucht, wollen sie nicht wahrhaben.

Trotzdem möchte ich lieber hier bleiben als zurückgehen. Hier habe ich eine erfüllende Aufgabe, ich weiß, was ich mache und warum ich es mache, ich kenne auch die Grenzen. Auf lange Sicht ist es so, dass etwas hängen bleibt. Wir werden es wahrscheinlich nicht schaffen, dass es zu einer Transformation der Gesellschaft kommt, aber wir können sie zumindest in die Wege leiten.

Wenn ich in Österreich geblieben wäre, wäre ich ein anderer Mensch geworden, vermute ich. Ich habe mich immer für Kunst interessiert, für Kulturgeschichte, habe Bücher gesammelt, alles Mögliche zusammengetragen, aber ich möchte nicht mehr in einem Barock-Bilderrahmen leben, nein, ich sehe das heute ganz anders. Manchmal denke ich daran, was ich später machen werde, wenn ich alt bin. Ich lasse es noch offen, ob ich dann nach Österreich zurückgehe oder nicht.

Man kann wahrlich studieren, wie ein Land heruntergewirtschaftet wird

Jedenfalls fühle ich mich sehr wohl hier, obwohl die Missstände sozialer und wirtschaftlicher Natur offensichtlich sind. Man braucht nur mit offenen Augen durch das Land zu fahren und wird überall darauf stoßen. Schrecklich ist die Umweltzerstörung. Im Amazonasgebiet fördert man Erdöl, aber was für Schäden allein durch undichte Pipelines verursacht werden, ist verheerend. Außerdem hat die Abholzung bereits ein bedrohliches Ausmaß angenommen. Wenn diese weiter geht wie bisher, haben wir in 25 Jahren keinen Wald mehr. Das bedeutet in einer tropischen Zone, in der die Niederschläge als Regengüsse oder Wolkenbrüche auf die Erde prasseln, die Gefahr der Ausschwemmung. Man hat versucht, mit Teakholzkulturen entgegenzusteuern, aber dieser Baum – noch dazu in Monokultur – entzieht dem Boden Wasser und verändert den Grundwasserspiegel. Insgesamt schreitet somit die Verwüstung und Versteppung voran. In der Regenzeit sind hier an der »costa«, im Küstentiefland, Überschwemmungen normal und auch von Vorteil, einmal führt das Wasser Schlamm mit, der als Dünger dient, zum anderen »sauft« jede Menge Ungeziefer ab. In die gefluteten Felder wird Reis gepflanzt, der den Costeños als Hauptnahrung dient. Der Reisanbau erfolgt aber auch maschinell. Bis zu drei Ernten pro Jahr sind möglich, wenn regelmäßig bewässert wird.

Leider wird in Ecuador, weil es sich oft um große Haziendas mit Monokulturen handelt, viel mit Pflanzenschutzmitteln gearbeitet. Der ökologische und gesundheitliche Schaden ist ziemlich groß. Dazu kommt, dass das Landwirtschaftsministerium nur eine Verwaltungsbehörde ist, die Genehmigungen erteilt, aber keine zukunftsorientierte Politik macht. Die schwache politische Situation insgesamt trägt dazu bei, dass z. B. Umweltschutzmaßnahmen, die oft hart sein müssen, nicht durchgeführt werden können. Wenn etwas gegen die Interessen der kleinen Schicht von Reichen und Superreichen spricht, ist es nicht durchzusetzen. Ich habe in 19 Jahren insgesamt acht verschiedene Staatspräsidenten erlebt. Jedes Mal hofft man, dass es besser wird, aber nach einigen Monaten ist alles beim Alten. Wahlversprechen werden nicht eingehalten, Reformen nicht entsprechend umgesetzt. Man kann hier wahrlich studieren, wie ein Land durch Planlosigkeit, Korruption und fehlende Perspektiven heruntergewirtschaftet wird. Trotz der Erdölförderung steigt die Staatsverschuldung an. Es ist kaum eine wirtschaftliche Entwicklung festzustellen, obwohl allein das Bevölkerungswachstum schon genug Potential dafür bieten würde. Deshalb wandern hier ansässige Unternehmer auch noch ab. Die ökonomisch Schwachen (dazu zählt auch die indigene Bevölkerung) sind zuerst davon betroffen und Leute, die sich ein bescheidenes Auskommen geschaffen haben, stürzen wieder in die Armut.

In dieser pessimistischen Sicht gibt es aber auch Lichtblicke: In der Provinz Guayas ist in den letzten Jahren schon eine positive Veränderung zu bemerken, speziell in der Infrastruktur. Auch die Stadt Guayaquil hat sich entwickelt, dank zweier Bürgermeister, Leon Febre Cordero und Jaime Nebot, die wirklich gut gearbeitet haben.

»Mande me! O mande!«

Ein großes Defizit ist auch im Bildungsbereich zu diagnostizieren. Die Privatschulen sind davon nicht betroffen. In der Volksschule lernen die Kinder zwar lesen und schreiben, aber oft stelle ich fest, dass Texte ohne Punkt und Beistrich, nicht Sinn erfassend, gelesen werden. Es gibt vielfach einklassige Volksschulen mit Frontalunterricht, die Lehrer schreien regelrecht in der Klasse, sie haben keine gediegene pädagogische und wissenschaftliche Ausbildung. Oft sind sie nur Mittelschulabgänger.

Nach sechs Jahren Volksschule besuchen viele Schüler ein »Colegio« (die Mittelschule), das ebenfalls sechs Jahre dauert, drei Jahre »basico« und drei Jahre »especialisado«. Trotzdem ist das Bildungsniveau niedrig. Die Absolventen haben kaum Allgemeinwissen und denken auch nicht vernetzt.

Wenn in einem Land nicht in Bildung investiert wird, kann man in andere Bereiche Geld hinein pumpen, was man will, es wird am Ende keine wirkliche Veränderung erfolgen. Davon bin ich überzeugt.

Auffallend ist auch, dass das eigene Denken wenig ausgeprägt ist. Ein Grund dafür ist wohl, dass viele Entwicklungsprojekte nicht auf Selbstbestimmung und Selbstverantwortung gezielt haben, sondern den Paternalismus gefördert haben. Außerdem haben die Leute früher, in der langen Zeit der Fremdherrschaft, meist auf Haziendas gelebt, ihnen wurde jede Arbeit aufgetragen. Sie waren nie selbstständig. Davon zeugt ein noch heute gebräuchlicher Ausdruck, der »Wie bitte?« bedeutet, nämlich »Mande!«. Es kommt von »mandar« und heißt wörtlich übersetzt: »Befiehl mir, schick mich!« Man konnte früher zu seinem Herrn nicht sagen: »Ich verstehe dich nicht!«, sondern man musste es entsprechend umschreiben und sich unterwürfig zeigen. Wir gebrauchen »Mande me! O mande!« hier immer wieder und den Leuten wird nicht bewusst, dass sie da etwas von ihrer eigenen Geschichte und soziologischen Gegebenheit aussagen. Das ist symptomatisch für die allgemeine Unselbstständigkeit, die »Kindlichkeit« vieler Menschen hier.

Meine gute Ida!

Wenn ich schon einen kleinen Ausflug in die Vergangenheit mache, möchte ich auch auf Ida Pfeiffer verweisen, die große österreichische Weltreisende. Sie ist in fortgeschrittenem Alter und als Frau allein von Wien aufgebrochen und 1853 auch nach Ecuador gekommen. In ihrem Reisebericht hat sie sich bitterlich beschwert, dass sie hier hintergangen und nach Strich und Faden ausgenutzt worden ist. Sie ließ kein gutes Haar an den Ecuadorianern, meine gute Ida. Sie muss aber auch für die Leute ein sonderbarer Anblick gewesen sein, in Hosen, mit einem Schmetterlingsnetz in der Hand und einem Moskitonetz auf dem Hut.

»Nachmittags landeten wir an der Treppe des ersten Beamten von Bodegas. Das ganze Städtchen steht während der Regenzeit so tief unter Wasser, dass man in Booten von einem Haus zum andern fährt. Die Häuser sind auf Pfähle gebaut.

Als ich die wenigen Stufen hinanstieg, hob ein Neger mein kleines Gepäck aus dem Boot und trug es mir nach; ich hielt ihn für den Diener des Hauses. Kaum hatte er es jedoch abgelegt, so verlangte er zwei Realen für diese unbedeutende Mühe. Der Beamte sowie mein Diener hörten dies unverschämte Begehren; allein weder der eine noch der andere machten die geringste Einwendung: Weil das Zahlen nur mich und nicht sie anging, waren die zu träge, den Mund zu öffnen. Ich erzähle absichtlich dergleichen Prellereien und Betrügereien, um meinen Lesern einen Begriff von diesem abscheulichen Volke zu geben und zugleich zu beweisen, dass ich recht habe, wenn ich behaupte, mich als einzelne schutzlose Frau unter den Wilden überall besser befunden zu haben als unter Christen. Überall, wo ich hinkam, hieß es zwar in diesem Lande:

›Pobrecita Señorita‹; dabei war aber schon bedacht, wie man dieser ›armen Frau‹ ihr bisschen Geld abnehmen könnte.«

(Quelle: Ida Pfeiffer: Reise in die neue Welt: Amerika im Jahre 1853. Hg.: Gabriele Habinger, Promedia Wien 1994, S. 99f.)

Auch ich befinde mich hier auf einer faszinierenden Entdeckungsreise, einer Entdeckungsreise ins Innere eines Landes und seiner Menschen. Immer wieder erfahre ich Neues, ergründe Zusammenhänge und bin Feinheiten auf der Spur. Und neben all den Missständen, die ich mit Sorge feststelle, begeistert mich vieles bei uns in Ecuador:

– die Schönheit und Unberührtheit der Landschaft, die sich etwa an den schneebedeckten Vulkanbergen manifestiert,

– die Geschichte und Kultur, wenn ich beispielsweise an die Hügelgräber, die »tolas«, denke, in denen Menschen in riesigen Tonkrügen begraben worden sind, die man dann übereinander geschlichtet hat, sodass sie wie Rauchfänge emporragen,

– oder Phänomene der Natur wie den bei Flut flussaufwärts fließenden Rio Daule, der mit seinen Teppichen von Wasserhyazinthen den Gezeitenwechsel erst richtig verdeutlicht.

Wo gibt es das sonst? Ich denke, ich habe hier das Leben gefunden, das mich erfüllt.

El Rosario, im Dezember 2003

Nach Österreich kommt sicher keine Autokarawane!

BERNHARD RUF, 50, Bischofsvikar und Pfarrer von Naranjal, Erzdiözese Guayaquil, Ecuador

Ich stamme aus Eggendorf am Wagram und habe meine Mittelschulzeit von 1964 bis 1972 im Knabenseminar Hollabrunn verbracht. Das Internat war die einzige Möglichkeit für meine Brüder und mich eine höhere Bildung mit Matura zu bekommen. Täglich nach Stockerau oder Tulln zu fahren, wäre zu kompliziert gewesen. Ich war Ministrant und meine zwei älteren Brüder waren auch im Seminar Hollabrunn. Deshalb kam ich auch hin. Es war für mich, der aus einem kleinen Dorf kommt, interessant, ein so großes Haus zu erleben, mit anderen Jungen zusammen zu sein. Wir waren 42 in der ersten Klasse, maturiert haben dann nur 12. Es erfolgte eine starke Ausmusterung, sowohl leistungsmäßig als auch was die Disziplin betrifft. Man war damals noch sehr streng im Seminar. Wer ab der sechsten Klasse wusste, dass er kein Priester werden wollte, war fehl am Platz, das wurde ihm auch klar gemacht und der Austritt wurde ihm nahe gelegt. (Später hat sich das Gott sei Dank total geändert.) Wir spürten dann sehr viel Ablehnung von denen, die gehen mussten, weil sie zum Teil Kirchenfeinde wurden.

Die Seminarerziehung war auf das eine Ziel, den Priesterberuf, ausgerichtet. Wer den vorgegebenen Weg in Zweifel gestellt oder daran Kritik geübt hat, der kam weg. Mein Präfekt Herbert Leuthner war aber sehr offen für Diskussionen, von der Leitung selbst war man sehr streng. Für mich war es eine wunderschöne Zeit, ich genoss die Gemeinschaft, Kontakte von damals sind bis heute aufrecht. Einmal war mein Jahrgangskollege Erich Gschweidl mit seiner Frau und den Töchtern zu Besuch hier in Ecuador.

Entwicklungshilfe hat mich damals schon interessiert

Das Gymnasium bereitete mir zuerst keine Probleme, später mit Latein und Griechisch war es schon sehr hart. Ich hatte aber keine größeren Schwierigkeiten durchzukommen. Die Professoren waren damals sehr streng, manchmal auch recht zynisch, das hat dazugehört. Es wurde vom Seminar aus sehr auf guten Erfolg im Gymnasium gedrängt. Beide Institutionen, das Seminar und das Bundesgymnasium, absolvierte ich eigentlich problemlos, es gab keine gröberen Reibereien. Wir haben im alten Gebäude am Kirchenplatz begonnen und im zweiten Jahr sind wir in die Reucklstraße übersiedelt. Für uns Seminaristen war es schön, im Gymnasium mit anderen zusammenzukommen. Ab der fünften Klasse gab es keine eigene Seminaristen-Klasse mehr, wir waren mit den so genannten Neusprachlern zusammen. Zwei Mädchen haben sogar Griechisch mit uns gelernt. Direktor Scheibenreiter führte ein strenges Regime in der Schule. Ich persönlich habe nie Schwierigkeiten mit ihm gehabt. Er hat bei uns Latein unterrichtet, da war er recht nett, er hat uns viel aus seiner langjährigen Erfahrung erzählt. Später bekamen wir Professor Schweinberger, seinen Schüler. Wir waren seine erste Latein-Klasse. Ab dem dritten Jahr hatten wir Professor Groër in Religion, er verfügte über profundes Wissen und war sehr belesen. In Deutsch hatten wir Professor Knofel, dort war ich ziemlich gut. Aus Mitleid mit ihm bin ich einmal zum Redewettbewerb angetreten, gegen Hubert Nowak, der von Professor Walenta betreut worden war. Hubert wurde Anstaltssprecher. Er ist damals schon aufgetreten wie ein Nachrichtensprecher. Ich habe das Thema Entwicklungshilfe gewählt, das hat mich schon früher interessiert und ich war inhaltlich, glaube ich, nicht schlecht, aber rhetorisch war mir Hubert überlegen.

Rückblickend muss ich sagen, es ist doch etwas aus uns geworden, obwohl der Rektor immer wieder gesagt hat: »Aus euch wird nichts!« Sieben aus meiner Klasse sind in kirchliche Berufe gegangen, vier Priester (Edwin Beigl, Josef Markl, Karl Philipsky und ich), ein ständiger Diakon (Franz Bauer in Thaya), zwei Religionslehrer (Erich Gschweidl und Rudolf Egert). Nach uns gab es keinen besseren Jahrgang mehr.

Meine zwei älteren Brüder waren auch im Priesterseminar in Wien, einer drei, einer fünf Jahre. Bei der Entscheidung Diakonatsweihe ja oder nein haben sie beide nein gesagt. Einer meiner Brüder hat dann eine Frau kennen gelernt, ist seit 26 Jahren glücklich verheiratet, hat zwei Töchter und unterrichtet Religion.

... ob es der richtige Weg ist

Meine Eltern haben deshalb von mir nie etwas erwartet, sie haben gesagt: »Tritt du auch aus, du wirst sowieso kein Priester!« Sie haben bis zum Schluss von meiner Entscheidung nichts gewusst. Als ich ihnen die Einladung zur Diakonatsweihe gegeben habe, waren sie ziemlich überrascht. Es war für mich kein Druck oder Zwang da, mit einem Austritt hätten sie auch gerechnet. Diese Situation war sehr angenehm für mich. Es war trotzdem eine gewichtige Entscheidung, die ich treffen musste. Mein Studienpräfekt im Priesterseminar war Josef Heissenberger[13], er hat mich dabei sehr unterstützt. Auch nach der Priesterweihe kann man aber nicht sicher wissen, dass es der richtige Weg ist.

Während meiner Studienzeit war ich an der Uni sehr engagiert, in der Studentenvertretung, in der Fakultätsvertretung, habe im Haupt- und im Zentralausschuss mein Mandat gehabt, saß in der Begabtenstipendien-Kommission und in der Studienkommission. Als Studentenvertreter habe ich auch viel Freiheit gehabt, bin in Österreich herumgefahren und habe begonnen regelmäßige Treffen mit anderen Studentenvertretern zu installieren. Ich habe es nie bereut, die Uni-Politik war eine gute Schule für mich, ich habe viel profitiert davon für den Priesteralltag.

Im Jahr 1977 wurde ich in der Canisiuskirche im 9. Bezirk in Wien zum Diakon geweiht. Im Anschluss daran habe ich mein Studium als Mag. theol. abgeschlossen. Ich habe die Diplomarbeit geschrieben, für die Diplomprüfungen gelernt, während ich schon als Diakon in einer Pfarre in Simmering eingesetzt war. Das war ziemlich hart, aber ich habe es geschafft.

Am 29. Juni 1978 wurde ich von Kardinal König mit ein paar anderen im Stephansdom in Wien zum Priester geweiht. Es gab auch vor der Weihe schon privaten Kontakt zu Franz König, wir waren zweimal zum Frühstück bei ihm, er hat uns befragt. Er hatte nämlich die letzte

---

13) Siehe S. 88 ff.

Entscheidung, ob jemand geweiht werden sollte oder nicht. Deshalb war es wichtig, dass er uns kannte. Er hat uns im fünften Studienjahr nach Rom eingeladen und uns den Vatikan gezeigt und sein Büro dort. Das war sehr interessant. Wir haben wirklich guten Kontakt zu ihm gehabt. Einige Zeit später, ich war Kaplan in Hollabrunn, fand ich, als ich vom Unterricht in der Volksschule heimkam, eine Banane und einen Zettel mit »Herzlicher Gruß, Franz König!« vor meiner Tür. Ich war dann auch 1984 wegen meines Einsatzes hier in Ecuador bei ihm. (Ich wäre nicht so früh in die Mission gegangen, wenn nicht Josef Heissenberger gesagt hätte, er würde dringend jemand brauchen. Er war damals Bischofsvikar von Daule.) Im Juni 2003 haben wir mit dem Kardinal unser 25-jähriges Priesterjubiläum gefeiert.

Nach der Priesterweihe war ich vier Jahre Kaplan in Hollabrunn und zwei Jahre in Ottakring, wo ich noch weitere zwei Jahre bleiben wollte. Es hat mir dort sehr gut gefallen. Als Kaplan hat man bestimmte Aufgaben, man kümmert sich um die Jungschar, die Pfadfinder, organisiert verschiedene Sommerlager. Ich war drei Wochen pro Jahr auf Lager. Ich habe auch die Ministranten betreut, Religion unterrichtet, die Erstkommunion- und Firmvorbereitung übernommen, Taufen und Messen gehalten. Vor allem die Jugendarbeit war fixer Bestandteil des Pfarrlebens in Hollabrunn, in Ottakring habe ich damit wieder neu begonnen, da war eine Zeitlang nichts. Der intensive Kontakt mit den Menschen war für mich besonders schön. Ich habe im Lauf der Zeit die ganze Gemeinde kennen gelernt. Es ist ein großer Unterschied, ob man Pfarrer oder Kaplan ist, der Pfarrer trägt wirklich die letzte Verantwortung, auch für den Finanzhaushalt, für die Arbeit mit dem Pfarrgemeinderat, die Arbeit in den Ausschüssen. Da tut man sich als Kaplan leichter, man kann Erfahrungen sammeln und ist andererseits auch viel freier.

Zuerst habe ich im Kirchturm gewohnt

Aber nach zwei Jahren in Ottakring kam ein dringender Ruf von Padre José (Heissenberger). Und hier in Ecuador war es von Anfang an klar, dass ich eine Pfarre übernehmen musste. Am 12. Oktober 1984 kam ich nach Daule, verbrachte zuerst zwei Monate bei Padre José, am 24. Dezember bin ich in meine erste Pfarre, nach San Francisco in Daule übersiedelt. Es war eine neu gegründete Pfarre, eine Stadtpfarre, die Kirche stand im Rohbau. Sie war fertig zu stellen. Bis das Pfarrzentrum gebaut war, was etwa drei Jahre dauerte, habe ich im Kirchturm gewohnt. Wir hatten dort schnell einen Raum ausgebaut, WC und Dusche installiert. Nach der Kirchweihe begannen wir mit dem Bau des Pfarrzentrums, das war dringend, man braucht eine Kanzlei, Tagungs- und Gruppenräume. Die Idee, ein »dispensario medico« (eine Ambulanz) zu bauen, kam erst später, es wurde von den Leuten gewünscht. Es wurde eine wichtige medizinische Versorgungsstelle für die Bewohner des südlichen Stadtrands von Daule. Wir hatten für einige Stunden pro Woche einen praktischen Arzt, einen Zahnarzt, einen Augenarzt zur Verfügung, daneben gab es eine Apotheke, ein Labor und ein Röntgengerät. Letzteres war sehr wichtig, weil wir damit die einzige Röntgenstation in Daule hatten, es wurde sehr gut angenommen.

Ich bin der Ansicht, dass sich alles, was man hier aufbaut, auch selbst erhalten muss. Ich kann nicht etwas aufbauen, das sich nicht selbst erhält. Wenn ich dann weggehe, d. h. wenn die Hilfe aus Österreich wegfällt, würde es nicht mehr funktionieren. Jedes Projekt muss sich im laufenden Betrieb selbst finanzieren, das war immer mein Ziel, sonst hat es keinen Sinn anzufangen und Millionen hineinzustecken. Die Planung, alles muss sich danach richten. Wir hatten damals ein Röntgengerät mit einem Servicevertrag, die Preise waren so kalkuliert, dass Einnahmen und Ausgaben ungefähr gleich waren. Ich hatte ja als Pfarrer die oberste Verantwortung, ich muss die Buchhaltung prüfen. Ich hatte in Daule und auch hier nie jemanden, der geeignet gewesen wäre, das zu machen. Auch ich habe das nicht gelernt, aber hier lernt man es schon. Das Entscheidende ist, wie erhält sich eine Institution, wie viel Geld bleibt übrig z. B. auch bei unseren Schulen. Das »colegio« (Mittelschule) hier in Naranjal ist oft am Rande des Verlustes – wegen der kleinen Klassen, Labors und Computerräume –, die Volksschule macht Gewinn, damit kann ich das ausgleichen.

Gott sei Dank hat man Lehren aus der Katastrophe gezogen

Meine erste eigene Pfarre war also San Francisco. Dort war in den sieben Jahren viel Aufbauarbeit zu leisten, ich hatte aber keine Schule zu betreuen. Wie ich gehört habe, funktioniert das Dispensario Medico immer noch sehr gut. Neben der Seelsorge, ich habe insgesamt 17 Dörfer intensivst betreut, war es auch wichtig, Grundinformationen bezüglich Hygiene und Medizin an den Mann bzw. an die Frau zu bringen. Wir haben ein Kinderernährungsprogramm gestartet und Vorträge gehalten. Das war besonders wichtig, als die Cholera-Epidemie herrschte, in meinem sechsten Jahr in San Francisco. Ich bin mit Ärzten und Krankenschwestern in die Dörfer gefahren, wir haben Vorträge gehalten, wie man sich gegen Cholera schützen kann. Es war eine Katastrophe, Tote, Tote, viele Tote. Das Spital in Daule war überfüllt, wir haben Betten von der Pfarre und vom Dispensario Medico zur Verfügung gestellt und haben geholfen. Nach der Erkrankung ist keine Impfung mehr möglich, die Leute mussten Medikamente nehmen und viel trinken. Orale Infusionen waren wichtig, sie haben sie selbst zubereiten können, ein Liter Wasser, das total abgekocht sein musste, ein Löffel Salz und zwei Löffel Zucker, das mussten die Kranken trinken, um sich Mineralstoffe zuzuführen.

Nach der Cholera-Epidemie hat das Regierungsprogramm gegriffen, Gott sei Dank hat man Lehren aus der Katastrophe gezogen und Wasserleitungen und Toiletten gebaut. Die Sickergrube darf nicht mehr neben der Wasserzisterne gegraben werden.

Ich hatte und habe hier keine Angst vor Krankheiten, ich habe mir keine speziellen Impfungen geben lassen, nichts, gar nichts, nur Tetanus. Ich habe einmal Typhus gehabt, das war nicht so schlimm. Ich bekam eine Infusion, nach zwei Tagen war ich wieder o.k. Ich hatte auch noch keine Probleme mit der Malaria. Ja, Schnupfen kann man schon kriegen. Einmal habe ich Lungenentzündung gehabt. Nach einer Messe auf der Heimfahrt hatte ich einen platten Reifen. Dann ist auch noch ein Gewitter aufgezogen, ich bin zum Reifenschuster gefahren und habe ihm draußen, in der Zugluft, geholfen, bis ich total nass war. Da wurde ich krank und kam ins Spital in Guayaquil.

Ich bin jetzt fast 20 Jahre hier und lebe nicht dauernd geschützt. In der Regenzeit ist das Moskitonetz wichtig, denn von den Moskitos kann man schon Tropenkrankheiten kriegen. Die Regenzeit ist überhaupt schwer zu überstehen. Das muss man einfach durchmachen, man schwitzt Tag und Nacht, in der Früh nach der Dusche schwitzt man gleich wieder. Man muss viel trinken, Mineralwasser und auch Bier, das aber nicht so stark ist wie in Österreich. Das Klima in der »sierra« (im Hochland) ist besser. Es tut gut, wenn man in der Regenzeit 'mal drei Tage zum Erholen hinauffährt. Unter der Hitze im Tiefland leidet man schon, man kann sich nie daran gewöhnen. Man erträgt es leichter, weil man Erfahrungen gesammelt hat, aber es wird immer lästig sein, auch für die Leute hier ist das so. Es ist dann heiß und schwül, ständig laufen die Ventilatoren, auch während der Messen, sonst hält man es nicht aus. Die Natur fordert eben ihren Tribut, dafür gibt es hier auch bis zu drei Ernten pro Jahr.

Jetzt ist die große Masse am Auswandern

In meiner ersten Pfarre habe ich auch im Umgang mit den Leuten viel gelernt. Nach einem halben Jahr war Spanisch kein Problem mehr, ich beherrschte das Alltags- und Fachspanisch soweit. Die Alltagssprache ist sehr wichtig für die Beichte, damit man die Leute versteht, ihre Gefühle wahrnimmt und darauf auch angemessen reagieren kann. Ich habe einen großen Unterschied zu Europa bezüglich Temperament festgestellt: Offenheit, Sorglosigkeit, aber auch Schlampigkeit, Unpünktlichkeit und Unverlässlichkeit prägt die Leute. Sie haben wenig Durchhaltevermögen. Da ist einer begeistert und der »catechista« (Laienmitarbeiter) schlechthin, dann kommt ein Problem und er ist weg. Das ist das südländische Temperament und Naturell und hängt mit dem Klima zusammen. Dafür sind sie auch fröhlich, heiter und unbesorgt. Protest innerhalb der Bevölkerung gibt es schon, der ist hier voll im Gang, dadurch dass man wegzieht. In den letzten drei Jahren sind mindestens eine Million Ecuadorianer ins Ausland gegangen, nach Spanien, Italien, in die USA. Obwohl das Leben für die Einwanderer dort sehr schlimm ist, es ist immer noch besser als zuhause. Es gibt viele Beispiele von Ausgewanderten, die es zu etwas gebracht haben. Diese Beispiele locken die Leute weg, sie bedenken aber nicht, dass das alles hart erkämpft werden musste. Der zweiten Generation geht es schon besser. Jetzt ist hier die große Masse am Auswandern, sie gehen einfach fort, ins Ungewisse, sie kennen niemanden. Viele Familien werden deshalb zerrissen, Frauen gehen weg, Männer lassen ihre Frauen zurück oder beide gehen weg und lassen die Kinder zurück. In der Volksschule hier haben wir drei Kinder, deren Eltern nicht da sind. Der Vater ist in Italien, die Mutter in Spanien. Ein Kind lebt bei der Großmutter, das zweite bei Tante A und das dritte bei Onkel B. Das nennt sich dann Familie! Und es zeichnet sich nicht ab, dass die Eltern jemals zurückkommen. Das wird schreckliche Folgen für die Kinder haben. Es gibt zwar einige Familien, die die Kinder nachholen. Aber das sind die wenigsten. Oft haben die Kinder ihre Eltern lange Zeit nicht gesehen. Im Gymnasium haben wir viele Schüler, die bei der Großmutter leben. Die Eltern schicken Geld, das schon, aber das Menschliche fehlt. Diese Kinder sind z. T. disziplinär schwierig, die Großeltern sind ratlos, sie wissen nicht, was sie machen sollen. Und die Kinder sind arm, es wäre ungerecht sie zu bestrafen. Sie können ihr Problem gar nicht artikulieren, das sitzt im Unterbewusstsein. Sie werden aggressiv, weil ihnen Liebe, Trost und Geborgenheit fehlen, oft schon von klein auf.

Die Stimmung war absolut auf dem Nullpunkt

Nach sieben Jahren in San Francisco kam ein abrupter Wechsel, ich sollte nach Santa Lucia (20 Kilometer nördlich von Daule) gehen. Dort waren in sieben Jahren sechs Priester, einer nach dem anderen ging wieder, die Leute waren schon so verzagt. Sie waren von den Priestern menschlich enttäuscht worden. Einer hat die Leute beschimpft, ein anderer ist mit dem Geld durchgegangen. Die Stimmung war absolut auf dem Nullpunkt. Deshalb fuhr eine Abordnung der Gemeinde zum Bischof und hat ihn gebeten, keinen Priester mehr zu schicken, es habe keinen Sinn. In dieser Situation ist Padre José an mich herangetreten und hat mir mitgeteilt, dass der Bischof möchte, dass ich dorthin gehe. Ich habe o. k. gesagt, habe am 4. Oktober noch das Fest des heiligen Franziskus gefeiert und bin am 5. Oktober weggefahren, mit meinen Möbeln, mit ein paar Sachen, die ich hatte. Als ich nach Santa Lucia kam, war kein Mensch zu sehen, der Pfarrhof war zugesperrt. Endlich kam jemand mit dem Schlüssel. Die Leute zeigten zunächst kein Interesse, auch nicht für die Autokarawanen, die mich von San Francisco aus begleitet hatten. Ja, es war ein harter Anfang. Die Bevölkerung hat kein Vertrauen gehabt. Aber nach und nach, Stück für Stück ist das Vertrauen gewachsen.

Ich habe auch in Santa Lucia viel aufgebaut, alles war verrottet. Es gab ein altes Pfarrhaus aus Holz, das morsch war, ebenso wie die Berufsschule für Schneider und Tischler. Die Kirche war auch aus Holz, uralt, von Fledermäusen und wilden Bienen bevölkert. Mit der Kirche haben wir begonnen, sie wurde an die Stelle der alten Berufsschule gebaut. Ich habe im alten Pfarrhof gewohnt, es war furchtbar, es hat gestunken, das Holz war muffig, der Fußboden hat geknarrt. Das Pfarrzentrum kam dann an die Stelle der alten Kirche, im Hof errichteten wir ein Dispensario Medico und einen Kindergarten. Dazu, aber das war schon nach meiner Zeit, haben die Leute angefangen eine Volksschule zu bauen. Der Bau und die Ausstattung des Dispensario Medico waren kein Problem, für ein Röntgengerät hatten wir diesmal keinen Platz. Wir hatten einen praktischen Arzt, eine Apotheke, ein Labor, also die wichtigsten Einrichtungen. In Santa Lucia gibt es schon Fachärzte, wir haben zumindest für die ganz, ganz armen Leute eine medizinische Versorgung bereitgestellt. Ein normaler praktischer Arzt verlangt acht Dollar, wir verlangen drei. Es ist auch bei uns nicht kostenlos, trotzdem erwirtschaften wir keinen Überschuss. Für die Anschaffung sind aber Spendengelder aus Österreich geflossen.

Mein Bruder ist ein Multiplikator

Während eines jeden Heimaturlaubs besuche ich unzählige Pfarren, predige dort, halte Diavorträge und informiere über meine laufenden Projekte. Ergänzend dazu verfasse ich zweimal pro Jahr einen Rundbrief, einen Advent- und einen Fasten-Rundbrief, darin berichte ich darüber, was geschehen ist. Mein Bruder führt eine Spenderliste, er bekommt den Rundbrief und einige Fotos per E-Mail und stellt es zusammen, fotokopiert es und schickt es aus. Ich erhalte große Hilfe aus meiner Familie, mein Bruder ist Lehrer, er ist ein Multiplikator, er gibt die Informationen an Kollegen weiter, er betreut Schulprojekte usw. Das funktioniert sehr gut. Ich muss dann bei jedem Heimaturlaub alle zwei Jahre auch persönlich dort erscheinen. Ein Heimaturlaub ist eigentlich kein Urlaub, nach diesen neun Wochen bin ich ziemlich geschafft, ich bin in dieser Zeit herumgehetzt, bin etwa 5.000 Kilometer mit dem Auto meines Schwagers gefahren. Wir österreichischen Priester hier nehmen unseren Urlaub oft im Jänner und Februar, da ist in Ecuador wenig zu tun, wegen der Regenzeit und der Schulferien. Wir müssen allerdings den Winter in Österreich in Kauf nehmen. Ich habe sonst nicht viel Zeit zum Reisen, ich komme aus Ecuador nicht hinaus. Einmal war ich zur Anwerbung geistlicher Schwestern in Kolumbien. Ecuador kenne ich schon ein bisschen, Quito, in Cuenca war ich einige Male. Mit Besuchern macht man Rundreisen. Auch österreichische Kirchenvertreter kommen her, Erzbischof Schönborn war hier in Naranjal. Sein Besuch war viel zu kurz, nur eine Woche. Wir sind herumgehetzt, einen Tag hier, einen Tag in Guayaquil, bei Herbert Leuthner, bei Padre Carlos…

Wenn das Weizenkorn nicht in die Erde fällt und stirbt

Ich war sieben Jahre in San Francisco, sechs Jahre in Santa Lucia, in Naranjal bin ich das siebente Jahr. Der Hauptantrieb zu wechseln ist für mich, wieder neu anzufangen. Dadurch bleibt man jung, man lernt immer wieder Neues kennen, neue Leute, eine neue Gegend. Ich habe in Santa Lucia alles aufgebaut und dem Bischof gesagt, dass er mich haben kann, wenn er mich woanders braucht. Der zweite Wechsel kam nicht so überraschend wie der erste, ich habe gesagt: »O.k., ich bin seelsorgerisch und baulich in einem Bereich, wo ein anderer weitermachen kann.« Das war die Idee, ich fange wieder neu an. Man muss die Leute in der Pfarre auf den Wechsel vorbereiten, man muss ihnen rechtzeitig sagen, mit diesem Datum gehe ich. Im August 1997 ging ich nach Naranjal, eine Autokarawane und Autobusse haben mich begleitet. Hier war die Situation genauso wie in Santa Lucia, es musste alles neu aufgebaut werden. Natürlich schaue ich auch zurück und ärgere mich, wenn dort etwas nicht klappt. In San Francisco waren nach mir wieder viele Wechsel, mit denen ich nicht einverstanden war. Ich habe Möbel und Geschirr angeschafft, das wurde verschenkt oder verkauft. Dann gab es sechs Jahre einen guten Seelsorger, einen guten Priester, mit dem die Leute glücklich waren. Der Kontakt nach San Francisco blieb aufrecht, als ich in Santa Lucia war, das nur 20 Kilometer entfernt liegt. Mit dem Wechsel hierher nach Naranjal wurde er weniger, es kommen noch Anrufe aus Santa Lucia. Ich erfahre, was es Neues gibt. Kommenden Montag fahre ich wieder hin, es wird vermutlich das letzte Mal sein, dass ich dort aufkreuze. Es ist schon schwer immer wieder Abschied zu nehmen, aber es gehört dazu. Wie es in Johannes 12,24 heißt: »Wenn das Weizenkorn nicht in die Erde fällt und stirbt, bleibt es allein; wenn es aber stirbt, bringt es reiche Frucht.« Es tut zwar am Anfang weh, die ersten drei bis vier Monate höchstens, aber dann ist man schon so in die neue Arbeit eingespannt, dass man keine Zeit für Trauer hat. In Santa Lucia bekam ich manchmal Besuche aus San Francisco, habe sie bewirtet, aber bald wurde mir dieser Personenkult unangenehm. Es hat mich viel Zeit gekostet und war auch befremdlich für die Leute in der neuen Pfarre. Für nächstes Jahr, ab Mai, habe ich von der Erzdiözese Wien, die uns sieben Österreicher, die hier im Missionseinsatz sind, bezahlt, ein Sabbatical, ein Freijahr, bewilligt bekommen. Ich werde es in Österreich verbringen. Nach Österreich kommt sicher keine Autokarawane.

Das ist wie ein Strohfeuer

Die Frömmigkeit hier ist anders als in Österreich. Heiligenfeste sind für die Menschen sehr wichtig. Sie sind das, was bei uns der Kirtag war, als ich noch ein Kind war, ein kirchliches Fest, das Fest des Heiligen. Aber es gibt auch Standln, Musik, ein Fußballturnier. Leider sind in Österreich die Kirtage ziemlich verschwunden. Auch die Heiligenverehrung ist in Österreich nicht so wie hier. Hier sitzt sie ganz tief, sie hat eine lange Tradition. Oft wissen die Ecuadorianer nichts über die Lebensgeschichte des Heiligen, über seine Botschaft, man muss es wieder auffrischen. Das ist sicher ein guter Anknüpfungspunkt für die Evangelisierung, man kann in der Novene, in den neun Tagen vor dem Fest, Messen feiern und sehr viel über den Heiligen erzählen und den Leuten auch nahe legen ihm nachzueifern. Die Aufgabe des Pfarrers dabei ist die des Übersetzers, er muss das Leben des Heiligen aktualisieren, es in unsere Zeit übertragen. Man muss hier langfristig sehr stark in Richtung Glaubensunterricht arbeiten. Sonst fällt diese Frömmigkeit bei einem Windstoß zusammen wie ein Kartenhaus. Sie ist oft nur Sentimentalität und Tradition, kein Glaubenswissen, hat daher auch keine Substanz. Das ist wie ein Strohfeuer. Eine neue Evangelisierung ist ganz wichtig, deshalb haben wir die langen Vorbereitungskurse für die Sakramente, drei Taufgespräche; die Erstkommunion- und die Firmvorbereitung dauern jeweils ein ganzes Jahr. Das ist ganz, ganz wichtig.

Hauptaufgabe der Seelsorge ist die Glaubensunterweisung, weniger die Sakramentenspende, sondern die Vorbereitung auf die Sakramente. Das geht gegen das, was jahrzehntelang praktiziert wurde. Da ist getauft und getauft worden, zu jeder Tages- und Nachtzeit, genauso war es bei der Erstkommunion. Da gab es drei Wochen ein bisschen Unterricht und schon war die Erstkommunion. Und seit etwa 1985 gibt es diese intensive Sakramentenvorbereitung, das geht von der Diözese Guayaquil aus.

Das berühmte »Paseo del Niño«

Naranjal ist eine sehr interessante Stadt, 50 % der Bevölkerung sind »costeños« (Küstenbewohner) und 50 % stammen aus der Sierra. Wir feiern Weihnachten deshalb auch doppelt. Zwei Kapellen in der Umgebung sind die religiösen Zentren der »indígenas« (Ureinwohner). Sie feiern Weihnachten mit einem richtigen Umzug, mit Reitern, den Heiligen Drei Königen, einer Musikkapelle und vielen Kindern. Das ist das berühmte »Paseo del Niño«. Die Kapelle ist dann fast mit Kindern schon voll, mit Kindergeschrei. Man schwitzt wahnsinnig, denn die Messe ist am 24. Dezember nachmittags, da hat es in der Kapelle 38 Grad. Und es gibt keinen Ventilator, mit dem man ein bisschen frische Luft bekäme. Die Costeños feiern die Weihnachtsmette und kommen am Christtag in die Messe. Die Indígenas halten an ihrer Tradition fest. Das Einzige, was mir ein bisschen Schwierigkeiten macht, ist, dass die Messfeier keinen richtigen Festcharakter hat. Das Kindergeschrei übertönt alles, man versucht die Kinder zu beruhigen, aber es gelingt nur zum Teil. Und ein Verbot, die Kleinen mitzubringen, wäre für sie eine Enttäuschung, das geht nicht.

Auch die Prozessionen, die hier veranstaltet werden, haben mehr Volksfestcharakter, da ist nicht viel Religiöses dabei. Die Musikkapelle spielt, man geht mit und tratscht. Ich habe es schon geschafft, dass wir uns bei den Hauptprozessionen sehr auf den religiösen Inhalt konzentrieren. Da wird gebetet und gesungen, trotzdem werden auch Raketen abgeschossen. Die Prozessionen in San Francisco waren immer wieder ein Erlebnis. Am Abend zogen wir mit der prächtig eingekleideten Heiligen-Statue umher, die Kapelle spielte. Einmal wurde gerade der Kanal gebaut, die Schächte waren offen und ein Musiker ist reingefallen. Er hat einen Schrei ausgestoßen, wurde rausgezogen und abgeputzt und weiter ging es. Ein anderes Mal flog ein Feuerwerkskörper in eine Bambushütte rein, es gab einen riesigen Knall, aber es ist nichts Schlimmeres passiert.

Ein Teil des Geldes kommt zurück

In Naranjal gibt es einen Mittelstand, Geschäfte, ein paar Banken, viele Haziendas, wo die Menschen Arbeit finden. Aber auch hier gibt es das Auswandererphänomen, gute Handwerker, Schneider und Installateure wandern aus. Sie haben ihre Ausbildung hier erhalten und sind jetzt in Spanien oder Italien mit einem um die Hälfte niedrigeren Gehalt zufrieden. Ein Teil dieses Geldes kommt wieder zurück. Und weil der Dollarkurs gegenüber dem Euro ziemlich niedrig ist, ist das jetzt noch mehr. Die Auswanderer bezahlen Schulgeld für ihre Kinder oder sie lassen ein Haus herrichten. Das Gebäude vis-à-vis z. B. gehört einem Amerikaner und dient ihm als Altersvorsorge. Es ist jetzt vermietet. Wenn der Besitzer zurückkommt, hat er das Haus. Ein anderer, der in den USA lebt, hat hier für seine Kinder ein Haus gebaut. Aber die Kinder haben es nicht gewollt. Sie waren schon da, doch sie haben keine Freunde hier, sie kennen niemanden und sie würden auch keinen passenden Job finden. Außerdem sprechen sie perfekt Englisch. Der Vater hat wohl die Rechnung ohne den Wirt gemacht. Für Pensionisten ist eine Rückkehr interessanter, mit der Pension aus den USA kann man hier sehr gut leben. Aber diejenigen, die in den USA zur Welt gekommen sind, kehren nicht zurück.

Wir haben auch viele Professoren durch Auswanderung verloren. Die meisten tun es, weil die politische Situation immer, immer instabil ist. Es gibt häufig Streiks, einmal sind es die Lehrer, dann die »campesinos« (Landarbeiter), die Plantagenarbeiter und und und … Als ich mit José Heissenberger und Heribert Hrusa, dem ständigen Diakon in Pedro Carbo, vor einiger Zeit in Baños war, haben die Indios einen Streik ausgerufen, der 14 Tage gedauert hat. Wir saßen statt drei Tagen zwei Wochen in Baños fest. Die Streiks kosten das Land viel, ein Generalstreik beläuft sich auf etwa 150 Millionen Dollar pro Tag. Auf einer Bananenplantage z. B. verfaulen die Früchte, weil sie nicht abtransportiert werden können. Das sind Werte, was an Fleisch,

Tomaten und sonstigen Lebensmitteln in 14 Tagen ruiniert wird! Ich finde, die Streiks bringen nicht viel.

Irgendwann explodiert der Dampfkessel

Es ist fast ein Ritual geworden, dass man den Präsidenten absetzt. In den letzten drei Perioden hat es keiner geschafft, die volle Amtszeit auszuschöpfen. Auch der derzeitige Präsident Lucio Gutiérrez ist in Bedrängnis. Ein Narko-Boss wurde festgenommen und der Verdacht besteht, dass dieser Gutiérrez' Wahlkampf finanziert hat. Wenn das wahr ist, muss er gehen, da hat er international ausgespielt. In den USA, das habe ich in den CNN-Nachrichten gehört, ist man schon gewarnt. Auch in der eigenen Bevölkerung hat er keine Gunst mehr, er hat vieles versprochen und man sieht nicht, was er umgesetzt hat. Auch wenn er das Militär weiter hinter sich hätte, irgendwann einmal geht der Topf über, explodiert der Dampfkessel. Gutiérrez hat seinen Vorgänger vertrieben und jetzt passiert ihm vielleicht das Gleiche. Das allein sagt schon sehr viel über die Stabilität eines Landes. Sollte da z. B. ein großer Betrieb wie Siemens oder ein Autokonzern überlegen nach Lateinamerika zu gehen, würden sie sagen: »Ecuador nicht, wenn es da im Jahr drei Präsidenten gibt und dauernd Streiks!«

Es gibt hier 17 Parteien, große Blöcke und viele, zum Teil extreme Splittergruppen. Auch innerhalb der Blöcke gibt es immer wieder Streitigkeiten. Die Parteien sind nicht so geschlossen wie in Österreich. Wenn einer heute in seiner Partei nicht weiterkommt, geht er weg und versucht es in einer anderen. Der größte Block im Parlament ist der der Unabhängigen, das sind alle Ausgetretenen. Sie stimmen nach Geld ab und vertreten die Interessen der Reichen und der Multis. So wird Politik gemacht. Das ist lateinamerikanischer Normalzustand. Die Korruption ist in der Gesellschaft so tief verwurzelt, da kann man nicht wirklich etwas bewirken.

Das hängt mit dem südländischen Temperament zusammen. Vom Klima her ist Europa doch ganz anders, wenn der Bauer dort seinen Keller nicht gefüllt hat, ist er nicht über den Winter gekommen. Das hat man hier nicht gelernt, man kriegt es eh jeden Tag. Ein Vorsorgedenken haben die Leute hier nicht. Es gibt schon Familien, die vernünftig leben, aber der Großteil lebt von der Hand in den Mund. Das sieht man schon bei meiner Köchin, sie geht jeden Tag einkaufen, jeden Tag, das gehört dazu. Wenn sie das nicht hat, fehlt ihr etwas Wesentliches. Das ist ein Zeremoniell, hingehen, anschauen, reden. Als ich ihr vorgeschlagen habe, Großeinkäufe zu machen, hat sie das einmal probiert, aber jetzt macht sie es wie eh und je. Auch bei strömendem Regen macht ihr das Einkaufen nichts. Ich sage diesbezüglich nichts mehr, es war nur eine Idee von mir. Man würde ihr ein lebensnotwendiges Ritual wegnehmen, das braucht sie auch um ihren Status zu betonen. Aber es kostet Zeit und Geld. Sonst nimmt sie schon Vorschläge an, aber es ist nicht ihr Plan.

»Distanziert euch von den Reichen!«

Ich kenne die Familie meiner Köchin schon länger. Sie hat ein Kind, der Vater des Kindes arbeitet jetzt nicht, er hat kein Interesse mehr, am Bau zu arbeiten. Ihr Vater war der Baumeister beim Kirchenbau und der Maurer hat die Tochter des Chefs geheiratet. Eigentlich sind sie nicht verheiratet, sie leben zusammen. Das ist nicht ungewöhnlich. Nicht viele Paare heiraten kirchlich, nur etwa 5 %, Heiraten hat keine Tradition hier. Die Ehe war immer als eine Sache der Reichen verpönt. Da wurde drei bis vier Tage gefeiert, das war für die Armen unfinanzierbar. An dieser Situation haben auch die Pfarrer viel Schuld, sie haben auf der Hazienda gelebt und sich bereichert. Und wenn arme Leute heiraten wollten, haben sie Geld dafür verlangt, damit war das für die Armen erledigt. Schuld gebe ich der Praxis der Missionare, sie waren viel zu lange auf der Seite der Großgrundbesitzer, das hat natürlich Auswirkungen bis heute. Man hätte viel früher von Rom aus aktiv werden und die Priester auffordern sollen: »Bitte distanziert euch von den Reichen!« Die Kirche hat in Lateinamerika noch vor 30, 40, 50 Jahren den Ruf gehabt, sie sei eine Kirche der Reichen. Deshalb ist hier auch die Theologie der Befreiung entstanden, sie war aber eher eine Sache von Peru und Brasilien. Einige Vertreter wie z. B. Leonardo Boff sind meiner Meinung nach zu weit gegangen, sie waren kommunistisch. Man hätte die Befreiungstheologie auch katholisch aufziehen können. Man muss nicht unbedingt kommunistisches Gedankengut hineinbringen, das hat Boff anders gesehen, und damit war es aus zwischen Ratzinger und ihm. Leonardo Boff hat dann seinen Beruf aufgegeben, er ist jetzt verheiratet. Aber Gustavo Gutiérrez aus Peru ist heute noch tätig. Er macht das schlauer. Die Doktrin des Zweiten Vatikanums, dass die Kirche viel mehr auf soziales Engagement setzen soll, und sein Anliegen mit Basisgemeinden zu arbeiten, das geht zusammen. Dieser Weg mit Basisgemeinden ist in der Sierra viel besser zu realisieren als hier in der Costa. Die Küstenmenschen sind mehr Individualisten. Bei uns eine Basisgemeinde aufzubauen, zu führen, zu leiten, ist schwierig. Allein wegen der Fluktuation der Leute, einmal ist einer hier, dann dort, einer ist ausgewandert, ein anderer kommt zurück. Was wir schon an guten Mitarbeitern verloren haben!

Frömmigkeit reicht nicht

Mein Nachfolger muss hier konsequent weiterarbeiten, darf keine groben Fehler machen, dann wird das sicher gut laufen. Wenn er aber wieder ohne Vorbereitung die Sakramente verkauft, wie es in Santa Lucia und San Francisco gewesen ist, dann ... Ja, man kann das dem Bischof sagen, aber er antwortet, dass er sonst niemanden hat. Ich weiß nicht, wie der Bischof es machen wird, aber das Notwendigste ist hier langfristig geschehen. Es fehlt überall an guten Leuten. Was soll da rauskommen, wenn ein Priester, der in seiner ersten Pfarre total versagt hat, jetzt in der Priesterausbildung eingesetzt wird? Dabei wäre es so wichtig, ein gutes Priesterseminar zu haben, mit guten Vorstehern, wie wir es in Wien mit Regens Dostal und Spiritual Heissenberger gehabt haben. Das war eine Mannschaft, die uns in einem offenen Klima und mit Freude viel an Werten vermittelt hat. Auch die theologische Fakultät war gut, zwei Professoren haben im Priesterseminar gewohnt, der persönliche Kontakt war sehr wichtig.

In Daule gibt es ein Priesterseminar. Einmal wollte ich im Rahmen einer Vikariatsversammlung einen Ausflug dorthin machen. Ich habe angefragt und bekam zur Antwort, dass nur die Priester rein dürften, die Schwestern und Laienmitarbeiter müssten draußen bleiben. Da habe ich nur »Auf Wiederschauen!« gesagt. Frauen sind in diesem Haus nicht geduldet, alles wird von den Männern gemacht. Die Studenten dürfen keine Frauen sehen.

Ich würde als Bischof von Guayaquil als erstes das Priesterseminar total reformieren, wir haben 70 Priesterstudenten im Bistum Guayaquil, da wäre ein Potential da. Es reicht nicht, wenn man sie nur auf Frömmigkeit (»Seid bitte fromm, betet viel!«) und fachliches Wissen ausbildet. Man muss sie auch auf die Arbeit in der Pfarre vorbereiten, sie für den Alltag des Priesters rüsten. Es gibt kaum Kapläne, die sozusagen bei einem Pfarrer in die Lehre gehen können. Jeder, der geweiht ist, kommt gleich als Pfarrer irgendwohin. Wenn die erste Kollekte kommt, sitzt er mit einem Haufen Scheinen da und weiß nicht, was er tun soll.

Die zukünftigen Priester brauchen auch eine lebenspraktische Ausbildung und sie sollen das Pfarrleben in der Praxis kennen lernen. Dazu gehören Buchhaltung, vorausschauendes Wirtschaften in allen Bereichen und der sorgsame Umgang mit den Ressourcen. Von einer Missionsgesellschaft in Stadl-Paura, einer Partnerschaft für Ecuador aus München oder von Advenia, einer deutschen Gesellschaft für die Dritte Welt, bekommen wir ein Auto. Dann wird damit gefahren, bis es nicht mehr geht, aber gewartet wird es nicht. Oder der Bruder des Pfarrers kommt und will fahren, obwohl er es nicht kann. Ich habe meine Autos jeweils meinen Nachfolgern hinterlassen. In San Francisco war es ein Toyota mit 56.000 Kilometern, der war noch schön. Ich habe den Mechaniker dort beauftragt, er soll auf das Auto schauen und dem Padre das Fahren beibringen. Aber nach kurzer Zeit hat dieser den Lehrer nicht mehr gebraucht, ist mit seiner Familie nach Cuenca gereist, zu schnell in eine Kurve gefahren und hat einen Unfall gehabt. Gott sei Dank ist nur Sachschaden entstanden. Wir Kollegen haben dann für die Reparatur zusammengelegt, sonst hätte er sie nicht bezahlen können.

Der Bischof von Guayaquil, er ist im Mai neu gekommen, setzt sich einmal pro Monat mit allen Bischofsvikaren zusammen, da berichtet er von Projekten und Sorgen und fragt nach. Und dreimal im Jahr möchte er alle Priester zusammenrufen, zu einem theologischen Tag. Ich denke, dass allein die menschliche Begegnung viel wert ist. Den Charly Trapp etwa habe ich seit Juni vorigen Jahres nicht gesehen.

Ich bin als Bischofsvikar verantwortlich für ein ganzes Gebiet, für sechs Pfarren, ich bin Koordinator zwischen dem Bischof und den Pfarren, praktisch wie der Dechant. Einmal im Monat treffen wir zusammen, die Priester, die Diakone und die Laienmitarbeiter, planen das Arbeitsjahr und überlegen gemeinsame Aktivitäten. In den Pfarren werde ich auch zu Firmungen und Patronatsfesten eingeladen. In meinem Vikariat sind drei kolumbianische Priester, die tüchtig sind. Oft passiert es aber, dass sie sehr aufs Geld aus sind, sie verkaufen die Sakramente nach dem Motto: »Entweder du zahlst 50 Dollar oder du kriegst keine Taufe!« Es herrscht großer Unmut deswegen.

Leute mit guter Qualifikation bleiben in der Großstadt

Ein wichtiger Teil meiner Arbeit hier sind die Schulen, die von der Pfarre gegründet worden sind, eine Volksschule für die Sechs- bis Zwölfjährigen und das Colegio San Esteban, die Mittelschule St. Stephan, die gleich neben dem Pfarrhaus steht. So können wir die Räumlichkeiten auch für Pfarraktivitäten nutzen, am Samstag z. B., da ist kein Unterricht. Die Volksschule entstand erst vor kurzem und ist noch nicht ganz fertig gestellt. Sie wurde auf einem Gemeindegrundstück errichtet, auf der anderen Seite der Hauptstraße, in einer ruhigen Gegend am Stadtrand mit Blick auf die Berge. Die Mittelschule hat bereits bestanden, als ich herkam. Ich habe sie stark vergrößert. Die ziemlich teure Spezialisierung auf Biochemie und Informatik hat schon mein Vorgänger vorgenommen. Wir haben zwar Labors und einen Computerraum, aber die Einrichtung dieser Unterrichtsräume kostet viel Geld, das wir nicht haben. Vor kurzem haben wir noch dazu einen sehr guten Informatik-Professor verloren, er ist in die USA ausgewandert. Die Nachfolger sind weit unter seinem Niveau. Es gibt hier zu wenig gute Informatiker, sie aus Guayaquil herzuholen, ist fast unmöglich. Leute mit guter Qualifikation gehen aus der Großstadt nicht weg. Eine Kapazität hat dort bei Unternehmen viel bessere Chancen als hier als Lehrer. Auch in anderen Fächern ist die Qualität der Professoren sehr unterschiedlich. Ich muss sie aussuchen. Jeder muss einen Titel haben, sonst bekommt er keine Erlaubnis in der Mittelschule zu unterrichten. Ich biete ihnen dann drei Monate Probezeit, in der sie auf Disziplin, Pünktlichkeit, ihr Auftreten, ihre Lernziele und -inhalte überprüft werden. Danach werden sie zur Sozialversicherung angemeldet und ihr Vertrag beginnt zu laufen.

Die beiden Schulen sind groß – ich beschäftige insgesamt 45 Lehrer – und werden von der Pfarre verwaltet. Die Eltern müssen Schulgeld zahlen, in der Volksschule sind es 13 Dollar pro Monat, Geld, das man streng einfordern muss.

Ich denke, dass sich durch die beiden Schulen hier viel bewegt. Es ist wichtig im Bereich Bildung anzusetzen.

Wir brauchen dringend Religionslehrer

Die Kinder haben pro Woche zwei Stunden Religionsunterricht. In der Volksschule haben wir eine Lehrerin, die noch in Ausbildung ist. Sie macht schon drei Jahre lang an den Wochenenden einen Kurs in Guayaquil. In der Mittelschule unterrichten der Kaplan und ein Ex-Seminarist aus dem Priesterseminar. Wir brauchen dringend Religionslehrer und gebildete Laienmitarbeiter. Es gibt keine theologische Fakultät in Guayaquil. Im Priesterseminar werden die Seminaristen von Priestern unterrichtet. In Quito gibt es die Jesuitenuniversität, die einen sehr guten Ruf hat, aber sie ist total überlaufen. Wir haben keine Chance, einen Studenten von hier dort unterzubringen. Die Priesterausbildung ist ein großes Manko hier und auch an guten Behelfen, Büchern und didaktischen Materialien fehlt es. Was es da in Österreich gibt! Wir können die Unterlagen aus Spanien aber nicht verwenden, denn man muss mit den Beispielen beim Alltag hier ansetzen, das Leben ist in Spanien ganz anders. Bezüglich Priester- und Laienausbildung, theologischer Literatur und Lehrbehelfe gibt es für uns noch viel zu tun.

Eine spirituelle und theologische Auffrischung

Von meinem Sabbatjahr, das im Frühjahr 2004 beginnt und das ich in Österreich verbringen will, erwarte ich mir, dass ich Zeit habe zum Ausrasten, denn das alltägliche Leben eines Pfarrers hier ist ziemlich stressig und manchmal furchtbar. Ich will Besuche machen, auch eine spirituelle und theologische Auffrischung brauche ich dringend. Gesundheitlich möchte ich mich ebenfalls durchchecken lassen. Das sind die Dinge, die ich unbedingt machen möchte, mehr nicht. Dann kehre ich wieder zurück, in eine andere Pfarre.

Naranjal, im Dezember 2003

Globale Gerechtigkeit
Claudia Feiertag

»Das Vermögen der drei reichsten Menschen der Welt ist größer als das Bruttoinlandsprodukt der 48 ärmsten Staaten der Welt. Jährlich werden 900 Milliarden US-Dollar für Verteidigung ausgegeben, aber nur 56 Milliarden für Entwicklungshilfe. Von den 4,7 Milliarden Menschen in Entwicklungsländern hat eine Milliarde kein Dach über dem Kopf, haben 800 Millionen chronischen Hunger, 1,3 Milliarden kein sauberes Trinkwasser, 800 Millionen keine ärztliche Versorgung und 1,3 Milliarden weniger als einen US-Dollar zur täglichen Verfügung...«

Quelle: Die Furche, Nr. 43 vom 21. Oktober 2004, S. 7.

Ich habe mich früher in Österreich mit dem Himmel beschäftigt!

HERBERT LEUTHNER, 64, Pfarrer von Pedro Carbo, Erzbischof-Romero-Preisträger 1993, Erzdiözese Guayaquil, Ecuador

Zu meinem Werdegang: Ich bin aus Hollabrunn, komme aus der Vorstadt Raschala und war daher kein Seminarist, aber in einer Klasse mit den Seminaristen. Ich habe mich auch für Theologie interessiert und bin nach der Matura ins Priesterseminar eingetreten. An sich hat mich Mission immer schon, schon als Student, fasziniert. Gut, ich habe 1957 maturiert, meine Priesterweihe war 1962, da war die Welt noch nicht so offen wie heute, da hat man erst begonnen, langsam nach Italien zu fahren. Deshalb haben wir uns die Mission als sehr schwierig vorgestellt, vor allem ich als Bub vom Land. Die Idee von Mission war bei mir von Anfang an mit dem Priesterberuf kombiniert, aber es haben mir damals alle abgeraten. Ich war relativ dürr, da hat es geheißen, da muss einer eine festere Konstitution haben. Wir sind noch sehr zum Gehorsam erzogen worden, deshalb habe ich gedacht, sie werden schon Recht haben. Darum habe ich das zunächst nicht weiter verfolgt, aber es hat mich nie losgelassen. Ich habe viel darüber gelesen. Später, als ich Pfarrer in Großweikersdorf war, habe ich im Vikariatsrat eine eigene Missionsplattform gegründet. Ich war sehr dahinter, dass sich ein paar Priester zusammengeschlossen haben, um Vietnam-Flüchtlinge aufzunehmen. Aber das Ausschlaggebende war dann, dass Josef Heissenberger, mein Jahrgangskollege im Gymnasium Hollabrunn und im Priesterseminar, nach Ecuador gegangen ist. Schon Jahre vorher, in unserer Schulzeit, war seine Schwester in die Mission nach Korea gegangen, das hat ihn und mich damals sehr fasziniert.

Ich bin ein ausgesprochener Wintermensch

Als Josef Heissenberger 1976 nach Ecuador aufgebrochen ist, habe ich mir gedacht: »Schau dir diesen Lumpen an, wovon ich immer träume, er macht das!« Dann hat er mir geschrieben und in seinen Rundbriefen stand, wie es in Ecuador ist. Seine Pfarre Salitre, die Stammpfarre von fast allen Priestern, die aus Österreich gekommen sind, war ein ganzer politischer Bezirk, etwa von gleicher Größe wie einer im Weinviertel. Wie viele Dörfer dazugehörten, weiß man gar nicht, weil es so endlos ist. Wie viele Einwohner es waren, wusste man auch nicht genau, man schätzte ungefähr 30.000. Josef hat unbedingt einen zweiten Priester gebraucht. Als er einmal auf Heimaturlaub war, habe ich ihn mir angehört und mit ihm über Ecuador geredet. Was mich länger davon abgehalten hat, auch hinzugehen, war das heiße Klima. Ich bin ein ausgesprochener Wintermensch, mich fasziniert der Schnee, das Schifahren und das Bergsteigen, und der Sommer mit der Hitze war für mich immer ein Gräuel. Davor habe ich mich gefürchtet. Deshalb habe ich 1978 – da war Charly Trapp auch dabei – eine Reise in die Sahara unternommen. Ich habe gedacht: »Das ist die Probe, wenn wir das aushalten, dann habe ich eigentlich keinen Grund mehr nicht zu gehen!« Und wir haben es trotz extremer Verhältnisse in der heißesten Jahreszeit, im Juli, irgendwie ausgehalten. Dann habe ich mir vorgenommen, im nächsten Jahr den Josef zu besuchen. Ich habe vorher in der Kurie gefragt, ob man mir noch einen Missionseinsatz erlauben würde, denn ich war damals schon 40 Jahre alt. Und ich hätte noch etwa zwei Jahre warten müssen – wir hatten eben angefangen Vietnamflüchtlinge aufzunehmen, auch mit der Kirchenrenovierung hatten wir begonnen –, weil ich es erst dann verantworten hätte können von Großweikersdorf wegzugehen. In der Kurie haben sie zu meinen Plänen mit Freuden ja gesagt – dass sie mich loshaben, haha – und mir geraten, ich solle mir das vorher anschauen. Genau das tat ich auch. Nach meinem Besuch habe ich dann beschlossen herzukommen. Ich glaube, das ist meine Mission, meine Berufung. Ich war auch gerne Pfarrer in Österreich. Vorher war ich jahrelang Präfekt im Seminar, das war ich weniger gerne, denn ich bin nicht der geborene Erzieher, auch nicht der geborene Lehrer, aber Pfarrer, das taugt mir. Es war der richtige Schritt.

Wir wurden zum Denken erzogen

Um auf die Schule zurückzukommen: Es gab damals noch das alte humanistische Gymnasium. Ich glaube, dass das eine ausgezeichnete Grundlage war, vor allem was Allgemeinbildung betrifft. Wir haben eine sehr gesunde Basis bekommen, die humanistischen Werte und Logik wurden uns vermittelt, wir haben denken gelernt, »reflexionar«. Es war zwar nichts Praktisches dabei, aber wir wurden zum Denken erzogen. Buchhaltung z. B. musste ich erst hier lernen, das hat zuhause die Pfarrassistentin gemacht. In Österreich musste ich mich mit diesen Dingen nicht auseinandersetzen, da konnte man sich auf seine Mitarbeiter verlassen. Im Finanzausschuss der Pfarre habe ich ein paar Landwirte aus Großweikersdorf gehabt, die waren erstklassige Fachleute, was das Wirtschaften betrifft. Da habe ich mich um nichts kümmern müssen, ich habe nur unterschrieben. Sie waren so hilfsbereit und tatendurstig in allem, es war eine Freude dort zu arbeiten. Ich hätte mich auch nicht weggetraut, wenn mir die Pfarrarbeit nicht gut gelegen wäre. Ich wollte nicht weg, weil es mir nicht taugt, sondern im Gegenteil – es war sehr schön. Der Abschied war sicher nicht leicht, weder von der Pfarre noch von der Familie.

Ich habe vorher nicht Spanisch gelernt, Latein half mir sehr. Und zweimal »Langenscheidt – 30 Stunden Spanisch für Anfänger«, dann ging es schon. Ich bin zwar nicht perfekt in Spanisch, aber die Leute hier sind es noch weniger.

Vermutlich sehen die Menschen in uns immer noch den Schamanen

Ich war zunächst dreieinhalb Jahre in Salitre, seit 1985 bin ich in Pedro Carbo. Salitre gilt als der Wilde Westen von Ecuador. Als Josef Heissenberger im ersten Jahr dort war, hatte er über 50 Tote durch Mord, jetzt sind es schon weniger, aber 20 sind es immer noch. Damals hat der Ort auch einen richtigen Wildwest-Eindruck gemacht, es gab viele Saloons und kaum Wege. Wir sind auf dem Fluss gefahren, das war sehr romantisch, aber auch gefährlich. Wir sind aber nicht von Banden überfallen worden. Vermutlich sehen die Menschen hier in uns immer noch den Schamanen. Mir ist es dieses Jahr einmal passiert, dass mein Auto auf der Fahrt in ein Dorf gestoppt wurde. Aber als die Männer gesehen haben, dass ich es bin, haben sie sofort losgelassen und dumm herumgeredet, es war ihnen sehr peinlich.

In Salitre habe ich bei Padre José meine ersten Erfahrungen gemacht. Wir haben z. B. als Antwort auf die soziale Misere dort unter Josefs Führung eine Spar- und Kreditgenossenschaft gegründet. Eine Filiale davon gibt es auch in Pedro Carbo. Diese Genossenschaft ist in vielen unserer Bezirke das einzige Geldinstitut, auch heute noch.

Obwohl ich mich vorher sehr viel mit Mission beschäftigt habe, war der Anfang, das Herkommen, doch anders, als ich es mir von drüben vorgestellt habe. Es war fast alles ganz anders. Darum ist mir heute klar, dass man von Europa aus gesehen die politische und wirtschaftliche Lage hier nicht versteht, dass man nicht versteht, warum hier die Schere zwischen Arm und Reich immer weiter auseinander geht.

Das kann nicht gut gehen!

Es ist so, dass das Grunddogma der heutigen Zeit, die heilige Kuh, der neoliberale, globale Markt ist, und der hatte und hat zur Folge, dass die Ausschließung der Armen stark wächst, sowohl innerhalb der lateinamerikanischen Staaten als auch im Gefälle zwischen dem Norden und dem Süden. Und das kann nicht gut gehen! Das ist eine Sache, die man vorhersagen kann. Es ist in den letzten Tagen bei uns in der Zeitung gestanden, dass der brasilianische Präsident Lula da Silva – der große Südamerikaner unterstützt von den kleinen Südamerikanern – versucht, eine Achse zwischen Lateinamerika und den arabischen Staaten zu bilden, um ein Gegengewicht zum neoliberalen System zu schaffen. Ich kann mir vorstellen, dass das möglicherweise die einzige Lösung wäre, und es könnte zur Folge haben, dass in den arabischen Staaten nicht nur Fundamentalisten, sondern auch Demokraten mehr Zugang zu politischen Entscheidungsebenen bekommen, denn der Islam hat meiner Meinung nach mit Demokratie noch grundlegende Probleme.

Von uns, von Lateinamerika aus gesehen steht Europa viel besser da als Nordamerika, Europa ist noch immer geprägt von sozialer Marktwirtschaft. Die Europäer stellen sich aber vor, es sei hier auch alles so zu regeln. Wir haben hier eine staatliche Sozialversicherung, sie ist korrupt und wirkungsschwach, derb ausgedrückt, eine Scheiße. Auf dem Land hat fast niemand Zugang zu Leistungen, die ohnehin entsetzlich gering sind. Eine so korrupte Gesellschaft wie hier, eine »burocracia dorada«[14], die Gehälter hat, wie man sie in Europa nicht kennt, verhindert Verbesserungen erfolgreich. Das Volk wird ausgebeutet, es ist eine Katastrophe.

... dass wir uns zu Sozialarbeitern gemacht haben

Und was die Kirche betrifft, ist mir heute auch klar, warum kirchliche Kreise, die mehr konservativ sind, Lateinamerika nicht verstehen können. Wir vermeiden hier das Wort Befreiungstheologie, seit dem Fall des Sowjetkommunismus wird darüber praktisch nichts mehr geredet. Wir sprechen von befreiender Pastoral, um damit marxistische Tendenzen auszuschließen, die an und für sich hinfällig sind. Andererseits hat die Befreiungstheologie dazu beigetragen, dass die kirchliche Soziallehre einige ihrer wesentlichen Elemente aufgenommen hat, wie die vorrangige Option für die Armen. Der Hauptgrund, warum uns die Europäer da nicht verstehen, ist, dass uns vorgeworfen wird – angefangen von den braven Pfarrern, die sich als nicht konservativ bezeichnen und durchaus fortschrittlich denken –, dass wir uns hier vom spirituellen Bereich entfernt haben, abgesackt sind und uns sozusagen zu Sozialarbeitern gemacht haben. Sozialarbeit ist ein Element unserer Arbeit geworden, sie ist aber eng verbunden mit unserer Spiritualität. In Europa kann man das nicht verstehen, weil der Ausgangspunkt der Volksfrömmigkeit in Europa und hier genau umgekehrt ist: In Europa ist sicher das Grundproblem der Materialismus und deshalb ist es klar, dass die Kirche vom Himmel redet. Hier ist alles im Jenseits angesiedelt. Was zählt, sind die Toten, der Ahnenkult. Es ist für die Ecuadorianer ganz selbstverständlich, dass die Toten leben. Die Volksfrömmigkeit ist um den Animismus, den Ahnenkult, angesiedelt und die Heiligenverehrung bezieht sich nicht auf die »Heiligen« hier, die Familie, die Gesellschaft, die die Welt zum Reich Gottes werden lassen sollen, sondern das sind die drüben,

---

14) eine Bürokratie, die sich sämtliche Freiheiten nehmen kann

das sind die, die die Wunder machen. Sie sehen nicht, dass sie, wir selbst es sind, die unter Führung des Heiligen Geistes die diesseitigen Realitäten nach den biblischen Werten auszurichten haben. Etwas, das in Europa weithin geschehen ist, da gibt es Gerechtigkeit.

Die Entchristlichung der Gesellschaft wird Europa teuer zu stehen kommen

In der Schule hat es geheißen, Österreich ist ein Rechtsstaat. Dabei habe ich mir nichts gedacht, das war selbstverständlich, das musste so sein. Man weiß erst, was ein Rechtsstaat ist, wenn das Recht korrupt ist so wie hier. Seither verstehe ich auch die Bibel besser, Christus greift immer wieder die ungerechten Richter an, deswegen ist er gekreuzigt worden. Es ist mir früher ungeheuerlich vorgekommen, wie man über einen Richter so abfällig reden kann. Ich habe hier die Bibel besser verstehen gelernt, weil die ecuadorianische Gesellschaft jener in der Bibel ähnlicher ist als die österreichische. In Europa hat man eine Gesellschaft, die sehr stark von christlichen Werten geformt ist. Recht, Gerechtigkeit, Gleichheit, Gewaltlosigkeit, Friede sind wichtig und zumindest, als ich wegging, gab es noch den Wert der Familie, der jetzt allerdings durch die »cultura postmoderna« oder besser »post-christiana« zerstört wird. Darum sage ich auch immer wieder, die Entchristlichung der Gesellschaft wird Europa sehr teuer zu stehen kommen. Man wird erst zu spät sehen, was man verloren hat. Wir versuchen hier eine Gesellschaft mit christlichen Werten aufzubauen, das ist mühsam und ein Generationenprozess. Was über Jahrhunderte zerstört worden ist, baut man nicht in ein paar Jahren auf.

Wir haben eine Gesellschaftsdiagnose erstellt

Unser Pastoralkonzept ist an und für sich auf 30 Jahre angelegt und wird gleichzeitig im ganzen Vikariat umgesetzt. Wir planen, werten aus usw. Dabei legen wir großen Wert auf die Beteiligung (»partici-pación«) der Basis, ich als Pfarrer habe nur die Koordinationsaufgabe und stelle die Verbindung zur Diözese her. Wir haben jetzt den ent-scheidenden Schritt von der ersten zur zweiten Etappe getan, d. h. wir sind gerade in der Gründungsphase der Familiengruppen zu je zehn Familien, die dann die zukünftigen Basisgemeinden bilden.

Die erste Phase hat 14 Jahre gedauert. Wir nennen sie Phase der Sensibilisierung, in der zuerst Sektoren gebildet werden. Meine 30.000 Leute wurden in 40 Sektoren unterteilt, aus denen jeweils ein Gemeinschaftsrat kam. Diese trafen sich einmal im Monat und versuchten nach und nach alle Lebensbereiche zu analysieren, eine Diagnose über Kirche und Gesellschaft zu erstellen. Mitarbeiter der »pastoral social« (vergleichbar mit der Caritas) kamen dazu und halfen im gesellschaftlichen Bereich. Bei entscheidenden Treffen musste ich immer dabei sein.

Die ersten Jahre haben wir zu kirchlichen Themen gearbeitet, zum Zustand der Kirche, dem Ideal und der Vision von Kirche, dann haben wir uns auf Familie und Jugend konzentriert und es später auf den sozialen Bereich, auf Politik, Wirtschaft und Kultur ausgeweitet. Wir haben eine Gesellschaftsdiagnose erstellt, etwa ein Jahr lang haben wir in allen Sektoren zum Thema »diagnóstico de la realidad en los niveles sociales« (Analyse der vorherrschenden gesellschaftlichen Zustände in allen sozialen Bereichen) gearbeitet. Und im Vorjahr haben wir uns dann das Gegenteil vorgenommen, die Vision, das »ideal de la sociedad«.

Das läuft z. B. so ab: Die Leute sagen: »Unser Problem ist das Ökonomische, wir haben keine Mittel!« Dann entgegnet man, ob Ecuador ein Land ohne Ressourcen, ohne Reichtum sei. Nein, denn man habe Erdöl, wertvolle Gründe … »Aber wir haben unsere Böden durch die Monokultur zugrunde gerichtet, durch den extremen Einsatz von Pestiziden und Düngemitteln!« Dann heißt es, die Ökologie sei das größere Problem. Schließlich fragt man sich, warum Anbau und Vermarktung der Baumwolle hier in unserem Gebiet gescheitert ist. »Wegen der Korruption!« Korruption in Politik und Justiz könnte nicht sein, wenn das Volk stärker wäre, sowohl in der Bildung wie auch in der Produktion … Sie haben schließlich Folgendes herausgearbeitet, alle gemeinsam: »el pueblo dependiente y conformista en estructuras de imposición en todas las áreas de la vida a partir de la herencia machista en la familia« (ein abhängiges und konformistisches Volk mit strukturellen Belastungen in allen Lebensbereichen; angefangen beim ererbten Machismo in der Familie). Es ist also ein kulturelles Problem, ein Problem der Identitätsschwäche, im Zusammenhang mit der mangelnden Bildung des Volkes. Wir haben nach wie vor einen funktionellen Analphabetismus um die 50 %. In dieser Phase spüren die Menschen schon, wie es sein und wie es nicht sein sollte, aber sie haben noch nicht die Kraft, zum Durchbruch zu kommen.

Es sind langwierige Prozesse, dass man im Volk Bewusstsein bildet. Die zweite Etappe, die auch etwa zehn Jahre dauert, beinhaltet die Schulung der Basisgruppen, pro Sektor sollten es fünf bis zehn sein. Und wenn sie reif geworden sind, bilden sie in einer dritten Phase die Basisgemeinden. Dann sollten sie eine starke gesellschaftsverändernde Funktion haben. Das Ziel ist eine Gesellschaft, die von christlichen Werten geprägt und nicht mehr so leicht manipulierbar ist. Spätestens dann wird es für uns Ausländer gefährlich: Entweder die Machthabenden gehen mit uns, mit diesen Veränderungen, mit oder sie bringen uns um. So weit könnte das, glaube ich, gehen. Denn diejenigen, die das Geld haben, geben es nicht gerne her.

Am Ende wird es nicht uns umbringen

Wenn man einen Ausgleich mit der Dritten Welt schaffen will, muss sich auch die Erste Welt einschränken, aber sie beutet weiter aus. Als UNO-Generalsekretär Kofi Annan vor ein paar Wochen in Ecuador war, hat die Tageszeitung »El Universo« die Gesellschaftsdiagnose der UNO abgedruckt. Sie hat sehr gut mit unserer kirchlichen Diagnose übereingestimmt. Da wurde festgestellt, dass in den letzten fünf Jahren eine große Wirtschaftskrise herrschte, es bei uns stark bergab ging, ein Präsident nach dem anderen gehen musste – beim jetzigen kann es täglich soweit sein, dass er abgelöst wird, Putschgerüchte gibt es immer wieder –, dass die zehn Prozent Reichen in Ecuador in den fünf Jahren der Krise ihren Anteil am Volksvermögen von 48 auf 54 % erhöht haben, während die Mittelschicht praktisch aufgerieben worden ist und die Armen immer mehr und ärmer geworden sind. Auch die UNO hat gesagt, wir sind ein Volk mit schwacher Identität.

Nach meinem letzten Österreich-Urlaub war ich schockiert, dass es den Medien gelungen ist, die Anliegen der Anti-Globalisierer nach dem Gipfel von Genua so negativ zu bewerten. Schrecklich, dass die heilige Kuh des Neoliberalismus nicht geschlachtet werden darf. Und das bringt uns in Ecuador um, und am Ende wird es nicht uns umbringen, sondern den Norden. Die Menschen hier haben so viel Leben, wenn sie AIDS nicht umbringt, dann überleben sie vieles. AIDS ist eine echte Gefahr. In einigen Teilen der Karibik hat es bereits Ausmaße angenommen, die sich afrikanischen Verhältnissen nähern. Auch in unserer Gegend ist diese Krankheit derzeit stark im Steigen, der Staat ist vollkommen hilflos und wir machen im Moment Aufklärung. Das Interesse der Leute dafür ist allerdings nicht sehr groß, sie wollen nichts davon hören. Sie betreiben eine Vogel-Strauß-Politik. Aber wir haben hier in Pedro Carbo eine gute Basis geschaffen, wir arbeiten gut mit der Pastoral Social und mit verschiedenen NGOs, Nichtregierungsorganisationen, hier heißen sie ONG, zusammen und haben bereits ein bisschen Basiswirkung erzielt. Durch die AIDS-Aufklärung haben wir auch Zugang zu den »colegios« (Mittelschulen) und »academias« (Berufsschulen) und den Eltern, d. h. wir kommen weit über den engen kirchlichen Einflussbereich hinaus. Über die Kinder kommen wir an die Eltern heran. Morgen habe ich z. B. wieder eine Veranstaltung für Eltern von Berufsschülern. Etwa alle drei Tage habe ich einen Termin, mit Eltern, Professoren und Schülern. In der Regel mache ich die Informationsveranstaltung oder ich lasse mich von einer jungen Ärztin von unserer »Maternidad« (unserem kirchlichen Krankenhaus) vertreten. Ich lasse mich außerdem immer von jemandem vom »comité cívico« (Bürgerkomitee) begleiten. Ich mache AIDS-Aufklärung nicht als Vertreter der Kirche, sondern als Mitglied des Comité Cívico. Sonst wäre es schwer in die Schulen reinzukommen, denn in der Lehrerschaft herrscht sehr stark liberalistisches Denken vor, d. h. die Lehrer wollen von Kirche nichts wissen. Wir schaffen so auch eine breitere Basis, ich achte darauf, dass manchmal ein evangelischer Pastor mitkommt.

Was wir machen, sind Überlebensmodelle

Im kirchlichen Bereich haben wir eine große Beteiligung von Laien an der Evangelisierung, die Basisarbeit ist praktisch in deren Hand. Im sozialen Bereich ist es viel schwieriger; es klingt sehr fromm, wenn man sagt, unsere NGOs fördern Kleinunternehmen (microempresas) und Volksorganisationen, aber im neoliberalen Modell haben die kleinen Fische keine Chance, das ist alles zum Sterben verurteilt. In Österreich erzähle ich immer wieder, dass alles, was wir im sozialen Bereich machen, Überlebensmodelle sind, bis sich das System ändert. Es sind keine Erfolgsmodelle, können es nicht sein.

Bei uns ist ja alles neu, die Ökologie z. B. Hier werden Pflanzenschutzmittel (químicos) verkauft, die im Norden schon längst verboten sind. Die Bauern sind hellauf begeistert von »culturas diversificadas o asociadas«[15] – ich weiß nicht einmal, wie man da auf Deutsch sagt, denn ich habe mich früher in Österreich mit dem Himmel beschäftigt –, aber sie machen es nicht, weil es mehr Arbeit ist. Da ist mir vor einigen Jahren Folgendes passiert: Immer wieder predigen unsere Agrartechniker dasselbe, immer wieder sind die Bauern begeistert, aber sie setzen es nicht um. Da habe ich gefragt: »Wie hat der Großvater gedüngt?«, und bekam als Antwort: »Er hat überhaupt nicht gedüngt, diese Böden sind die fruchtbarsten der Welt, und früher gab es eine natürliche Mischkultur, da war keine Düngung nötig.« Unsereiner aus der gemäßigten Zone glaubt, in der ganzen Welt muss man düngen, das ist aber nicht so.

… der Mann, der seine Identität verloren hat

Es gibt noch ein großes gesellschaftliches Problem, den »Machismo« (einen übersteigerten Männlichkeitswahn). Es wird erwartet, dass Jugendliche und junge Männer zu Prostituierten gehen. Es ist überhaupt eine Art Gewohnheit zu Prostituierten zu gehen. Das wird wohl langsam weniger, nicht durch die Religion, sondern durch die Angst vor AIDS. Als Mann ist einer jetzt nicht mehr »total erledigt«, wenn er es nicht tut. Auch das Verhältnis der Geschlechter zueinander wird schon besser, durch die wachsende Bildung. Der Hauptfaktor ist meiner Meinung aber der, dass die männliche Jugend sehr früh durch Alkohol, Drogen und Prostitution geschädigt wird, d. h. ihre Rolle in der Gesellschaft nicht mehr ausfüllen kann. Dadurch bekommen mehr Frauen aussichtsreichere Positionen als vorher. Das eigentliche Problem ist nicht die unterdrückte Frau, sondern es ist der Mann, der seine Identität verloren hat und zum Macho herabgesunken ist. Das

---

15) Fruchtwechselwirtschaft bzw. Mischkultur

versuchen wir den Leuten beizubringen. Wenn der Macho zum Mann wird, dann wird automatisch auch das partnerschaftliche Verhältnis ermöglicht. Die Mehrzahl der Männer meidet uns, sie wollen das nicht hören. Aber durch die Familienkatechese haben wir schon etwas erreicht.

Die Großfamilie bietet hier den Menschen noch Stabilität. Umgekehrt zerstört der Machismo familiäre Werte, Werte, die sehr in der Volksfrömmigkeit verankert sind, wie den Wert der Mutter, des Vaters, wie die Liebe zum Kind. Die positiven Werte sind da, sie müssen in das tägliche Leben der Menschen einsickern, es muss also eine »Inkulturisation« erfolgen. Wir müssen dort ansetzen, wo etwas da ist, es von Zerstörendem reinigen und nicht einfach unser Modell überstülpen.

Hier ist auch ein starkes Auswanderungsgebiet, fast jede Familie hat jemanden in Italien, Spanien, Venezuela oder den USA. Das wirkt sich zum Teil positiv aus, die Auswanderer schicken Geld. In Städten wie Cuenca beruht die Bautätigkeit fast nur auf Geld, das aus dem Ausland kommt. Auf der anderen Seite ist es so, dass das das Bild verfälscht. Es schaut so aus, als würde etwas geschehen, aber es geschieht durch die Auswanderer. Und, was besonders bedauerlich ist, es wandern natürlich auch die Gehirne ab, die Besten gehen weg. Auswanderer waren zum Teil auch Mitarbeiter in den Sektoren. Hier verdient jemand vielleicht 80 Dollar im Monat, dort 800, er braucht dort zwar mehr zum Leben, aber er erspart sich auch mehr. Viele Ecuadorianer leben illegal im Ausland, obwohl das jetzt immer mehr erschwert wird.

Richtschnur kann nicht der Markt sein, sondern der Mensch

Das Schlagwort vom freien Markt ist die Lüge aller Lügen, »la madre de todas las mentiras«. Es müssten sich auch die Grenzen für Personen öffnen, damit das Ganze richtig läuft. Die Erste Welt richtet es sich ja, es gibt also keine gleichen Bedingungen. Der Norden subventioniert seine Landwirtschaft, das bringt die Landwirtschaft des Südens um. Unter ganz gleichen Bedingungen wäre es möglicherweise für uns gar nicht so schlecht. Wenn Subventionen fließen, dann soll es so sein wie in der EU, dass die reichen Staaten die armen subventionieren und nicht umgekehrt. Im ALKA, der amerikanischen Freihandelszone, werden die Reichen subventioniert. Wir Theologen sagen aber, dass ein vollkommen deregulierter Markt an sich nicht von Vorteil ist. Richtschnur kann nicht der Markt sein, sondern der Mensch, aber es herrscht eine »divinización del mercado«, eine Vergöttlichung des Marktes. Der neueste Supermarkt in Guayaquil ähnelt architektonisch einer Kathedrale, Supermärkte sind die Kathedralen der neuen Religion.

Unsere Gesellschaft ähnelt der biblischen sehr

Mit unserer Arbeit im kirchlichen Bereich sprechen wir etwa fünf bis zehn Prozent der Leute an, was nicht heißt, dass sie in die Messe gehen, aber irgendwie haben wir sie erreicht. Zur Sonntagsmesse kommen etwa drei Prozent der Katholiken regelmäßig, trotzdem sind die Kirchen voll, da es wenige gibt, in der Regel eine Pfarrkirche pro politischen Bezirk. Die großen religiösen Feste werden in den Dörfern meiner Pfarre hauptsächlich von Laien durchgeführt, ich halte dort vereinzelt Messen und Beichten. Am Wochenende habe ich in Pedro Carbo fünf Messen, mein koreanischer Kollege betreut in seiner Pfarre, die erst gegründet wurde, als ich herkam, den größeren Teil des ländlichen Bereichs. Wir beide arbeiten gut zusammen. Diese zwei Pfarren umfassen flächenmäßig ein Gebiet wie den Hollabrunner Bezirk. In unserer Gegend gibt es noch große Waldzonen, die fast nicht besiedelt sind. In Hollabrunn findet man auf dieser Fläche viele Pfarren, hier ist in der Regel ein Bezirk eine Pfarre. Wir müssen notgedrungen mehr Laienkirche sein.

Man muss auch sehen, dass bei uns alles Neuanfang ist, es war fast nichts da. Und es ist wie jeder Anfang einerseits schön, man baut auf. Es ist nicht so wie in Europa, dass, obwohl man verzweifelt arbeitet, viel von der religiös-christlichen Durchdringung des Lebens verloren geht und man es nicht verhindern kann. Das ist leider so im kirchlichen Bereich. Da kann man arbeiten wie ein Wilder, aber die Zahl der Gottesdienstbesucher geht zurück und damit der Einfluss der christlichen Werte in der Gesellschaft. Da ist es schon besser, man baut auf. Natürlich bemerken wir hier auch den Einbruch der materialistischen Welle vom Norden her, aber an sich sind wir in einer

Aufbauphase, was motivierend ist. Man kann das nicht wirklich gut mit Europa vergleichen, denn das Volk hier ist auf einer anderen Kulturstufe, daher sind auch die Probleme anders. Hier sind die Menschen von ihrer Volksreligiosität her noch sehr stark im magischen, emotionalen Bereich angesiedelt. Das ist eine Schwierigkeit, weil wir, die Kirche des Zweiten Vatikanums, auf einer sehr intellektuellen, universalen und sozialen Ebene antworten. Gut, wir müssen dann übersetzen, eben »inkulturieren«. Es ist sehr schwierig, Vergleiche zu ziehen, unser Pastoralprojekt mit Kirche durch Basisgemeinden ist in Europa sicherlich schwerer zu realisieren.

In meinen Predigten vergleiche ich immer wieder das Evangelium mit dem praktischen Leben hier. Das ist wiederum leicht, denn unsere Gesellschaft ähnelt der biblischen sehr, während die europäische große Fortschritte gemacht hat und daher vieles von den biblischen Werten verwirklicht und von den Staaten in ihre Rechtssysteme übernommen worden ist. Die modernen Staaten haben ja die Sorge für Erziehung, Gesundheit, Gemeinwohl ... in den Verfassungen verankert und dort funktioniert das ja in weltgeschichtlich einmaliger Höhe, es ist bis jetzt nirgends etwas Besseres erreicht worden. Das heißt nicht, dass es nicht wieder bergab gehen kann. Neoliberalismus und Säkularisierung, die Zerstörung der Familie sind sicherlich Abstiege. Aber was in Europa erreicht wurde, ist sicher einmalig in der Weltgeschichte. Da sind z. B. die Menschenrechte oder die Pflicht der Staaten zur dauernden Umverteilung der Güter zu nennen. Letzteres stammt aus der christlichen Soziallehre, sie erkennt Privateigentum an, aber das Gemeinwohl ist ein höherer Wert. Hier steht so etwas nicht in der Verfassung, obwohl die Verfassungen zum Teil recht brauchbare Inhalte haben, denn die UNO muss sie anerkennen. Aber viele Gesetze existieren oft nur auf dem Papier oder es herrscht ein Gesetzesdschungel und dadurch große Rechtsunsicherheit. Immer wieder sind in den Verfassungen Fallen eingebaut. Die reichen Familien haben ihre Privilegien so abgesichert, dass eine Änderung erst durch eine neue Verfassung durchgesetzt werden kann.

Aber das ist für uns noch zu weit weg. Wir versuchen durch unsere tägliche Arbeit etwas zu verändern, Schritt für Schritt. Im Mittelpunkt steht allmonatlich ein Leitspruch wie:

Cielo en la tierra iniciamos cuando al hermano ayudamos.
Den Himmel fangen wir auf der Erde an, wenn wir dem Bruder helfen.

Und jetzt zu Weihnachten wird es heißen:

Nueva sociedad logramos cuando a los niños educamos!
Eine neue Gesellschaft erreichen wir, wenn wir die Kinder erziehen.

Pedro Carbo, im Dezember 2003

Da habe ich einfach englische Wörter genommen oder französische und sie spanisch ausgesprochen!

Maria-Elisabeth REIDLINGER, 19, Mitglied der örtlichen Gemeinschaft von Punto Corazón de San Martín de Porres, Ensenada bei Lima, Peru

Ich lebe hier in einem Haus des Punto Corazón, »Offenes Herz« heißt es auf Deutsch, einer karitativen Organisation, die 1990 vom französischen Pater Thierry de Roucy, SJM[16], gegründet worden ist. Er hat viele schwarze Punkte auf der Erde gefunden, wo es an Liebe fehlt, auf diese schwarzen Punkte versuchen wir einen »Herzpunkt« zu setzen. In unseren Häusern wohnen fünf Jugendliche zusammen (wir sind allerdings momentan zu viert), junge Menschen zwischen 18 und 30, die aus verschiedenen Ländern kommen. Man geht immer ins Ausland, z. B. Peruaner können nicht hier bleiben. Es soll für uns alles neu sein, die Sprache, die Umgebung, die Trennung von der Familie …

Wir sind eine internationale Gemeinschaft, momentan gibt es hauptsächlich Franzosen, meist Jugendliche aus den Ländern, wo es Puntos Corazón gibt. Ich bin die erste Österreicherin. Diese Organisation ist fast auf der ganzen Welt vertreten, außer in Australien, also in Asien, Nordamerika, hauptsächlich in Südamerika, in Afrika und auch in Europa. Finanziert wird der Einsatz durch Paten. Bevor ich hergekommen bin, habe ich Leute gefragt, ob sie mich unterstützen wollen, finanziell oder durch Gebete. Sie sehen es als ihre Mission, dass sie mir meine Mission ermöglichen. Ich stehe in Kontakt mit ihnen. Alle zwei Monate erhalten sie einen Brief. Die geistlichen Paten beten jeden Tag ein Gesätzchen vom Rosenkranz für uns. Die finanziellen Paten zahlen monatlich oder einmalig einen Betrag, der uns zur Verfügung

---

16) Der Orden heißt »Servi Jesu et Mariae«, Diener von Jesus und Maria.

steht für das Leben hier, den Aufenthalt, vor allem für die Versicherungen. Das übrige Geld wird gemeinschaftlich verwaltet. Wir leben sehr bescheiden, das ist auch eines unserer Ziele und in Peru nicht allzu schwer zu verwirklichen, hier ist das Leben viel billiger als in New York, wo es auch ein Punto Corazón gibt.

Arbeit, durch die ich auch anderen etwas geben kann

Als ich in der achten Klasse war – ich habe 2003 am BG/BRG Hollabrunn maturiert –, habe ich von dieser Organisation erfahren, durch eine Tante von mir, die auch geistliche Patin ist. Sie ist Nonne in einem österreichischen Kloster und hat durch eine Mitschwester, eine Deutsche, die den Verantwortlichen für Puntos Corazón in Deutschland kennt, davon gehört.

Was waren meine Beweggründe? Meine Geschwister sind alle schon einige Zeit im Ausland gewesen, ich wollte das auch und habe überlegt, ob ich studieren oder Au-pair-Mädchen werden soll. Ich hatte schon auch daran gedacht, eine Zeitlang in einer religiösen Gemeinschaft zu leben wie mein Bruder, der in einer Wohngemeinschaft mit Theologiestudenten war. Dann habe ich von Puntos Corazón erfahren, das war das Richtige für mich, denn ich konnte etwas Soziales machen. Ich dachte, es würde eine tolle Erfahrung für mich und andere sein, ich würde Arbeit leisten, durch die ich auch anderen etwas geben kann. Dadurch, dass es Arbeit mit Kindern ist, was ich immer schon wollte, war Puntos Corazón für mich perfekt.

Ich wollte in ein spanisch-sprachiges Land gehen, weil mir die Sprache gefällt und weil Spanisch eher leicht ist, wenn man Latein gelernt hat. Natürlich hatte ich mir vorgenommen in der achten Klasse ein bisschen Spanisch zu lernen, aber wegen der Maturavorbereitung war keine Zeit übrig. Und im Sommer ging es auch nicht, weil ich gearbeitet habe, um mein Flugticket bezahlen zu können. Außerdem habe ich viele Besuche gemacht, um mich zu verabschieden. Im Oktober 2003 bin ich hergekommen und habe fast nichts Spanisch gekonnt. Es war für mich schwierig, die Sprache allein zu lernen. Ich war die schulische Situation gewohnt, da wird man geprüft, da muss man lernen. Außerdem habe ich immer wieder gehört: »Mach dir keine

Sorgen, Spanisch ist leicht!« Als die Abreise näher kam, war ich schon nervös wegen der Sprache, aber ich kam schnell hinein. Am Anfang habe ich Englisch gesprochen, es waren Mitbewohner da, die es konnten. Sie haben mir in der ersten Woche viel erklärt. Durch das Englische und durch mein Französisch und Latein aus der Schule habe ich mehr oder weniger gut verstanden, was gesprochen wurde. Ich war aber mit einem Mädchen im Zimmer, das gar nicht Englisch konnte. Da habe ich einfach englische Wörter genommen oder französische und sie spanisch ausgesprochen, und sie hat es verstanden. So habe ich mir geholfen. Dass mir jetzt deutsche Wörter ins Spanische reinkommen, ist eigenartig. Ich frage mich, warum das so ist. Nicht einmal am Anfang war das so, wahrscheinlich bin ich so im Spanischen drinnen, dass mir das Deutsche schon etwas fern ist. Als meine Eltern hier waren, habe ich anfangs »den Urblödsinn« geredet, ein Sprachengewirr.

Wir werden von den Menschen hier respektiert

Man kann sich ein Land wünschen, in das man gehen möchte. Die Organisation wählt letztlich aus. Ich hatte in der Vorbereitungsphase viele Gespräche mit den Verantwortlichen, die mich dadurch ein bisschen kennen lernten. Sie wussten auch, wo jemand gebraucht wird, wo ich am besten hinpassen würde, wie die Situation in diesem Land ist. Ich bin »in die Ensenada« gekommen, weil es hier relativ ruhig ist. Die Jugendlichen sind nicht aufdringlich, nicht gewalttätig. Wir werden von den Menschen hier respektiert und in Ruhe gelassen, auch weil wir eine religiöse Gemeinschaft sind. Deshalb können wir hier eine Zeitlang ohne Burschen auskommen. Es melden sich nämlich mehr Mädchen für einen Einsatz.

Wie mein Entschluss gereift ist? Das ist nicht so schnell gegangen, von Puntos Corazón habe ich wie gesagt im Herbst 2002 gehört. Im Jänner 2003 war der erste Informationstag in Deutschland, zu dem ich gefahren bin. Zuerst habe ich gedacht, die Vorbereitung neben der Schule, das schaffe ich nicht. Aber ich war von der Idee begeistert. Ich habe dann mit meiner Familie darüber gesprochen, meine Eltern waren mit einem Einsatz einverstanden. Das ist sehr wichtig, anders wäre es schwer zu realisieren.

Ich habe mir Paten gesucht und fühle mich durch sie unterstützt und getragen. Die monatlichen Kosten für meinen Einsatz hier liegen, weil ich Europäerin bin, bei etwa 400 Euro, für die Lateinamerikaner ist es weniger. Ich wollte 16 Monate bleiben und habe befürchtet, dass ich das Geld nie im Leben zusammenbringen werde. Dann hat mich die Diözese unterstützt und sehr viel Geld kam aus der Pfarre Holla-brunn. Der Diakon, der letztes Jahr bei uns in der Pfarre war und dieses Jahr zum Priester geweiht worden ist, wollte zur Weihe statt Geschenken eine Spende für Puntos Corazón, nicht für mich, denn ich hatte das Geld schon zusammen. Das finde ich super.

Am Informationstag in Deutschland wurden Gespräche geführt. Manche »Bewerber« haben danach festgestellt, sie machen es eher nicht. Wenn man sagt: »Ja, ich könnte es mir vorstellen!«, bekommt man eine Einladung für das erste Ausbildungswochenende in Frank-reich, in meinem Fall in Lyon, es kamen dann noch weitere. Das Zentrum unserer Organisation ist in der Nähe von Paris. Wir waren in diesem Jahr 30 Interessenten. Am ersten Wochenende wurden viele Gespräche geführt. Danach musste man sich entscheiden, ob man es macht oder nicht. Während des zweiten Wochenendes erfuhr man schon, wohin man kommt. Dann folgte das dritte Wochenende – drei, vier Tage – und schließlich zwei Wochen Vorbereitung im September. Man redet über alles, über das Charisma von Puntos Corazón, über das Land, in das man kommt, über den Glauben... Man bekommt viel Information, man kann auch viel fragen. Es war ein Erfahrungs-austausch mit Leuten, die es schon gemacht hatten. Wir hörten viel darüber, wie es die anderen »geschafft« hatten.

Ich habe an diesem dritten Wochenende einen Burschen getroffen, der in Ensenada war, drei Jahre vor mir. Er war wie ich 18, als er hergekommen ist, hat mir Fotos gezeigt und viel erzählt. Außerdem haben alle gesagt, dass dieses Punto Corazón hier das beste sei.

Vor der Abreise war ich natürlich nervös, aber ich habe mir den Abschied ärger vorgestellt. Es war nicht so, dass ich die Nacht davor nicht schlafen konnte. Nervös war ich hauptsächlich wegen der Spra-che, das war aber letztlich nicht so ein Problem. Sonst wird man ja gut vorbereitet.

Mir ist bewusst geworden, wie das ist Ausländer zu sein

Als ich in Lima ankam, wurde ich ganz toll empfangen. Die anderen haben mich mit 15 Jugendlichen mit Musik am Flughafen abgeholt. Im Flugzeug war ich schon nervös, da wurde es mir erst richtig bewusst, was ich da machte, dass ich einfach 16 Monate weg sein, dass ich meine Familie und meine Freunde lange nicht sehen würde. Und dann dieser Empfang!

Es war nicht schwer mich einzugewöhnen. Die Leute kommen gleich auf einen zu, sie wissen, man gehört zu Punto Corazón. Die Kinder erkennen einen sofort und schreien: »Punto Corazón! Punto Corazón!« Dadurch, dass unsere Organisation schon so lange hier ist und sie fast alle kennen, ist der Empfang so herzlich. In der Vorbereitung wurde uns gesagt, dass die ersten Monate wahrscheinlich schon sehr schwierig werden würden, aber Gott sei Dank war das nicht so. Dadurch, dass ich mich gleich verständigen konnte, ist es bei mir gut gegangen. Im ersten Monat habe ich jeden Tag eine Stunde Spanisch gelernt, mit Lehrbuch und Grammatik. Das Buch habe ich aber nicht ganz durchgemacht. Einiges lernt man durchs Zuhören. Den »subjuntivo« (Konjunktiv) habe ich nie gelernt. Manchmal verwende ich ihn, manchmal nicht. Ich weiß z. B. nicht, wie »bevor du kommst« richtig heißt, antes de que vienes, viniste oder vengas, aber die Kommunikation funktioniert. Ich bin mir hier auch einer Sache bewusst geworden: Wenn ich in Österreich mit jemandem spreche, der nicht Deutsch als Muttersprache hat, rede ich »irgendwie komisch«. Einmal im Bus habe ich gefragt, wie ich nach dort und dort komme. Der Angesprochene hat mich ein bisschen eigenartig angesehen, nur ein bisschen. Da ist mir bewusst geworden, wie das ist Ausländer zu sein, weil ich ja mit Akzent gesprochen habe. Mir wurde gleichzeitig klar, was es bedeutet, dass wir so gut empfangen worden sind. In Ensenada sind sie es einfach gewohnt, dass Fremde da sind. Hier wird man total angenommen.

Wirklich Heimweh habe ich Gott sei Dank nie gehabt, »Durchhänger« hatte ich schon, das kommt natürlich vor. Im Advent war so eine Phase, ich habe mich erinnert, wie wir zuhause Advent feiern, mit der Familie, mit Liedern, mit all diesen Bräuchen wie dem Keksebacken, den Punschständen ... Das gibt es hier alles nicht. Außerdem wurde mir klar, ich werde zu Weihnachten nicht zuhause sein. Das dauerte einige Tage, zu Weihnachten war es dann gar nicht schwierig für mich. Am 24. Dezember waren wir um 9 Uhr abends in der Messe. Man feiert hier nicht wie bei uns am Abend, sondern um Mitternacht. Nach der Messe waren wir, geteilt in zwei Gruppen, bei Familien zum Truthahnessen eingeladen. (Wir bekamen etwas davon mit nach Hause und von Weihnachten bis Neujahr gab es dann bei uns fünfmal Truthahn.) Um ein Uhr haben wir uns hier getroffen und gemeinsam gefeiert, mit einem Gebet in der Kapelle und mit dem Engerl-Bengerl-Spiel. Jeder hat einem anderen etwas geschenkt, das haben wir in der Kapelle überreicht und ausgepackt. Der Tisch war schön hergerichtet, ein Freund hatte uns eine Flasche Wein geschenkt und jemand brachte einen Weihnachtsbaum aus Schokolade. Wir haben dann einfach ein bisschen gefeiert, sind zusammen gewesen. Am 25. Dezember am Vormittag, wir hatten den Truthahn schon vorbereitet, mussten also nicht kochen, sind wir wieder zusammengesessen und haben Briefe geschrieben. Mir hat das sehr gut gefallen, weil wir sonst nicht sehr viel Zeit haben zusammenzusitzen ohne etwas tun zu müssen.

Es geht uns um das religiöse Gemeinschaftsleben

Wir gehen jeden Tag in die Messe, hier oben gibt es nur zweimal in der Woche eine, deswegen fahren wir nach Pro, dem Viertel auf der anderen Seite des Flusses. Mit der lokalen Pfarre haben wir Kontakt, sind aber unabhängig. In Lima, Stadtteil Pueblo Libre, gibt es ein Kloster der Dienerinnen von Jesus und Maria, der Schwesterngemeinschaft, die auch von Thierry de Roucy gegründet worden ist. Die Schwestern unterstützen Puntos Corazón. Wir fahren jeden Donnerstag nach Pueblo Libre, verbringen dort unseren freien Tag, holen unsere Post ab und können ins Internet gehen.

Unser Punto Corazón gibt es schon 13 Jahre. In Lima gibt es noch ein zweites Haus, in Barrios Altos. In anderen Ländern sind wir weniger vertreten. Zu uns kommt alle drei Monate für ein bis zwei Wochen ein Besucher, ein Ordensbruder oder eine Ordensschwester oder wen der Gründer bestimmt hat. Es ist immer derselbe, er kennt die Leute hier, ihm wird geschrieben. Er ist ein geistlicher Begleiter für uns.

Außer diesem gibt es keinen offiziellen Verantwortlichen. Wir schicken wöchentlich Briefe ans Mutterhaus, ansonsten sind wir allein für unser Haus verantwortlich. Die Neuen werden von den Anwesenden eingeführt, dadurch ist eine Kontinuität gegeben. Eine Kollegin wird im November heimfliegen, nach zwei Jahren Aufenthalt. Ende Oktober wird ein neues Mädchen kommen, das wir einführen werden. Wir sind hier für 14 Monate bis zwei Jahre, bei mir ist die Rückkehr für Februar oder März 2005 geplant.

Es geht uns um das religiöse Gemeinschaftsleben und um die Arbeit, die wir machen. Die drei Säulen von Puntos Corazón sind: das Gemeinschaftsleben, das Gebetsleben und das Leben des Mitleidens. Diese bestimmen unseren Tagesablauf.

Zum Gemeinschaftsleben: Wir leben eben in Gemeinschaften zusammen und erledigen gemeinsam die täglichen Aufgaben, auch die Hausarbeit. Beim Kochen wechseln wir uns ab.

Zu diesen Aufgaben gehört auch die Versorgung mit Wasser. Hier in Ensenada gibt es noch keine Wasserleitung, wir werden mit Tankwägen versorgt. Zu den Häusern weiter oben auf den Hügeln kommt der Wagen nicht immer, die Leute müssen runter und das Wasser hinaufschleppen. Man hat hier mit nichts angefangen, jetzt gibt es wenigstens eine Straße und eine Brücke. Elektrizität ist schon eingeleitet worden, allerdings nicht in allen Häusern, aber in den meisten. Es ist gut, dass wir hier herunten wohnen, bei den Bussen, der Tankwagen kommt auch immer vorbei. Es gibt etwa 15 Tankwagen, aber nur einer ist »gut«, und wenn der leer ist, muss man warten, bis er wieder kommt. Das erste Mal kommt er um 5 Uhr in der Früh, das ist uns zu früh. Einmal habe ich um diese Zeit Wasser geholt, weil wir drei, vier Tage keines bekommen haben. Das Wasser muss natürlich abgekocht werden und es ist kostbar, wir verwenden es mehrfach, zum Kochen, zum Waschen und schließlich für die Klospülung. Wir haben auf dem Dach einen kleinen Tank, von dort wird das Wasser durch die Schwerkraft heruntergeleitet. Den Tank müssen wir füllen. Das ist für uns Mädchen schwer. Jetzt, wo wir keine Burschen haben, bitten wir immer wieder Jugendliche uns dabei zu helfen. Durch all das wird einem erst bewusst, wie wertvoll Wasser ist, wie viel man zuhause verschwendet. Wir sind uns in Europa des Reichtums an Wasser gar nicht bewusst.

Der Glaube ist ein verbindendes Element

Zum Gebetsleben: Es beginnt mit den Laudes (Morgengebet) mit Fürbitten, dann kommt das Frühstück, im Anschluss haben wir eine halbe Stunde Zeit zum Lesen hauptsächlich religiöser Literatur, beispielsweise Texte des Ordensgründers. Danach ist eine Stunde Anbetung vor dem Allerheiligsten, was die Mädchen gerade in der Kapelle machen. Um 3 Uhr beten wir den Rosenkranz mit den Kindern, die gekommen sind. Manche kommen und sehen, dass wir beten, dann gehen sie gleich wieder. Oft sind die Kinder zu klein, zu quirlig. Um 6 Uhr beten wir Vesper, normalerweise gehen wir am Abend in die Messe. Und wenn die Nacht beginnt, beten wir mit den Jugendlichen die Komplet.

Für mich war es von Anfang an sehr wichtig, dass alle in der Gruppe religiös sind, es sollten nicht einfach nur fünf Jugendliche zusammenleben. Wir verstehen uns alle »urgut«, das ist eigentlich schon ein Geschenk. Ich denke, der Glaube ist ein sehr verbindendes Element für uns. Er ist aber nicht bei allen, die jetzt hier sind, in der Familie zugrunde gelegt worden. Anahís Eltern z. B. sind nicht sehr religiös. Sie gehen jetzt noch seltener in die Messe als vorher, weil Gott ihnen, überspitzt formuliert, ihre Tochter genommen hat.

Das Gebetsleben hilft uns sehr den Alltag hier zu bewältigen, außerdem ist die Gemeinschaft wichtig. Man weiß eben, dass einen die anderen gern haben. Man kann darüber reden, wenn es Probleme gibt. Ich habe hier in der Gruppe ein totales Gefühl der Sicherheit. Wir helfen zusammen. Es gibt einmal in der Woche ein Gespräch, da reden wir über die vergangene Woche, darüber, welche Besuche wir gemacht haben. Wir sitzen auch meist am Abend beisammen und trinken Tee. Wir erleben alle dasselbe, haben dieselben Probleme, wir vermissen unsere Familien und unsere Freunde. Die Argentinierinnen vermissen auch das Fleisch sehr! Sie sind von der Mentalität her überhaupt anders, lustig und manchmal ziemlich aufgedreht, sie machen oft Scherze. Die Peruaner merken, dass ich ganz anders bin, viel ruhiger und ich gehe nicht so auf Leute zu. Wenn ich ernst schaue, glauben sie sogar, ich bin schlecht drauf, aber das ist eben mein normales Gesicht.

Wenn Entscheidungen zu treffen sind, machen wir es gemeinsam, es herrscht ein guter Zusammenhalt. Wenn jemand etwas Schlechtes über einen anderen sagt, wird das von der Gruppe registriert, das ist gut so.

Wir werden von Puntos Corazón unterstützt und bekommen zweimal im Monat einen Geldbetrag. Wir versuchen sehr bescheiden zu leben, wir kochen z. B. fast nie Fleisch, weil Fleisch hier sehr teuer ist. Wir kochen so wie die Leute hier, für mich ist das mehr oder weniger leicht, weil ich vorher nichts gekonnt habe. Daher koche ich jetzt peruanisch. Die anderen Mädchen kochen manchmal argentinisch. Hier auf dem Markt gibt es nicht viel, wenn wir Pizza machen – die Argentinier mögen sie gerne –, müssen wir den Schinken in Pro kaufen.

Da ist jemand, der zuhört

Das dritte wichtige Element unserer Arbeit ist das Mitleidsleben. Während das Gebetsleben in allen Gemeinschaften gleich ist, ist das Mitleidsleben unterschiedlich, je nach Land, in dem man ist. Wir arbeiten hier in erster Linie mit Kindern. Wir sind für sie da, unsere Tür ist offen, wenn eine von uns im Haus ist. Hauptsächlich empfangen wir sie am Nachmittag, beten den Rosenkranz, machen mit ihnen Puzzles, spielen Spiele. Da kommen meist Kinder, die ein Zuhause haben, deren Eltern jedoch arbeiten müssen oder sich wenig um sie kümmern. Manche Eltern geben der Erziehung nicht viel Bedeutung. Die Kleinen sind dann die ganze Zeit auf der Straße. Die meisten Kinder gehen in die Schule, entweder am Vormittag oder am Nachmittag, dann kommen sie her. Natürlich sind auch welche dabei, die arbeiten. Ein kleiner Bub kommt nur manchmal zum Spielen, weil er jeden Tag verkaufen muss, Kaugummi, Zuckerl oder sonstige Kleinigkeiten. Oft arbeiten diese Kinder bis elf, zwölf Uhr in der Nacht. Wenn sie am nächsten Vormittag in die Schule gehen sollen, sind sie müde. Manche Eltern sehen die Schule schon als Chance für ihre Kinder, viele aber nicht. Der Schulbesuch ist ja gratis, aber ein bisschen Geld kostet er doch. Da fehlt sogar das Geld für Hefte. Die

Schulbildung ist allgemein sehr schlecht hier, nach dem ersten Jahr können die Kinder oft nicht einmal lesen und kommen trotzdem in die zweite Klasse. Viele gehen nicht regelmäßig zur Schule. Die Eltern haben keine Zeit ihnen bei den Aufgaben zu helfen oder es fehlt ihnen an Bildung, sie können oft nicht schreiben. Wenn ich manchmal die Großen frage, was sie studieren, heißt es Englisch. Und sie erzählen stolz, dass sie bald Lehrer werden, aber sie können viel, viel weniger als ich.

»Warum schlägt mich dann mein Vater?«

Einer von uns bleibt am Nachmittag hier, wegen der Kinder. Im Sommer, wenn Ferien sind, kommt es vor, dass nur zwei oder drei kommen, jetzt sind es etwa 20. Sie sind von vier bis zwölf Jahre alt. Zu Mittag, wenn der Unterricht aus ist, kommen viele und bitten um ein Glas Wasser. Sie trinken manchmal nur einen Schluck und sind wieder weg. Es ist ihnen wichtig, dass sie vorbeikommen, grüßen und sich vergewissern, dass jemand da ist, der ihnen zuhört, wenn sie es brauchen.

Wenn sie länger bleiben, spielen wir mit ihnen. Am Verhalten der Kinder merkt man, wie es ihnen geht. Einmal hat ein Mädchen Fieber gehabt, im Endeffekt war das alles psychisch bedingt. Ich habe sie hergelegt, sie hat dann geschlafen. Ich habe immer wieder nach ihr gesehen und gefragt: »Wie geht es dir?« Sie hat erzählt, dass sie einen Stiefvater hat, dass ihre Eltern zerstritten sind und ihr leiblicher Vater nichts von ihr wissen will. Sie hat sich sehr allein und ungeliebt gefühlt und immer wieder gesagt: »Gott liebt mich, Gott kann gar nichts anderes machen als mich zu lieben!« Sie hat das Wesen des Christ-Seins verstanden. Ich finde es unglaublich, dass sie es besser versteht als ich, als wir, die wir hergekommen sind es zu leben.

An einen anderen Fall erinnere ich mich auch: Es sind zwei Mädchen, Geschwister, die oft herkommen. Sie stehlen Spielsachen, streiten es aber ab, wir wissen allerdings, dass sie es sind. Sie haben ein besonders schweres Leben. Der Vater ist Säufer und wenn er heimkommt, ist er sehr aggressiv. Die Kinder imitieren sein Verhalten, sie geben es ganz einfach weiter, sind aggressiv den Kleineren gegenüber, durch die

Worte, die sie verwenden. Es kommt öfter ein vierjähriges Kind, ich verstehe ja nicht, was es alles sagt, aber wir wissen einfach, dass es sehr arge Wörter sind. Dieses Mädchen hat das auch von den Eltern, woher sonst. Die Eltern schlagen sie, die größeren Geschwister schlagen die Kleineren, sie ist eben die Jüngste und sie lässt das an uns aus. Es ist aber schwierig, sie darauf anzusprechen. Wenn wir sagen: »Man schlägt nicht!«, fragt sie: »Warum schlägt mich dann mein Vater?« In so einer Situation denke ich: »Was mache ich hier? Ich habe nicht Psychologie studiert! Ich bin keine Kindergärtnerin, gar nichts!« Aber wir versuchen einfach da zu sein und den Kindern Liebe zu geben, mehr nicht.

Am Abend kommen auch Erwachsene zu uns, aber hauptsächlich sind es Jugendliche, die mit uns Tee trinken. Am Sonntag ist es wie ein Jugendtreff, da kommen 20 oder 30. Wir gehen einfach zu ihnen hin, spielen oder tratschen mit ihnen. Es ist auch so wie bei den Kindern, dass sie kommen, damit sie nicht irgendwelche Blödheiten anstellen. Sie sehen ihre Freunde, die sich auf der Straße herumtreiben und Unfug machen. Ganz direkt sagen sie: »Ich komme her, damit ich nicht zum Saufbruder werde!« Manche sind auch irgendwie auf der Suche nach einem Sinn, sie fragen uns viel. Sie glauben auch, dass wir Klosterschwestern sind. Es gibt hier z. B. Schwestern von der Pfarre, die auch keine Ordenstracht tragen. Deshalb fragen sie uns: »Wie war dein Leben vorher?« Ich antworte, dass ich in der Schule war, am Samstagabend fortgegangen bin usw. Es ist interessant für sie, dass ich auch »ein ganz normaler Mensch« bin.

Wenn man das Geld nicht hat, wird man weggeschickt

Während jemand von uns am Nachmittag hier bleibt, machen die anderen Besuche bei Familien, die wir schon kennen. Da sehen wir ihre Probleme, können sie aber nicht lösen. Wir geben ihnen kein Geld, weil wir erstens nicht so viel haben und weil es zweitens nicht das ist, wofür wir hergekommen sind. Wir vermitteln sie an die Pfarre weiter oder begleiten sie zu Organisationen, wo sie etwas bekommen, mehr können wir nicht tun.

Die Pfarre hier hilft den Leuten, sonst gibt es nicht viele Möglichkeiten. Andere karitative Organisationen, die hier tätig sind, gibt es nicht. Wenn sie krank sind und kein Geld haben, »Piña!« (Pech gehabt!), da können sie keine Hilfe erwarten. Man muss vier Soles zahlen, damit man im Krankenhaus aufgenommen wird. Wenn man die nicht hat, »Piña!«, auch wenn man schwer krank ist, ist das nicht anders. Ich erinnere mich an jemand, der eine Dialyse gebraucht hätte. Die Familie hat das Geld nicht gehabt, er ist dahingesiecht und dann gestorben. Auch bei einer Blinddarmentzündung ist das so. Wenn man das Geld nicht hat, wird man weggeschickt. Das ist arg! Die Frau, die eben gekommen ist, hat auch Blinddarmentzündung gehabt. Die Pfarre hat der Familie Geld geborgt und es durch eine Aktivität wieder hereingebracht. Aber die Frau hat noch immer Probleme, obwohl die Operation schon vor fast einem Jahr war. Vielleicht hängt das mit ihrem Alter zusammen. Aber gesund ist sie nicht. Ich weiß nicht, was heute war, heute hat jemand aus ihrer Familie um 7 Uhr angeklopft und mitgeteilt, dass die Frau unbedingt ins Spital muss, weil es ihr so schlecht geht. Ich kenne den momentanen Stand nicht, weil ich mit den anderen noch nicht geredet habe. Aber sie hat immer wieder Schmerzen. Ihre Tochter hat früher für reiche Leute Wäsche gewaschen, aber diese haben sich eine Waschmaschine gekauft, jetzt hat sie keine Arbeit mehr. Für sie gibt es keine Sozialleistungen. In Österreich bekommt man etwas vom Staat, wenn man nichts hat.

»Du hast uns wie einen Menschen behandelt!«

Das, was wir machen, ist, präsent zu sein, mehr nicht. Natürlich fühlen wir uns oft irgendwie unnütz, ohnmächtig, wir können nicht operieren, nicht medizinisch helfen. Wir haben so wenige Möglichkeiten, fühlen uns trotzdem irgendwie verantwortlich. Trotz allem ist es so, dass wir merken, dass unser Tun wichtig ist. Viele sagen uns das auch. Sie fühlen sich von uns wie Menschen behandelt. Der Gründer von Puntos Corazón war bei einer Essensausgabe für Arme anwesend. Die Kinder standen in der Schlange und er hat während des Wartens mit ihnen gespielt. Dann sind sie draufgekommen, dass der Essenswagen weg war. Es hat ihm Leid getan, dass sie wieder einen Tag lang kein Essen hatten, aber den Kindern hat das nicht so viel ausgemacht, sie haben zu ihm gesagt: »Du hast mit uns gespielt, du hast uns wie einen Menschen behandelt!« Er hat ihnen einfach Freude bereitet. Die Leute hier wissen, dass wir ihnen nichts geben können, dass wir aber für sie da sind. Wenn es ihnen schlecht geht, können sie herkommen.

... sich prostituieren, um einen Sol

Der Ort wächst stark, viele Leute ziehen her. Sie kommen von »sierra y selva« (vom Andenhochland und vom Amazonastiefland). Früher sind sie geflüchtet wegen des »Leuchtenden Pfads«, des »Sendero Luminoso«[17]. Viele sind gekommen, weil sie geglaubt haben, dass sie hier ein besseres Leben haben. Dabei hätten sie es in ihren Dörfern eigentlich besser gehabt. Sie hatten etwas zum Leben, ein paar Tiere, einen Garten mit Kartoffeln. Aber in »sierra y selva« gibt es z. B. keine medizinische Versorgung, die ist hier schon besser. Insgesamt gesehen sind sie hier ärmer als im Dorf. Viele würden gerne zurückkehren, sie bleiben aber der Kinder, der Schule wegen. Viele kommen deswegen her. Wenn man durch Lima fährt, kann man sehen, dass es viele Siedlungen wie Ensenada gibt. Zuerst stehen drei Häuser – wie es hier vor 30 Jahren war –, dann wird gebaut, immer weiter die Hügel hinauf. Dadurch, dass die Familien viele Kinder haben, werden die Leute immer mehr und es gibt immer weniger Arbeit. Manche Leute hier haben eine Ausbildung, einen Beruf, sind Lehrer oder Busfahrer. Die meisten waschen Wäsche oder putzen. Viele gibt es, die keinen Beruf haben und kein Geld. Diese verkaufen halt Schokolade auf der Straße oder sie backen Kuchen und verkaufen ihn stückweise. Andere erfinden einfach Arbeiten. Sie steigen in Busse und bitten die Fahrgäste um Geld. Das nennen sie eben auch arbeiten. Oder sie kaufen eine Packung Zuckerl und verkaufen die Zuckerl einzeln weiter, die Kinder und die Eltern. Viele leben ein Leben in Armut und ohne Würde. Weil die Not so groß ist, wandern viele aus, nach Argentinien, Spanien, Italien.

Im Nachbarort Pro ist die Prostitution sehr hoch. In der Pfarre hat man uns gesagt, dass viele, die wir kennen, von denen wir es nicht glauben würden, sich in Pro prostituieren, um einen Sol.

---

17) Guerilleros in Peru, die in den 1980er und frühen 1990er Jahren einen grausamen Krieg gegen die Regierung führten

Die junge Frau, die eben gekommen ist, hat ein Kind und prostituiert sich. Ihre Familie schlägt sie. Vieles, was sie sagt, ist eine Lüge, wir sind schon auf einiges draufgekommen. Jetzt ist sie wieder schwanger, sie will nicht mehr in ihr Elternhaus zurück, weil sie zwölf Geschwister hat, von denen sie die meisten schlecht behandeln. Ihre Brüder schauen sie an, wenn sie duscht, oder schlagen sie. Schrecklich! Wir wollten sie in einem Heim unterbringen, aber so ein Heim gibt es nicht, es gibt nur eines für Frauen, die von ihrem Mann schwer misshandelt worden sind. Diese können für kurze Zeit im Frauenhaus bleiben, danach müssen sie sich wieder etwas suchen. Eine schreckliche Situation!

Die Politiker helfen den Armen nicht, der ehemalige Präsident Alberto Fujimori ist mit viel Geld verschwunden. Jetzt will er wieder zurückkommen, er behauptet, er habe sich geändert. Und er wird vermutlich wieder gewählt. Hier, in der Ensenada, mögen ihn die Leute, durch ihn ist der elektrische Strom eingeleitet und die Straße gebaut worden. Er hat etwas weitergebracht, natürlich um gut anzukommen. Derjenige, der dafür verantwortlich ist, dass hier eine Wasserleitung gebaut wird, wird auch von den Leuten geliebt werden. Mit dem jetzigen Präsidenten Alejandro Toledo, einem Indio, ist man nicht zufrieden. Die einfachen Leute trauern Fujimori nach, weil er ihnen Verbesserungen versprochen hat.

Als Ensenada noch viel kleiner war, war der Zusammenhalt besser. Früher gab es noch keine Brücke nach Pro, d. h. es sind keine Wagen hergekommen. Es mussten alle wegen des Wassers hinuntergehen, die Wäsche wurde im Fluss gewaschen – der damals noch ein Fluss war, nicht eine Müllhalde wie jetzt.

Im Sommer sitzen viele Leute in den Straßen, die Burschen spielen Fußball, die Mädchen Volleyball, die Männer sind meistens arbeiten, die Frauen tratschen. Es ist viel mehr los auf der Straße, als ich es von Österreich kenne. Der Zusammenhalt innerhalb der Familie ist hier sehr wichtig, das ist etwas, was mir hier sehr gut gefällt, anders als in Österreich. Not verbindet eben. Vor Jahrzehnten war das auch bei uns in den Dörfern noch so, denke ich.

Was für eine Kindheit

Es ist unglaublich, dass sie uns bewirten, wenn wir zu Besuch kommen, obwohl sie buchstäblich nichts haben. Wir besuchen die Familien, ohne uns anzumelden, und fast nie hören wir: »Wir haben jetzt keine Zeit!« Hier haben die Leute Zeit, weil sie keine Arbeit haben. Oft schicken sie dann jemanden ins Geschäft, der Kekse und ein Getränk kaufen soll. Oder sie kochen gerade und geben uns etwas, obwohl sie nicht einmal genug für sich selbst und ihre Kinder haben. Aber man kann nicht sagen: »Nein, wir bekommen unser Essen ohnehin zuhause!« Sie brauchen das Gefühl, dass sie für andere etwas tun können.

Die Kinder, die zu uns kommen, sagen, was sie spielen wollen, oder sie zeichnen. Wir haben viele Spielsachen und müssen sehr gut darauf aufpassen, weil die Kinder viel stehlen, da sie selbst nichts haben. Oft kommen Jugendliche und helfen uns, sie gehen mit den Kindern hinaus und spielen. Wir gehen auch in unserem Viertel herum und spielen dort mit den Kindern, die auf der Straße sind.

Wir versuchen die Kinder auch mit religiösen Inhalten bekannt zu machen. Zu Mariä Heimsuchung, das hier, glaube ich, im Mai (bei uns im Juli) ist, haben wir ein Theaterstück gespielt. Es gibt hier einen Tag der Großeltern, es ist der Tag von Anna und Joachim, den Großeltern von Jesus. In Österreich kennt man das nicht. Da haben die anderen – ich war gerade nicht da, weil ich mit meinen Eltern herumgereist bin – mit Puppenfiguren ein Theaterstück gespielt. Wir versuchen schon etwas vom Glauben zu vermitteln. Wenn wir den Rosenkranz beten, erklären wir ihnen, was wir gerade tun. Zum Abschluss des Tages beten wir mit den Kindern, sie können dann für alle beten, für die sie wollen. Die meisten Kinder beten für ihre Mama. Es ist ihnen sehr wichtig, dass es ihrer Mutter gut geht. Aber oft ist das nicht der Fall. Dann denke ich, was für ein Leben haben diese Kinder? Da habe ich meine Eltern besonders schätzen gelernt, weil sie uns Kindern den Rückhalt einer guten Familie gegeben haben. Die meisten unserer Schützlinge haben das nicht.

Die jungen Paare heiraten früh, kriegen Kinder – gut, dass hier fast nicht abgetrieben wird – und dann? Es gibt zu viele junge Mütter.

Und die Väter sind oft gar nicht vorhanden. Familien, wo der Vater um 6 Uhr Früh weggeht und um 11 Uhr am Abend heimkommt, sind keine Seltenheit, und das Tag für Tag. Einen freien Tag gibt es in den meisten Anstellungen nicht. Was für ein Leben! Den ganzen Tag weg zu sein, seine Familie nicht zu sehen, nur um sie ernähren zu können!

Wir kennen ein junges Paar, 23 oder so, das nicht verheiratet ist und eine eineinhalbjährige Tochter hat. Er arbeitet als Busfahrer. Die drei kommen fast jeden Tag her. Wir mögen sie sehr gern. Sie haben eine tolle Familie, legen viel Wert auf Erziehung. Sie haben es einfach schon geschafft sich hinaufzuarbeiten. Es ist ein »junges Viertel« hier, ein »pueblo joven«, in dem viele Leute leben, die sich hinaufarbeiten wollen. Viele, die früher ein Haus mit Bambuswänden und gestampftem Boden hatten, haben jetzt schon Ziegelmauern oder ein festes Dach wie bei unserem Haus.

... dass wir leben wie sie

Wir kennen viele Familien, weil wir schon 13 Jahre hier sind, und besuchen sie oft nur alle zwei bis drei Monate. Fast alle haben irgendwelche Probleme, mit dem Partner, mit den Kindern, Probleme, die es in Österreich auch gibt, z. B. Krankheit. Wir gehen hin, klopfen an und fragen, wie es ihnen geht. Meistens sind es nur einfache Fragen: Wie alt ist dein Kind? In welche Klasse geht es? Fragen, die wir immer wieder stellen! Das spielt aber keine Rolle, wichtig für sie ist, dass jemand da ist, dass ihnen jemand zuhört. Vor kurzem waren wir in einer Familie, eigentlich nur bei der Großmutter, die fast nichts geredet hat. Am Anfang haben wir Fragen gestellt, aber dann ist uns auch nichts mehr eingefallen und wir haben einige Zeit nichts geredet. Als wir aufbrechen wollten – normalerweise machen wir drei Besuche pro Nachmittag –, wollte sie das nicht. »Nein, bleibt noch da, ruht euch noch ein bisschen aus!«, meinte sie. Es ist manchmal unwichtig, ob wir reden oder nicht, wir sind da. Wir können ja nicht ihre Probleme lösen, unser Charisma ist die Anwesenheit, das Dasein, das Mitleben mit den Leuten. Es ehrt sie, dass wir alles zurücklassen, herkommen, leben wie sie, kochen wie sie, Wasser schleppen wie sie ...

Wenn wir kommen, sind sie froh

In jedem Punto Corazón ist es so, dass wir einmal pro Woche ein »apostolat exterior« machen, außerhalb des Viertels. Wir fahren alle zwei Wochen in ein Waisenhaus, das weiter im Süden liegt, weil vier Kinder dort leben, die aus Ensenada kommen. Sie sind hingekommen, weil die Mutter an Krebs gestorben ist. Wir besuchen sie, sind einfach präsent, sonst machen wir nichts. Sie wollen Liebe, weil sie keine Eltern mehr haben oder die Eltern sie verlassen haben. Das Heim ist nicht staatlich, sondern privat, eine oder zwei Frauen sind für 30 Kinder verantwortlich. Das ist nichts! Die Erzieher sind die ganze Woche da. Eineinhalb Tage rasten sie aus, sonst sind sie Tag und Nacht da, für Kinder von zwei bis 18 Jahren. Sie schlafen höchstens fünf Stunden pro Nacht. Wenn wir kommen, sind sie froh, denn sie sind oft sehr müde. Wir kommen um 12 Uhr hin und fahren um 5 wieder weg, wir sind danach auch ziemlich k. o., obwohl wir eigentlich »nichts« gemacht haben. Öfter singe ich mit ihnen den ganzen Nachmittag lang, immer das gleiche Lied, weil es schon jeder kann und weil es ihnen sehr gefällt. Oder sie machen Aufgaben und ich bin nur dort und kümmere mich ein bisschen um sie. Es ist bedrückend, dass sie in der Schule so wenig lernen, dass sie so wenig können.

Wir gehen jeden Sonntag in ein Burschengefängnis, zu denen, die sich im Hof aufhalten. Wir reden einfach mit ihnen, fragen sie, wie lange sie noch haben. Sie erzählen nichts von dem, was sie angestellt haben. Wir reden nicht sehr tiefgründig, über das Essen z. B. Wir sind ganz einfach da. Für diese Jugendlichen wird der Wiedereinstieg in die Gesellschaft schwer sein. Manche sagen, dass sie sich gar nicht ändern wollen. Wenn sie wieder in ihr Viertel zurückkommen, ist das auch sehr schwer.

... für Puntos Corazón werben

Ich habe noch keine Ahnung, was ich nach dem Einsatz hier machen werde. Ich würde gerne zur Verbreitung von Puntos Corazón beitragen. Es gibt einen zweiten Österreicher, der seit Jänner auf den Philippinen ist, und zwei, die in Ausbildung sind und überlegen mit der Organisation wegzugehen. Ich würde gerne bei religiösen Jugendfesten für Puntos Corazón werben und anderen auf der Suche nach Paten helfen. Denn es war für mich schwierig, Leute anzusprechen und ihnen zu sagen: »Ich will das machen, gebt mir bitte Geld dafür!« Vielleicht kann ich dadurch auch dazu beitragen, dass andere »ein Jahr für Gott an der Seite der Armen und Kleinen in aller Welt« verbringen, so wie ich es gemacht habe.

Ensenada, im August 2004

DER LIEBE WEGEN!

Ist das nicht überhaupt der beste Grund um auszuwandern? Da gibt es sofort soziale Beziehungen, oft auch ein familiäres Netzwerk. Und was wünscht »frau« sich mehr, als ein neues Land durch die Augen des Menschen kennen zu lernen, den sie liebt? Wenn dann das Auswanderungsland noch dazu ein englischsprachiges ist, braucht sie nicht einmal die Sprache von der Pike auf zu lernen. Auch die Kultur ist ihr nicht sehr fremd. Sie hat also die Chance, schnell in die neue Welt einzutauchen und sich zu verwurzeln…

Aber es folgt nach dem »Happy-End« wohl noch jede Menge Erzählenswertes, das Grund dafür ist, mit den Lebensgeschichten nicht dort abzubrechen, wo es im Märchen heißt: »… und sie lebten glücklich bis an ihr Ende.«

Interessant ist es, wenn es um die Fortsetzung der Ausbildung bzw. um den Einstieg ins Berufsleben geht, wenn »frau« den Wunsch nach einer eigenen »Karriere« hat. Wie sieht es mit der Vereinbarkeit von Beruf und Familie aus? Geht es den Österreichern da besser? Von drei Jahren Karenzurlaub, wie es bei uns möglich ist, kann man jenseits des Atlantiks jedenfalls nur träumen!

Vielfältige Verbindungen zwischen der alten und der neuen Heimat gibt es allemal. Obwohl Kinder aus diesen Beziehungen nicht zweisprachig aufwachsen, weil das deutsche Umfeld einfach zu klein ist, einen intensiven Bezug zur Sprache, zur Kultur und zum Herkunftsland der Mutter gibt es schon. Häufige gegenseitige Besuche machen das möglich. Es kommt vor, dass die Großmutter aus Österreich auf einige Wochen oder sogar Monate in die USA kommt oder die Kinder ein Schuljahr in Österreich verbringen.

Ich gebe gern ein bisschen Gas!

OLIVIA KAMHI (Czink), 33, verheiratet, eine Tochter[18], Angestellte, New York, USA

Ich habe 1988 am BG/BRG Hollabrunn maturiert, im neusprachlichen Zweig. Wir waren mit den Humanisten in einer Klasse zusammen. Es war eine recht nette Zeit. Was die Leistungen betrifft, hatte ich keine besonderen Probleme, ich war gut. In Latein hatte ich immer Einser, aber heute habe ich sehr viel davon vergessen. Auch von Französisch und Mathe weiß ich nicht mehr viel. Ich denke, wir hatten in den Naturwissenschaften ein ziemlich schlechtes Niveau. Wir waren gut in den Sprachen. Mein Mann ist in Manhattan in eine der guten »public schools« gegangen und hat in den Naturwissenschaften ein höheres Niveau als ich. Wie er mir erzählt hat, musste er ordentlich »strebern«. Er hat viel Druck verspürt, gute Leistungen zu erbringen, um dann an einer guten Universität angenommen zu werden.

Rückblickend gesehen hätte ich mich besser für den naturwissenschaftlichen Zweig entscheiden sollen, aber mit 14 Jahren weiß man das nicht. Damals hätte ich nicht anders entscheiden wollen. Ich habe dann auch Englisch und Leibesübungen für das Lehramt studiert.

Ich passe gut hierher

Nach New York bin ich der Liebe wegen gekommen. Während meines Studiums habe ich im Rahmen eines Austauschprogramms ein Semester in Edinburgh verbracht. Dort habe ich meinen jetzigen Mann Max kennen gelernt. Seine Uni hatte ebenfalls ein Austauschprogramm. Leider lernten wir uns erst gegen Ende des Aufenthalts kennen. Deshalb haben wir uns nach dem Abschied nichts weiter

---

18) Ihr zweites Kind, Sohn Colin, wurde am 29. Juni 2005 geboren.

gedacht. Unser Kontakt blieb aber aufrecht, es ging hin und her, auf sein Betreiben. Mich hätte es nicht nach Amerika gezogen. Ich habe dann mein Studium beendet und das erste Halbjahr 1993 zum Teil in New York verbracht, bis mein Probejahr begann. Ich war vorher schon kurz zu Besuch hier gewesen. Das war aber mein erster längerer Aufenthalt und mir hat es damals überhaupt nicht gefallen. Nach diesen Monaten wollte ich nicht bleiben. Das hat weniger mit New York zu tun gehabt als mit der Arbeit meines Mannes. Er musste häufig auch an den Abenden und Wochenenden arbeiten und ich hatte nichts zu tun. Wir haben uns nicht oft gesehen. Deshalb ging ich zurück und habe in Wien, in der Kandlgasse im 7. Bezirk, das Probejahr gemacht. Nach zwei Monaten bekam ich gleich eine volle Lehrverpflichtung. Der Kontakt zu Max riss in dieser Zeit nicht ab. Dass er nach Wien ziehen könnte, stand nie zur Debatte. Er hätte es unvergleichlich schwerer gehabt. Es gab sachliche Gründe, warum ich nicht in die USA gehen wollte, die Arbeitsbewilligung und Aufenthaltsgenehmigung. Und sofort heiraten wollte ich auch nicht. Englisch hätte ich nicht unterrichten können und was Deutsch betrifft, gibt es in New York keine Chance. Ich habe also weiter nach einer Arbeitsmöglichkeit gesucht. Im Jahr 1996 habe ich mich trotzdem entschieden nach New York zu gehen. Die Zeit davor war schwer. Ich machte mir Sorgen um meine berufliche Zukunft. Was sollte ich hier tun? Der Lehrberuf hat mir viel Spaß gemacht. Ich musste meine Familie zurücklassen. Die Entscheidung hat deswegen auch Jahre gedauert. Aber als ich endlich da war, habe ich alles hinter mir gelassen und mich vom ersten Moment an wohl gefühlt. Ich hatte ursprünglich keinen Drang ins Ausland zu gehen, aber ich finde, dass ich gut hierher passe. Ich bin auch nicht mit vielen Österreichern oder Deutschen befreundet, wir haben überhaupt wenige Europäer als Freunde. Das ist nicht bei allen so, manche Europäer sind nur mit Europäern befreundet.

Wir wohnen in der 92. Straße in der Upper West Side, einer ruhigen Wohngegend. Hier gefiel es mir von Anfang an sehr gut. Besonders der Herbst ist schön, durch die Verfärbung der Blätter im nahe gelegenen Central Park. Der graue, nebelige Herbst in Wien war schrecklich. Hier scheint sehr oft die Sonne.

... als Mädchen für alles

Zu meinem beruflichen Werdegang: Die erste Chance bekam ich durch Frau Dr. Hochkofler vom Österreichischen Kulturinstitut in New York. Ich wurde für ein spezielles Projekt engagiert. Die von Frau Dr. Hochkofler aus dem Grazer Zeughaus zusammengestellte Wanderausstellung zum Thema »Imperial Austria: Treasures of Art, Arms and Armor from the State of Styria« wurde auch in New York gezeigt und von hier aus in die ganze Welt weitervermittelt. Ich war Mädchen für alles, bin viel gereist (nach Kanada, Asien und Australien) und habe ebenso viel gelernt, vor allem Büroarbeit. Das hatte mir total gefehlt. Über die österreichische Botschaft habe ich schnell eine Arbeitserlaubnis bekommen. Danach habe ich einige Zeit mit Max mitgearbeitet, auch am Bau. Wir hatten gemeinsam ein ausgebranntes Brownstone-Haus, von dem nur noch die Vorderfront stand, gekauft und selbst renoviert. Jahre später haben wir dann das Haus verkauft. Es war ein besonders gutes Geschäft. Seither bin ich in einer Softwarefirma angestellt, ich programmiere nicht, sondern arbeite in der Consulting-Abteilung. Dort war ich schon in leitender Funktion tätig, als ich in Karenzurlaub ging. Jetzt bin ich zurückgestuft, weil ich Teilzeit arbeite, drei Tage pro Woche, insgesamt 30 Stunden. Das war mit meinem Chef vereinbart, denn jemand in leitender Funktion muss immer da sein.

Mein Büro ist nicht allzu weit entfernt, deshalb fahre ich mit den Roller Blades zur Arbeit. Etwa die Hälfte der Strecke führt durch den Central Park, das gefällt mir sehr. Dann fahre ich auf dem Gehsteig die 5th Avenue hinunter und die 46. Straße rein. Meistens sind die Gehsteige so voll, dass ich nicht schneller vorankomme als zu Fuß, aber einen Teil der Strecke kann ich schon Tempo machen.

Meine Tochter heißt Nya, sie wird im November ein Jahr. Während ich arbeite, betreut sie eine Nanny, eine resolute Hamburgerin, die ein richtiger Omi-Typ ist. Sie wartet, bis ich heimkomme. In einem Jahr beginnen schon unsere Überlegungen, in welchen Kindergarten oder in welche Schule Nya gehen wird. Dann kommen Interviews mit dem Kind und den Eltern, man muss »essays« (Abhandlungen) und »applications« (Bewerbungen) schreiben, Schulen besichtigen usw.

Es weht ein scharfer Wind

Man sieht in letzter Zeit in der Gegend, besonders im Central Park, viele Kinder, auch häufig Zwillinge und Drillinge. Ich denke, das ist ein typisches Yuppie- und Großstadtphänomen. Die Frauen wollen zuerst Karriere machen und lassen sich lange Zeit mit Kindern, bis es zu spät ist. Dann machen sie eine Hormonbehandlung. Drillinge zu bekommen wäre für mich unvorstellbar. Ein Kind ist schon anstrengend.

Kinder zu haben bedeutet hier sicherlich eine große finanzielle Einbuße. In Österreich ist das alles leichter. Dort muss man sich um vieles keine Sorgen machen. Eine Nanny allein kostet hier etwa 500 Dollar pro Woche. Auch bezüglich Arbeitsplatz ist es schwierig, wenn man ein Kind bekommt. Der Job ist nicht garantiert. Ich habe mit meinem Chef drei Monate Karenzzeit ausgehandelt, das ist nicht selbstverständlich. Es weht ein scharfer Wind in den USA.

Ich möchte gefordert werden

Das alltägliche Leben hier zu bewältigen, ist nicht einfach, wenn ich das jetzt mit unseren österreichischen Freunden vergleiche. Die haben es leichter. Eine Bummelei an der Uni gibt es hier nicht. Das Studium kostet viel Geld und man ist mit etwa 22 Jahren fertig. Dann steigt man sofort ins Berufsleben ein. Ich beobachte das an Max und seinen Bekannten. Sie arbeiten sehr hart und verdienen entsprechend gut. Voraussetzung ist eine gute Universitätsausbildung. Ein paar Jahre oder auch mehr als ein paar Jahre später können sie vielleicht etwas leiser treten. Aber insgesamt hat man hier nicht so »einen Lenz« wie weitgehend in Österreich, speziell in Manhattan. Denn die Lebenskosten sind hier sehr hoch. Wenn man ein Auto hat und sich auch etwas leisten will, um ein angenehmes Leben zu haben, muss man schon draufschauen. Aber mir gefällt das sehr gut. Ich möchte auch gefordert werden, ich möchte etwas leisten. Das macht Spaß und bringt Befriedigung.

Die hohen Lebenshaltungskosten sind allerdings großstadtspezifisch, in einer Kleinstadt in den USA können sich die Leute schon mehr leisten als in Österreich. Sie leben in Vororten, haben große Häuser, große Autos, obwohl sie über kein besonders hohes Einkommen verfügen. Außerhalb der Metropolen ist das Leben viel billiger. Aber mir macht die Großstadt Spaß, ich gebe gern ein bisschen Gas, das ist für mich eine Genugtuung. Mir gefällt besonders, dass Manhattan sehr international ist. In meiner Firma z. B. arbeiten nur drei Amerikaner, der Rest – die meisten sind Programmierer – sind »Ausländer«, Chinesen, Russen, Polen, Italiener, alle sind eingewandert.

Ich gehe gerne ins Theater, habe ein Abonnement in einer Kellerbühne. Ich habe hier schon viele berühmte Hollywoodstars gesehen, das »taugt« mir. Einmal im Jahr reise ich nach Österreich, meistens treffe ich meine Eltern beim Schifahren in Tirol. In Hollabrunn war ich schon einige Jahre nicht. Meine Schwiegereltern haben ein Sommerhaus auf einer kleinen Insel vor Long Island, dort verbringen wir gerne unsere Freizeit. Max und ich können da unserer Begeisterung für Kitesurfen nachgehen. Das ist so eine Art Drachenfliegen mit einem Board an den Füßen.

New York ist immer noch Angriffsziel

Den 11. September 2001, 9/11, wie wir sagen, habe ich hier miterlebt, ich habe ganz normal gearbeitet. Dann ist ein Anruf gekommen und ich bin raus. Die Türme des »World Trade Center« waren sonst von der 5th Avenue aus zu sehen, jetzt sah man nur Rauch und eine Staubwolke. Ich bin sofort nach Hause gelaufen, ich habe große Angst bekommen. Diese Angst ist noch da. Ich denke, New York ist immer noch Angriffsziel und irgendwann wird ganz unerwartet wieder etwas passieren. New York ist das Finanzzentrum der Welt. Wie schnell das alles zerstört werden kann, z. B. mit einer Atombombe! Manhattan ist wie eine Insel. Wenn die paar Brücken zerstört werden, bricht das Chaos aus. Terror ist für mich sehr irrational. Ob er eine Antwort auf die Politik von Präsident Bush ist? Ich denke, Anschläge passieren, egal was Bush tut oder nicht.

In der Folge von 9/11 sind viele Unternehmen von Manhattan etwa nach New Jersey abgewandert. Es fehlen der Stadt dadurch Steuereinnahmen, Mieteinnahmen. Die Wirtschaftskraft leidet. Seither geht alles den Bach runter. Das spürt man. Es gibt wieder mehr Sandler, mehr Schmutz und weniger Polizei. Der Müll wird weniger häufig abtransportiert, es gibt wieder mehr »crime« (Verbrechen). Das Geld, das die Opfer bekommen haben bzw. das in den Wiederaufbau gesteckt wird, fehlt der Stadt.

Mein Mann ist hier in der West 94th Street aufgewachsen: Er ist als Kind öfter überfallen worden. Hier herrschten Gangs, es wurde mit Drogen gehandelt ... Dank Giuliani, dessen Ära jetzt zu Ende geht, ist das vorbei.

New York, im September 2003

Long Day's Journey into Night

6:10 Uhr Abflug in Boston/USA, 11:00 Ankunft in Vancouver/Kanada. Ich besorge mir gleich eine Tourist Map vom Okanagan Valley, hole das Mietauto ab und es kann losgehen, es ist 12:30.

Ich nehme die A1 in Richtung Osten, interessant, es gibt hier eine eigene Spur für Busse und PKW mit mindestens zwei Insassen. Ich fahre an Hope vorbei, über den Allison Pass. Hier ist die Landschaft ziemlich unberührt, durchbrochen nur vom grauen Band der Straße. Flüsse, die viel Geröll führen, Pappeln, die wie Flammen aus dem Grün der Nadelbäume hervorlodern! Die Verfärbung dieser Bäume ist fantastisch, nicht so prächtig wie die »foliage« in Neuengland, wo sich die »maple trees« von Grellorange bis Aubergine verfärben, hier ist es ein leuchtendes Maisgelb.

Weiter, denn ich will nicht zu spät ankommen! Christine hat mir die Route genau beschrieben: von Penticton aus die Green Mountain Road, etwa 15 Minuten durch ein Indianer-Reservat, dann rechts die Farleigh Lake Road. Der Zettel mit den »directions« liegt auf dem Beifahrersitz, hier »in der Wildnis« ist eine Adresse leichter zu finden als z. B. im Osten der USA, wo man sich in dem verzweigten Straßennetz ohne genaue Angaben hoffnungslos verirren kann. Dort habe ich z. B. auf der Fahrt nach Erie/Pennsylvania die Wegbeschreibung auf Tonband gesprochen, um sie mir während der Fahrt anhören zu können – ein »selbst gestricktes Navigationssystem«.

Jetzt bin ich schon eine Weile auf der Green Mountain Road unterwegs, durch fast unbesiedeltes Gebiet. Wohnt da noch jemand? Soll ich umkehren? Manchmal taucht rechts oder links ein Licht auf, aber die nächste Abzweigung muss die Farleigh Lake Road sein. Ja, ein etwa 500 Meter langer Weg, drei Häuser mit größeren Grundstücken, dahinter steil aufsteigend der Wald. Das Haus der Purtons steht zwischen den Bäumen, ein Weg führt hinauf, ein Stück davon ist ziemlich steil, mit Schwung fahre ich rauf. Es ist schon ziemlich dunkel geworden, obwohl es noch nicht so spät ist, Ende Oktober eben. Ich bin froh, dass ich am Ziel bin, ich bin ja stundenlang in ziemlich einsamen Gegenden British Columbias unterwegs gewesen.

Was ist das für ein Lärm? Gebell, zwei große Hunde umkreisen aufgeregt bellend mein Auto, einer sieht wie ein Labrador aus. Mit Aussteigen ist wohl nichts. Ich bin zwar kein ängstlicher Mensch, habe auch keine schlechten Erfahrungen mit Hunden gemacht, aber hier, mitten in ihrem Revier, muss ich ihnen wohl Respekt zollen. Ich überlege kurz, nein, ich warte im Auto, das Bellen kann den Purtons nicht entgehen. Denn im Haus brennt Licht. Nach kurzer Zeit kommt ein junger Mann heraus, Roger, Christines Ehemann. Ich bin also an der richtigen Adresse gelandet. Roger »rettet« mich vor den Hunden, erklärt mir, dass er gleich zum Unterrichten in die Flugschule nach Penticton aufbrechen müsse, ich solle es mir inzwischen bequem machen. Christine werde bald zurückkommen, sie sei nach langer Zeit – Sohn Sasha ist vor ein paar Wochen geboren – zum ersten Mal wieder Tennis spielen. Er meint, ich habe Glück, dass er da sei, wenn ich nur fünf Minuten später gekommen wäre, … dann säße ich wohl noch immer im Auto, das von zwei aufgeregten Hunden umrundet würde, und hätte, da ich nicht ausgestiegen wäre, den Zettel nicht entdeckt, den mir Christine an die Eingangstür geheftet hat – mit dem Hinweis, die Hunde seinen völlig harmlos und ich möge doch hineinkommen … (RW)

Das wäre sonst nicht ich!

CHRISTINE SCHWARZ,
29, verheiratet, ein Sohn,
Leiterin des Women's Centre,
derzeit in Karenz, Penticton/
British Columbia, Kanada

Ich habe 1992 am BG Mödling maturiert, bin also im Schuljahr 1984/85 in die Unterstufe eingetreten und habe die ersten zwei Jahre, glaube ich, im alten Gebäude in der Eisentorgasse verbracht, in der Klasse, in die auch meine Mutter gegangen ist. Gute Erinnerungen habe ich an Frau Marxens Imbissstube, an ihre Eieraufstrichsemmeln und die Wurstsemmeln. Sie war eine liebe, rundliche Frau, die viel mit uns getratscht hat. In den Pausen haben sich die Kinder in zwei Reihen um ihre Budel gedrängt und durcheinander geschrien, die Großen haben dann hinten gewartet und sind deshalb oft zu spät in den Unterricht gekommen, aber das war es schon wert. Wir sind jedenfalls bis zur achten Klasse zu ihr hingegangen.

An ein markantes Ereignis in der Unterstufe erinnere ich mich gut: Meine Freundin Eva und ich wollten nicht Textiles Werken, sondern lieber Technisches Werken mit den Buben besuchen. Wir waren nicht am Nähen interessiert, wir wollten lieber »basteln«. Stricken hatte ich ohnehin schon von meiner Großmutter gelernt. Was mich störte, war, dass wir nicht gefragt wurden, was wir wollten, als Mädchen wurde man automatisch dem Textilen Werken zugeteilt. Eva und ich wollten die Gruppe wechseln und nahmen das selbst in Angriff. Meine Eltern wussten nichts davon. Nach Rücksprache mit unserem Klassenvorstand haben wir in der Direktion unser Anliegen vorgetragen, aber wir kamen damit nicht durch. Ich kann mich an keine Details mehr erinnern, aber ich weiß, dass ich damals ziemlich böse darüber war. Mein erster »politischer« Vorstoß war also gescheitert!

Sie hat so viele amüsante Geschichten erzählt

Die Schulzeit in der Keimgasse hat mir insgesamt gut gefallen. Wir hatten mehrere Professoren durchgehend von der ersten bis zur achten Klasse, das finde ich ideal. Man kennt einander, die Schüler wissen bald genau, was z. B. Prüfungsstoff ist, die Lehrer wissen, wo die Stärken und Schwächen ihrer Schützlinge liegen. Oft kennen sie auch ihre privaten Sorgen. Wir hatten Professor Zehndorfer in Deutsch und als Klassenvorstand, Professor Höller in Mathematik und Leibesübungen und Professor Csendes in Latein. Letzteres habe ich sehr gemocht, Frau Professor Csendes war »irrsinnig« lustig, sie hat so viele amüsante Geschichten erzählt. Auch Professor Hoschek war lustig. An Professor Kramer erinnere ich mich ebenfalls. Englisch habe ich gehasst und total ignoriert, in diesem Fach habe ich mich auch gequält, ich wollte diese Sprache nicht sprechen, eigentlich wollte ich gar nichts davon hören.

In Französisch hatten wir immer wieder jemand anderen, in der achten Klasse war es schließlich Professor Kurzbauer, wir haben ihren trockenen Humor gemocht. Ich habe dann auch in Französisch mündlich maturiert und war in den Ferien vorher als Au-Pair-Mädchen in Frankreich. So habe ich mich an die Sprache gewöhnt, ich konnte reden ohne zu stottern.

Englisch habe ich gemieden, wenn ich nicht private Gründe gehabt hätte, es besser zu lernen, ich würde es noch immer nicht können. Durch meinen Mann Roger habe ich mein Englisch-Trauma überwunden, ich habe ihn in der Schule kennen gelernt, als ich in der siebenten Klasse war. Er war Austauschschüler aus Kanada, der bei der Familie Csendes lebte. Zunächst habe ich nur Deutsch mit ihm geredet. Jetzt ist Englisch längst unsere Kommunikationssprache, Deutsch ist ziemlich verloren gegangen.[19]

19) Roger: »Christine schreibt momentan besser Englisch als viele Leute, die ich kenne und die englischsprachig sind, sie hat auch überhaupt keinen Akzent! Ich kann das von mir in Deutsch nicht behaupten, denn ich habe die Sprache in meinem Austauschjahr nicht systematisch gelernt. In Unterrichtsstunden, in denen ich fast nichts verstand, z. B. Philosophie, las ich deutsche Asterix-Hefte. Ich konnte viele von früher auswendig und brachte mir so einiges selbst bei. In der Gastfamilie und mit Freunden hat man Dialekt gesprochen, das habe ich mir angewöhnt, ohne mir dessen bewusst zu sein. Ich duzte deshalb meine Lehrer auch. Einmal passierte etwas Lustiges: Als ich Geld abheben wollte und am Schalter ›Zwei Blaue!‹ verlangte, erschrak die Bankangestellte. Sie hatte aufgrund dieses Slang-Ausdrucks wohl im ersten Moment an einen Überfall gedacht. Aber ich konnte ihre Reaktion damals nicht deuten.«

Bezüglich Fremdsprachenerwerb hat sich aber auch seit meiner Zeit einiges geändert. Ich beobachte das an meinem Bruder, er ist vierzehn. Auch wenn er keine Schwester in Kanada hätte – er war schon mehrmals zu Besuch hier, hat Englisch häufig gehört und es auch praktisch angewendet –, wäre sein Englisch besser, als meines in diesem Alter war. Da spielen die Medien natürlich hinein: durch MTV und andere englische Kanäle, auch durch Computer- und Internetnutzung. Das finde ich gut. Aber andererseits stelle ich bestürzt fest, dass sich speziell die amerikanische Kultur, ich denke da z. B. an Halloween, in Österreich sehr breit gemacht hat. Man feiert in Mödling Halloween-Partys und manche gehen auch »trick or treating«.

Da war »die ganze Schule« in der Südstadt

Die Aufführungen der Schülerakademie, einer Veranstaltung, wo Schüler selbstständig oder im Unterricht einstudierte künstlerische Darbietungen einem größeren Publikum vorstellen, waren damals immer sehr kreativ. Auch die Theateraufführungen in der Schule machten uns viel Spaß. Ich selbst habe zwar nur einmal mitgespielt, im »Haus in Montevideo«, aber die Klasse meiner drei Jahre älteren Schwester war da sehr aktiv, die Schüler haben viel selbstständig zusammengestellt und wurden natürlich von Professor Korb unterstützt. Auch die Sportfeste waren lustig, da war »die ganze Schule« im Sportzentrum Südstadt, für die Unterstufe gab es z. B. Wettrennen und Staffelläufe. Höhepunkt war jedes Mal das Fußballmatch zwischen Lehrern und Eltern. Es ist schade, dass es das Sportfest jetzt nicht mehr gibt.

In der siebenten Klasse fuhren wir auf Sportwoche an den Millstätter See. Wir waren so harmlos, so brav, dass es schon fast langweilig war. Es gab kein Rauchen und auch keine Liebesgeschichten in meiner Klasse, mit fünf Buben und dem Rest Mädchen war das auch nahezu unmöglich. Zwei Freundinnen und ich hatten lediglich etwas Alkohol mit. Einer von uns ist dann der rote Wodka im Koffer ausgeronnen, sodass die Kleider rot waren und es auf dem Bahnhof ziemlich danach gestunken hat. Aber insgesamt gesehen waren wir wirklich eine Musterklasse.

Rückblickend möchte ich noch anmerken, dass man in der Keimgasse ziemlich behütet und auch »verbabyt« wurde, weil man kaum Entscheidungen treffen musste. Außerdem hat mich die Schule nicht besonders gut auf das Universitätsstudium vorbereitet, ich hatte nie etwas auf einem Computer geschrieben. Das hat sich heute sicher geändert. Ich finde es gut, dass es jetzt für Maturanten die Möglichkeit gibt, eine Fachbereichsarbeit zu schreiben, das hätte es auch schon zu unserer Zeit geben sollen, denn man hätte sich ein Interessengebiet ausgesucht und sich »hineingetigert«. Etwas selbstständig zu erforschen, wäre für mich interessant gewesen und ich hätte dabei jede Menge lernen können, was ich später gebraucht habe. Uns wurde viel Wissen vorgefertigt dargeboten. Man konnte allein mit den Schulbüchern als Informationsquelle auskommen, wenn man das wollte.

Schummeln ist unehrenhaft

Die Qualität der kanadischen Schulen ist aber um einiges schlechter, sie gelten eher als Aufbewahrungsanstalten. Neunzigprozentige Anwesenheit in einem Fach garantiert einem schon ein Gut als Note! Wichtig ist nicht, was man im Unterricht macht, sondern welche Kurse man am Nachmittag belegt hat. Sport ist sehr beliebt. Wenn man »akademisch begabt« ist, macht man z. B. einen Physics Club oder einen Speech Club, aber da sind nur wenig Interessenten. Es ist nicht cool akademisch begabt zu sein. Das ist ein großer Unterschied zu Österreich. Ein anderer ist z. B. auch das Schummeln, das gibt es wiederum in Kanada nicht, denn es ist unehrenhaft, das hat man doch nicht nötig!

Bezüglich der Ausbildung meines Sohnes mache ich mir da heute schon Gedanken. Ich kenne relativ viele Leute, die ihre Kinder sogar selbst unterrichten, weil sie von der Schule hier sehr enttäuscht sind.

Ich wollte zuerst wissen, wer ich bin

Doch wieder zurück zu Roger und mir: Wir sind erst auf seiner Abschiedsfeier zusammengekommen. Geschickt gemacht, nicht wahr? Das war am Ende der siebenten Klasse. Wir waren vorher schon gute Freunde, aber nicht romantisch verbunden. Während der achten

Klasse führten wir einen intensiven Briefwechsel, die handschriftlichen Briefe, das war sehr schön. Wegen unserer Beziehung wollte ich nach der Matura ein Jahr nach Kanada gehen, darauf hatte ich mich schon lange eingestellt, ich wollte es unbedingt. Unser ursprünglicher Plan, als Nanny bei einer von Rogers Cousinen in Ontario, wo er damals gearbeitet hat, unterzukommen, zerschlug sich. Und ich sah in dieser Arbeit die einzige Möglichkeit, längere Zeit nach Kanada zu kommen. Ich hätte nicht selbst irgendwohin fahren können. Heute weiß ich, dass ich es gekonnt hätte. Aber ich war nicht volljährig und meine Eltern wussten nichts von unserer Beziehung. Auch deshalb wollte ich nach der Matura nicht gleich studieren, ich wollte zuerst wissen, wer ich bin, mich in diesem Jahr finden sozusagen.

Es eröffnete sich dann eine andere Möglichkeit: Meine Freundin Tatjana vermittelte mir über ihre Schwester Barbara, die in den USA verheiratet ist, eine Stelle als Nanny bei einer Tante. Martha Wilson aus St. Paul/Minnesota suchte eine Hilfe für die Betreuung ihres behinderten Sohnes Matthew. Sie hatte bereits gute Erfahrungen mit Österreicherinnen gemacht. Meine Eltern hatten auch nichts dagegen, sie haben die Wilsons sogar auf deren Österreichbesuch im Sommer 1992 kennen gelernt. Ich habe ein Jahr (1992/93) bei den Wilsons verbracht und die High School besucht, denn das war die einfachste und billigste Methode ein Visum zu bekommen.

Mit Roger hatte ich im April Schluss gemacht, denn als sich unser »Ontario-Plan« zerschlagen hatte, bestand kaum die Möglichkeit für ein Wiedersehen. Im Herbst 1992 schrieben wir einander aber wieder, er nach Maria Enzersdorf und ich nach Georgetown/Ontario. Während uns diese Briefe dann nachgeschickt wurden, kam Roger mit seinem Motorrad durch St. Paul, wo ich mich aufhielt. Er fuhr nur etwa 500 Meter am Haus der Wilsons vorbei und wusste nicht, dass ich so nahe war. Er hatte geplant, die USA in Ost-West-Richtung zu durchqueren und schließlich seine Eltern, die damals auf Hawaii lebten, zu besuchen. Und ich habe ihn zu Weihnachten – nach eineinhalb Jahren – wiedergesehen, da hat »alles wieder angefangen«. Zu Ostern hat mich Roger in St. Paul besucht, mit einem Riesenschokoladehasen in einer großen Schachtel. Er kam langhaarig, mit Lederjacke und zu

Fuß an die Grenze, was das Misstrauen der US-Einreise-Behörden weckte und ihm ein »Interview« von etwa zwei Stunden einbrachte. Im Juni 1993 kehrte ich nach Österreich zurück. Roger kam nach, er konnte jedoch keinen Job finden und musste wieder zurück. Aber für uns war damals schon klar, dass wir längere Zeit zusammenleben wollten, um zu sehen, wie das geht. Ich habe trotzdem in Wien zu studieren begonnen, Soziologie und Anglistik, und bin nach einem Jahr, im August 1994, nach Montreal gegangen. Ich bekam ein Touristenvisum, das sechs Monate gültig war. Diese Zeit musste als Probezeit ausreichen. Wir haben bald beschlossen zu heiraten, damit ich bleiben konnte. Die Hochzeit fand zu Weihnachten auf Hawaii statt und kam für einige Leute ziemlich überraschend, aber sie wurde ein großes Fest. Meine Eltern, meine Schwester, ihr Freund, mein Bruder und Matthias Csendes, Rogers Gastbruder, waren u. a. auch angereist.

Eine Tochter hätte Schwarz geheißen

Ich habe den Namen Schwarz beibehalten, eine Namensänderung ist in Quebec nicht üblich, sie kostet sogar etwas. Ich hätte das aber ohnehin nicht gewollt. Wieso sollte ich meinen Namen hergeben? Ich war immer Christine Schwarz, das wäre sonst nicht ich. Mein Sohn heißt Sasha Purton, nach dem Vater, eine Tochter hätte Schwarz geheißen. Ich finde das gut so.

Nach der Hochzeit begann der Einwanderungsalbtraum, der eineinhalb Jahre dauerte und auch einiges kostete. Ich musste für Kanada und Quebec (wegen der politischen Souveränität) extra ansuchen. Bei den Quebecer Behörden ist dann auch noch mein Akt verloren gegangen, deshalb hat es extra lang gedauert. Die Einwanderungsbehörde in Quebec hat uns beide, Roger musste mitkommen, etwa eineinhalb Stunden auf Französisch interviewt. Wenn wir in Ontario gelebt hätten, hätten wir uns viel erspart. Bei den kanadischen Behörden ging es dann sehr schnell. Und 1996, am Geburtstag meines Vaters, bekam ich endlich den Stempel. Ich werde diesen Tag nie vergessen, ich war damit also offiziell eingewandert, musste nicht mehr als Tourist mit einem österreichischen Pass reisen.

Im September 1996 habe ich mein Soziologiestudium weitergeführt und noch Sozialarbeit angeschlossen. Das ist meiner Meinung nach eine gute Kombination, denn die Soziologie vermittelt den theoretischen Hintergrund, um Sozialarbeit machen zu können. Im Juni 1999 bekam ich mein Sozialarbeits-Degree und dann zogen wir hierher in den Westen, nach Penticton.

Vorher verbrachten wir noch einen »irrsinnig« schönen Sommer in Österreich und Griechenland, es war eine unbeschwerte Zeit, ich hatte mein Studium abgeschlossen und noch keinen Job, ich fühlte mich sehr frei, fast so wie auf der Maturareise.

Ich wollte immer schon mit Frauen arbeiten

In Penticton arbeitete ich zunächst als freiwillige Mitarbeiterin im Frauenzentrum (Women's Centre), das es dort seit 1986 gibt. Meine Schwiegermutter hatte mir dazu geraten, sie kannte diese Institution bereits von ihrer Arbeit und mir kam das sehr entgegen. Ich wollte immer schon mit Frauen arbeiten. Das traf sich sehr gut. Im April 2000 wurde ich bereits für ein sechsmonatiges Projekt angestellt und danach fix aufgenommen. Von Juni 2001 bis zur Geburt meines Sohnes leitete ich das Zentrum auch. Jetzt bin ich in einer Art Karenzurlaub, es gibt hier kein Karenzgeld, sondern ich bekomme Arbeitslosenunterstützung. Aber im nächsten Jahr will ich wieder mehr mitmischen, neue Projekte initiieren und mich um deren Finanzierung kümmern. Denn letzteres ist zu einem großen Problem geworden. Wir hatten früher ein fixes Budget, aber durch die Sparmaßnahmen der Provinzregierung und die Abschaffung des Frauenministeriums sind wir sehr betroffen. Ich finde es falsch, an Kindern, Jugendlichen, Frauen und Behinderten zu sparen. Wir müssen uns deshalb nach anderen Finanzquellen umsehen, um den Weiterbetrieb des Women's Centre zu gewährleisten. Verschiedene Institutionen, z. B. die Law Foundation und auch die Stadt Penticton, sind für einzelne Projekte zu gewinnen. Insgesamt sind wir aber ein Low-Budget-Unternehmen, der jährliche Aufwand für zwei Angestellte, Miete, Büroausgaben und die Finanzierung von Projekten beläuft sich auf nur 100.000 kanadische Dollar, wir sind damit »superbillig«.

»Vaginamonologe«

Zu den Aufgaben unseres Zentrums gehört Frauenarbeit im weitesten Sinn: Information und Beratung über Kindererziehung, Gesundheit, Wohnen, Weiterbildung, Arbeitswelt usw. In einem News-Letter berichten wir regelmäßig darüber. Wir geben Broschüren weiter, wir haben auch eine kleine Bibliothek hier. Oft müssen wir Frauen auch weiterschicken, ihnen sozusagen den richtigen Behördenweg aufzeigen bzw. sie, wenn nötig, auch dorthin begleiten. Wir helfen ebenfalls Lücken in den sozialen Services aufzuzeigen und zu überbrücken, außerdem organisieren wir Vorträge und Veranstaltungen. Für erwähnenswert halte ich hier die Informationsabende über die Wechseljahre und den Frauengeschichtstag, um den Anteil der Frauen an der Geschichte der Menschheit zu unterstreichen. Wir würden uns natürlich mehr Besucher bei unseren Veranstaltungen wünschen, aber gerade ernste frauenspezifische Themen sind im kleinstädtischen bzw. ländlichen Raum noch tabuisiert. Ein Tabubruch ist uns mit den »Vaginamonologen« gelungen, die wir nächsten Februar bereits zum dritten Mal veranstalten. Es handelt sich dabei um 15 sehr unterschiedliche Texte, die von Frauen gelesen werden, die oft zum ersten Mal auf der Bühne stehen. Für sie ist das eine tolle Erfahrung, auch weil diese Abende auf großes Publikumsinteresse stoßen.

Natürlich ist der Bereich »Gewalt gegen Frauen« ein wichtiger Teil unserer Arbeit. Mein erstes Projekt »In den Obstgärten« hat sich vor allem damit beschäftigt. Rund um Penticton, es handelt sich dabei um eine klimatisch recht begünstige Zonè, gedeihen z. B. Kirschen und Pfirsiche sehr gut. Die Plantagenbetreiber, oft sind sie indischer Herkunft, beschäftigen zum Pflücken Studenten und Studentinnen aus dem Osten, die meist nur Französisch sprechen. Da hat es Übergriffe vor allem gegen Mädchen, leider auch Vergewaltigungen gegeben. Unsere Aufgabe war es, in die Obstgärten zu gehen und mit allen Beteiligten Gespräche zu führen, und zwar mit dem Ziel, aufzuklären und weitere Übergriffe zu verhindern. Dazu erstellten wir auch eine Broschüre, in Englisch, Französisch und Punjabi.

Ein anderes Projekt beschäftigte sich mit Frauen zwischen 16 und 29, die Probleme hatten, Arbeit zu finden. Sie lernten zunächst in einem

Kurs, wie man sich richtig bewirbt. Dann sollten sie in irgendeinem Produktions- oder Dienstleistungsbereich Erfahrungen sammeln. Eine Gruppe veröffentlichte z. B. ein Buch, zu dem sie selbst recherchiert hatten. Sie hatten Senioren nach Anekdoten aus ihrem Leben befragt. Die Frauen lernten so alle einschlägigen Tätigkeiten kennen, vom Sammeln des Materials bis zur Vermarktung. Eine andere Gruppe begann ein Lieferservice für Tiefkühlessen aufzubauen, »Essen auf Rädern« sozusagen. Jetzt hat sich eine Frau damit selbstständig gemacht.

Mit der Stadtgemeinde Penticton zusammen starteten wir das Projekt »affordable housing«, also leistbares Wohnen, das besonders auf Jung-familien zugeschnitten ist.

Sind wir im Mittelalter?

Ich halte es für richtig, hier in der Kleinstadt neue und schwierige Themen aufzurollen; wenn diese noch dazu mit etwas Augenzwinkern und Ironie vermittelt werden können, kommt die Botschaft umso besser an. Dafür liefert die Aktion BOOB (Babies for the Option to Openly Breastfeed), auch umgangssprachlich für Busen, ein aktuelles Beispiel. Wenn ich erfahre, wie sich jemand in einem Leserbrief dar-über beschwert, dass eine junge Mutter während einer Baby-Party ihr Kind stillt ohne sich abzudecken, bin ich schon ziemlich entsetzt und frage mich: »Sind wir jetzt im Mittelalter oder was?« Ich bin dann hier zur Breastfeeding-Gruppe gegangen und wir haben beschlossen mit einem Artikel im »Penticton Herald« darauf zu antworten. Wir starteten damit eine Aktion, junge Mütter zu ermutigen ihre Babys auch in der Öffentlichkeit zu stillen.

Meine Mitstreiterinnen und ich wollen die Stadt ein bisschen »auf-wecken«, das ist nötig und es entspricht mir auch sehr. Ich habe wirklich Glück gehabt mit meinem Beruf.

Penticton, im Oktober 2003

»Hoffentlich gehen Sie nicht mal nach England oder gar nach Amerika!« – »Ich denke überhaupt nicht daran!«

BERTA WEBER (Drechsel),
82, verwitwet, drei Kinder,
Universitätsprofessorin
im Ruhestand,
Erie/Pennsylvania, USA

Ich wurde 1921 in der Bahnstraße in Hollabrunn geboren. Es herrschte ein furchtbares Gewitter in dieser Nacht. Die Hebamme und mein armer Papa waren mit meiner Mutter allein. Ich blieb das einzige Kind meiner Eltern und wuchs sehr behütet auf. Angeblich soll ich ein sehr braves, folgsames, liebes Mäderl gewesen sein. Ich musste natürlich wie üblich in den Kindergarten gehen, wollte das aber nicht, weil ich gerne zuhause war. Da haben mich meine Eltern, daran erinnere ich mich noch sehr gut, einmal einen Tag in den Kindergarten geschickt. Damals war er noch in der Babogasse. Als mich meine Mutter nach drei bis vier Stunden wieder abholte, meinte ich: »Also da geh ich nicht hin, das ist mir viel zu laut!« Und darauf haben meine Eltern gesagt: »Mädi, dann bleibst du eben noch ein Jahr zuhause!« Heutzutage würden Eltern das nicht machen, sondern sagen: »Mein Kind, daran wirst du dich gewöhnen müssen!«

Meine nächste Erinnerung bezieht sich dann schon auf die Schulzeit. An meinem ersten Schultag bekam ich auf dem Weg zur Volksschule Koliskoplatz schreckliches Bauchweh, sodass ich gleich wieder umkehrte. Wir wohnten damals schon in der Gassnergasse 14. Ansonsten habe ich aber nur wunderbare Erinnerungen an meine Volksschulzeit, besonders an meine Lehrerin, Fräulein Habison, die ich alle vier Jahre hatte. Wenn ich das hier in den USA erzähle, sind die Leute entsetzt und meinen: »Ja, wie kann man das tun? Kinder sollen doch verschiedene Lehrer kennen lernen. Was passiert, wenn man einen ganz schlechten erwischt?« Aber ich hatte eine sehr gute Lehrerin, die ich bei jedem Heimaturlaub besuchte, solange sie lebte. Wenn ich zurückdenke, was diese Frau geleistet hat: Wir waren eine Riesenklasse; 35 Mädchen sind auf dem Erstkommunionbild zu sehen.

Dass ich nach der Volksschule ins Gymnasium kam, war keine Frage. Mein Vater, Dr. Josef Drechsel, unterrichtete dort Griechisch, Latein und auch Englisch und Französisch. Ich habe das Bild noch sehr klar vor meinem geistigen Auge, als wir beide im Garten saßen und er mit mir für meine Aufnahmsprüfung lernte.

Der Direktor war ein Mann, ist ja typisch!

Der erste Tag im Mädchenrealgymnasium in der Reucklstraße war beeindruckend, wir Neuanfängerinnen wurden von Schülerinnen der achten Klassen von zuhause abgeholt und in die Schule gebracht. Wir waren 20 Mädchen in der Klasse, zwei davon waren im Internat. Diese wurden von allen sehr beneidet, die zuhause wohnen mussten. Das Internatsleben haben wir uns so schön vorgestellt. Die vier Jahre in der Mädchenschule waren auch eine schöne Zeit mit ausgezeichneten Lehrkräften. Der Direktor war ein Mann, ist ja typisch, und natürlich auch der Religionsprofessor. Sonst unterrichteten nur weibliche Lehrkräfte. An zwei von ihnen habe ich eine besonders innige Erinnerung. In Mathematik hatten wir eine absolut fabelhaft aussehende Lehrerin, Frau Professor Lantschner. In sie war die ganze Klasse einfach vernarrt. Sie war eine stattliche Erscheinung und trug meistens eine ganz besondere Handtasche. Ich sehe sie heute noch vor mir, wie sie stolzen Schrittes von hinten in die Klasse hereinkam. Sie machte einen ungeheuren Eindruck auf uns Knirpse. Als sie dann nach Mödling versetzt wurde, erlitten wir den ersten großen Schmerz in unserem Leben. Das Resultat war, dass wir uns ihrer Nachfolgerin gegenüber einfach fürchterlich benommen haben. Die arme Frau! Wir mochten sie nicht und mochten sie nicht! Nach dem ersten Tag Unterricht mit ihr kam ich heulend heim. Wir benahmen uns so schlecht, dass die Klagen darüber bis zum Direktor durchdrangen« Er informierte offensichtlich Frau Professor Lantschner, die uns daraufhin einen Brief schrieb. Ein

Satz ist mir noch genau in Erinnerung: »Ihr müsst mir nicht beweisen, dass ihr mich geliebt habt, indem ihr zu meiner Nachfolgerin so kratzbürstig seid!« Daraufhin haben wir uns besonnen und dann ging's. Aber das war ein großer Einschnitt in meinem jungen Leben.

Die zweite geliebte Lehrerin war Frau Professor Hilde Goeth, unsere Englischprofessorin, eine ausgezeichnete Pädagogin. Ich hatte sie in allen vier Jahren Unterstufe. Für uns war sie sowohl Lehrerin als auch Vertraute, das blieb ebenfalls so in meinen Backfischjahren. Sie war mit einem merkwürdig versponnenen Philosophen verheiratet, er war Protestant und hatte in Hollabrunn keine Stellung gefunden. Die beiden sind später nach Deutschland, nach Landau in der Pfalz, übersiedelt. Dort habe ich sie, als sie schon verwitwet war, zweimal besucht. Von allen Ehepaaren, die ich in meinem Leben kennen gelernt habe, war dieses das beste Beispiel für mich, wie wunderbar eine Ehe sein kann. Sie waren ein Herz und eine Seele, wie man so schön sagt. Sie haben einander wirklich geliebt und verehrt.

Bittersüße Tage

In Englisch hatten wir bereits in der Unterstufe geteilten Unterricht. Frau Professor Goeth übernahm die Grammatik, das Lesen und Schreiben und Frau Professor Kolisko die Konversation. Sie fuhr zur Fortbildung jedes Jahr einmal nach England und hat dort dann auch den Krieg überdauert. Ab dem Schuljahr 1936/37 wurde das Mädchenrealgymnasium wegen geringer Schülerinnenzahl unter die Leitung des Gymnasiums gestellt, das damals am Kirchenplatz untergebracht war.[20] Die meisten Lehrkräfte unseres Realgymnasiums wurden nicht übernommen. Nicht nur deshalb war der Wechsel für uns eine große Aufregung. Wir waren nie mit Jungen zusammen auf der Schulbank gesessen, hatten kaum je Professoren gehabt. Wir wollten gar nicht übersiedeln, aber wir mussten. Das waren für uns einige bittersüße Tage. Wir transportierten auch die Lehrmittel selbst durch den Koliskopark in unsere neue Schule, ich die Niere in Spiritus. Vielleicht wollte man uns dadurch die Trennung von unserer alten Schule leichter machen. Ja, das war ein schweres Jahr für uns, die

---

20) Es hieß ab 1934 »Dollfußgymnasium« und ab 1938 »Oberschule für Jungen«.

Buben mochten uns nicht und wir haben uns darüber mokiert, wie blöd sie sind. Wir waren jetzt natürlich in der Minderheit, nur elf oder zwölf Mädchen in der Klasse.

Auch in der Oberstufe hatten wir sehr gute Lehrer: In Deutsch war es der Direktor, Professor Hofer, der auch Philosophie und Logik unterrichtete. Er und der Herr Apotheker waren die besten Freunde meines Vaters. Dadurch, dass mein Vater in derselben Schule unterrichtete – er war sehr beliebt, aber auch gefürchtet –, war es fast vorgegeben, dass ich eine Musterschülerin war. Außerdem gab es in diesen Jahren eine freundschaftliche Rivalität zwischen einer meiner Schulkolleginnen und mir, wer die Klassenerste war. Einmal war es sie, einmal ich. Wenn ich selten, aber doch eine Zwei auf einen Aufsatz erhielt, bekam ich von meinem Vater zuhause auch noch meine Lektion. »Wieso? Das kannst du ja!«, meinte er.

Nach dem geteilten Unterricht in der Unterstufe waren unsere Englischkenntnisse dementsprechend gut, in der Oberstufe lasen wir englische Literatur und schrieben Aufsätze zu recht anspruchsvollen Themen, z. B. über ein Werk von Shakespeare. Das konnten wir.

Neben diesen Größen an Professoren erinnere ich mich noch an Professor Semanek, der wie mein Vater Sudetendeutscher war. Er hat viel auf Gesundheit gehalten und mich, wenn ich später zu Besuch in Hollabrunn war, immer wieder gefragt: »Berterle, turnst du auch bei offenem Fenster, machst du das, was ich sage?« Als Mathematiklehrer hat er uns sein Fach trotz aller Schwierigkeiten schmackhaft gemacht.

… ob man dick war oder dünn, sportlich oder nicht

Ich hatte Turnen sehr gerne und finde es gut, dass es in Österreich ein Pflichtfach war und ist. Wenn ich diesbezüglich das österreichische System mit dem amerikanischen vergleiche, finde ich das österreichische und auch das deutsche weitaus besser. Man hatte Turnunterricht, ob man dick war oder dünn, sportlich oder nicht, und hat alles gelernt, Leichtathletik, Gymnastik, Geräteturnen usw. In den USA ist das anders. Meine Kinder sind lediglich in der Pause im Hof herumgerannt. Wer nicht athletisch begabt ist und nicht in eine Schulmann-

schaft kommt – das war bei meinen beiden Söhnen der Fall –, dem
bietet die Schule keine sportliche Ausbildung. Weniger bewegungs-
freudige Kinder, die körperliche Betätigung wirklich gebraucht hätten, hörten dann nur: »Dich brauchen wir nicht, setz dich in die
Bibliothek!« Meine Tochter Mary ist sehr sportlich und hat z. B. Rei-
ten und Eislaufen in Hollabrunn gelernt, während ihrer Aufenthalte
bei ihrer Großmutter.

Ich jedenfalls hatte Turnen sehr gerne, ging auch am Nachmittag zur
rhythmischen Gymnastik, das machte mir viel Spaß. Unsere Lehrerin
spielte dazu auf dem Klavier. Besonders schön waren die Weihnachts-
feiern mit Kostümen und die kleinen Ballettaufführungen.

Im Winter – die waren damals lange und auch ziemlich kalt – ging
ich oft auf den Eislaufplatz, da war natürliches Eis, das immer wieder
gespritzt wurde. Es gab auch Musik und eine Bude zum Aufwärmen.
Ich habe dort sehr gut Eislaufen gelernt und weiß heute noch die 14
Schritte des Eistanz-Walzers. Schifahren war damals noch nicht so
verbreitet, trotzdem sind wir auch auf Schulschikurse gefahren.

Meine Matura fand im März 1939 statt. Ich hatte zur schriftlichen
Prüfung Deutsch, Englisch, Mathematik und Latein gewählt. Vor der
mündlichen waren wir alle entsprechend aufgeregt, auch diejenigen,
die in der Schule immer sehr gut waren. Im Konferenzzimmer saß
die Kommission, wir hatten viel Respekt vor dem Landesschul-
inspektor. Ich habe den Abschluss gut hinter mich gebracht. Meine
Klasse bekam auch die »weiße Fahne«, weil alle durchkamen, und
wir zogen durch die Stadt, einer voran mit Gitarre, von Professor zu
Professor und dann zum gemeinsamen Essen im Gasthaus Schmöl-
lerl.

Wenn ich das nun wieder mit den USA vergleiche, was da für ein
Tamtam gemacht wird um das Abschlussjahr, das »senior year« in der
High School! Da sollten die Schüler noch einiges für das College auf-
holen, aber keine Rede davon. Da gibt es keine Prüfungen mehr, von
einer Matura ganz zu schweigen. Die Schüler, die auf ein College gehen
möchten, machen den »Scholastic Aptitude Test«, der aber auf das
Abschlusszeugnis keinen Einfluss hat. Es wird in diesem Jahr nicht

viel verlangt, es ist, so wie ich das beobachtet habe, ein verlorenes Jahr. Die Seniors konzentrieren ihre Gedanken nur auf »dances« und »proms« (so heißt der offizielle Abschlussabend in der High School), auf schöne Kleider und darauf, wer mit wem zu diesen Bällen geht.

Lernen war für mich immer die Nummer eins

Es ist nicht zu vergleichen mit meiner Jugend, ich empfand besonders die siebente und die achte Klasse wirklich schon als den Ernst des Lebens, ich hatte sehr wenig Freizeit, die Nachmittage vergingen mit Lernen und Hausaufgaben. In diese Zeit fiel auch der Anschluss Österreichs an das Deutsche Reich im März 1938. Davon haben wir in der Schule nicht viel wahrgenommen. Wir waren viel zu beschäftigt dazu. Ja, im März 1938 hatten wir einige Tage schulfrei, aber am Schulbetrieb änderte sich zunächst nicht viel. Wir bekamen einige neue Professoren[21] und hatten mit März 1939 einen sehr frühen Maturatermin.

Ich hatte eine sehr schöne Jugend, meine Eltern waren lieb, aber streng. Da gab es nichts, absolut nichts!

Ich habe Sport betrieben, habe gelesen und meiner Mutter ein bisschen geholfen. Aber das Lernen war für mich immer die Nummer eins. Das größte Vergnügen war es »auf den Bummel« zu gehen. Ich bin mit zwei oder drei Freundinnen Arm in Arm in der Bahnhofstraße in Hollabrunn auf und ab spaziert und wir haben uns die Jungen angeschaut. Wir wussten auch, dass eine Straßenseite den »Schwarzen«, die andere den Nationalen vorbehalten war. Einen Bummel gab es auch in Braunau im Sudetenland, wo meine Großeltern lebten. Mit Braunau verbinde ich auch sonst viel Schönes, wir haben dort jedes Jahr die Sommerferien verbracht. Bereits am zweiten Ferientag sind wir aufgebrochen, es war eine Tagesfahrt mit dem Zug. Und wir blieben meistens bis zum Ferienende. Deswegen wurde ich auch von meinen Schulkollegen beneidet; ich war verreist, zwar nur zu meinen Großeltern, aber ich war weg, sie mussten zuhause bleiben.

---

21) »Der Direktor und über die Hälfte des Lehrkörpers wurden aus politischen Gründen entlassen oder an andere Anstalten versetzt.« Quelle: 100 Jahre Bundesgymnasium Hollabrunn. 1865–1965. Hg Viktor Scheibenreiter, Hollabrunn, S. 50.

»Ich entscheide meine Zukunft!«

1938 verlebte ich in Braunau den letzten halbwegs unbeschwerten Sommer. Ein Jahr später hatte ich zu entscheiden, was ich studieren wollte. Germanistik stand eigentlich fest, ich überlegte aber auch, ob ich eine Dolmetscherausbildung für Englisch und Italienisch machen sollte. Ich konnte mich nicht entscheiden. Deshalb bin ich eines Tages ins Dekanat der Universität gegangen, die große Treppe hinauf. Dort stand ich, ans Geländer gelehnt, als Professor Novotny, ein junger Lehrer aus dem Gymnasium Hollabrunn, vorbeikam und mich fragte: »Na, Fräulein Drechsel, was machen Sie denn hier?« – »Ich entscheide meine Zukunft!« – »Was gibt es da zu überlegen, wenn man unter dem großen Nadler studieren kann, kommt doch nichts anderes in Frage!« Diesen Schubs habe ich gebraucht. Dann bin ich hinaufmarschiert und habe mich angemeldet. Ja, manchmal fallen Entscheidungen durch einen Zufall.

Aber um inskribieren zu können, musste man vorher einige Wochen als Familienhilfe arbeiten und ein halbes Jahr im Arbeitsdienst dienen. Ich habe im Sommer 1939 bei einer Professorenfamilie gearbeitet, diese hatte zwei ziemlich lebhafte kleine Kinder, mit denen man mich auch längere Zeit allein ließ. Daneben musste ich die Hausarbeit erledigen, z. B. Marillen einkochen.

»Die blauen Dragoner«, das war unsere Nazi-Indoktrination

Zum Arbeitsdienst kam ich in ein Lager nach Wohlau in Niederschlesien, nördlich von Breslau, eine Gegend, wo sich die Füchse gute Nacht sagen. Es war ein Barackenlager, das wir vorher erst adaptieren mussten, z. B. die Wände streichen. Aber wir haben uns schnell eingelebt. Jede Baracke hatte acht Metallstockbetten. In der Früh – es war ein besonders strenger Winter – mussten wir in unseren Trainingsanzügen zum Turnappell erscheinen, dann fuhren wir per Rad zum Bauern, dem wir zugeteilt waren. Ich war hin und zurück insgesamt etwa eine Stunde unterwegs. Jede »Arbeitsmaid« wurde auf sechs Wochen einem Bauern zugeteilt, dann wurde normalerweise gewechselt. Ich kam zuerst zum Bürgermeister, er war auch Ortsgruppenleiter der NSDAP. Er bestand darauf mich zu behalten, deshalb wechselte ich nicht. Das war für mich sehr günstig, die Familie war nett und es gab gutes Essen. Ich musste oft mit dem Sohn des Hauses lernen. Er war ziemlich schlecht in der Schule, deshalb habe ich ihm in Englisch, Deutsch und Latein Nachhilfe gegeben. Ich konnte so auch eine ausgiebige Mittagspause halten und musste am Nachmittag z. B. nicht aufs Feld. Das bedauerte ich gar nicht, denn das war sehr anstrengend, besonders die Zuckerrübenernte. In einer Reihe mit den Feldarbeiterinnen musste ich die Rüben ausstechen und die Blätter abschneiden. Nach kurzer Zeit waren unsere Hände wund, sie brannten wie Feuer. Darüber, dass ich bei demselben Bauern bleiben durfte, haben sich die anderen Mädchen geärgert, das war mir unangenehm. Aber insgesamt gesehen war der Arbeitsdienst für mich eine positive Erfahrung. Ich lernte bäuerliche Arbeiten, die ich sonst nie hätte machen müssen.

An einen tragischen Vorfall erinnere ich mich noch, bei dem ich die Härte und Grausamkeit des Nazi-Regimes direkt miterlebt habe. Eine Polin, die Seite an Seite mit mir arbeitete – sie war Zwangsarbeiterin –, verlor eines Tages ihren Sohn, der sich angeblich an einem deutschen Mädchen vergangen hatte und der sofort gehängt worden war.

Ich hatte aber mit meinem Arbeitsdienst insgesamt Glück, auch was den vorgeschriebenen »Weltanschauungsunterricht« betraf. Es war für mich ein Beispiel, wie man sich aus dem System heraushalten konnte, wenn man wollte. Unsere Lagerleiterin war von Beruf Chorleiterin. Ihr Weltanschauungsunterricht bestand aus Singen. »Die blauen Dragoner« und ähnliche Lieder, das war unsere Nazi-Indoktrination. Ich habe immer gerne gesungen, wir bildeten dreistimmige Chöre. Es war eine Freude für alle, die gerne sangen.

An Vergnügungen gab es praktisch nichts

Ich wurde einen Monat früher vom Arbeitsdienst entlassen um rechtzeitig immatrikulieren zu können. Ich wählte Germanistik als Hauptfach, Englisch als erstes und Italienisch als zweites Nebenfach. Ich besuchte alle Nadler-Vorlesungen – Nadler war Germanist – im Audimax. Das so genannte Alte Fach studierte ich bei Professor Ritter von

Kralik. Er war eine imposante Erscheinung und fachlich sehr gut. Ich habe die Altgermanistik gemocht.

In Englisch waren die Lehrveranstaltungen damals absolut mies. Es unterrichtete ein Professor, der schon längst hätte pensioniert werden müssen, aber weil die jungen Lehrkräfte im Krieg waren, musste man ihn behalten. Ich konnte glücklicherweise damals schon fließend Englisch. Mit meiner einzigen Freundin, die ich zur Studentenzeit hatte, einer Wienerin, hatte ich ausgemacht, dass wir miteinander Englisch sprechen. Das Englischstudium war jedenfalls nicht inspirierend, aber mit viel Enthusiasmus habe ich mich auf die Germanistik gestürzt.

Mein Italienischprofessor hieß Giorgio Ressmann, er war eine überwältigende Persönlichkeit. In seinen Seminaren habe ich Italienisch gelernt, was mir sehr leicht gefallen ist. Er hielt ein Privatseminar in seinem Haus ab. Auch seine Frau hat mich sehr gern gehabt. Und nach zwei Jahren hat mir der Professor angeboten seinen Urania-Kurs zu übernehmen. Das habe ich natürlich gemacht.

Das Studium war damals nicht so wie in Friedenszeiten, es gab Trimester statt Semester. Die Lehrveranstaltungen waren eher Schnellsiederkurse. Ich habe aber in den Studienjahren nichts anderes im Kopf gehabt als zu studieren und fertig zu werden, das war das wichtigste Ziel. An Vergnügungen gab es praktisch nichts, aber meine Freundin und ich waren eifrige Theatergängerinnen. Ich sehe es noch vor mir, wie wir zwei uns um ½ 6 Uhr früh in der Bräunergasse getroffen haben, mit Klappstühlchen, Decke und Thermosflasche, um gemeinsam bis acht Uhr zu warten um irgendeinen Säulensitz oder einen Stehplatz zu ergattern. Kinobesuche oder Tanzveranstaltungen gab es nicht, was in den USA kaum ein Mensch glauben kann. Im Vordergrund stand eben konzentriertes Studieren. Die Skripten waren damals ziemlich schlecht, nur die Nadler-Skripten waren zu gebrauchen. Ich habe in den Vorlesungen mitstenographiert und es am Nachmittag übertragen. Meine Freundin und ich haben vereinbart, wer welche Vorlesungen besucht, und unsere Notizen dann ausgetauscht. Das war auch nicht das Ideale, aber man musste ja irgendwie weiterkommen.

Vorlesungen, an die ich mich mit Freuden erinnere, waren Professor Sedlmayr in Kunstgeschichte und Professor Wolfram in Volkskunde. Letzteres hatte ich einige Semester lang belegt, Volkslieder, Trachten und Dialektkunde haben mich sehr interessiert. Daneben war für das Doktorat noch »Philosophie und Weltanschauung«, also Nazi-Ideologie, vorgeschrieben. Da ist man eben auch ein paarmal hingegangen.

Manchmal habe ich geheult

Im Sommer musste man, um weiterstudieren zu können, Kriegsdienst leisten. Im ersten Jahr war ich in einer Konservenfabrik in Floridsdorf. Ab sechs Uhr früh musste ich mit einer Zweiten an einer Maschine stehen und Konservendosen einschlichten, die dort mit einem Deckel versehen werden sollten. Dann kam Flüssiggummi drauf und die Dosen wurden durch eine Art Backofen geschleust und so verschlossen. Das ging so wahnsinnig schnell. Am Ende der Schicht war ich total fertig. Aber mir war die menschliche Erfahrung, die ich dort gemacht habe, von Nutzen. Die Arbeiterinnen waren äußerst unangenehm zu uns. »Ihr Studenten, ihr nehmt uns unseren Arbeitsplatz weg!«, hieß es. Aber wir mussten ja arbeiten, es blieb uns nichts anderes übrig! Wir hatten auch panische Angst davor, uns Wanzen einzufangen, und haben sofort nach der Schicht unseren Overall ausgeschüttelt und uns geduscht.

Im zweiten Sommer war ich schon gescheiter, ich meldete mich für Arbeit in der Molkerei Hollabrunn, da konnte ich zuhause wohnen. Aber diese Arbeit war noch anstrengender als die in Floridsdorf, auf dem Fließband musste ich Butterstücke in Pergamentpapier einpacken, das ging auch sehr schnell. Die Arbeiterinnen haben sich amüsiert, denn ich konnte das nicht gleich. Ich kam jeden Tag mit schrecklichen Schmerzen in den Schultern nach Hause. Meine Mutter hat mich massiert, manchmal habe ich geheult dabei, so weh hat das getan.

Im dritten Sommer suchte mein Onkel in Huttendorf im Sudetenland um eine Aushilfskraft an. Er hatte eine Weberei und ich habe im Kontor gearbeitet und, wenn Not am Mann war, auch auf dem dazugehörigen Bauernhof. Es gab wunderbares Essen dort, damals haben wir in Wien schon nichts mehr zu essen bekommen.

Es gab eben überall ein Hintertürchen

Im Sommer 1943 befand ich mich schon im Prüfungszyklus, da musste ich nicht mehr arbeiten. Gewohnt habe ich die ersten Studienjahre im Studentenheim in der Servitengasse 3, das hat minimal gekostet. 1943 musste ich mir dann privat ein Zimmer suchen. Ich fand eines beim Ehepaar Dubovsky in der Kochgasse im 9. Bezirk. Das lag günstig in Uni-Nähe. Dort habe ich mich auf die Lehramtsprüfung vorbereitet. Es war vorgeschrieben, dass Besitzer großer Wohnungen oder Häuser ein Zimmer abgaben. Die Dubovskys waren sehr nett zu mir und nahmen sicher lieber eine Studentin statt einer Flüchtlingsfamilie auf. Es gab eben überall ein Hintertürchen.

Im Winter 1943/44 habe ich die Lehramtsprüfung für Deutsch gemacht, dort habe ich »geglänzt«, aber in Englisch habe ich nur »ein bisschen geschimmert«. Ich war zwar in Literatur sehr gut, aber bei den praktischen Prüfungsfragen, z. B. nach den Maßeinheiten, nach der Währung usw. bin ich »flach auf mein Gesicht gefallen«, ich hatte nur eine sehr dunkle Ahnung davon. Da sagte der Professor abschließend zu mir: »Alles andere war in Ordnung, aber hoffentlich gehen Sie nicht mal nach England oder gar nach Amerika!« – »Ich denke überhaupt nicht daran!«, war meine Antwort.

Ja, den akademischen Ehrgeiz musste man an den Nagel hängen, es war wichtig so schnell wie möglich fertig zu werden. Die Dauer des Studiums war nämlich zeitlich begrenzt.

1943 war ich allerdings schon als Aushilfslehrkraft ans Gymnasium Hollabrunn gekommen, daneben habe ich an meiner Dissertation gearbeitet. Die männlichen Lehrer waren fast alle im Krieg, deshalb wurden Leute, die mit dem Studium fast fertig waren, in die Schulen geschickt. Ich hatte das große Glück, dass ich von meinem Vater in die Unterrichtsmethode eingeführt wurde. Durch ihn wurde ich eine gute Lehrerin. Er hat mir viel von seinen Erfahrungen weitergegeben. Dafür war ich ihm sehr dankbar.

… wenn ich hier umkomme

Später kam ich nach Baden bei Wien. Das war in einer Zeit, in der es bereits viele Bombenangriffe gab. Deshalb war der weite Schulweg ziemlich gefährlich. In der Früh nahm ich die Straßenbahn. Dort hingen die Leute oft wie Trauben am Einstieg. Dann ging es weiter mit dem Zug nach Baden. Die Zugstrecke war natürlich Angriffsziel für Bombardements. Baden selbst ist ziemlich verschont geblieben. Man hat die Flugzeuge aber immer auf Wien zufliegen gehört. Ich hatte dort eine erste Klasse auch als Klassenvorstand. Oft gab es zu Mittag Fliegeralarm. Dann saßen wir Lehrer mit unseren Klassen im Keller. Ich habe meinen Zehnjährigen Indianergeschichten vorgelesen um sie abzulenken.

Einmal gab es auf der Heimfahrt einen Luftangriff, wir mussten aus dem Zug raus, die Böschung runter und ins nächste Haus in den Luftschutzkeller. Es war ein schwerer Angriff, damals habe ich gedacht: »Meine armen Eltern, wenn ich hier umkomme, werden sie nicht einmal wissen, wo ich gestorben bin!« In Wien fuhren dann die Straßenbahnen nicht und ich musste zu Fuß heimgehen. Immer wenn ich in die Kochgasse eingebogen bin, habe ich mich gefragt: »Steht das Haus noch?« Auch in diesem Haus hatte ich Dienst, ich war Hausfeuerwehrmann. Ich hatte in einem Schnellsiederkurs gelernt, wie man eine Brandbombe angreift und durch die Dachluke wirft. Bei einem Alarm musste ich den alten Leuten im Haus helfen ihre Koffer hinunterzutragen. Während des Angriffs hatte ich nach jeder Welle vom Keller bis in den 6. Stock zu laufen um den Dachboden nach einer Brandbombe abzusuchen. Das war anstrengend und im Treppenhaus war man besonders gefährdet. Eine Freundin hat bei einem Angriff in der Alserstraße ihre Mutter, ihre Schwester und ihre Großmutter in einer Nacht verloren.

Ich erinnere mich noch, dass wir am Tag vor meiner Lehramtsprüfung in Deutsch kein Wasser im Haus hatten, wir mussten es mit Kübeln aus der Nachbargasse holen.

Er war mein Ein und Alles

Ostern 1944 verbrachte ich wie manche Wochenenden im Sommerhaus der Dubovskys bei Wiener Neustadt. Ein bisschen Erholung im Grünen tat mir gut. Und das Lernen fiel mir dort auch leichter. Ich bereitete mich nämlich gerade auf die Lehramtsprüfung in Italienisch vor. Davor habe ich mich sehr gefürchtet; ich beherrschte die Sprache zwar sehr gut, hatte aber wenig Zeit gehabt genügend Literatur zu lesen. Da hätte es mich erwischen können.

Am Ostermontag erhielt ich dann die furchtbare Botschaft, dass mein Vater gestorben war. Er war mein Ein und Alles. Ich musste sofort nach Hause. Es war schrecklich, meine Mutter war mit 42 Jahren Witwe geworden. Zur Beerdigung kamen so viele Menschen, ich glaube, da war ganz Hollabrunn auf den Beinen. Ich war danach nicht fähig, meine Prüfung abzulegen, ich wollte den Termin verschieben. Aber es ging nicht und meine Lehramtsprüfung in Italienisch war dann auch nur mittelmäßig.

Ich hatte also meine Lehramtsprüfung im Frühjahr 1944 abgeschlossen. Im Sommer arbeitete ich intensiv an meiner Dissertation. Alles war auf Karteikarten notiert, die auf dem Fußboden ausgebreitet lagen. Ich musste sie vor dem Schlafengehen einsammeln und mit den wichtigsten Büchern in den Rucksack stecken. Den nahm ich in den Luftschutzkeller mit. Stellen Sie sich vor, wenn meine Materialien verloren gegangen wären, wäre die ganze Arbeit beim Teufel gewesen, das Doktorat hätte ich dann nie erworben.

Es folgte ein besonders schwieriger Winter 1944/45, täglich Luftangriffe, nichts zu essen und ich musste an der Doktorarbeit schreiben.

Da wäre es fast mit dem Doktorat vorbei gewesen

Die Rigorosen absolvierte ich gut, die Dissertation war fast fertig. Da ich keine Schreibmaschine besaß, ließ ich sie mit Durchschlag tippen. Sie wurde von Professor Nadler approbiert, Professor Kralik und ein anderer Professor waren Begutachter. Eine Verteidigung der Dissertation gab es damals, im Kriegsbetrieb, nicht. Ich musste mich nur einmal mit Professor Nadler darüber unterhalten und bekam meinen Stempel. Ich hatte damit praktisch alles, bis auf die Prüfung bei Professor Wichmann im Fach »Philosophie und Weltanschauung«. Ich hielt das für nicht so wichtig, sodass ich sie als Letztes machen wollte. Das ging immer noch, meinte ich. Doch da wäre es fast mit dem Doktorat vorbei gewesen.

Ende Februar 1945, der Krieg war beinahe zu Ende, es herrschte Götterdämmerungsstimmung, wurde Professor Wichmann zum Volkssturm einberufen. Eine Kollegin hat mich angerufen und es mir gesagt. Ich stürzte mich in die nächste Straßenbahn und fuhr zu seiner Wohnung. Damals musste man wirklich schnell reagieren. Ich habe beim Professor angeläutet. Das Dienstmädchen wollte mich nicht mehr vorlassen, denn er war schon in Uniform und sollte eine Stunde später weg. Da begann ich zu weinen. Er hörte das und kam zur Tür. Ich erklärte ihm meine Notlage und bat ihn: »Können Sie etwas für mich tun?« Er fragte nach meinem Studienbuch und schenkte mir eine halbe Stunde um die Prüfung abzuhören. Ich würde sagen, er war kein Nazi, sonst hätte er das nicht gemacht. Auf einem Briefbogen gab er mir die Prüfungsbestätigung ans Dekanat. Damit war mein Doktorat gerettet.

Meine Promotion fand kriegsmäßig im Luftschutzkeller statt. Von da an trug ich mein Diplom in der Unterwäsche eingenäht. Es ist jetzt ganz zerknittert, aber es war mein einziges Hab und Gut, etwas, das mir niemand wegnehmen konnte. Was für ein Glück für mich, dass ich das Doktorat noch habe machen können, denn mit der Lehramtsprüfung allein hätte ich hier in den USA nicht an der Universität arbeiten können. Das Doktorat hat mir den Weg in meine akademische Karriere geebnet.

Wir hörten schon die Tanks

Dann kam das Kriegsende immer näher. Ich sollte in Wien bleiben, so hatte ich es mit meiner Mutter abgesprochen. Als dann Dr. Dubovsky zum Volkssturm einrücken musste, waren wir zwei Frauen ohne Schutz und wollten probieren nach Hollabrunn durchzukommen. Es war ein Abenteuer, zum Teil zu Fuß, zum Teil mit Fuhrwerk oder einmal ein Stück in einem Auto, das uns mitnahm.

Als wir bei meinem Elternhaus ankamen, war meine Mutter nicht mehr da. Sie hatte sich plötzlich entschlossen ihre Eltern aus dem Sudetenland zu holen und war zwei Tage vorher nach Braunau in Böhmen abgefahren. Ihre Eltern hat sie aber nicht mehr angetroffen, diese waren im ersten Vertriebenenzug weggebracht und ihr Haus war schon von den Tschechen beschlagnahmt worden. Erst Monate später konnte meine Mutter ihren Aufenthaltsort herausfinden und sie zu sich holen.

In der Zwischenzeit haben ich und meine Schicksalsgefährtin Hollabrunn wieder verlassen, und zwar an dem Tag, als die Russen bereits am Rand der Stadt lagen. Wir hörten schon die Tanks. Mit einer deutschen Einheit, die in meinem Elternhaus einquartiert war, fuhren wir los in Richtung Westen. Wir mussten alles zurücklassen, das Haus blieb unversperrt. Ich hatte lediglich einen Rucksack mit dem Wichtigsten gerettet. So sind wir bis Oberösterreich gekommen, dann wurde die Einheit in Richtung Tschechien abkommandiert und wir standen auf der Landstraße.

In Linz fanden wir kein Quartier, deshalb haben wir im Bahnhofshotel geschlafen. In der Früh wachte ich auf dem Fußboden liegend auf, ich hatte den Fliegerangriff nicht gehört, weil ich total erschöpft war, aber die Druckwelle hatte mich wohl aus dem Bett geworfen. Auf unserem Weg weiter nach Westen hat uns dann eine Militärkolonne aufgegabelt. Wir konnten auf einem Wagen, der mit Munitionskisten beladen war, mitfahren und sollten bis Salzburg gebracht werden. Aber auch diesmal wurden wir abgesetzt, bei einem Tieffliegerangriff flüchteten wir in den Straßengraben.

Das ist etwas, was ich in den USA nicht gerne erzähle, denn die Reaktionen auf solche »Kriegsgeschichten« waren etwa: »Mein Gott, ist das eine unglaubliche Geschichte, ist das wirklich wahr gewesen?«

So kamen wir nach Hallein. Auf dem Wege dorthin habe ich, weil mein Rucksack so schwer war, einiges ausgeräumt, so z. B. meinen geliebten Teddy, der eh nicht viel wog. Ein paar Habseligkeiten waren mir geblieben, die Kleider, die ich trug: Stiefel, Overall, Jacke, Wollmütze und Schal. Im Rucksack hatte ich ein Kostüm, zwei Blusen, etwas Wäsche, einen Trainingsanzug, ein paar Schuhe und, was sehr wertvoll war, ein Weckglas Gänsefett und ein paar Bücher. Das war's!

Wir blieben ein paar Tage in Hallein. Als die Gefängnisse aufgemacht wurden und Kriminelle und politische Häftlinge freigelassen wurden, bekam ich Angst und wollte mich nach Salzburg durchschlagen. Ich habe in vielen Häusern um Quartier gebeten, bis ich schließlich im Gasthof Überfuhr in Elsbethen Unterschlupf fand.

»Were you a Nazi?«

Eines Tages, es war schon nach Kriegsende, fuhr im Hof ein Jeep vor. Die Wirtin sagte zu mir: »Du sprichst Englisch, geh du hinaus!« Der fesche Offizier wollte frische Eier haben. Ich sagte ihm, dass wir keine Hühner hätten. Ich war aber mit dem Satz noch nicht zu Ende, da kam der Hahn mit acht Hennen um die Ecke stolziert. Ich bekam große Angst, ich dachte: »Jetzt erschießt er mich oder er nimmt mich mit!« Aber Major Kaufmann fing zu lachen an. Wir beide haben dann Tränen gelacht und uns am Ufer der Salzach gut unterhalten. Schließlich fragte er mich, ob ich einen Job brauche. Ich sollte mich im US-Hauptquartier in Salzburg, in der Hellbrunner Straße, vorstellen. Mein gutes Englisch war mir von Nutzen. Am nächsten Tag wanderte ich von Elsbethen nach Salzburg, am Bahndamm entlang. Gegen Mittag brachte mich Major Kaufmann zu seinem Vorgesetzten. Dieser hat mich zunächst interviewt und mir dann eine direkte Frage gestellt: »Were you a Nazi?« – »No, I wasn't a Nazi!« – »Start tomorrow!«, hieß es dann nur noch. So begann mein Dienst bei der amerikanischen Besatzungsbehörde.

Die erste Zeit musste ich die etwa fünf Kilometer morgens und abends von Elsbethen nach Salzburg zu Fuß gehen, vorbei an einem Lager für »Displaced Persons«, was nicht ungefährlich war. Eines Tages war ich von dem Fußmarsch besonders müde. Das fiel einem der amerikanischen Offiziere auf und ab diesem Tag wurde ich im Jeep abgeholt und zurückgebracht.

Zunächst arbeitete ich als Dolmetscherin und Übersetzerin. Später gab man mir die Aufgabe österreichische Zeitungen zu lesen, das Wichtigste zusammenzufassen und es dem Dienst habenden Offizier schriftlich vorzulegen. Im September 1945 wurde Captain Gerald Weber mein Chef. Im Frühjahr 1947 ging er in die USA zurück und ich folgte kurz danach. Im August desselben Jahres haben wir geheiratet. Damit hat für mich die »Geschichte Amerika« begonnen.

Erie, im September 2003

...und Oral History heute!

Im Vergleich dazu Erinnerungen von Schülern des BG Mödling (Schuljahr 2004/05):

»An ein Ereignis in der Volksschulzeit kann ich mich noch gut erinnern: Damals wollte man die Schulstunde von 50 auf 45 Minuten kürzen. Das löste an unserer Schule – ich nehme an, auch an anderen – eine große Welle des Protestes aus. Meine Lehrerin meinte, wenn die Stunde fünf Minuten kürzer wäre, wäre ein sinnvolles Unterrichten nicht mehr möglich. Daraufhin bekam jeder einen Elternbrief mit nach Hause und die Lehrerin forderte uns auf zu unterschreiben. Ich kann mich an den genauen Inhalt dieses Briefes nicht mehr erinnern, aber es ging darum, dass Unterschriften gegen die Stunden- kürzung gesammelt werden sollten. Das hatte einen ziemlichen Tumult zur Folge, da meine und auch einige andere Eltern nicht unterschreiben wollten. Bei unserer Lehrerin stieß das auf Unverständnis.

Schlussendlich änderte sich an der Länge der Schulstunden nichts. Trotzdem blieb mir das Ereignis gut in Erinnerung, weil ich damals ziemlich unter Druck gesetzt wurde zu unterschreiben.«

Alexander Katzenschläger, 18

»Ich erinnere mich noch sehr gut an eine Nachrichtensendung von einer Gerichtsverhandlung in Israel. Zwei Palästinenser hatten einen Bus in Israel in die Luft gesprengt. Viele Menschen waren dabei ums Leben gekommen. Die beiden Attentäter wurden zum Tode verurteilt. Sie warfen sich vor dem Richter nieder und dankten ihm für das Urteil. Ich konnte mir überhaupt nicht vorstellen, warum jemand unbedingt sterben will. Über diesen Fall kam mir nie wieder etwas zu Ohren, aber ich dachte noch lange darüber nach.«

Mathias Kulich, 17

Wir haben die Landkarte genommen und uns ausgesucht, wo wir nach dem Studium wohnen wollen!

MARIA ERNST (Strasser), 34, verheiratet, zwei Töchter (Zwillinge), Pharmazeutin, Vancouver/Washington, USA

Im Jahr 1987 habe ich am BG/BRG Mödling maturiert. Ich bin erst mit 15 Jahren in die »Keimgasse« gekommen, aus dem Feodor-Lynen-Gymnasium in Planegg bei München. Das war für mich eine große Umstellung. Mit der Schule in Deutschland war ich sehr zufrieden gewesen, es gab motivierte Lehrer, ein neues Schulgebäude, eine riesige Schwimmhalle, ein Biotop, modern ausgestattete Klassen mit Teppichen auf dem Boden. Es war wunderschön.

Dann ist meine Familie nach Österreich zurückgekehrt, wir haben ein Haus in der Nähe von Wien gesucht. Meine Eltern haben sich umgehört nach »der besten Schule für intelligente Kinder«, nach einer Schule mit gutem Ruf. Die meisten ihrer Freunde haben das BG/BRG in der Keimgasse genannt, es sei anspruchsvoll. Beim Anmelden hat der Direktor gleich vorgeschlagen, wir – mein Bruder war damals 13 – sollten lieber eine Klasse weiter unten beginnen, weil wir aus Deutschland kämen. Man wisse doch, dass die Kinder dort nicht so gescheit, die Lehrer nicht so gut und die Schulen nicht so anspruchsvoll seien. Ich wollte auf keinen Fall zurückgestuft werden, ich war ohnehin ein Septemberkind. Auch mein Bruder hat nein gesagt. Es hat also nicht gut angefangen. In der ersten Mathematik-Stunde hat mein Lehrer gesagt, ich solle mir nicht denken, dass ich mitkommen würde. In Latein war ich wirklich ein Jahr hinten, aber ich habe den Umstieg ohne große Probleme geschafft. Frau Professor Puxkandl war allerdings vollkommen verzweifelt wegen mir, weil ich mich geweigert habe, die Grammatik nachzulernen. Sie hat es auch immer bemerkt, wenn wir versucht haben zu schwindeln. Deshalb habe ich in Latein meistens einen Vierer gehabt, ich habe »mit Phantasie« übersetzt. Latein ist wirklich kein schweres Fach, wenn man es einmal verstanden hat. Aber ich war zu stur, mich hinzusetzen und nachzulernen. Erst vor der Matura habe ich wirklich die Grammatik gepaukt. Ich bin in Latein schriftlich und mündlich angetreten und habe die beste Latein-Note aller Zeiten bekommen.

Ich besuchte den neusprachlichen Zweig, etwa die Hälfte meiner Mitschüler waren Humanisten. Französisch war auch so ein Fach, das komplett an mir vorüberging. Es war überhaupt nicht mein Fall. Meine Mutter – sie hat zwei Jahre in Paris gelebt und kann gut Französisch – hat sich immer wieder über meine Aussprache amüsiert. Unsere Professorin – sie war jung, locker und in der Parallelklasse sehr beliebt – hat in unserer Klasse aufgegeben, denn wir haben bei ihr nichts getan.

Ein Bruch in meiner Entwicklung

Ich muss leider sagen, dass ich an dieser Schule nie motiviert war. Wir wurden in der fünften Klasse in ein Verlies mit Kellerfenstern verfrachtet, manchmal war es eiskalt dort, sodass wir mit Mützen und Handschuhen im Unterricht saßen. Man musste aufstehen und »Herr Professor« sagen, so etwas gab es in Deutschland nicht. Ich war mit 15 Jahren plötzlich in ein uraltes System geraten, wo alles furchtbar unmodern war. Dazu kam noch, dass sich die Leute über meinen Bruder und mich lustig machten, weil wir einen leichten Akzent hatten. Wir wurden deswegen »Piefke« genannt. Ich war vorher Klassensprecherin gewesen, war bekannt und beliebt in meiner ehemaligen Schule, einem naturwissenschaftlichen Gymnasium, das recht anspruchsvoll war. Schule war vorher kein großes Problem für mich gewesen, aber in der »Keimgasse« habe ich zu schwänzen begonnen.

Es war ein großer Unterschied zu München, in den zwischenmenschlichen Beziehungen zwischen Jugendlichen und Erwachsenen und besonders zwischen Lehrern und Schülern. Man wollte den Schülern in der Keimgasse zeigen, wie blöd sie sind, anstatt sie positiv zu motivieren. Das war mein Eindruck. Mein Bruder hat bald komplett abgeschaltet, hat sich dann noch irgendwie erfangen und ist ins Gymnasium Hegelgasse gewechselt. Dort wurde weniger verlangt und mehr positiv motiviert. Er ist dann ein relativ glücklicher Schüler geworden. An der Keimgasse hätte er es nie ausgehalten.

Aber der Wechsel war ein richtiger Bruch in meiner Entwicklung, ich war mit so vielen Vorbehalten mir gegenüber konfrontiert worden, z. B. was meine naturwissenschaftlichen Fähigkeiten betraf. Einer meiner Lehrer hat mir erklärt, dass ich nicht Medizin studieren könne. Ich tat es trotzdem, war nach vier Semestern voll in der Zeit und habe von Anfang an gute Noten gehabt.

Ich habe mich schon so fortgeschritten gefühlt

Die schlechteste Englisch-Note bekam ich von Professor Wagner auf die erste Schularbeit nach meinem Sommer in Illinois. Zwischen sechster und siebenter Klasse verbrachte ich mit meiner Mitschülerin und Freundin Barbara Okresek vier Wochen in den USA. Hinterher haben wir geglaubt, wir sprechen ein fantastisches Englisch, aber wir haben viele Slangwörter gelernt, diese wurden uns alle angestrichen. Es klang zwar toll, wir haben jedoch einen Fünfer bekommen. Wir waren semantisch viel besser geworden, nur diese Wortwahl mussten wir wieder abstellen. Professor Wagner hatte den Austausch mit einer Lehrerin von dort organisiert. Das war eine sehr gute Erfahrung für uns. Die Familie, in der ich war, führte ein komplett anderes Leben als wir, sie war besonders religiös. Die Tochter hat auf dem Feld mitgearbeitet um sich das Studium zu verdienen. Die Eltern waren extrem streng. Die Kinder hatten großen Respekt vor ihnen. Sie mussten sich auch noch beschimpfen lassen. Vicki, meine Gastschwester, war vorher bei uns gewesen, noch in der Schulzeit. Das war eine sehr lustige Zeit für uns. Wir feierten Partys. Vicki war entzückt von unserer Lebensart, dass wir Bikinis trugen, oben ohne gingen, Alkohol konsumieren und rauchen durften. Das wäre in Illinois vollkommen unmöglich gewesen. Die Kinder haben ihre Eltern z. B. nie nackt gesehen. Ich habe mich schon so fortgeschritten gefühlt damals, dort herrschte kleinstädtisches Leben, der Einfluss der Kirche war enorm. Ich denke, in einem österreichischen Dorf wäre es nicht anders gewesen.

Dann kamen wieder zwei Jahre Schule, von denen ich wenig mitbekommen habe. Ich habe vieles gehört, wenig bewusst gewusst, denn es wurde nicht interessant vorgetragen. Sogar Mathematik ist leicht, wenn es einem jemand beibringen will. Ich hatte das Gefühl, bei uns wurde so gelehrt, dass es nur die Gescheitesten verstehen. Ich war nicht so untalentiert, ich denke, Mathematik kann jeder kapieren. Aber ich habe den Fehler gemacht, dass ich nur für die Schularbeit gelernt und nie richtig versucht habe es zu verstehen. Auch in Chemie gibt es so simple Regeln. Man kann das schrittweise lernen. Hier am College habe ich es sofort kapiert. In der Schule war ich nicht reif, nicht ernsthaft genug. Babsi und ich hatten andere Dinge im Kopf, wir haben uns nicht für den Stoff interessiert. Es war uns auch nicht bewusst, was wir alles verpasst haben. Am College in den USA zahlt man sich dumm und dämlich für etwas, das man vorher überhört hat. In Chemie und Geschichte habe ich automatisch einen Einser bekommen. Ich habe einmal pro Halbjahr ein Referat gehalten, der Rest war egal, wir haben geschlafen oder gestrickt. Später an der Uni hat mir Chemie Albträume verursacht. Ich fragte mich öfter, wo ich die Note herbekommen habe. Biologie war interessant, aber unser Lehrer hat manchmal altmodische Sachen verzapft.

Eines der mysteriösen Dinge im Gymnasium waren die Noten. Manche Schüler bekamen immer wieder Einser und andere, was auch immer sie geleistet haben, Dreier oder Vierer. Und ein paar Arme hatten immer Fünfer. Das war undurchsichtig für mich. Ich war eine Dreier- und Vierer-Schülerin, etwas Besseres kriegte ich nicht. Ich weiß meine Noten nicht mehr genau, sicher ist, dass ich nie eine so genannte Entscheidungsprüfung oder eine Nachprüfung hatte. Aber ich denke, das mit der Benotung ist für mich nicht gut gelaufen.

Die unglücklichsten Jahre

In unserer Klasse gab es eine eigenartige Dynamik. Es gab Gruppen: Da waren die Einser-Schüler, die sofort alles verstanden. Dann gab es eine Mädchenclique, die gemein zu den Lehrern und den anderen Schülern war. Mit ihren Kommentaren und ihrem Gekicher haben sie die anderen fertig gemacht. Warum das so gelaufen ist? Ich kann es nicht erklären. Sie waren frech, wussten alles besser und haben den

Rest mitgerissen. Wir hatten oft eine Wahnsinns-Hetz, der Schmäh ist hin und her geflogen, und die Lehrer waren die Opfer, einige hatten aufgegeben. Wir haben dauernd blöde Kommentare abgegeben und uns über alles lustig gemacht, niemand war ausgenommen.

Geschummelt haben wir auch. Das wäre in den USA unmöglich, da herrscht ein strenger Ehrenkodex. Einmal habe ich Tom während eines Tests in der »pharmacy school« angestoßen und ihn etwas gefragt, er war sehr böse darüber und hat entsetzt gemeint: »Wenn das jemand sieht!« Ich habe es dann nie wieder gemacht.

Wir haben im Gymnasium versucht, die Lehrer so viel wie möglich auszutricksen, das war wie ein Sport. Anstatt die Energie zum Lernen zu verwenden! Wir hatten das Gefühl, die Lehrer sind unsere Feinde und wir müssen gegen sie kämpfen. Schuld war die Einstellung, es war von vornherein ein Kampf, keine Zusammenarbeit.

Bei mir hätte der Direktor nur sagen müssen: »Probier es in der fünften Klasse, wenn es nicht geht, komm und wir arrangieren ein Lernprogramm!« Nach dem ersten Semester hätte man feststellen können, wo ich stehe. Vielleicht hätte er annehmen sollen, dass der Schüler es kann, und nicht umgekehrt. Ich denke, dass das jetzt anders ist. Wir mussten »Herr Professor« sagen und hatten trotzdem keinen Respekt vor den Lehrern. Das war in Deutschland anders, wir haben uns dort mit den Lehrern gut verstanden. Dort hieß es nur: »Herr Müller hat gesagt ...!«, und wir haben es angenommen. Die erzwungene Autorität hat nicht funktioniert.

Meine Freundin Babsi und ich waren nicht mit auf Maturareise und bei keinem Maturatreffen. Ich war lange nicht neugierig, was aus meinen Mitschülern geworden ist. Babsi hat ein paar Wochen nach der Matura geheiratet und ist gleich in die USA gegangen. Wir beide haben uns gut verstanden, wir haben schließlich die Jahre zwischen 15 und 18, die schwierigsten, die unglücklichsten, die unsichersten Jahre unseres Lebens, geteilt.

... wenn wir nicht solche Idioten gewesen wären

Nach der Matura habe ich drei Monate gearbeitet wie verrückt, dann habe ich mein Medizinstudium begonnen. Ich habe schnell neue

Freundschaften geschlossen mit den Studienkollegen, mit der Seziergruppe. Das Leben war wieder herrlich für mich. Ich habe entdeckt, ich bin »eh g'scheit«. Es war aus damit, dass die Klassenkameraden alles kommentiert haben (»Oh, die Strassi!«). Ich denke, viele davon sind später ganz normal geworden. Unsere Klasse war auf einem Trip. So etwas gibt es in vielen Klassen. Bei uns war es eine Gruppe von hübschen, gescheiten, gut angezogenen, lustigen Mädchen. Ich war damals kein Gruppenmensch, ab der fünften Klasse wurde aber die Gruppenzugehörigkeit vehement eingefordert. Ich hatte damals einen Freund und war selten mit den Klassenkameraden unterwegs. Im Maturajahr hatte ich mit meinem Freund Schluss gemacht, dann habe ich mit Schülern aus der Parallelklasse etwas unternommen. Das wäre für mich auch die bessere Klasse gewesen, da waren die Streber, die Mädchen waren eher langweilig, nicht wirklich flott. Aber sie hatten wahrscheinlich viel mehr Spaß in der Schule als wir. Sie haben auch viel mehr gemeinsam unternommen. Wir haben nur alles bekämpft, haben es uns selbst zerstört. Die Parallelklasse haben die Lehrer gerne gemocht. Wir wollten aber nichts mit ihnen zu tun haben. Wir sind uns viel »fertiger« und gescheiter vorgekommen als sie. Im Nachhinein gesehen bedaure ich das. Die anderen hatten unschuldigen Spaß, gingen miteinander auf Partys usw. Was wir alles verpasst haben! Wie schön es gewesen wäre!

Vor der Matura habe ich richtig zu lernen angefangen, durchfallen wollte ich auf keinen Fall. Da bin ich wirklich gesessen und habe mich angestrengt. Ich kann mich nicht erinnern, vorher so intensiv für etwas gelernt zu haben. Ich habe nur die notwendigsten Hausübungen gemacht. Ich lerne extrem leicht, vieles hatte ich im Halbschlaf ja mitbekommen und dann irgendwie »ausgespuckt«.

Mit zwei Koffern in die USA

Nach der Reifeprüfung studierte ich zwei Jahre Medizin in Wien. Das war mein Ziel, ich hatte mir nichts anderes überlegt, war aber auch naiv in dieser Zeit und hatte romantische Vorstellungen. Ich hatte nicht an die Krankheiten gedacht, war nie in einem Krankenhaus. Nach einem Praktikum im Krankenhaus, nach dem Sezierkurs bin ich erst draufgekommen, dass Arztsein ziemlich grauslich sein kann. Mir ist einmal schlecht geworden und ich habe mich gefragt, ob Medizin das Richtige für mich ist. Im Sommer 1989 habe ich Babsi und ihren Mann in Boulder (Colorado) besucht. Mit ihnen reiste ich zu einem Familientreffen nach Iowa. Dort habe ich die Wilsons kennen gelernt. Sie hatten einen behinderten Sohn, Matthew. Mr Wilson hat mich gefragt, ob ich Interesse an Forschung habe. Er bot mir, an den Rest des Sommers bei seiner Familie zu verbringen, mich um Matthew zu kümmern und mit ihm selbst im Bereich der Krebsforschung im Labor zu arbeiten. Ich habe die Wilsons bewundert, sie haben ein extrem schweres Leben. Matthew konnte nicht sprechen, man wusste nicht, wie viel er von seiner Umgebung mitkriegt. Es war hart für mich mit anzusehen, wie behindert ein Mensch sein kann und wie eine Behinderung das Leben der Eltern beeinflusst. Nach zwei Wochen im Labor habe ich Tom, meinen jetzigen Mann, kennen gelernt und meinen Aufenthalt in den USA verlängert. Dann habe ich ihn nach Österreich eingeladen, er ist zum Schifahren gekommen. In den Semesterferien war ich wieder einen Monat drüben. Damals haben wir beschlossen zu heiraten. Es war eine schnelle, aber sehr intensive Art einander kennen zu lernen, weil wir viele Briefe geschrieben haben. Ich glaube, da kann man nicht einfach daherreden, da muss man sich wirklich ausdrücken und etwas über sich selbst sagen. Sonst hat es keinen Sinn, Briefe zu schreiben. Ich bin dann mit 21 Jahren mit zwei Koffern voll gestopft mit Sachen, die mir wichtig waren, ein bisschen Kleidung und ein paar tausend Schilling von meiner Oma, die sie für mich gespart hatte, in die USA gezogen. Mein Vater hatte mir versprochen, mir jede Ausbildung, jedes College zu bezahlen, wenn ich mit dem Heiraten noch warte. Aber weil ich so stur war und unbedingt heiraten wollte, hat er beschlossen, das nicht zu tun. Mir war das vollkommen wurscht. Ich bewundere noch immer meine Mutter, dass sie nie etwas gesagt hat. Die ersten Jahre bekam ich die Kinderbeihilfe nachgeschickt, das war sowieso mein Geld.

Tom war, als ich ihn kennen lernte, von seiner achtmonatigen Neuseelandreise zurückgekommen, er hatte sein ganzes Hab und Gut verkauft gehabt und in einem Untermietzimmer gewohnt, in einem schrecklichen Stadtviertel von Minneapolis/Minnesota, wo Crack und Kokain überall verkauft wurden und wo fast alle schwarz und furchtbar arm waren. Tom hatte einen Schreibtisch und eine Matratze auf dem Boden, eine Box mit seinen Sachen, ein paar Stück Kleidung auf einer Stange. Ich besaß zwei Koffer und ein paar tausend Schilling. Als ich nach Minneapolis kam, habe ich nicht wirklich gewusst, was ich dort machen werde. Meine Eltern wollten, dass ich Medizin weiterstudiere. Tom hatte sein erstes Studium fertig gehabt, Biologie und Genetik, also den Bachelor gemacht, und hat als »laboratory technician« gearbeitet und acht Dollar pro Stunde verdient. Ein Bakkalaureat in einem naturwissenschaftlichen Fach bietet nicht allzu viele Möglichkeiten.

Sein Chef hat dann eine Professur in Pullman (Washington) bekommen und Tom gefragt, ob er interessiert wäre, mit ihm hinzuziehen. Tom hatte Minneapolis sowieso satt. Da war es im Winter sehr kalt und im Sommer sehr heiß. Er wollte jedenfalls nach Pullman und hat mich gefragt, was ich darüber denke. Ich habe gesagt, wenn ich schon in die USA gehe, dann ist es eigentlich vollkommen egal, wohin ich ziehe. Ich hatte sowieso keine Ahnung, wo es schön war. Wir sind also nach Pullman übersiedelt, mit zwei Autos. Wir haben den roten Sportwagen des Professors auch übersiedelt. Wir fuhren durch den »Yellowstone National Park« und kamen durch Idaho. Dort waren überall Bäume, das war schön. Ich war ein bisschen enttäuscht, als wir nach Washington kamen. Da waren keine Bäume mehr, nur ewig hügelige Felder, alles war grün und gelb.

Wir haben dort glücklich gehaust

Ich habe dann überlegt, was ich weiter machen könnte. Medizin konnte ich in Pullman nicht studieren, weil es dort keine »medical school« (Medizinische Fakultät) gab, ich hätte dazu nach Seattle ziehen müssen. Außerdem wollte ich es auch nicht mehr. In der Zwischenzeit habe ich mir von meiner Freundin Renate meine übersetzten Universitätszeugnisse nachschicken lassen, denn dazu hatte ich bei all dem Herumgerenne keine Zeit mehr gehabt. Das Maturazeugnis hatte ich selbst mitgenommen. Ich bin dann mit meinen Unterlagen in das Office der Uni gegangen und habe Pharmazie zu studieren begonnen. Dieses Fach hat interessant geklungen, man verdient gut, die Arbeit ist nicht so anstrengend wie die eines Arztes.

Die Entscheidung war also gefallen. Leider wurden mir viele Lehrveranstaltungen, die ich in Wien absolviert hatte, nicht angerechnet, nur ein Jahr Chemie, ein Semester Anatomie, ein Semester Mathematik und ein paar Kleinigkeiten. Ich habe in den USA trotzdem noch meine fünf Jahre machen müssen, ich konnte mir nicht einmal ein Semester ersparen. Das Einzige, was bei mir anders war, war, dass ich ein paar Kurse extra belegen konnte, die mich interessiert haben, weil ich nicht so einen dichten »schedule« (Stundenplan) hatte, z. B. »Horse Training«. Nach fünf Jahren war ich Pharmazeutin.

Damals, nach unserer Ankunft, haben wir uns entschlossen, nicht in Pullman selbst zu wohnen, dort gab es nur schreckliche Studentenwohnungen. In Colfax, etwa sieben Meilen von Pullman entfernt, haben wir eine Wohnung in einem alten Haus gefunden, die mit 300 Dollar pro Monat erschwinglich war. Wir haben dort glücklich gehaust, Reis und Bohnen gegessen, sind einmal pro Woche ins Kino gegangen, ins Studentenkino, das einen Dollar gekostet hat, und haben viele ausländische Filme gesehen. Wir sind auch gewandert und haben Tennis gespielt. Einen Sommer haben wir in Minneapolis gearbeitet, einen in Österreich verbracht. Den nächsten Sommer wollten wir wieder jobben, wir haben die Landkarte genommen und uns ausgesucht, wo wir nach dem Studium wohnen wollten. Die Gegend wollten wir uns nämlich einmal anschauen. Wir haben dann einen Sommerjob in Vancouver/Washington gefunden, in der Institution, in der wir jetzt noch arbeiten. Wir haben es uns mehr oder weniger auf der Landkarte ausgesucht. Aber es hat uns hier so gut gefallen, dass wir als »pharmacists« dann hierher gezogen sind. Ich hätte mir auch die Ostküste vorstellen können, ich wollte auf jeden Fall in eine Gegend ziehen, wo es viele Pferde gibt und wo es nicht zu heiß ist. Ich vertrage die Hitze nicht gut. Ich wollte auch nicht im »bible belt«, im mittleren Westen, wohnen, wo die Leute sehr konservativ sind. An die Ostküste wollte Tom nicht, weil dort die Lebenshaltungskosten zu hoch sind und zu viele Leute wohnen.

»Congratulations, you are pregnant!«

Dann sind aber die Kinder gekommen und wir haben die Übersiedlung etwas verschoben. Im dritten Jahr waren wir zu Weihnachten in

Österreich. Ich habe nie an Babys gedacht und Tom auch nicht, kurz vor der Fahrt nach Österreich habe ich gesagt, wenn wir dann ein Haus mit Grundbesitz, Pferde und Hunde haben, vielleicht wollen wir doch einmal Kinder, vielleicht zwei oder drei. Tom hat geantwortet, ich sei eine Träumerin. Dann waren wir beide in Österreich und eine Cousine von mir hatte ein Baby, das ich einmal gehalten habe, das war ganz nett. Die anderen waren begeistert: »Das schaut so lieb an dir aus, du wärst eine liebe Mutter!«

Auf der Rückfahrt – durch die Zeitverschiebung hat sich mein Zyklus etwas verschoben – waren wir unvorsichtig. Ich war so was von ahnungslos, dass ich erst zum Test gegangen bin, als ich, während ich irrsinnigen Stress mit Tanz- und Pferdekursen und Musikstunden hatte, plötzlich für alles zu müde war. Ich konnte meine normale Ration nicht hinunterbringen, jedes Essen habe ich nur angeschaut und gedacht: »Ups!« Ich wollte Tabletten gegen Magenbeschwerden, aber der Arzt hat mich sofort nach einer möglichen Schwangerschaft gefragt. Ich habe nein gesagt, musste aber einen Test machen. Während ich auf das Ergebnis wartete, habe ich meine Lernkartei durchgemacht. Dann kam der Arzt herein: »Congratulations, you are pregnant!«, und hat mir das Ergebnis in die Hand gedrückt. Sechs Wochen später wurde beim Ultraschall festgestellt, dass ich Zwillinge bekommen sollte. Dann habe ich meine Mutter angerufen. Sie meinte: »Du wolltest immer eineiige Zwillinge haben, weißt du nicht, du hast doch immer diese Hanni-und-Nanni-Bücher gelesen!« Daran konnte ich mich gar nicht erinnern. Wir mussten uns Gedanken über die Folgen machen. Wir konnten uns keine Kinder leisten. Ich dachte daran, mit dem Studium aufzuhören. Aber meine Mutter war dagegen und meinte: »Ich komme und helfe euch und ihr bleibt beide an der Universität!« Wir haben dann um alle möglichen Stipendien angesucht. Wir konnten relativ viel Geld von der Uni bekommen, weil wir beide noch Studenten waren. Und schließlich haben wir auch einen Studentenkredit (student loan) aufgenommen und von Toms Mutter Geld geborgt. So haben wir es geschafft.

Die Studiengebühren waren hoch, für Pharmazie bezahlte man in Pullman 2.000 Dollar pro Semester, jetzt sind es schon 4.000 bis

5.000. Unsere jungen Kollegen haben zwischen 60.000 und 100.000 Dollar Schulden, wenn sie zu arbeiten beginnen, sie zahlen dann im Monat 800 oder 900 Dollar für den eigenen Studentenkredit zurück. Auch wenn die Eltern lange für das Studium der Kinder gespart haben, dieses Studium ist so teuer, dass jeder, der es abschließt, eine Menge Schulden hat.

Das Studium dauert jetzt sechs Jahre, in den Sommerferien muss man »interships« (Praktika) und Ähnliches machen, man kann also nicht wirklich arbeiten. Früher wurde das Pharmazie-Studium noch stärker subventioniert, wir haben, weil wir beide kein Einkommen hatten und unabhängig waren, mehr oder weniger das Höchstausmaß an staatlichen Stipendien bekommen. Das ist jetzt viel weniger geworden. Wenn ich nicht verheiratet gewesen wäre und sie das Einkommen meiner Eltern gerechnet hätten, hätte ich das nie bekommen. Noch dazu haben wir beide, weil Tom für die Uni gearbeitet hat, obwohl er aus Minneapolis kam, ein »instate tuition« bekommen, die reduzierte Studiengebühr, auch ich als seine Frau. Alles in allem haben wir uns recht gut durchgebracht im Vergleich zu anderen Leuten. Wir mussten aber beide auch während des Semesters arbeiten.

In Österreich hatten die Studenten »nur Spaß«, verglichen mit uns. Wir waren von sieben bis 17 Uhr an der Uni, entweder in Vorlesungen oder wir haben gelernt oder gearbeitet. Wir sind morgens zusammen weggefahren, ich habe am Nachmittag im Chemielabor gearbeitet, Tom hat Pharmazie studiert und weiter bei seinem Professor gearbeitet. Das ging so, bis die Kinder kamen, dann haben wir angefangen einen Kredit aufzunehmen. Tom hat auch nicht mehr arbeiten können, er musste seine ganztägige Klinikarbeit machen. Meine Mutter war von der Geburt der Kinder bis Weihnachten da, dann kam Toms Mutter und danach wieder meine Mutter bis zu den Ferien. Das hat uns über das erste Jahr drüber gebracht. In diese Zeit fiel die Scheidung meiner Eltern. Der Aufenthalt bei uns hat meiner Mutter auch darüber hinweggeholfen. Ich bin froh, dass meine Kinder von Anfang an einen sehr guten Draht zu ihrer Oma hatten. Die intensive Beschäftigung ihrer Großmutter mit ihnen ist mir wichtig. Natürlich wäre es toll, wenn meine Eltern und Cousinen alle in der Nähe wären.

Immerhin haben wir ein recht gutes Verhältnis zu den Töchtern meiner Cousinen, nachdem ich sie alle hierher eingeladen hatte. Meine Verwandten können sich zumindest an mich erinnern. Meine Mutter genießt auch die Lebensweise hier, wenn sie im Winter hier ist. Im Sommer muss sie zuhause sein, weil sie einen großen Garten hat. Sie teilt es sich gut ein. Dieses Jahr kommt sie erst nach Weihnachten, denn das Fest verbringt sie bei meinem Bruder.

... die Kosten des Gesundheitssystems unter Kontrolle halten

Ich arbeite bei »Kaiser«, einer so genannten HMO, einer Health Maintenance Organization. Es ist eine große Versicherung, sie bezahlt nicht auswärtige Ärzte, sondern hat eigene Ärzte, Krankenhäuser und Apotheken. Dadurch hat sie große »buying power« (Marktmacht) für Medikamente, die Kontrolle, wie Geld ausgegeben wird, welche Tests notwendig sind, dass z. B. nicht die teuersten und neuesten Medikamente verwendet werden, sondern die, die »generic« sind und lange getestet wurden. Wir verschreiben z. B. keine ganz neuen Medikamente, um nach fünf Jahren festzustellen, dass die Patienten dadurch Herzprobleme bekommen haben. Es ist ein System, an das ich glaube, gibt ja bei uns keine echte Sozialmedizin, keine Pflichtversicherung. ein System, das viele Leute gut finden und das die Möglichkeit ie Kosten des Gesundheitssystems unter Kontrolle zu halten. K ird, dass dadurch die Ärzte bevormundet würden, keine Rech dass die Patienten kein Anrecht auf eine zweite Meinung ha dass sie zu keinem auswärtigen Spezialisten gehen könnten. A em ich in dem System drinnen bin, sehe ich, dass die Patienten ichkeiten haben. Sie müssen zuerst zu einem Spezialisten ge erhalb von »Kaiser« arbeitet, aber wenn dieser sagt, ich w cheid, dann kann er zu einem auswärtigen Spezialisten muss sich nur als Arzt, als Patient und als Angestellter an geln gewöhnen. Ich habe das Gefühl, dass unsere Patienten gene ein viel besseres »health care« haben als der Durchschnittsamerikaner, weil wir sehr darauf bedacht sind, dass wir die Menschen gesund halten. Unsere Diabetes-Patienten bekommen von vornherein die besten Medikamente. Wir – besonders ich als Pharmazeutin – achten darauf, dass jemand, der sein Medikament abholt, alle Laborwerte hat. Wenn etwas fehlt, schicke ich ihn ins Labor, bestelle die Untersuchung und kontrolliere, dass er alle Daten hat. Das ist meine Arbeit in der Klinik, einer Tagesklinik, wo die Leute hingehen und ihre Ärzte sehen. Und die andere Hälfte meiner Arbeit verbringe ich im Krankenhaus, darüber bin ich froh. Die Patienten haben Beschwerden, kommen in die Klinik, werden untersucht, kriegen das Medikament verschrieben und holen es sich selbst gleich in der Apotheke im Haus ab. Im selben Gebäude ist ein Augenarzt, ein Optikerzentrum, man kann eine physikalische Therapie hier in Anspruch nehmen, Geburtenvorsorge und Schwangerschaftsgymnastik, auch ein »Mental Health Provider« ist in unserem Zentrum untergebracht. Bei jedem Medikament, das ist hier Gesetz, muss sich der Patient von einem Pharmazeuten über die Nebenwirkungen beraten lassen und darüber, wie er es einnehmen und aufbewahren muss. Jedes Medikament hat sein »label«, darauf steht, für wen es ist, wie oft es eingenommen werden muss usw. Die Pharmazeuten kontrollieren, ob das Medikament passt, ob es richtig dosiert ist, ob irgendetwas Besonderes zu beachten ist. Sie besprechen das dann mit dem Patienten. Ich arbeite im Southwest Medical Center, dem größten Krankenhaus in Vancouver/WA. Dort bin ich dafür verantwortlich, dass die Patienten, die aus dem Krankenhaus entlassen werden, die richtigen Medikamente haben und dass sie es verstehen, wenn bei der Dosierung etwas verändert worden ist. Es ist so oft passiert, dass jemand wegen Herzbeschwerden ins Krankenhaus eingeliefert wird und dass all seine Medikamente umgestellt oder verändert worden sind. Kommt er nach Hause, ist er mit der Liste an Medikamenten überfordert oder schaut sie gar nicht richtig an und nimmt alles so wie vorher. Dann kommt er in zwei Wochen wieder! Das verursacht irrsinnige Kosten. Jeder Tag im Krankenhaus kostet ein paar tausend Dollar, jetzt ist ein Pharmazeut da, der die zu entlassenden Patienten betreut. Er führt Gespräche mit ihnen und kontrolliert, dass alle Labels neu und richtig sind.

Ich glaube nicht, dass meine Töchter etwas verpasst haben

Zu Hause vergesse ich meine Arbeit komplett, dann bin ich ganz der glückliche Natur- und Pferdemensch. Alle zwei Wochen kommt mein

Lohn, es ist ziemlich viel Geld. Das war das perfekte Studium, ich arbeite 20 Stunden und kann mich auch ausreichend meiner Familie und meinem Hobby, den Pferden, widmen. Das ist eine tolle Mischung. Ich glaube, dass ich die Arbeit niemals aufgeben möchte oder sie hätte aufgeben sollen. Manchmal macht meine Mutter so Bemerkungen wie: »Ich habe schon mehr Zeit für euch gehabt!« Aber damals war vieles einfach ganz anders, wir waren zum Mittagessen zuhause, auch am Nachmittag. Meine Mutter hat nicht gearbeitet, weil mein Vater es so wollte. Hausfrau und Mutter war einfach ihr Hauptjob. Dann hat sie mein Vater verlassen und sie musste um jeden Groschen kämpfen. Nach der Scheidung hat sie gerade noch das Haus bekommen und nur einen kleinen monatlichen Betrag. Ich will, dass meine Kinder, vor allem weil es Mädchen sind, sehen, dass man Beruf und Familie verbinden kann. Wichtig ist, dass man Kinder hat, die auch selbstverantwortlich sind, die wissen, dass die Eltern für sie da sind, sie aber nicht nach Strich und Faden verwöhnen. Ich glaube nicht, dass meine Töchter jemals etwas verpasst haben, weil ich gearbeitet habe. Wenn ich Vollzeit angestellt wäre, sie zu einer Tagesmutter müssten und ich am Abend nur mal eine Stunde Zeit hätte für sie, wäre das schrecklich. Das würde ich nie wollen, das wäre für mich ein Horror. Aber ganz zu Hause bleiben wollte ich nach dem Studium auch nicht, denn es wäre furchtbar schwer sich nach einer längeren Pause wieder einzuarbeiten. Es ist eine sehr verantwortungsvolle Aufgabe, wenn ich einen Fehler mache, kann ich leicht einen Menschen umbringen. Das passiert leider auch. Oft wird der Mensch gerettet, es stirbt selten jemand. Durch Fehler der Ärzte, die die Pharmazeuten nicht entdecken – wenn einem Neugeborenen eine falsche Dosis verordnet wird – können Menschen zu Schaden kommen. Es ist wichtig, dass man gut eingearbeitet ist, dass man vieles automatisiert hat. Wenn das nicht der Fall ist, ist der Job stressig. Ich jedenfalls kann nachher komplett abschalten. Am Anfang schlafen die neuen Pharmazeuten, die wir bekommen, manchmal die ganze Nacht nicht, weil sie sich Sorgen machen, dass sie irgendetwas übersehen haben. Als Tom und ich angefangen haben, haben wir fast jeden Abend über alle unsere Patienten gesprochen. Da hieß es: »Was hättest du gemacht?« Das kommt jetzt schon höchst selten vor, vieles ist Routine geworden, hin und wieder besprechen wir noch einen besonderen Fall. Speziell wenn wir das Gefühl haben, dass wir wirklich jemandem geholfen haben, reden wir darüber. Es ist aber nicht mehr so, dass wir denken: »Habe ich das wirklich noch einmal gecheckt oder nicht? Hab ich etwas übersehen? Was war das Rezept? Waren es wirklich 100 mg oder 50?« Die jungen Kollegen, die bei uns anfangen, sind dauernd so gestresst, denn man kann sich auf das, was der Arzt verschreibt, nicht immer hundertprozentig verlassen.

Bei uns gibt es 50 Angestellte in der Apotheke, 10 Pharmazeuten, 40 Techniker und drei Bosse. Tom arbeitet in einer kleineren Klinik, wo es nicht so hektisch zugeht. Er ist ein Super-Pharmazeut, er weiß viel, merkt sich viel, ist sehr detailorientiert, kann gut mit Menschen umgehen, ist ein lustiger, freundlicher Typ und alle haben Respekt vor ihm. Er hat kein Interesse ins Management zu gehen. Einige Zeit haben seine Vorgesetzten ihn dazu zwingen wollen, aber er war sehr unglücklich darüber. Er ist deshalb in den medizinischen Bereich gegangen, weil ihn der interessiert, und er mag nicht derjenige sein, der »paper work« macht und Leute »hires and fires«. Jetzt ist er wieder glücklich mit seinem Job und ich glaube, das könnte er ewig machen.

Dieses Verklagungssystem gibt es in Österreich nicht

»Kaiser« ist die einzige große HMO in unserer Gegend. Wenn man z. B. bei Hewlett Packard zu arbeiten anfängt, bietet einem das Unternehmen bestimmte Arten von Krankenversicherungen an, entweder eine »Pay for Service«-Versicherung, wo man sich die Ärzte aussuchen kann und die etwa 500 Dollar pro Monat für eine Familie kostet. Bei »Kaiser« zahlt man 300 Dollar pro Monat, da ist man in einer HMO versichert und muss bestimmte Ärzte nehmen. Die Arbeitnehmer können sich ihre Versicherung aussuchen. Die meisten Firmen bieten eine HMO an, weil sie billiger ist, und ich würde sagen, dass 80 % der Patienten, die bei »Kaiser« versichert sind, glücklich und zufrieden sind und wissen, dass sie sich viel Geld ersparen und sich trotzdem einen Arzt innerhalb einer Gruppe von 30 aussuchen können. Wenn einem wirklich jemand unsympathisch ist, dann gibt es noch 29 andere. Wenn unter diesen Umständen jemand keinen Arzt findet, dann ist das sein Problem und nicht das Problem, dass unsere Ärzte alle unfähig sind. Es arbeiten sehr viele gute Leute bei »Kaiser«. Ein Komitee aus Ärzten und Pharmazeuten sucht die Medikamente aus und aus dieser Gruppe muss dann eines ausgewählt werden, wenn es billiger, genauso wirkungsvoll und sicher ist, umso besser. Kommt ein neuer Patient, wird er gefragt, ob er auf das billigere Medikament umsteigt. Wenn es dabei Probleme gibt, dann wird auch eine Ausnahme gemacht, aber es wird nicht von vornherein das teurere Medikament verschrieben.

Es gibt noch einen Grund, warum ich dieses System gut finde. In den USA ist es ja legal, dass man im Fernsehen Werbung für Medikamente macht, die auf Rezept erhältlich sind. Natürlich wirbt man für die teuersten Medikamente, die Markennamen haben, denn da können die Hersteller das meiste herausholen. Dann kommt der Patient zu uns und will dieses Medikament haben, weil es in der Werbung geheißen hat, es sei am besten für seine Krankheit. Darauf sagen wir: »Das Medikament ist neu, es könnten Probleme auftreten!« Wir schlagen ein erprobtes Medikament vor, das billiger und auch effektiv ist, und bieten an: »Wenn es nicht wirksam ist, geben wir Ihnen vielleicht dann das neue Medikament!« Die meisten Leute sind diesen Argumenten gegenüber zugänglich, natürlich haben wir auch solche, die sich über alles aufregen, aber mit diesen muss man auch umgehen, das ist in jedem System das Gleiche. Es gibt bei uns viele Kontrollmechanismen, »check points«, aber Fehler können nicht immer verhindert werden. Es kommt vor, dass ein Arzt oder ein Pharmazeut einen Fehler macht. Der Vorteil einer HMO ist, dass wir für solche Fälle versichert sind und nicht direkt verklagt werden können.

In Österreich gibt es dieses arge Verklagungssystem nicht, die Anwälte sind nicht so aggressiv. Hier suchen die Anwälte nach Patienten, die sich falsch behandelt fühlen. Sie verlangen nur dann ein Honorar, wenn sie Erfolg haben, sie werben auch auf riesigen Plakaten. Meiner Meinung nach richten sie aber oft mehr Schaden an, als sie nutzen.

Für mich ist ein Traum wahr geworden

Ich fühle mich hier in unserem neuen Haus sehr wohl, seit eineinhalb Jahren ist für mich ein Traum wahr geworden. Ich kann vieles verbinden: Beruf, Familie, Natur, Pferde, Sicherheit, kein extremes Wetter, die Landschaft ist ansprechend. Ich glaube, es wäre in Österreich auf keinen Fall wahr geworden, dass ich so leben kann, wie ich hier lebe. Die meisten Leute, die ich in Österreich kenne, haben in meinem Alter noch kein Haus, höchstens wenn sie von den Eltern gesponsert worden sind. Das Studium kostet in Österreich fast nichts, trotzdem sind die jungen Leute lange von den Eltern abhängig. Hier ist es so, dass manche Eltern das Studium ihrer Kinder bezahlen, aber die meisten Jungen sind mit 18 finanziell unabhängig, bekommen keine Unterstützung mehr. Sie müssen sich selbst durchschlagen. In Österreich sind viele Gleichaltrige noch nicht verheiratet und haben auch keine Kinder.

Unsere Kinder fahren alle zwei Jahre nach Österreich, sie können auch ein bisschen Deutsch. Ich spreche allerdings nicht konsequent Deutsch mit ihnen. Denn sobald jemand anderer dabei ist, rede ich Englisch, weil das sonst unhöflich wäre. Sie sind fast die Jüngsten unter all meinen Nichten und Neffen. Sie essen gerne österreichisch, sie verweigern Mc Donald's und Ähnliches und bevorzugen gekochtes Essen.

Nicht patriotisch zu sein ist eine Todsünde

Ich habe noch immer die österreichische Staatsbürgerschaft. Es war nicht nötig die US-Staatsbürgerschaft anzunehmen, bis jetzt jedenfalls. Ich habe auch nie geglaubt, dass es einmal nötig sein könnte. Aber jetzt mit dem »Patriot Act« und mit diesen rechtsradikalen Idioten, die das ganze Land »total versauen«, ist es vielleicht anders. Theoretisch könnte man mir, weil ich keine Amerikanerin bin, meine »social security« kürzen, für die ich so lange bezahlt habe. Da meint beispielsweise irgendwann einmal jemand: »Als Nicht-Staatsbürgerin kriegst du nicht das volle Geld!« Man kann sich heute vieles zwar nicht vorstellen, aber solche Dinge beginnen unauffällig im Kleinen. Ein Zug zum Autoritären ist jedenfalls bemerkbar.

Ich beobachte jetzt, nach 9/11, eine Manipulation der amerikanischen Bevölkerung. Man wird belogen, unwissend und ahnungslos gehalten. Das ist eine der Sachen, die mich »fertig machen«, so vollkommen unbeteiligt und unkritisch, wie die Leute sind. Unter Kollegen ist

Politik fast nie ein Thema, außer ich bringe es mal aufs Tapet, und auch dann wird es nur ganz oberflächlich abgehandelt, wobei man merkt, sie haben keinen Schimmer, sie lesen keine Zeitung, sie hören vielleicht einmal irgendwelche Nachrichten, die keine wirklichen Nachrichten sind.

Man muss Zeitung lesen um sich gut zu informieren. Es gibt nur eine Rundfunkstation, das »public radio«, wo es den ganzen Tag Informationen, Berichte, Kommentare, Dokumentationen gibt, und einen eher liberalen Fernsehsender, »public television«. Dort wird objektiv berichtet, man geht ins Detail und erforscht Hintergründe.

Die Leute denken, dass man nichts mehr gegen das System sagen dürfe, sobald man es täte, wäre man nicht mehr patriotisch. Und nicht patriotisch zu sein ist eine Todsünde. Das ist ziemlich verfahren. Seit dem 11. September 2001 ist diese Art von »Patriotismus« total übergeschwappt. Die Panik, die entstanden ist, hat wirklich alle mitgerissen. An dem Tag habe ich die Kinder in die Schule geschickt und gerade die Küche aufgeräumt. Da hat Tom angerufen und mir mitgeteilt, dass ein Flugzeug in das World Trade Center geflogen ist. Ich habe den Fernsehapparat aufgedreht und habe das zweite Flugzeug gesehen, habe gesehen, wie die Türme zusammengefallen sind. Ich dachte sofort: »Wer geht auf uns los? Wer hat einen Krieg angefangen? Sind es die Chinesen?« Das ist mir noch sehr präsent. Ich habe mich gefragt, was als nächstes kommt, wer unsere Feinde sind. Warum? Wo ist der Präsident? Der Vizepräsident? Und es war auch so, als der Krieg mit Afghanistan angefangen hat; da war es für mich logisch, dass wir uns verteidigen, retten müssen. Jede Minute hätte eine Bombe hochgehen und uns alle mit Anthrax (Milzbrand) verseuchen können. Das haben auch die intelligentesten Leute geglaubt. Jeder hat es für möglich gehalten, dass als nächstes die biologische Bombe fällt. Auch die Europäer, nicht nur die Amerikaner haben sich unter Attacke gefühlt.

Ich hätte trotzdem nie im Leben eine Flagge auf mein Haus getan.

Vancouver/WA, im Oktober 2003

Ob ich mich jemals von Hollabrunn hätte losreißen können …[22)]

LISELOTTE TAYLOR (Rehor), 73, verheiratet, drei Kinder, im Ruhestand, lehrte zuletzt an der Arizona State University, Mesa/Arizona, USA

Als gebürtige Hollabrunnerin (Jahrgang 1930) verbrachte ich alle 12 Jahre meiner ersten schulischen Ausbildung in Hollabrunner Lehranstalten. Meine Eltern wohnten ursprünglich in Magersdorf, später in der so genannten »Professorenvilla« am Kirchenplatz, wo mein Vater während der Zeit der großen Arbeitslosigkeit zu Beginn der 30er Jahre als eine Art Faktotum fungierte, weil sein eigener Beruf als Schneider viel zu wenig ertragreich war. Ab 1938 waren wir in der Amtsgasse 9 daheim. Daher hatte ich weniger als fünf Minuten zu gehen, um in die Volksschule am einen Ende der Amtsgasse und ins Gymnasium am anderen Ende zu gelangen. Es war eine ideale Situation für einen Langschläfer, in jenen Jahren hatte man zufolge des Krieges keine Privatautos, die weiter weg wohnenden Schülern den Schulweg verkürzt hätten. Die einzigen Transportmittel, die uns zur Verfügung standen, wenn wir nicht den Bus oder Zug brauchen konnten, waren Fahrräder und Schusters Rappen. Wenn man bedenkt, wie wenig Autoverkehr es damals gab (»Alle hundert Jahre einmal fährt ein Auto durch die Wienerstraße«, meinte eine meiner Tanten), wie ungefährlich die Straßenüberquerungen waren, wie wenig Angst man haben musste, dass einem allein gehenden Kind etwas Böses zustoßen würde, wie klar und rein die Luft war, so konnte man für einen längeren Schulweg sogar dankbar sein. Ich habe schon öfter gedacht, dass die Schuldisziplin hier in Amerika leichter hergestellt werden könnte, wenn die Kinder zur Schule gehen müssten. Aber weil Distanzen und Tempe-

---

22) Der folgende Text ist ein Auszug aus einem von Liselotte Taylor selbst verfassten Bericht.

raturen hierzulande meistens extrem sind und Kidnapping eine Gefahr bildet, kommen fast alle Kinder in einem Auto zur Schule.

Ihr verdanke ich viel

In der Mädchenschule war unsere Lehrerin von der ersten bis zur vierten Volksschulklasse Frau Käthe Rumpoldt, mit der ich auch noch in Kontakt stand, als ich bereits in Amerika lebte. Sie war eine ausgezeichnete Lehrkraft und ich verdanke es ihrem Grammatikdrill, dass ich meinen Weg durch das Labyrinth der klassischen Sprachen, denen wir im Gymnasium erbarmungslos ausgeliefert waren, nie verlor. Da sie ihren Verlobten im Ersten Weltkrieg verloren hatte und unverheiratet geblieben war, konnte sie zu unserem großen Vorteil ihren Lehrberuf ausüben, denn verheiratete Frauen wurden dazu nicht zugelassen. Man mag über den Wert dieser Vorschrift verschiedener Meinung sein. Nach meiner weitläufigen Erfahrung waren jedoch immer jene Frauen die besten Lehrkräfte, die nicht von einer zusätzlichen Sorge für ihre eigene Familie belastet waren. Wenn man wirklich etwas leisten will, braucht sowohl der Lehr- wie der Mutterberuf den Einsatz aller Energien.

Während meiner Volksschuljahre ereignete sich der Umsturz der Schuschnigg-Regierung (März 1938), an deren Stelle das Nazi-Regime trat. Im Schulbetrieb wurde der Religionsunterricht vorläufig noch fortgesetzt, den die Nazis sehr bald abschafften. Der Religionslehrer Kaplan Hörmann war ein geduldiger, freundlicher Mensch. Nach der Nazi-Machtergreifung änderte sich unser Benehmen ihm gegenüber von einem Tag auf den anderen, als ob wir instinktiv von der religionsfeindlichen Einstellung der Nazis ergriffen worden wären. Eine Art Herdenhysterie erfasste uns alle, die viele von uns dazu trieb sich vor den Mitschülerinnen durch freches oder anderswie störendes Benehmen aufzuspielen. Da ich auch dabei mittat, gab mir Herr Kaplan Hörmann eines Tages eine schriftliche Strafe. Als mein Vater mich um den Grund dieser »Fleißaufgabe« fragte, erzählte ich stolz den Zusammenhang und erwartete eine Anerkennung, weil ich es gewagt hatte mich rüpelhaft zu benehmen. Zu meiner Enttäuschung machte mir mein Vater unmissverständlich klar, dass ich mich beim Religionslehrer ganz genauso ordentlich zu benehmen hätte wie bei jeder anderen Lehrkraft und dass er mit mir gehörig ins Zeug gehen würde, falls ich seiner Anordnung nicht folgen würde. Ende des Rüpeldaseins – Beginn des musterhaften Benehmens!

Frau Lehrerin Rumpoldt unterrichtete mit Geschick alle Fächer und begann etwas, das leider von niemandem nach ihr fortgesetzt wurde: heimatkundliche Ausflüge, zum Beispiel zum Jahnhügel, von dem aus sie uns einiges aus dem Panorama Hollabrunns erzählte. Oder sie führte uns rund um die Kirche, wo noch alte Grabsteine mit halbverwitterten Eingravierungen zu sehen sind, die daran erinnern, dass der Ortsfriedhof einst um die Kirche angelegt war, bis er in den Koliskopark auswich, um dann später an die heutige Stelle zu kommen. Auch von der Kirchengruft erzählte sie uns, wo die Herren von Gilleis, denen Hollabrunn u. a. das Marktwappen verdankt, eine letzte Ruhestätte gefunden haben.

Eine Spätentdeckung meinerseits

Ich bedaure es noch immer, dass auf dieser Grundlage nach der Volksschulzeit nichts weiter aufgebaut wurde. Die einzigen Schulausflüge während meiner Gymnasialzeit, an die ich mich noch erinnere, gingen in den Kirchenwald, wo wir zur Maikäfersammlung eingesetzt wurden, um der Verbreitung dieses Übels Einhalt zu gebieten. Dieses Unternehmen war zwar mit viel Spaß verbunden, aber zur Heimatkunde trug es wenig bei, außer dass mir der Kirchenwald immer besser gefiel und der bevorzugte Ort für vielerlei Rendezvous wurde.

Das wirkliche Bekanntwerden mit Hollabrunn und Umgebung blieb in späteren Jahren einem jeden von uns selbst überlassen. Und junge Menschen, die mit der Schule und mit den normalen Spannungen der Entwicklungsjahre belastet sind, nehmen sich dazu kaum Zeit. Auf diese Art ging es nie über ausgedehnte Streifzüge durch den Wald hinaus, wozu noch Einkäufe in Raschala, Magersdorf und Aspersdorf kamen – alle auf Schusters Rappen. Erst nach über zwanzig Jahren bei meiner Rückkehr nach Österreich entdeckte ich neben der Straße nach Schöngrabern ein Denkmal in drei Sprachen zur Erinnerung an eine Schlacht Napoleons gegen Österreich und Russland. Die Verbindung Napoleons mit Hollabrunn entdeckte ich schon vor vielen Jahren bei einem Aufenthalt in Paris, wo der Name »Hollabrunn« auf dem Arc de Triomphe eingraviert ist. Auch der »Heldenberg« war eine Spätentdeckung meinerseits anlässlich einer Radtour im Sommer 1981, ebenso der traurig vernachlässigte Judenfriedhof südlich von Hollabrunn. Manches Mal frage ich mich insgeheim, ob ich mich jemals von Hollabrunn hätte losreißen können, wenn ich viel früher mehr von seinen bescheidenen, jedoch ansprechenden Eigenheiten entdeckt hätte, zusammen mit all den interessanten Dingen in seiner näheren Umgebung.

Offensichtlich hätte ich Frau Lehrerin Rumpoldt viel länger gebraucht als nur vier kurze Jahre, die allein schon so fruchtbar waren, dass ich auch heute noch mit Dankbarkeit daran denke. Gegen Ende der Volksschulzeit musste eine Entscheidung über unseren weiteren Bildungsweg getroffen werden. Ich erinnere mich an die Mühe, die sich Frau Rumpoldt mit uns nahm, um uns auf das Gymnasium vorzubereiten. Unsere Gruppe hoffnungsvoller Kandidatinnen verbrachte während des Sommers 1941 viele Stunden in Frau Rumpoldts Wohnung in der Reucklstraße, wo sie uns mit Rechenproblemen, Aufsatzübungen und Nacherzählungen gehörig in Schwung hielt – alles ohne Entgelt. Ihr verdanken wir es, dass wir die Aufnahmsprüfung ins Gymnasium mit fliegenden Fahnen bestanden. Der liebe Gott muss einen besonderen Ehrenplatz im Himmel bereithalten für Lehrer, die mit so viel Hingabe und Pflichtgefühl ihren Schülern gedient haben.

Die eigentlichen Götter waren die Professoren

Nun begann also im September 1941 für uns die erste Klasse im Gymnasium am Kirchenplatz. Das Gebäude trug zu jener Zeit nicht mehr seine ursprüngliche volle Bezeichnung: »DOLLFUSS-GYMNASIUM«. Der Name »DOLLFUSS« war nämlich entfernt worden (politically no longer correct) und hinterließ bloß eine weißgetünchte Leere, neben der die zweite Namenshälfte etwas unbalanciert die ganze Verantwortung für den Titel des zweistöckigen, quadratisch angelegten Baues tragen musste. Wir waren jedoch zu jung und unverständig uns darüber irgendein Kopfzerbrechen zu machen und wurden in diesem Ignoramus-Zustand bezüglich der nahen politischen Vergangenheit unseres Heimatlandes wohlbehalten durch alle acht Jahre unserer Ausbildung hindurchgeschleust.

Als die jüngste Garnitur im Gymnasium waren wir zu Beginn des Schuljahres vollkommen von der traditionsreichen Atmosphäre des altehrwürdigen Musentempels zutiefst beeindruckt und betraten ihn dementsprechend sehr scheu und wohlgesittet. Sobald wir an Alter und natürlich auch an Weisheit zunahmen, gaben wir dem Gebäude mit all seinem Drum und Dran einen passenderen Namen und nannten das Gymnasium schlicht und einfach nur noch »die Bude«. Was uns jedoch in jenen frühen Tagen am meisten Bewunderung und Respekt einflößte, waren die Schüler der Oberstufe, die uns offensichtlich bereits Lichtjahre voraus waren in allem, das uns erstrebenswert schien. Sie waren physisch imposanter als wir kleinen Stöpsel und diese natürliche und mühelos errungene Überlegenheit übertrugen wir auch – berechtigt oder nicht – auf andere, nicht physische Eigenschaften. Vor allem benahmen sich diese wie die Herren und Damen im Haus und wir blickten zu ihnen auf, als ob sie Halbgötter wären, unvergleichlich salopper, gescheiter, erfahrener und selbstsicherer, als wir es waren, die wir uns am untersten Rang der Leiter fanden. Besonders imponierend war die Haltung dieser erlauchten Geschöpfe uns gegenüber: Sie übersahen uns vollkommen, als ob wir gar nicht existierten. Was wir uns um jene Zeit noch gar nicht vorstellen konnten, war die einfache Tatsache, dass unser Benehmen den jüngsten Gymnasialsprossen gegenüber dereinst genau dasselbe sein würde, sobald wir die Höhen des gymnasialen Olympus erklommen haben würden.

Die eigentlichen Götter, zu denen wir vorläufig aus lauter Bangen kaum aufzublicken wagten, waren natürlich die Herren Professoren. (Herren waren während meiner ganzen Gymnasialzeit bei weitem in der Mehrzahl, was den Vorteil hatte, dass mein Gefühlsüberschwang einem tüchtigen Eindruck von Sachlichkeit ausgesetzt war, der immer noch gesunde Nachwirkungen hat.) Diesen exaltierten Nimbus büßten sie jedoch innerhalb kurzer Zeit ein, nachdem wir uns in die heiligen Hallen eingelebt hatten und aufgetaut waren. Dazu kam die unbestechliche Beobachtungsgabe von Kindern, mit der wir die Sonnen- und Schattenseiten der verschiedenen Professorenpersönlichkeiten erbarmungslos ausfindig machten und zu kritisieren begannen.

Meine Erinnerung an jene gymnasiale Frühzeit enthält nur mehr wenige spezifische Details. Unser Englischprofessor in der ersten Klasse war Herr Dr. Drechsel, ein älterer Mann mit grauem Haar, das er streng gescheitelt und wie an sein Haupt angebügelt trug. Auch seine tadellose Kleidung war immer in Grau und passte in ihrer einfachen Eleganz zu seinem vornehmen Gehabe. Kurz gesagt, er war der Inbegriff eines Gentleman. Nun geschah es einmal in seiner Stunde, dass er seinen Redefluss lange genug unterbrach, um einer drohenden Stille Gelegenheit zu geben sich im ganzen Klassenzimmer bemerkbar zu machen. Meine Aufmerksamkeit war jedoch auf ein Löschblatt gerichtet, das ich eifrig mit meiner Füllfeder betupfte. Als ich aufsah, traf mich zuerst sein tadelnder Blick und danach noch vernichtender sein kühles Urteil: »Da kann ich die ganze Zeit etwas erklären, aber die Rehor, die ja schon alles weiß, braucht nicht aufzupassen.« Meine Gesichtsfarbe wechselte innerhalb von Sekunden von Schreckens-Weiß zu Schamvoll-Rot und ich widmete mich seit jenem Ereignis nie wieder der Löschblattkritzelei.

Was hätte Herr Professor Drechsel wohl von mir gehalten, wenn er hätte voraussehen können, dass die Rehor eines Tages – wenn schon nicht »alles«, so doch eine ganze Menge – in Englisch wissen und das Fach sogar im selben Gymnasium unterrichten würde, wobei ihre Schüler anfangs gar nicht wussten, dass Mrs. Taylor, die absolut alles auf Englisch ausdrückte, keine waschechte Amerikanerin war. Dass Professor Drechsel ein wichtiges Mitglied der Nazi-Partei war, kam uns erst bei seinem Begräbnis zu Bewusstsein, als etliche prominente Hollabrunner Parteigenossen – manche sogar in SA-Uniform – seinem Sarg das letzte Geleit gaben. Er hatte einen Anfall von Angina pectoris erlitten und war buchstäblich über Nacht gestorben. Auf diese Art verloren wir ihn nicht nur total unverhofft, sondern leider auch zu früh, denn er war im Grunde genommen ein guter Lehrer.

Sein einziges Kind, eine Tochter namens Berti, heiratete kurz nach Ende des Zweiten Weltkrieges einen Amerikaner. Ihre Englischkenntnisse waren so gut, dass sie sich eine Anstellung als Dolmetscherin bei der amerikanischen Besatzungsbehörde erwarb, »and the rest is history«.

In die Kategorie begabter Lehrkräfte gehörte auch Professor Stieglitz. Wir hatten ihn in der zweiten Klasse in Deutsch. Während Professor Drechsel immer mit der würdevollen Zurückhaltung eines Gentleman agierte, ging Professor Stieglitz mit Leib und Seele ans Werk. Ausgestattet mit einem Schild (Schultasche) in der einen und einem Schwert (Lineal) in der anderen Hand führte er uns mit gewandten Körperbewegungen einen germanischen Helden im Schlachtengetümmel vor. Natürlich waren wir vollkommen bei der Sache und die Stunden bei Professor Stieglitz vergingen wie im Flug. Er führte uns auch mit Begeisterung in den deutschen Gedichtschatz ein und bestand darauf, dass wir Gedichte nicht rhythmisch gehackt herunterleierten, sondern sinnreiche Betonungen und Pausen einfügten.

Ob auch heute noch in der Schule Gedichte auswendig gelernt werden? Ich weiß nur, dass die Jugendlichen hier in den USA es nicht mehr tun müssen.

Bis zum Ende unserer Gymnasialzeit hatten wir keinen anderen Deutschlehrer mehr, der sich mit ihm hätte messen können, obwohl Professor Porstner auch ein ausgezeichneter Lehrer war. Aber wir hatten leider nie das Glück ihn in Deutsch zu erhalten. Er war uns nur in Latein vergönnt, und auch das nur auf ein Jahr.

Pflichttour im Erntedienst

Während der großen Ferien im Sommer 1943 musste jeder von uns eine Pflichttour im Erntedienst leisten. Wenn die Ernte durch Hilfeleistungen wie die meine hätte gesichert werden müssen, so wäre eine Hungersnot im Land ausgebrochen. Ich verbrachte meinen Dienst in Oberfellabrunn, wo die Eltern meiner Schulfreundin Elfriede Hainzl gut genug waren mir meine vorgeschriebenen Dienststunden zu bestätigen. Elfi und ich mögen ja schon etliche Strohbündel zusammengerafft und zum wartenden Wagen expediert haben, aber darüber hinaus vollbrachten wir nichts Weltbewegendes, weil wir uns die meiste Zeit mit Plaudern und Lachen vertrieben. Dass zwei dreizehnjährigen Mädchen jemals der Gesprächsstoff ausginge, ist ja noch nie zugetroffen.

Im Gymnasium gab es in allen Klassen viel mehr Jungen als Mädchen. Da im Schuljahr 1943/44 plötzlich eine größere Zahl von Schülerinnen und Schülern aus dem unter Luftangriffen leidenden Wien untergebracht werden musste, wurden wir von unserem vertrauten »Herrenkontingent« getrennt und in eine fast reine Mädchenklasse verbannt. Wir versuchten jedoch die alten (vorläufig immer noch harmlosen) Beziehungen nicht abreißen zu lassen und nach Möglichkeit auch neue herzustellen. Dementsprechende Bemühungen spielten sich hauptsächlich während der Pausen ab, wenn sich immer wieder einige auf den Gang hinauswagten, was während der Kurzpausen verboten war, und mit spöttischen Zurufen von einem Ende des Ganges zum anderen das Feuer der gegenseitigen »Attraktion« zu schüren versuchten – mit mehr oder weniger großem Erfolg, denn die Interessenrichtungen der beiden Geschlechter laufen um diese Zeit noch nicht ganz parallel. Manches Mal wurden sogar schriftliche Mitteilungen ausgetauscht, die auf wenig romantische Zettel gekritzelt waren. Aber das war schon viel gewagter! Zum Pas de deux plus Händehalten kam es vorläufig noch nicht, da die allermeisten von uns von einer Naivität waren, von der sich Dreizehnjährige der heutigen Zeit keine Vorstellung machen können.

Ein Beispiel für die damalige Mentalität sei angeführt, es ereignete sich, als wir bereits im Obergymnasium waren. Einer unserer Klassenkameraden hatte bei einem Spaziergang durch die Stadt die Hand seiner Begleiterin gehalten und war dabei von einem Professor erspäht worden, der es für seine moralische Verpflichtung hielt, unserem Schulkameraden am nächsten Tag in der Klasse eine sanfte Ermahnung zu geben, solch frivoles Tun zu unterlassen, um durch eine passende Distanz seinen männlichen Respekt für das edle Geschöpf zu bekunden. Händehalten – in aller Öffentlichkeit! Wie konnte man sich nur eine solche Verwegenheit einfallen lassen! Die Ermahnung enthielt die unausgesprochene Hoffnung sogar das Spazierengehen »with a member of the opposite sex« nicht zu unternehmen. Wir haben natürlich das Spazierengehen nicht unterlassen und später sogar einige Aktivitäten hinzugefügt, die über das Händehalten hinausgingen.

Hollabrunn war von keinerlei strategischer Bedeutung

Wir waren uns zwar der Kriegsereignisse schon bewusst, denn wir hörten tägliche Frontberichte im Radio – Sonderberichte über militärische Erfolge, die immer mit mächtigen Lauteffekten eingeleitet wurden, und dann immer öfter Berichte vom strategischen »Sich-Absetzen«, was auf gut Deutsch hieß, unsere Heere wurden entlang aller Fronten geschlagen. Aber solange wir Jugendlichen ein gesichertes Dasein weit entfernt von den Zentren des Kriegsgeschehens hatten und die schulischen Ereignisse uns in Spannung hielten, verblieb der Krieg außerhalb unserer eigentlichen Interessen. Hollabrunn war zum Glück von keinerlei strategischer oder irgendwie anderer Bedeutung für die Kriegsführung.

Es bekam auch nie etwas mit von den schweren Luftangriffen, denen Wien ausgesetzt war. Die einzige Bombe, die während des ganzen Krieges auf Hollabrunn fiel, war einem Irrtum des Piloten zuzuschreiben, weil jemand nicht gewissenhaft genug den vorgeschriebenen Regeln der Verdunkelung gefolgt war. Außer einigen zerbrochenen Fensterscheiben wurde damals kein Schaden angerichtet. Das Ereignis stellte eine Kuriosität dar und zog am folgenden Tag einige Wissbegierige an. Da es aber kaum etwas zu sehen gab, legten sich die Wogen der Erregung sehr bald wieder und die Neugierigen verschwanden genauso schnell, wie sie gekommen waren.

Das vierte Schuljahr, das im September 1944 begann, geriet durch den Krieg total aus dem Geleise. Als die Unterbrechungen des Unterrichts durch Fliegeralarme immer häufiger wurden, erschien es sinnlos, uns jeden Tag in die Schule kommen zu lassen. Also gab man uns zweimal wöchentlich Aufgaben, die in der Schule abzuholen waren. Was weiter mit diesen Aufgaben getan wurde, ist meiner Erinnerung ganz entfallen – wahrscheinlich strengten wir uns nicht damit an. Mittlerweile war auch unsere Schülerzahl beträchtlich zusammengeschmolzen, denn die besorgten Eltern wollten beim herannahenden Kriegsende und seinen Wirren nicht von ihren Kindern getrennt sein. Ab Ende März 1945 hörte jegliche weitere Verbindung mit schulischen Angelegenheiten auf, weil alle Schulgebäude als Feldlazarette gebraucht wurden.

Probleme, die immer schwerwiegender wurden

Nun gab es außerhalb unseres begrenzten Horizontes schon seit 1938, das heißt, seit der »Rückkehr ins Reich«, allerhand Probleme, die während der Naziherrschaft immer schwerwiegender wurden. So war eines Tages, als ich meine Mutter zu einem Besuch begleitete, jedes Haus in der Wienerstraße mit einer Hakenkreuzfahne dekoriert. War diese offensichtliche Begrüßung der Nazi-Ära aus Begeisterung erfolgt oder aus Furcht eine gegenteilige Meinung zu bekunden? Nach dem Umsturz hatten sich die Nazis das Kirchengut in Hollabrunn angeeignet, also auch die Professorenvilla, und alle, die dort wohnten, hinausgeworfen. Auf diese Art gelangten wir in die Wohnung in der Amtsgasse 9, die viel zu klein war. Doch meine Eltern waren keine Parteigenossen und deshalb konnten wir nichts weiter erwarten. Den Krieg hatte mein Vater von allem Anfang vorausgesehen. Er war bei einer Menschengruppe dabei, die sich ansammelte, als Hitler durch Hollabrunn fuhr, und kam von diesem Ereignis mit einer lakonischen Beobachtung zurück: »Hitler bedeutet Krieg!« Er selber wurde zum Militärdienst eingezogen, als der »Blitzkrieg« gegen Polen ausbrach, schied jedoch bald wegen Gesundheitsgründen aus und verbrachte sein weiteres Leben in Hollabrunn.

Anderen Familienmitgliedern erging es nicht so gut. Mein Onkel Karl Rehor[23] wurde von den Nazis inhaftiert, weil er das »Verbrechen« begangen hatte, Stadtrat in Wien gewesen zu sein. Da man ihm jedoch keine wirklichen Vergehen nachweisen konnte, wurde er bald wieder entlassen. Seine politische Laufbahn war natürlich zerstört. Niemals hörte man von ihm ein Wort der Klage oder Selbstbemitleidung. Sein Leben endete im Hexenkessel von Stalingrad. In seinem letzten Brief schreibt er, dass sie zu Weihnachten »starkes Glockengeläut« (Artilleriefeuer) gehabt hätten. Es ist ein sehr tapferer Brief, denn mein Onkel beklagt sich über nichts. Mein Vater stand stundenlang unbeweglich bei einem Fenster unserer Wohnung und starrte gegen Osten, er ahnte, welches Geschick seinen Bruder dort erwartete. Erst viele Jahre später kam ein Büchlein heraus: »Letzte Briefe aus

---

23) Er war christlicher Gewerkschafter und Wiener Stadtrat. Zusammen mit Josef Klaus gründete er die christliche Jugendbewegung »Junge Front im Arbeiterbund«.
Quelle: http://www.beepworld.de/members81/frauenbiografien3/greterehor.htm

Stalingrad«. Es ist eines von den wenigen Büchern, die ich nach Amerika mitgenommen habe.

Für die Frau meines Onkels, meine (später sehr berühmte) Tante Grete[24], war dieser Verlust eine schwere Prüfung. Sie hatte bereits im Ersten Weltkrieg ihren Vater verloren und musste daher das geplante Studium aufgeben, um ihrer Mutter bei der Versorgung der Familie zu helfen. Meine Tante war ein Mensch von ganz ungewöhnlicher innerer Stärke, denn sie stürzte sich nach dem zweiten schmerzvollen Verlust wieder in die Arbeit so wie zuvor. Durch ihre praktische Intelligenz und harte Arbeit gelang es ihr – ohne auf feministische Propaganda angewiesen zu sein – die außerordentliche Stellung eines Ministers der sozialen Wohlfahrt zu erringen; gleichzeitig wurde sie damit die erste Frau, die jemals Zugang in das bis dahin nur von den Männern beherrschte österreichische Kabinett erlangt hatte. Sie war nicht die einzige meiner Verwandten, die ein tragisches Schicksal mit viel Mut meisterte. Es ist erstaunlich, mit welcher Stärke diese Frauen derartige Schicksalsschläge ertragen und positiv reagieren konnten, besonders zu einer Zeit – oder gerade deshalb? – als es noch keine Psychiater … gab. Sie glichen sich auch in einer anderen Hinsicht: Sie waren ihr ganzes Leben lang fromme Menschen.

»Jetzt ist *er* drinnen, später werden es andere sein.«

Mein Vater musste 1940 plötzlich wieder fort, um in Landsberg am Lech eine mehrmonatige Haftstrafe abzubüßen. Wofür? Er und etliche andere Hollabrunner hatten in einer Privatwohnung einen Auslandssender angehört – ein schweres Vergehen aus Sicht des Nazi-Regimes. Der Wohnungsinhaber wurde sogar hingerichtet, nachdem die Gruppe verraten worden war. Ich kann mich noch gut daran erinnern, dass mich damals ein mir unbekannter Mann ganz unverfroren auf der Straße anredete und fragte: »Ist es wahr, dass dein Vater eingesperrt ist?« Ebenso gut kann ich mich an meine sofortige Antwort erinnern, in der ich die Meinung der Erwachsenen meiner familiären Umgebung zum Ausdruck brachte: »Jetzt ist *er* drinnen, später werden es andere sein.« Das verblüffte den Mann derartig, dass er

---

24) Grete Rehor (1910–1987) war 1966–1970 Ministerin für Soziales in der Regierung Klaus. Quelle: http://www.beepworld.de/members81/frauenbiografien3/greterehor.htm

nichts mehr sagte und schleunigst das Weite suchte. Ich hatte natürlich keine Ahnung, dass diese leicht hingeworfenen Worte meine Familienangehörigen in die größte Schwierigkeit hätten bringen können, wurden doch damals Menschen hingerichtet, bloß weil sie einen politischen Witz erzählt hatten und von dem, der den Witz gehört hatte, verraten worden waren.

Mein Onkel Johann Rehor wagte es der Familie eines wegen seiner politischen Einstellung eingesperrten Arbeitskollegen zu helfen und wurde für dieses »Verbrechen« ins Konzentrationslager Dachau gesteckt. Er überlebte es nur, weil kurze Zeit später der Krieg endete. Onkel Hans erzählte einige seiner Erlebnisse im KZ meinen Eltern, aber ich durfte dabei nicht zuhören und wurde aus dem Zimmer geschickt. Der Blick in diesen Abgrund eröffnete sich mir erst allmählich. Mir fiel damals ein Buch in die Hände, »Zeit ohne Gnade«, von einem Wiener Journalisten, der bloß im Wiener Justizpalast inhaftiert gewesen ist. Das allein, was er zu erzählen hatte, brachte mir mehrere Nächte hindurch eine Art Albtraum. Also war es nicht unvernünftig von meinen Eltern, dass sie mich damals nicht mithören ließen, was Onkel Hans zu erzählen hatte.

Onkel Hans brachte noch etwas aus dem KZ zurück: eine radikal verhärtete Einstellung dem totalitären Nazi-Regime gegenüber. Er war davon überzeugt, dass es nur ein genügend starkes Bollwerk gegen den Gräuel gab, und er wandte sich der kommunistischen Partei zu. Wir wussten jedoch überhaupt noch nichts davon, dass der Kommunismus genauso grauenhaft war. Das gibt meinem Onkel eine gültige Entschuldigung für seine Entscheidung, eine Entschuldigung, die andere nicht für sich in Anspruch nehmen können, welche Einblick in dieses System hatten und es trotzdem verteidigten, während sie die Verbrechen totschwiegen, welche im Namen des Kommunismus begangen worden waren und bis zu dessen Ende nie aufhörten.

Mit zackigem Marschrhythmus

Außerhalb der Schulzeit waren wir auch zu regelmäßigen Zeiten der HJ (Hitlerjugend) verpflichtet. Mädchen wurden ab einem bestimmten Alter zum BDM (Bund Deutscher Mädchen) überstellt. Man hatte keine Wahl sich von der Teilnahme auszuschließen. Die Dienstverpflichtung bestand aus wöchentlichen Gruppentreffen unter der Leitung einer Gruppenführerin. Wir lernten Gesänge und Spiele, betrieben sportliche Übungen und wurden mit Nazi-Doktrinen überrieselt. Natürlich trugen wir auch Uniformen und mussten in militärischer Formation marschieren lernen. An Sonntagen gab es Appelle in der Früh auf dem Kirchenplatz, sicherlich mit der Absicht Jugendliche vom Kirchenbesuch abzuhalten. Diese Appelle verliefen mit Aufmärschen, Fahnenschwingen, Naziliedern und selbstverständlich gab es auch Ansprachen. Am Schluss wurden immer das Horst-Wessel-Lied und das Deutschlandlied gesungen, dessen Melodie von Haydns Lied »Gott erhalte Franz den Kaiser« gestohlen worden war.

Obwohl ich nicht mit Begeisterung an dem ganzen Zirkus teilnahm und einmal sogar ernsthaft gerügt wurde, weil man mich beim Schwänzen erwischte, so sind mir doch noch einige Melodien und Worte in Erinnerung. »Auf der Heide blüht ein kleines Blümelein und das heißt – Erika« war ja noch verhältnismäßig harmlos, doch musste es mit zackigem Marschrhythmus gesungen werden. »... denn heute gehört uns Deutschland und morgen die ganze Welt!« drückte ein arrogantes Vertrauen auf die Nazi-Stärke aus – übereilt, wie sich herausstellte. Ich ziehe eine Trennungslinie zwischen deutsch und Nazi – im Gegensatz zu jenem amerikanischen Schriftsteller, der alle unter dem Nazi-Regime lebenden Menschen schuldig sprach. Zwar bemühten sich die Nazis schon darum die letzte Regung von Menschlichkeit auszurotten und sie fingen damit bei der von ihnen kontrollierten Jugend an. So sangen die Hitlerjungen zum Beispiel ein Lied, in dem die scheußlichen Worte vorkamen »... bis das Judenblut vom Messer spritzt«. Aber die Menschlichkeit ließ sich trotzdem nicht ganz umbringen – siehe Spielbergs Film »Schindler's List«.

Taten, die von Menschlichkeit zeugten

Es wurden auch weniger gefährliche Taten gesetzt, die von Menschlichkeit zeugten. Ich kann mich noch gut an einen Vorfall erinnern, der sich in der Amtsgasse unter unseren Fenstern ereignete, von wo aus ich alles beobachtete. Meine Schulkollegin Elfriede Loitold ging von der Schule heim und wurde plötzlich auf ihrem Weg aufgehalten, als sie eine Gruppe von Mädchen umgab, die Kinder prominenter

Nazis waren. Elfi war als Halbjüdin bereits mit dem Nazistempel der Verachtung gebrandmarkt und die Situation begann sich gefährlich zuzuspitzen. Ich alarmierte meinen Vater, der sofort auf die Straße lief, die drohenden Nazikinder vertrieb und Elfi das Geleit gab, bis die Gefahr vorüber war. Elfi war bei weitem die beste Schülerin in unserer Klasse. Ironischerweise wäre es ihr verboten gewesen, das Studium nach der vierten Klasse am Gymnasium und später an der Universität fortzusetzen, denn so bestimmten es die »rassenreinen« Nazis. Wann immer Elfi mit Besorgnis über diese Dinge sprach, versuchte ich sie zu trösten mit dem Hinweis darauf, dass sich das »Tausendjährige Reich« schon in seiner letzten Phase befände. Elfriede Loitold und ich kamen einander erst während der Gymnasialjahre näher. Wir unternahmen auch Spaziergänge zu zweit, die bis weit in den Wald hineinführten und mit interessanten Gesprächen verbunden waren. Elfis Lebensumstände hatten sie viel ernster und früher reif gemacht, als das beim Rest von uns der Fall war, also drehten sich unsere Gespräche nicht hauptsächlich um Burschen. Elfi war außerordentlich begabt und erwarb mit Leichtigkeit ein »Sehr gut« in allen, sogar den schwierigsten Gegenständen. Sie erwarb nach den Nazi-Jahren an der Wiener Universität das Doktorat und fühlte sich anschließend zum Klosterberuf hingezogen. Für längere Zeit musste sie in eine Lungenheilanstalt – und allmählich wurde alles zu viel für sie. Zehn Jahre nach der Matura kam ihr Leben auf tragische Weise zu Ende. Elfi ist trotz all der schweren Belastungen in ihrem jungen Leben ein feinsinniger, hilfsbereiter Mensch gewesen, dem es auch an einem Schuss von Humor nicht fehlte. Ohne sie kann ich mir die Gymnasialzeit gar nicht vorstellen. R.I.P.

Sie machten einen ohrenbetäubenden Lärm

Das Nahen des Krieges war in Hollabrunn durch das immer häufigere Heulen der Sirenen festzustellen, die vor einem Fliegerangriff warnten. Diese zielten immer nur auf Wien ab; wir konnten sogar über die Distanz von 50 Kilometern hinweg das dumpfe Dröhnen der Bombeneinschläge hören. Als die Front immer näher rückte, gab es mit den Verwandten mehr als einen Kriegsrat, welches die beste Strategie sei, die ein Überleben garantierte. Wir versteckten Lebensmittel und

Wertsachen im Keller meiner Urgroßeltern in der Wienerstraße 30, schlossen die Falltür und breiteten über den ganzen Fußboden einen Linoleumbelag – erfolgreich, denn das Versteck wurde von keinem russischen Soldaten entdeckt.

Kurz bevor die Rote Armee Hollabrunn erreichte, gab es Aufregungen besonderer Art. Die Militärpolizei der im Rückzug befindlichen deutschen Armee ging daran Deserteure aufzustöbern und sofort hinzurichten. Soldaten, die aus Wien und Umgebung stammten, waren zu der vernünftigen Einsicht gekommen, dass ein weiteres Verbleiben beim total geschlagenen Heer lebensgefährlich war. Mein Vater konnte in seiner Werkstatt nicht still sitzen und rannte ins Freie. Er nahm sich einiger Deserteure an und gab ihnen eine ungewöhnliche Führung durch Hollabrunn, durch verschiedene Häuser, Hinterhöfe und abgelegene Winkel, immer nur ein paar Schritte der Militärpolizei voraus, die ihnen verbissen, aber erfolglos auf der Spur war. Das Überleben jedes Einzelnen war deshalb möglich, weil mein Vater sich besser in Hollabrunn auskannte als die Verfolger und weil das Herannahen der Roten Armee diesem gefährlichen Katz-und-Mausspiel ein Ende setzte.

Direkt vor dem Einmarsch der Russen fuhren – um eine Beschießung der Stadt mit der gefürchteten »Stalinorgel« zu verhindern – mein unternehmungslustiger Vater und ein paar andere Hollabrunner, mit einer weißen Fahne versehen, den Russen in einem Jeep entgegen. Nachdem sie diesen klar gemacht hatten, dass in Hollabrunn keinerlei Widerstand zu erwarten war, wurden sie in ihrem Jeep zurückgeschickt, wobei ihnen die Russen folgten. Da auch wirklich niemand wahnsinnig genug war eine Schießerei zu beginnen, kamen alle mit dem Leben davon. Zunächst gaben die Russen uns eine Vorführung der furchtbaren »Stalinorgel«, die sie hinter dem Seminar aufgestellt hatten. Sie machten einen ohrenbetäubenden Lärm, als sie über Hollabrunn hinaus dem abziehenden deutschen Heer nachschossen. Die Hollabrunner hielten sich wohlweislich in ihren Wohnungen verborgen und kamen nicht zu Schaden.

Bald darauf wurde das Dorfingerwirtshaus an der Ecke Amtsgasse/ Klostergasse requiriert und zum Standquartier der Russen. Lautsprecher gaben von früh bis spät patriotische russische Lieder zum Besten, in einer Lautstärke, die es dem Großteil der Bevölkerung ermöglichte diesen musikalischen Genuss mitanzuhören. In dieser Lärmerzeugung ähnelten sich die beiden Systeme, die ihre Macht auf Unterdrückung stützten, denn mit Lärm kann man vor allem das ausschalten, was zu innerer Freiheit führt, die sodann nach äußerer Freiheit von Druck strebt: das Denken und das Meditieren. Wo immer Lärm erzeugt wird, wird vernünftiges Denken verdrängt; heutzutage erreicht man diesen Effekt mit Rock-Konzerten und Disco-Musik.

Es gab anfangs Übergriffe der Rotarmisten. Ein Mädchen aus der Nachbarschaft meiner Urgroßeltern wurde nicht nur vergewaltigt, sondern auch mit einer grässlichen Krankheit angesteckt, der es bald danach erlag. Uns konnte mein Vater schützen, er brachte mich und meine Mutter sowie eine Bekannte mit drei Töchtern ins Spital, wo wir, weil der aus Albanien eingewanderte Primar Dr. Sinani ein Kunde meines Vaters war, ein kleines Zimmer beziehen konnten, bis die erste Gefahr vorüber war. Meine Schulkollegin Ingrid Weiß, deren Vater Förster war, konnte sich und ihre Mutter aus dem Forsthaus Gfletz rechtzeitig in den Wald retten, in dem sie sich wunderbar auskannte. Den anderen Familienmitgliedern taten die Russen nichts an; sie waren sogar freundlich zu den kleinen Kindern.

In der Schule besuchte ich einen Russischkurs, der mit Schwung und Sachwissen von einem Fräulein Brosig geleitet wurde und für den der Gymnasialdirektor energisch Freiwillige suchte; eigentlich hausierte er mehr wie ein Bettler, denn er hatte wahrscheinlich Angst, eine Reise nach Sibirien antreten zu dürfen, falls der Kurs nicht zustande käme.

Eines Tages kam Leutnant Polkolnikov in die Werkstatt meines Vaters. Er sprach fließend Deutsch und war ein eifriger Apostel der kommunistischen Religion, zu der er mich zu bekehren hoffte. Nihilistische Intellektuelle haben sich schon immer am besten geeignet Bannerträger eines totalitären Systems zu werden, um ihr unhaltbares inneres Vakuum mit neuen Inhalten zu füllen. Überzeugungen, die man evakuiert hat, hinterlassen eine Leere, die von Natur aus nicht toleriert wird und daher ziemlich rasch mit etwas anderem ersetzt wird.

Der gute Leutnant entpuppte sich als Mensch mit zwei Naturen. Er beherrschte die Taktik des dialektischen Kommunismus, die auf Verwirrung des Gegners abzielt, und wechselte, wenn ich im Argumentieren zu gewinnen drohte, sofort auf ein anderes Thema, das er zum Ausgangspunkt eines neuen Argumentes machte. Dabei wirkte er wie ein Roboter, der Eingedrilltes herunterschnurrte. Vergaß er seine Mission, wurde er menschlich, charmant – fast möchte man sagen: erleichtert.

Berichten möchte ich noch von einigen Lehrern der Jahre im Obergymnasium (ab September 1945). Nach der Nazi-Zeit war Religion wieder normales Unterrichtsfach, in dem uns ab der fünften Klasse Herr Professor Sotola unterrichtete. Er erwarb sich durch seine Intelligenz und seine Humanität unseren uneingeschränkten Respekt. Sein Unterricht war in vieler Hinsicht eindrucksvoll und hat mir persönlich einiges gegeben. Er machte uns klar, wie vergänglich die Dinge sind, die uns umgeben, und wie wir daher immer wieder mit einer Enttäuschung rechnen müssten, wenn wir uns stark von der Attraktion materieller Dinge beherrschen ließen.

Professor Hans Arnberger, der Kunstgeschichte lehrte, wurde von keinem Schüler jemals anders als »Gucki« genannt, weil er öfter den Ausdruck »Guckt her!« gebraucht hatte. Gucki war im besten Sinn des Wortes ein Individualist, der immer mit einem schwarzen Hut und einem Arbeitsmantel bekleidet war; dazu trug er noch ein Lineal, von dem er sich ebenfalls nie trennte. Niemals verlor er angesichts unseres jugendlichen Übermutes die Geduld oder schimpfte mit uns; stattdessen bemühte er sich ernsthaft, jedem »Pfuscher« ins Gewissen zu reden. Gucki war von einem Nimbus umgeben, der uns alle in seinen Bann schlug und all unserer Heiterkeit über seine persönlichen Eigenheiten einen Teil von Bewunderung und sogar Zuneigung beimischte.

Einen Professor gab es, bei dem wir »Null Komma Josef« lernten. Es war da ein Gerücht über ihn im Umlauf, das sich hartnäckig weigerte in Vergessenheit zu geraten. Angeblich war es an einer anderen Schule passiert, dass die Schüler selber eine Eintragung über ihn ins Klassenbuch machten: »Herr Professor X stört durch seine Anwesenheit den Unterricht.« Während der Zeit, durch die wir ihm ausgesetzt waren, entkräftete keine seiner Handlungen dieses Urteil.

Es wappnet einen

Wie sehr hat uns das Gymnasium auf die Zukunft vorbereitet? Abgesehen von der erstaunlichen Menge an Stoff anderer Fächer, die in uns hineingestopft worden ist, waren für mich Latein und Griechisch wertvoll. Latein verdanke ich eine Lehrposition an einer amerikanischen High School und es war mir eine gute Hilfe beim Lernen romanischer Sprachen. Dass mir griechische Vorbilder (Sokrates, Diogenes) und Werte, wie die Ablehnung von Exzessen zugunsten der goldenen Mitte, zu Bewusstsein kamen und von mir angenommen wurden, verdanke ich dem, was im Gymnasium geboten wurde. Es verleiht einem das Gefühl des In-sich-gesichert-Seins, wenn man das große Glück gehabt hat in die lange kulturelle Tradition eingeführt worden zu sein, welche die westliche Welt geformt hat. Man erträgt auch das Alleinsein besser, da man mit diesem unerschöpflichen Geistesgut die Zeit auf interessante Weise füllen kann; und es wappnet einen dieses Gut gegen die verrückt-zerstörerischen Tendenzen der modernen Zeit. Natürlich erwuchsen mir diese Einsichten erst allmählich. Als ich jung war, wollte ich auf gar keinen Fall den Rest meines Lebens in Hollabrunn verbringen, weil es so von aller Welt abgeschnitten und ereignislos schien. Damals meinte ich, dass ich mich erst mit fünfzig Jahren in ein Leben in Hollabrunn dreinfinden könnte – als alte, weltmüde Dame. Ironischerweise hatte ich Gelegenheit gerade in diesem Alter ein Schuljahr lehrend in Hollabrunn zu verbringen. Der Abschied fiel mir so schwer, dass ich beschloss nie mehr zurückzukommen – ein Entschluss, der sich jetzt zu einer Notwendigkeit verhärtet hat, denn der Gesundheitszustand meines Mannes erlaubt kein Reisen mehr.

Nach der Matura absolvierte ich die Lehrerinnenanstalt in Wien-Döbling, dann zog es mich unwiderstehlich zur Universität, wo ich Deutsch und Englisch studierte. Gleich im ersten Semester wurde mir klar, dass man Englisch nicht lernt, indem man ununterbrochen Deutsch spricht. Also kam es zu einem halbjährigen Hoteljob in England als »chambermaid-waitress«.

Ein abgefallener Türknopf

Im Schuljahr 1956/57 studierte ich mittels eines Fulbright-Stipendiums an der University of North Carolina (UNC), wo ich meinen späteren Mann Robert M. Taylor kennen lernte. Die Begegnung verdankte ich lediglich einem abgefallenen Türknopf, der uns Studenten zwang im Vestibül der Bibliothek, in der ich meine täglichen Studien betrieb, zu warten, sodass »mein Zukünftiger« mit mir zu plaudern begann. Er begleitete mich dann zu meinem Platz im Sanctum sanctorum und wusste dadurch, wo ich zu finden war. Später kam er nochmals vorbei, um mich in die Mensa einzuladen. So begann unsere Verbindung, die wir diesem kleinen Türknopf verdankten, denn unter den üblichen Umständen kam Robert etwas später zur Bibliothek, in deren Labyrinth ich zu dem Zeitpunkt bereits verschwunden war.

Bevor wir allerdings das taten, was hierzulande »to tie the knot« heißt, ging ich nochmals nach Österreich zurück, für das letzte Universitätsjahr und für ein weiteres als Probelehrerin an einer Wiener Mittelschule. Um danach allerdings in die USA zurückkehren zu können, musste ich wegen der strikten Einwanderungspolitik nachweisen, dass ich eine Anstellung in Österreich hatte. Der Gymnasialdirektor in Hollabrunn konnte mir eine solche Zusage nicht geben, denn er war dazu nicht berechtigt. Für eine Weile sah es so aus, als ob nun das Heiratsprojekt an diesem Hindernis scheitern würde. Dann hatte mein Vater, wie schon so oft, eine glänzende Idee. Er trat mit meinem Problem an Herrn Strobl heran, der der Herr in seinem eigenen großen Geschäft war. Dieser gab mir ohne weiteres die Bestätigung, die ich brauchte – »and the rest is history«, die mich in den Süden Arizonas, nach Mesa führte.

... dass sogar der Teufel einen Fächer tragen muss

Wir leben hier auf derselben geographischen Breite wie Nordafrika und Bagdad, das heißt, während der Hälfte des Jahres ist es so heiß, dass sogar der Teufel einen Fächer tragen muss. Dafür hat die Wüste hier, die durchaus nicht der Sahara gleicht, ihren eigenen Reiz. Eine Unmenge von Kakteen der verschiedensten Art bringt im Frühling eine Farbenpracht an Blüten hervor und nächtens verleiht das Geheul der Kojoten der Atmosphäre eine eigenartig angemessene Note. Arizona ist in vielerlei Hinsicht ein interessanter Platz. Es hat mehr Indianer als jeder andere Staat; ein Indianer-Reservat ist beinahe so groß wie ganz Bayern. Was die Indianer an Kultur beitragen – Weberei, Töpferei, Malerei, Schmuckerzeugung, Legenden –, ist ganz einzigartig und originell. Im Zweiten Weltkrieg leisteten einige Navajo-Indianer äußerst wertvolle Dienste als »code talkers« im Militärdienst, denn die Nachrichten, die sie in ihrer Sprache übermittelten, konnten die Japaner nie verstehen. Auch die spanisch-mexikanische Kultur ist sehr vertreten hier, am meisten schätzen wir die mexikanische Küche.

Mein Mann war so wie ich im Lehrberuf tätig. Er ging jedoch während der Sommerferien (drei Monate!) zurück zum aktiven Militärdienst, um unser Budget auszubalancieren. Er verdiente in drei Monaten mehr als in den neun Monaten als Lehrer. Das ist einer der Gründe, warum wir unseren Kindern ernsthaft zuredeten nicht den Lehrberuf zu ergreifen. Das anstrengende und ununterbrochene Arbeitstempo schädigte die Gesundheit meines Mannes, er musste sich zwei schweren Operationen unterziehen (ileostomy), was unseren Ruhestand in einen Stillstand ohne Ruhe verwandelt hat. Aber wir sind dankbar, dass alles doch noch halbwegs gut geht. »Old age is not for sissies«[25], heißt es hierzulande sehr treffend. Zwischen den geistigen Interessen, die wir verfolgen, und den täglichen Pflichten, die wir zu erfüllen haben, vergeht uns die Zeit sehr schnell. Eigentlich vergeht sie umso schneller, je älter wir werden.

»Do you not regret ... ?«

Unsere drei Kinder sind natürlich für uns das Wichtigste: Die zwei Söhne sind beruflich in größeren Organisationen mit geregeltem Arbeitsverlauf tätig – Matthew als Krankenpfleger in Phoenix und Mark als »wildlife manager« –, während Marie Therese als »sandwich kid« entsprechend der wissenschaftlichen Theorie (»born to rebel«) eigene, nicht traditionsgebundene Wege ging und sich in Kalifornien ganz selbstständig ihr Geschäft – The Los Angeles Musik Network – aufgebaut hat und zur gesuchten Geschäftspartnerin geworden ist.

25) Hohes Alter ist nichts für Weichlinge!

Tess hat sich auch, da sie ein Jahr lang das Hollabrunner Aufbaugymnasium besucht und auch ein Jahr in Wien studiert hat, Hollabrunn zur Wahlheimat gemacht. Unsere Verwandten dort nehmen sie jedes Mal sehr gastfreundlich auf.

Meine Schwiegermutter fragte mich einmal: »Do you not regret having come to the United States?« Ich konnte ihr wahrheitsgemäß mit »Nein« antworten, denn wenn ich daheim geblieben wäre, hätte ich vieles nicht gelernt, wozu ich in Amerika Gelegenheit gehabt habe, zum Beispiel Spanisch, das mir eine neue Welt aufgeschlossen hat. Mein Mann und ich haben hier einen netten Freundeskreis aufgebaut, der von allem Anfang an »multi cultural« war, noch lange bevor das »politically correct« geworden ist. Wir leben in Frieden und Freiheit und haben trotz aller Beschwerden immer noch ein zufrieden stellendes Drauskommen. Mit anderen Worten, wir haben viele Gründe dankbar zu sein. Wenn ich abends in den Garten gehe, um Blumen zu gießen und ein wenig zu meditieren, erlebe ich immer wieder kleine Freudensregungen, sooft ich eines der Flugzeuge beobachte, das zu dem in der Nähe liegenden Flughafen fliegt, denn eine Gruppe von Menschen hat wieder ihr Ziel sicher erreicht.

Der Ast, auf dem man sitzt

Seit »9/11« (11. September 2001) fühle ich mich total als Amerikanerin, denn was sich an diesem Tag geoffenbart hat, ist von einer so abgrundtiefen Bosheit, dass nur eine geschlossene Front es wird überwinden können. Wenn man dazu nicht im Stande ist, stärkt man bloß den Feind all dessen, was nur in Freiheit gedeihen kann und geschaffen wird. Und das betrifft die gesamte westliche Welt, nicht nur die USA. Man braucht sich nur die Reaktion eines Fanatikers vorstellen, falls es jemand wagen sollte mit dem Ansuchen an ihn heranzutreten: »Effendi, gebt Gedankenfreiheit!«

Wenn man nur dafür ist, dass man dagegen ist, wenn man andere die Last tragen lässt und sich selber weigert mitzutun, so sägt man bloß an dem Ast herum, auf dem man sitzt.

Mesa, im Dezember 2003

Als ich diese Bücher in die Hand bekam, hatte ich einen Kulturschock!

HARALD WALDRAUCH, 34, liiert, Sozialwissenschaftler am Europäischen Zentrum für Wohlfahrtspolitik und Sozialforschung in Wien, von September 2002 bis Juli 2004 aus privaten Gründen als Teleworker in Sydney, Australien

Ich habe 1980 in der Keimgasse angefangen, meine Schwester war schon vier Jahre dort. Weil sie keine schlechten Erfahrungen gemacht hatte, ging ich in dieselbe Schule. Die meisten Schüler aus Münchendorf sind in die Hauptschule im Ort gegangen. Ich war der Beste in meiner Klasse, da war es klar, dass ich ins Gymnasium gehe. Meine Eltern haben mir nie gesagt: »Du tust das!«, sondern sie haben mich gefragt, was ich machen will.

Wir waren eine große Klasse, der Mathematiklehrer war unser Klassenvorstand, acht Jahre lang. So einen wirklichen Zugang zu ihm habe ich nicht gefunden, ich meine, er hatte seine guten und schlechten Seiten. Alle haben ihn als sehr streng empfunden, er war der strengste Mathematiker in der Schule. Wir haben das in unserer Maturazeitung aufs Korn genommen, durch eine Liste von Fragen wie: Stimmt es, dass bei einer Schularbeit ein Achtel Punkt über Leben und Sterben entscheiden kann? Die Schularbeiten waren immer relativ schwer und er hat tatsächlich Viertel-Punkte vergeben. Bei den Schularbeiten forderte er viel, aber bei der Matura hat er versucht, ein bisschen nachzulassen. Wir hätten ja bereits bewiesen, dass wir es können, meinte er. Aber vom Landesschulrat wurde dann von den zwei Vorschlägen jeweils die schwerere Aufgabe ausgewählt.

Mich hat viel interessiert

Ansonsten habe ich in meiner Schulzeit nie wirklich für irgendetwas gelernt, ich bin auch nicht besonders ehrgeizig. Meist bin ich mit Gut oder Befriedigend durchgekommen. Ich bin in den naturwissenschaft-lichen Zweig gegangen, im Nachhinein gesehen hätte ich lieber den Sprachenzweig wählen sollen. Ich hätte so gern Französisch oder Spanisch gelernt, aber ich bin auch in dieser Hinsicht zwiespältig. Die Mathematikausbildung, die Tatsache, dass ich dort nicht völlig blank bin, hat mir beim Studium und am IHS (Institut für Höhere Studien) geholfen. Außerdem war mein Lieblingsfach in der Oberstufe Darstellende Geometrie. Das habe ich unheimlich gerne gemacht. Mich hat viel interessiert, ein breiteres Spektrum zu haben ist heute ohnehin besser. Wir waren der letzte Jahrgang, der nicht Informatik in der fünften Klasse hatte. Aber das war für mich persönlich kein Nachteil, weil mein Vater einen Computer hatte.

Wie radikal ich meine Ansichten geändert habe

Von den Lehrern der »Keimgasse« wurde uns ein Elitedenken einge-impft, auch schlechte Schüler hatten es. Es hieß: »Hier in der Keim-gasse magst du schlecht sein, aber geh mal in die Bachgasse oder nach Baden in die Biondekgasse, dort bist du der Beste!« So haben sie es gesagt.

Unser Maturajahr war 1988, das Bedenkjahr, schon 1986 war die Waldheim-Affäre. Für mich war es schlimm zu beobachten, dass man-che Schüler bald gesagt haben: »Warum müssen wir das schon wieder besprechen? Lassen wir doch endlich die Vergangenheit ruhen!« Aber das war ja die erste Gelegenheit, wo die NS-Zeit aufgearbeitet wurde. Man hat einfach gemerkt, dass viele Schüler einen sehr konservativen Hintergrund hatten, vom Elternhaus her, dass sie die Meinungen ihrer Eltern wiedergekäut haben. Ich kann mich auch daran erinnern – und im Nachhinein gesehen ist es mir unheimlich peinlich –, dass ich damals festgestellt habe, ich denke ganz genau, wie der Staberl in der »Kronen Zeitung« schreibt. Wie radikal ich meine Ansichten geän-dert habe, nachdem ich auf die Uni gekommen bin! Das zeigt eigent-lich, in welchen Gräben wir stecken gelassen wurden. Was ich z. B. arg gefunden habe, war, dass wir nach der Matura keine Ahnung von politischer Bildung hatten. Meinen Jahrgang hättest du fragen kön-nen: Welche Institution beschließt in Österreich die Gesetze? 95 % der Schüler hätten es nicht gewusst, das ist ein Wahnsinn! Ich habe das einen Klassenkollegen gefragt, er hat gemeint: »Ich habe ja nicht Politikwissenschaft studiert!« Aber er hat ja das Wahlrecht. Da lernt man von irgendwelchen Einzellern und von der Steinzeit und vom heutigen politischen System lernt man nichts. Man macht in der Schule zweimal die ganze Geschichte durch, aber, oh Wunder, zu den Ereignissen nach 1945 kommt man nicht mehr, da geht uns die Zeit aus. In der Unterstufe sind wir nicht einmal bis zum Zweiten Weltkrieg gekommen.

Es hat in der Klasse auch niemanden gegeben, der irgendwie aufbegehrt hätte. Diskussionen im Unterricht habe ich immer als relativ oberflächlich empfunden, auch weil uns die Argumente fehlten. Wie konnte man erwarten, dass 16-, 17-Jährige über etwas diskutieren können, wenn vorher nicht Fundamente gelegt wurden? Bei uns ist z. B. nie das Wort ÖVP gefallen, aber es wurde auf die Sozialisten geschimpft, »was die wieder für einen Blödsinn gemacht haben«. Man saß da als Schüler drinnen und irgendwann klappten die Ohren zu. Man war froh, dass kein Stoff durchgenommen wurde.

Die Unterrichtsmethoden waren noch anders damals. Selbstständiger Wissenserwerb war null, absolut null. Man musste den Stoff reproduzieren und damit hatte sich's. Wir wurden nicht auf wissenschaftliches Arbeiten vorbereitet. Man kommt an die Uni und in der ersten Lehrveranstaltung sagt der Professor: »Schaut euch diesen Artikel in der Zeitschrift ›Der Journalist‹ an!« Ich habe geglaubt, dass man diese Zeitschrift an einem Kiosk kaufen kann. Eine Fachbereichsarbeit zu schreiben war bei uns im Schulversuch schon möglich, aber es wurde uns ziemlich klar zu verstehen gegeben, dass wir sie nicht machen sollten, weil es ein zusätzlicher Aufwand für die Lehrer sei.

Dass ich viele gute Erinnerungen an Lehrer hätte, das ist nicht so. Mir fallen dazu hysterische Ausbrüche und Schlüsselwerfaktionen ein. Aber ein sehr netter Lehrer war Karl Zeitlhofer. Doris Czeiner habe ich acht Jahre lang in Englisch gehabt. Sie hat uns viel beigebracht und war auch jemand, der sehr gerne mit uns geplaudert hat. Chemie habe ich nicht ausstehen können. Die so genannten Nebenfächer sind spurlos an mir vorbeigegangen. An etwas kann ich mich noch erinnern, wir haben eine Lehrerin zweimal zum Weinen gebracht. Eigenartig, man findet ja als Schüler nichts dabei, Lehrer zu quälen, sie sind ein bisschen Freiwild. Das ist schon schlimm.

Professor Beham habe ich sehr gemocht, ich hatte ihn ab der dritten Klasse in Deutsch. Er hat versucht, uns zum kritischen Denken anzuregen. In Deutsch habe ich auch mündlich maturiert, mit einer Frage über Thomas Bernhard. Seine autobiographische Erzählung »Ein Kind« haben wir in der Schule kennen gelernt, dann bin ich bei Bernhard geblieben. Zwischen 17 und 19 habe ich 25 Werke von ihm gelesen, ich habe ihn irrsinnig gemocht. Professor Beham hat mir einmal Sekundärliteratur zu Bernhard gebracht, von Wendelin Schmidt-Dengler. Als ich diese Bücher zum ersten Mal in die Hand bekam, hatte ich einen Kulturschock. Was für eine Art von Buch, so kompliziert formuliert war das! Mit so etwas sind wir in der Schule nie zuvor konfrontiert worden.

Da brauchtest du einen Super-Super-Super-Lehrer

Ich merke jetzt richtig, wie weit ich mich an der Uni von der Schule fortentwickelt habe. Erst an der Uni sind wichtige Grundlagen gelegt worden, habe ich mir viel selbst erarbeiten müssen. In der Schule besteht oft das Problem, dass man einfach für nichts Interesse hat, man geht hin, damit man es hinter sich bringt. Man geht nicht hin um sich zu bilden oder zu entwickeln. Es ist schwierig, dieses Denken zu überwinden. Da brauchtest du einen Super-Super-Super-Lehrer, der dich mitreißt. Ein 16-Jähriger hat ganz andere Interessen. Ich hätte ja in der Schule auch den Freigegenstand Französisch oder Spanisch belegen können, aber das wären wieder zusätzliche Stunden in der Schule gewesen. Wenn ich wirklich dazu gezwungen gewesen wäre, hätte ich es auch gemacht. Deswegen bin ich z. B. gegen Latein, ich finde, das ist eine Verschwendung von Zeit und Ressourcen. Jeder Schüler hat nur eine beschränkte Aufmerksamkeit. Es muss nicht Latein sein, das die Grundlagen für meine Grammatik-Kenntnisse legt. Meine Latein-Kenntnisse sind heute fast weg, ich weiß so gut wie nichts mehr. Spanisch wäre besser gewesen. Ich habe später einige Spanisch-Kurse gemacht, in Spanien und am Instituto Cervantes, aber neben der Arbeit und am Abend ist es schwierig am Ball zu bleiben. Was Englisch betrifft, ist das anders. Vor allem für die Diplomarbeit

– das Thema war »Theorien über den Regimewechsel in Mittel- und Osteuropa« – habe ich viel englische Literatur gelesen. Ich kann mich an ein Buch erinnern, da bin ich echt mit dem Wörterbuch gesessen. Das hat mir sehr viel gebracht. Ich denke, ich habe auch vorher nicht allzu schlecht Englisch gesprochen, auf dem Schulenglisch aufbauend. Ich habe in Englisch mündlich maturiert und einen Einser bekommen. Zusätzlich musste ich nichts machen, keinen Kurs. In mein Englisch würde ich nichts mehr investieren, es würde so viel Energie brauchen, um es noch zu verbessern. Darin sehe ich keinen Sinn. Ich war hier auf zwei Konferenzen, in Melbourne und dann in Sydney, und habe einen Vortrag gehalten. Das ging sehr gut. Ich schreibe auch sehr oft Artikel in Englisch.

Die Wahl des Schulzweigs für die Oberstufe war eher Zufall und hätte bei mir ganz anders ausfallen können. Ich wusste im Sommer nach der achten Klasse auch noch nicht, was ich studieren sollte: Politikwissenschaft und Publizistik oder Maschinenbau, wie zwei meiner Freunde. Ich hätte das Maschinenbau-Studium schon geschafft, aber es hätte mich nicht besonders fasziniert. Ich weiß auch nicht, ob ich heute noch einmal dasselbe studieren würde, Politikwissenschaft vielleicht schon, aber Publizistik sicher nicht, weil da die Berufsaussichten ziemlich problematisch sind. Außerdem habe ich alles heute für mich Wichtige nicht an der Uni gelernt, sondern nachher. Ich habe eine zweijährige Post-Graduate-Ausbildung am IHS gemacht und in dieser Zeit viel mehr gelesen als im ganzen Studium. Das war sehr anspruchsvoll. Danach bin ich in das erste Projekt »hineingerutscht«. Es war unmöglich im politikwissenschaftlichen Bereich an der Uni Wien eine Anstellung zu bekommen. So gesehen habe ich ziemliches Glück gehabt.

Ich vertiefe mich lieber in eine Sache

Eigentlich wollte ich immer Journalist werden. Aber das Erste, was man uns dazu am Institut für Publizistik gesagt hat, war: »Wenn ihr Journalisten werden wollt, seid ihr mit Publizistik an der falschen Adresse. Das Studium bietet keine Journalistenausbildung!« Ich habe 1992 ein Praktikum beim ORF gemacht. Es gab jährlich 24 Plätze für 800 Bewerber. Für diesen Sommerjob gab es sogar ein eintägiges

Assessment-Verfahren. Ich bin zum ORF NÖ gekommen, das hat mir den Journalismus total verleidet. Gott sei Dank habe ich da gesehen, dass das absolut nichts für mich ist. Ich bin nicht jemand, der ständig nur an der Oberfläche herumarbeiten will, ich arbeite lieber kontinuierlich an einem Projekt und vertiefe mich in eine Sache. Und das andere, das mich am ORF NÖ so gestört hat, war der enorme Autoritarismus und Konservatismus, das war schrecklich. Ich hatte eine Studienkollegin, die beim ORF Wien war, sie durfte am zweiten Tag einen Beitrag sprechen. In NÖ konnte man das vielleicht nach drei Jahren und langer Sprechausbildung. Ich habe zwei Monate Sommerjob dort absolviert, hätte bleiben und mich hochdienen können, aber ich habe es nicht ausgehalten.

Ohne den Lehrgang wäre es nicht gegangen

Nach Ende des Studiums – am 18. März 1994, vor neun Tagen waren es 10 Jahre – habe ich gleich von meinem Diplomarbeitsbetreuer das Angebot bekommen, eine Kurzfassung meiner Diplomarbeit in einem Sonderheft der »Österreichischen Zeitschrift für Politikwissenschaft« zu veröffentlichen. Daran habe ich einen Monat gearbeitet. Dann habe ich mich für den zweijährigen Post-Graduate-Lehrgang am IHS vorbereitet, der im Herbst 1994 begonnen hat. Da musste ich eine Aufnahmsprüfung ablegen. Ich bestand und bekam ein Stipendium von 7.000 Schilling im Monat. Ich habe wieder Politikwissenschaft gewählt, wollte mich aber auf einen neuen Bereich verlegen: Migration und Integration. Ich habe dazu auch meine Abschlussarbeit geschrieben. Das war wirklich vorausschauend. Dadurch, dass ich eingearbeitet war, wurde ich anschließend als erstes gefragt, ob ich bei einem Projekt mitmachen will. Das ist gut gelaufen und mit drei Kollegen von damals arbeite ich jetzt sehr viel zusammen. Ich machte am IHS 1998 Projektassistenz, 1998/99 absolvierte ich den Zivildienst im Wiener Integrationsfonds (WIF). Ich hatte schon vorher (1997 und 1998) zwei Projekte für den WIF gemacht und dort angefragt, ob man mich als Zivildiener nehmen würde. Für den WIF habe ich u. a. den Jahresbericht geschrieben. Das war interessant und hat mir inhaltlich etwas gebracht. Und daraus ist auch eine zitierbare Arbeit geworden.

Am 30. September 1999 war mein Zivildienst beendet und am 1. Oktober habe ich am Europäischen Zentrum für Wohlfahrtspolitik und Sozialforschung (EZ) begonnen. Eine ehemalige Kollegin vom IHS hatte auch dorthin gewechselt und gesagt, dass sie mich gern als Kollegen hätte. Da war viel Glück dabei und auch einige Berechnung, denn Migrationsforschung konnte man in Wien betreiben. Ohne den Lehrgang am IHS wäre es nicht gegangen.

Das EZ ist Mitte der siebziger Jahre gegründet worden, auf Anregung von Bruno Kreisky. Zwischen der Republik Österreich und den Vereinten Nationen wurde ein Vertrag abgeschlossen. Es ist nach österreichischem Recht ein Verein, aber auch eine internationale Organisation, affiliated to the UN (den Vereinten Nationen angeschlossen), und wird zu etwa 10 % durch die Mitgliedstaaten und zu 25 bis 30 % durch die Republik Österreich finanziert. Den Rest treiben wir selbst auf, durch Auftrags- und Antragsforschung. Dieser Anteil ist in den letzten Jahren gestiegen. Auftragsforschung gibt es in Österreich schon, das sind etwa Studien, die von Ministerien in Auftrag gegeben werden. Antragsforschung ist sehr schwer zu bekommen.

Das Problem dabei ist, dass es in Österreich wenige Institutionen gibt, die Fördergelder vergeben. Das Wissenschaftsministerium ist im Grunde kein Wissenschaftsministerium mehr, es hat genau null Forschungsgelder zu vergeben. Diese Agenda wurde an den Rat für Forschung und Technologie abgegeben. In diesem sitzt allerdings kein einziger Sozial- oder Geisteswissenschaftler. Das Wissenschaftsministerium muss an diesen Rat herantreten um sich die Erlaubnis zu holen, dass es etwas fördern darf. Das ist unsinnig. Es ist auch schlecht, wenn der FWF (Fonds für wissenschaftliche Forschung), der auch immer mehr ausgehungert wird, Mitte des Jahres 2003 keine Gelder mehr für den Rest des Jahres vergeben kann, weil alles aufgebraucht ist! Aus diesem Grund sind wir österreichischen Forscher gezwungen, uns mehr auf die europäische Ebene zu verlegen.

Das ist ein Netzwerk von Kollegen

Auch ich muss Projekte »an Land ziehen«. Ich habe bis jetzt immer jemanden gehabt, der das Administrative übernommen hat, der weiß, wie und wo man in Brüssel etwas einreichen kann. Ich übernehme das Inhaltliche, das Wissenschaftliche, und schreibe die Anträge. Das hat bis jetzt gut geklappt.

Im fünften Rahmenprogramm der EU haben wir eine Auswertung gemacht, aus welchem Land die Koordinatoren der Projekte stammen. Da war Österreich knapp hinter Deutschland, Großbritannien und Frankreich an vierter Stelle, wir haben ziemlich gut abgeschnitten als relativ kleines Land. Im Oktober 2004 fängt ein neues Projekt an, das noch größer ist, wo alle derzeitigen 15 EU-Staaten über ihre Staatsbürgerschaftspolitik berichten werden. Dafür habe auch ich den Antrag geschrieben. Wir forschen gemeinsam mit der Akademie der Wissenschaften. Das ist auch eine Eigenart von Österreich. Bei uns wird Migrationsforschung an der Akademie der Wissenschaften, am IHS, am EZ, am ZSI (Zentrum für Soziale Innovation) usw. betrieben. Es gibt zig Institutionen, die einen Teilbereich abdecken. Das ist verwirrend und meiner Meinung nach auch schlecht. Es wäre besser, wenn es mehr gebündelt wäre. Aber es gibt insofern einen Zusammenhang, weil Rainer Bauböck – mein Lehrer am IHS – und Bernhard Perchinig an der Akademie sind, Dilek Çinar und ich am EZ, August Gächter und Barbara Herzog-Punzenberger waren am IHS und sind jetzt am ZSI. Das ist ein Netzwerk von sehr gut bekannten und befreundeten Kollegen. Natürlich kommen wir einander manchmal ins Gehege, aber das läuft freundschaftlich ab. Wenn man weiß, dass ein anderer an derselben Sache arbeitet, schließt man ihn nicht aus, man versucht zusammenzuarbeiten.

Lösungsvorschläge will man nicht hören

Ich habe von 1997 bis 2001 an einem großen Projekt mitgearbeitet, einer Untersuchung der Rechtssituation von Drittstaatsausländern – das sind Nicht-EU-Ausländer – in sieben europäischen Staaten, in Österreich, Deutschland, der Schweiz, Frankreich, Belgien, den Niederlanden und Großbritannien. Wir wollten wissen, welche Rechte Drittstaatsausländer haben, wie es um das Aufenthaltsrecht, das Arbeitsrecht, die sozialen, zivilen und politischen Rechte bestellt ist, wie die Staatsbürgerschaft erlangt werden kann usw. Ich habe da einen Index konstruiert, mit dessen Hilfe ich messen wollte, welches Land welchen Status erreicht hat, also welches Land liberaler ist. Da ist unheimlich viel Arbeit hineingeflossen. Aber es hat sich gelohnt, wir konnten die Ergebnisse so leichter in den Medien platzieren, Grafiken kommen dort nämlich gut an.

Das andere große Projekt 2001/02 war ein sehr technisches: Wenn man ein Phänomen wie die Integration von Ausländern auf dem Arbeitsmarkt international vergleichen will (Welche Art von Jobs bekommen sie? Welche Aufstiegsmöglichkeiten gibt es?), stößt man auf die Schwierigkeit, dass die Daten eines Landes nicht leicht mit denen in einem anderen zu vergleichen sind. In einem Land herrscht gute Datenlage, im anderen nicht, z. B. in Italien. Manchmal weiß man gar nicht, wie es um die Daten in einem Land bestellt ist. Und man kennt die Datenlage nur im eigenen Land gut. Oft ist es unklar, welche Daten man heranziehen könnte. Wir haben acht Länder ausgesucht und Experten gefunden, die ihre Datensätze zuerst einmal beschrieben haben, nach Kriterien wie: Wer erhebt sie? Wie werden sie erhoben? ... Wir wollten damit herausfinden, welche Informationen die besten Bedingungen erfüllen, damit sie für Studien über die Integration von Ausländern herhalten können. Wir haben Rückmeldungen bekommen und die Informationen zu einer Datenbank zusammengefügt, die im Internet unter http://www.compstat.org abrufbar ist. Das war eine ziemlich komplexe Arbeit, ich habe dabei viel gelernt.

Natürlich gibt es im EZ auch großes Interesse daran, Lösungsmöglichkeiten für diagnostizierte Probleme vorzuschlagen. Aber in dieser Beziehung stößt man in Österreich generell auf taube Ohren. Lösungsvorschläge will man nicht hören. Alle Reformen, die in den letzten Jahren durchgeführt worden sind, z. B. die Integrationsvereinbarung, waren kontraproduktiv. Im Oktober 2003, glaub' ich, ist die Asylrechtsnovelle beschlossen worden. Rainer Bauböck hat eine Unterschriftenaktion dagegen organisiert, eine Anzeige in der »Presse« geschaltet, wo 300 Wissenschaftler unterschrieben und damit ausgedrückt haben, dass diese Novelle verfassungswidrig ist. Das Gesetz wurde trotzdem beschlossen, es hält vielleicht zwei Jahre, dann hebt es der Verfassungsgerichtshof wieder auf. Aber in diesen zwei Jahren haben »wir« Asylwerber vom Zugang zum Asylrecht abhalten können, haben sie »triezen« können.

Ich bin der Meinung, dass in Österreich mehr Rechtsstaatlichkeit einkehren müsste, man dürfte vieles nicht von der Gnade der Beamten abhängig machen. Man müsste den Menschen Rechte geben, z. B. auf die Staatsbürgerschaft. Die Werber sollen keine Bittsteller sein, denen man gnadenhalber einen Aufenthaltstitel gibt oder denen man frühestens nach zehn Jahren die Staatsbürgerschaft zuerkennt. In anderen Ländern ist es nach fünf Jahren möglich und man hat einen Anspruch darauf! In Österreich muss man für die Staatsbürgerschaft auch viel bezahlen, für ein Ehepaar mit Kindern kann das bis zu 50.000 Schilling kosten. Wenn der Antragsteller ein Arbeiter ist, ...!

In Wien kommt alle zehn Minuten ein E-Mail

Mein Chef am EZ ist Bernd Marin, der immer wieder wegen der Pensionsreform in den Medien ist. Er ist eine eher schwierige Persönlichkeit. Es gibt viele Leute, die mit ihm Probleme haben, dann gibt es solche, wo er einmal zum Entschluss gekommen ist, sie machen gute Arbeit, dann unterstützt er sie auf Biegen und Brechen. Als ich ans EZ gekommen bin, habe ich ein Buch geschrieben. Bernd Marin war von dieser Arbeit total begeistert. Er möchte nämlich alles sehen, bevor es in Druck geht. Seitdem kann ich »alles von ihm haben«. Ich wollte vor zwei Jahren kündigen um mit meiner Lebensgefährtin Sonja[26] nach Australien gehen zu können. Er hat gemeint: »Das geht nicht, Sie müssen weiterarbeiten!« So wurde ich zum Teleworker. Seit Ende August 2002 bin ich in Sydney, ich mache meine Arbeit von hier aus. Und es läuft wirklich gut. Ich habe im letzten Jahr so viel weitergebracht wie in keinem vorher. Es gefällt mir vor allem deswegen, weil ich in Ruhe arbeiten kann. In der Früh dreh' ich den Computer auf, schau' mir die E-Mails vom Vortag an, arbeite sie ab und dann kommt den Rest des Tages kein Telefonanruf, kein E-Mail mehr rein. In Wien kommt alle zehn Minuten ein E-Mail.

Dafür will sich Howard nicht entschuldigen

Sonja und mir gefällt es hier sehr gut. Ich kann mir keine Stadt vorstellen, die eine idealere Lage hat als Sydney, der Strand, der Hafen, die Nationalparks, die Blue Mountains in der Nähe ... Eine tolle

---

26) Siehe S. 268 ff.

Stadt! Man muss natürlich bedenken, dass die Art und Weise, wie wir hierher gekommen sind, eine besondere ist. Wir bekommen unser Gehalt aus Österreich. Wenn man hier einwandern will und sich auf dem lokalen Arbeitsmarkt behaupten muss, ist es ungleich schwieriger. Das Leben ist aber auch hier schwieriger geworden, und teurer, die Mieten sind relativ hoch, das Parken, die Zigaretten- und Alkoholpreise. Bier kostet im Supermarkt nur etwa die Hälfte wie im Lokal, in Österreich ist es ein Viertel. Wir fragen uns, wie australische Familien hier finanziell überleben können. Viele wohnen deshalb außerhalb, das ist billiger.

Ich beobachte hier auch das politische Geschehen. In Österreich muss man die Frühpensionierungen eindämmen, aber man macht im öffentlichen Dienst genau das Gegenteil. In Australien ist dasselbe Phänomen zu beobachten. Die regierenden »Liberals«[27] sparen, sie nehmen den öffentlichen Schulen Geld weg und stopfen es in die Privatschulen. Pro Schüler bekommt eine Privatschule mehr als eine öffentliche. Außerdem schlägt Premier John Howard auf die Lehrer an den öffentlichen Schulen hin, weil sie keinen Stolz auf Australien vermitteln und nicht die richtigen Werte unterrichten würden. Sie sollen wohl eine Art Gehirnwäsche machen! Howard weigert sich auch noch immer, sich bei den Aboriginals für die Fehler der Weißen zu entschuldigen. Ein Wahnsinn, bis Ende der 60er, Anfang der 70er Jahre hat man Aboriginal-Müttern die Kinder weggenommen, meist Mischlingskinder. Damals ist das angeblich mit guten Absichten passiert, aber heute weiß man es besser. Dafür will sich Howard nicht entschuldigen. Das ist wirklich schrecklich.

Sydney, im März 2004

---

27) die Konservativen; die anderen Parteien sind die Labour Party (die Linken), die Grünen und die National Party, die ihre »strongholds« (Hochburgen) im ländlichen Bereich hat.

Die Fremde lockt!

Wer spürt das nicht manchmal? Den Wunsch, die Sehnsucht, aus der Lebenswelt der eigenen Kindheit und Jugend auszubrechen, sich dem schützenden wie formenden Umfeld von Familie, Nachbarschaft und Freundeskreis zu entziehen, ganz bewusst eine Zäsur in seinem Leben zu machen, eingefahrene Bahnen zu verlassen und seinen Standort im Leben ganz neu zu bestimmen! Die meisten Menschen geben ihrer Sehnsucht aber nicht nach.

Davon, wie es aussehen kann, wenn man diese Träume in die Tat umsetzt, erzählen die beiden folgenden Berichte.

Es gab auch Menschen, viel früher, in der NS-Zeit, die gar nicht vor der Wahl standen, Menschen, denen nur die Flucht das Überleben sicherte. Das verdeutlicht der dritte Bericht.

Ich war nicht der Anpassungstyp!

TINA CARMAN (Goldinger), 49,
eine Tochter, Web-Designerin,
Perth/Western Australia, Australien

Es war für mich und meine Schwester klar, dass wir ins Gymnasium gehen, in dieser Beziehung waren meine Eltern sehr fortschrittlich. Wir haben beide in der Volksschule lauter Einser gehabt. Die Volksschulzeit war wunderschön für mich, obwohl ich mit meiner ersten Lehrerin Pech hatte. Sie hatte mir angekündigt, dass ich sitzen bleiben würde. Dann musste sie aus Krankheitsgründen die Schule verlassen. Sie hatte einen Nervenzusammenbruch – kein Wunder mit mir als Schülerin! Ich habe dann Frau Zeitelberger bekommen, sie war fantastisch, jung, hatte selbst kleine Kinder. Wir haben sie angebetet. In der Volksschule haben wir gute Lehrer gehabt, auch Frau Hikl war eine davon. Ich bin jedenfalls gerne in die Volksschule gegangen, auch die ersten zwei Jahre Gymnasium waren recht angenehm. Später wollte ich die Schule wechseln. Ich hätte damals gerne das Sportgymnasium in Wiener Neustadt besucht.

Dass ich Sport studieren will, habe ich schon früh gewusst. Ich war bei der »Union« in Hollabrunn, da gab es Kinderturnen mit Frau Sturm schon ab zehn. Die Truppe war ein Mischmasch von älteren Mädchen bis zu uns Kleinen. Die einzige Bedingung, dass ich hingehen durfte – es fand nämlich am Abend statt – war, dass meine Freundin Sigrid Weihs auch teilnahm und ihr Vater uns abholte. So hat das Ganze angefangen, als ich noch in der Volksschule war. Das war schön. Ich hatte immer große Freude an der Bewegung. Ich denke, ich bin schon so geboren.

Ich habe keine, absolut keine netten Erinnerungen an das Gymnasium, an die Kollegen schon (Eva Edelmüller, Brigitte Magistris, Hedwig Peyfuß waren einige davon), nicht aber an das System, an die

Lehrer und an die Motivation, die man zum Lernen bekommen hat. Da hat sich die Schule jetzt geändert, was ich so gehört habe. Für mich war es besonders schlimm, weil ich mich nicht so an das System angepasst habe. Ich war eben nicht der Anpassungstyp.

Ich bin ins neusprachliche Gymnasium gegangen, hatte Latein ab der dritten Klasse. In Französisch hatten wir eine nette Lehrerin, die aus Wien kam, in Englisch Professor Skarke. Er machte guten Unterricht. Direktor Scheibenreiter hat nicht mehr unterrichtet, als ich in die Schule gegangen bin, er hat das Regiment geführt. Ich habe es gewagt einmal im Winter bei −20 Grad Jeans in der Schule zu tragen und musste deswegen zum Direktor. Er hat mich angebrüllt, aber ich habe gesagt: »Es ist kalt!« Hinzugefügt habe ich noch, dass meine Mutter mir mit folgenden Worten dazu geraten habe: »Zieh eine Hose an, damit du keine Unterleibskrankheit kriegst!« Daraufhin hat er mich entlassen und meine Eltern vorgeladen. Sie haben bestätigt, dass sie das erlaubt hätten, es sei ja für Mädchen bei dieser Kälte besser, wenn sie Hosen tragen. Dann durften wir »Stoffhosen« tragen.

... meinen heiß geliebten Sport

Außer Turnen hat mich im Gymnasium überhaupt kein Fach fasziniert. Ich habe immer vorgehabt, Sport zu studieren. Religion hat mir recht gut gefallen, in Psychologie/Philosophie hatten wir einen interessanten Unterricht, dank Erika Müller. Sie war jung und fortschrittlich, alle haben sie sehr gemocht. Auch Chemie bei Helmut Wunderl war recht interessant. Aber viele Fächer haben mir das Leben schwer gemacht. Zum Ausgleich hatte ich nur meinen heiß geliebten Sport.

Die Oberstufe im BG Hollabrunn war keine besonders gute Zeit für mich. Die Matura hat mich dann eigentlich nicht so besonders beschäftigt. Ich war sicher, dass ich durchkomme, mit welchen Noten war mir ziemlich gleichgültig. Meine schlechteste Note war ein Dreier, und den habe ich nicht verdient, denke ich halt. Aber es war so.

Man nahm damals Krankenschwestern und Sekretärinnen

Nach der Matura habe ich nicht gewusst, was ich machen soll, und habe an der Pädak in Strebersdorf inskribiert, wo auch meine Schwester studierte. Ich hatte vor Hauptschullehrerin für Turnen zu werden. Nach drei Wochen wurde mir aber bewusst, dass ich nicht unterrichten möchte. Ich wusste es plötzlich ganz genau. Dann habe ich in der Studienbeihilfestelle zu arbeiten begonnen. Ich bekam gleich einen Job, ohne Schwierigkeiten, und stellte meine Eltern einfach vor die vollendete Tatsache.

Mit mir arbeitete ein Mädchen, das unbedingt einige Zeit in die USA gehen wollte. Wir beide sind dann auf das amerikanische Konsulat gepilgert und haben um eine Arbeitsbewilligung, die »green card«, angesucht. Dort hat man uns gesagt, das sei chancenlos, und uns empfohlen es mit Australien zu versuchen, da nehme man alle Bewerber. Das stimmte auch nicht ganz, man nahm damals zwei Berufsgruppen, Krankenschwestern und Sekretärinnen. Ich hatte Glück, denn ich konnte Stenographie. Danach musste ich eine ärztliche Untersuchung über mich ergehen lassen. Man hätte uns schließlich sogar den Flug bezahlt, aber wir wollten ja reisen und in Australien die Möglichkeit haben Geld zu verdienen, um die Weiterreise zu finanzieren. Meine Freundin bekam allerdings dann kalte Füße und reiste nicht mit. Das war ein Jahr nach der Matura.

Nach meinen vier Wochen Kündigungsfrist bin ich gleich aufgebrochen. Es war wirklich anders damals. Australien war in dieser Zeit noch so kleinbürgerlich, dass da keine Gefahr für mich bestand. Es war viel besser als in den USA. Vieles hat sich in der Zwischenzeit geändert!

Ich hatte keine Absicht auszuwandern

Ich habe dann ein Jahr im »Sydney Hilton« gearbeitet, das hat mir viel Freude gemacht. Mit einer Freundin bin ich im Anschluss daran einmal um ganz Australien herumgereist. Ich hatte nämlich beim Pferderennen gewonnen, es war wirklich unglaublich. Denn ich habe vorher nicht einmal gewusst, wie man wettet. Ich war Managerin des »Steakhouse« im »Sydney Hilton« und hatte einen Holländer als Kunden. Dieser hat behauptet, sein Pferd gewinne am Sonntag beim Rennen. Er war sich so sicher, dass er mir meinen Einsatz, sollte ich verlieren, ersetzen wollte. Da ich auf diese Art nichts verlieren konnte, wollte ich mir das einmal anschauen. Meine Freundin hat Dienst gehabt, deswegen bin ich allein hingegangen. Ich musste zuerst fragen, wie man wettet. Das besagte Pferd hatte eine hohe Quote. Weil wir damals bar bezahlt bekamen, hatte ich den Lohn für zwei Wochen in der Tasche. Ich dachte, wenn schon, denn schon! Es war ein Foto-Finish und ich hatte gewonnen. Unheimlich, ich hatte dann plötzlich etwa einen Jahresverdienst auf einmal, in Fünf-Dollar-Noten. Ich habe das Geld überall eingesteckt. Dabei haben mich Polizisten beobachtet und gefragt, wo ich geparkt habe. Sie haben mich zum Auto gebracht und dafür gesorgt, dass ich gut wegkomme. Als meine Freundin vom Dienst nach Hause kam, habe ich das Geld so richtig in die Luft geworfen. Dann habe ich gekündigt und mir Australien angeschaut. Ich hatte eigentlich wenige Habseligkeiten. Von zuhause hatte ich kaum etwas mitgenommen. Ich hatte in Wien ein Apartment eingerichtet, mit allem Drum und Dran, die Kleider hingen im Schrank. Ich hatte überhaupt keine Absicht gehabt nach Australien auszuwandern, sondern wollte reisen, mich orientieren…

… wenn nicht das Wetter gewesen wäre

Ich habe zu meiner Tochter Brie, als sie 18 war, gesagt, dass ich verstehe, dass man in diesem Alter wahrscheinlich nicht weiß, welchen Beruf man wählen oder welche Ausbildung man machen soll. Es geht ja um einen Beruf, den man das ganze Leben ausübt. Wie kann man mit 18 sagen: »Das will ich!« Das ist unmöglich! Deswegen habe ich auch darauf bestanden, dass Brie ein Jahr frei nimmt und reist – obwohl man heutzutage nicht mehr das ganze Leben in einem Beruf bleibt. Zu meiner Zeit war das eher noch so. Ich habe gewusst, ich möchte Sport machen, aber ich möchte nicht unterrichten. Für Leistungssport war es zu spät. Damals hat es noch nicht die Kombinationsmöglichkeiten gegeben wie Sportmedizin, Sportpsychologie und Sport-Dies und Sport-Das.

Jedenfalls bin ich nach Österreich zurückgekommen und habe im Meeresbiologischen Institut an der Universität Wien einen Job bekommen – und einen sehr netten Chef, Rupert Riedl. Ich habe sein erstes Buch, das er damals gerade geschrieben hat, Korrektur gelesen. Riedl ist bald ziemlich bekannt geworden, er hat seither viele philosophische Bücher geschrieben. Ich war so eine Art Sekretärin im Institut. Es passte, dass meine Englischkenntnisse recht gut waren, denn Riedl hatte öfter amerikanische Gastprofessoren am Institut. Er war wirklich ein sehr kluger Mensch und meine Arbeit hat mir recht gut gefallen.

Soweit wäre alles gut gegangen, wenn nicht das Wetter gewesen wäre, Winter, Kälte, Grau in Grau. Ich vermisste die australische Sonne, die Weiten und die Unterbevölkerung des Landes. Deshalb habe ich beschlossen, ich gehe noch einmal für ein Jahr nach Australien. Perth in Westaustralien habe ich mir deshalb ausgesucht, weil es eine kleine Stadt war und ich mich als Frau allein sicher würde behaupten können. Ich habe niemanden hier gekannt. Meine Eltern waren gar nicht erfreut über meinen Entschluss. Ich hielt es jedenfalls in Österreich nicht aus und zog nach Perth. Hier habe ich an der Uni einen Job bekommen, Sport studiert und in einem Restaurant gejobbt. Das war eine Zeit, in der es nur Arbeit und Studium gab. Zunächst habe ich den BA, Bachelor of Arts, gemacht und dann noch ein paar Prüfungen für Sport. Das Gute war ja, dass man damals in Australien für das Studium nicht viel bezahlen musste. Dann habe ich meinen Mann kennen gelernt, habe geheiratet und wurde General Manager in einem Restaurant im Hilton in Perth. Bald darauf habe ich meine Tochter bekommen. Später stellte sich wieder die Frage, was ich arbeiten sollte. Unterrichten wollte ich nicht, was sollte ich sonst machen? Ich habe schließlich Sportwissenschaft studiert und ein paar Tage pro Woche gearbeitet. Das Studium war genau das, was ich wollte. Als ich es abgeschlossen hatte, wurde mir ein Job an der Uni angeboten. Ich habe Vorlesungen gehalten und auf dem Unigelände ein Fitnessstudio aufgemacht. Meine Studenten sollten dort praktizieren, denn das Studium war ziemlich theoretisch. Ich habe 100.000 Dollar zum Einrichten des Studios bekommen, das war richtiges »shopping«!

Mich hat das Internet so fasziniert

Meine Uni-Zeit hat etwa 15 Jahre gedauert, das Fitnessstudio hatte ich zehn Jahre. Dann war ich bereit für etwas Neues. Damals habe ich das Internet für mich entdeckt. Wir hatten an der Uni schon begonnen über Internet zu forschen, was es früher nicht gegeben hat. Ich habe viel Material aus den USA verwendet, denn die Sportwissenschaft hat sich zuerst dort etabliert. Mich hat das Internet so »wahnsinnig« fasziniert, dass ich gedacht habe, ich würde so gerne etwas mit diesem Medium arbeiten. Meine Tochter stand schon vor ihrem Abschluss in der Privatschule, sodass ich keine Geldsorgen hatte. Ich konnte ein Jahr lang ohne Einkünfte durchkommen und eine Ausbildung machen. Langsam habe ich mich dann selbstständig gemacht. Das war 1997, jetzt ist es mein siebentes Jahr. Es hat schon drei bis vier Jahre gedauert, bis es richtig angelaufen ist. Damals war ich, nach acht Jahren Ehe, schon lange geschieden. Zum Zeitpunkt der Scheidung war meine Tochter Brie acht Jahre alt. Finanziell hatte ich es nicht leicht als allein erziehende Mutter. Ich überlegte auch ernsthaft, ob ich mit meiner Tochter nach Österreich zurückgehen sollte um zumindest Unterstützung meiner Familie zu haben. Ich bin mit Brie in den Ferien zurückgekehrt und habe feststellen müssen, dass ich nicht mehr in Österreich leben könnte. Ich würde das schöne Wetter, die Weiten des Landes und das Meer zu sehr vermissen. Dazu kam noch, dass Brie nicht sehr gut Deutsch sprach und Österreich gar nicht kannte. Es war keine leichte Situation, aber ich entschloss mich, vor allem wegen meines Berufes, in Australien zu bleiben. Gott sei Dank hatte ich viele Freunde. In Australien ist es so, dass nicht so viele Leute Familie haben, es sind hier viele allein, weil es viele Einwanderer gibt.

Dann habe ich wieder von vorne angefangen. Ich glaube, das ist in Australien leichter als in Österreich. Ein Grundstück zu kaufen und ein Haus zu bauen ist hier günstiger, die Steuern sind ungefähr gleich hoch.

Das Internet war für mich ein Medium der Zukunft. Was mich besonders gereizt hat, war, dass ich kreativ sein kann. Diese kreative Energie hatte ich vorher nie an mir entdeckt. Ich habe viel zuhause gelernt, einen Fernkurs mit über 50 Einheiten absolviert. Mit dem Kursleiter habe ich Kontakt gehalten, er hat mir zurückgeschrieben. Ohne ihn hätte ich es nicht geschafft. Dann habe ich die erste Webpage für mich selbst gemacht, die zweite für Freunde.

Ich hatte Glück, weil ich sehr früh in das Internet-Geschäft eingestiegen bin. Ich arbeite für verschiedene Ministerien. Das Ministerium für Transport hat mit mir vor kurzem einen Vertrag für drei Jahre abgeschlossen. Wenn man da einmal drinnen ist, läuft es schon. Außerdem habe ich auch private Kunden. Ich mache alle Arbeiten selbst. Für einen Österreicher habe ich auch schon eine Website gestaltet, für die Kianek-Mühle in Pleissing (http://www.mehl.at), obwohl ich diese Mühle nie gesehen habe. Frau Kianek war eine Schulkollegin von mir.

Mit meiner Arbeit bin ich sehr zufrieden. Die Arbeitszeit ist flexibel, ich kann von überall in der Welt aus arbeiten. Den Unterricht an der Uni habe ich auch genossen, aber ich finde, ich habe jetzt ein ruhigeres, stressfreieres Leben. Finanziell stehe ich mittlerweile gar nicht mehr unter Druck. Man braucht hier, wenn man sich etwas geschaffen hat, sehr wenig Geld, um ein gutes Leben zu haben. Man kann gesund und billig essen. Es kostet nichts an den Strand zu gehen. Ich könnte jetzt allerdings nicht mehr in einer Wohnung leben. Man lebt in einem Haus viel mehr mit der Natur. Ich habe mich auch daran gewöhnt, dass es hier sechs Monate sommerlich ist, selbst im Winter scheint die Sonne sehr oft und ich liebe es von dem Geschrei der Papageien und dem Anschlag der Meereswellen an den Strand aufgeweckt zu werden. Ich würde den Winter in Österreich, die vier Monate Grau in Grau, nicht mehr aushalten.

Mit dem Oxford-Englisch kommt man hier nicht weit

Meine Freunde, besonders diejenigen, mit denen ich jahrelang um 5 Uhr früh mein Marathon-Training ausgeübt habe, sind mir sehr wichtig, ohne sie hätte ich die Scheidung und die Zeit danach nicht überlebt. Man verliert durch die Scheidung viel an Selbstvertrauen. Als ich nach Sydney gekommen bin, habe ich auch einmal mein Selbstvertrauen komplett verloren, weil ich geglaubt habe, ich kann Englisch. Ich habe es acht Jahre gelernt, bin in England gewesen und in Australien spricht man ja auch Englisch. Ich habe gedacht: »Da kann mir überhaupt nichts passieren!« Dann habe ich zu arbeiten begonnen und mir fehlten einfache Wörter wie Petersilie. Diese praktischen Dinge lernt man ja nicht in der Schule. Ich musste zu einer Mitarbeiterin sagen, sie soll mir Petersilie holen. Aber ich konnte doch nicht mit dem Wörterbuch kommen und nachschauen, was das heißt. Das war sehr unangenehm.

Im Hilton Sydney war mein Chef ein alter Neuseeländer. Diese sind, was die Aussprache betrifft, ja noch ärger als die Australier. Und ich war so schüchtern. Er hat mir in der Früh auf die Schulter geklopft und immer zu mir: »How are you going, mate?« gesagt. Aber er hat so viel von dem Satz verschluckt, dass ich das nicht verstanden habe. Eines Tages, ich war nicht so gut gelaunt, habe ich gekontert: »Bin ich ein Pferd, dass du mich zur Begrüßung klopfst wie verrückt? Und außerdem, was sagst du da jeden Tag in der Früh zu mir?« Er hat sich ziemlich amüsiert. Man kommt hier mit seinem Oxford-Englisch eben nicht weit.

Ich muss schon sagen, dass wir in der Schule Grammatik und geschriebenes Englisch viel besser gelernt haben als die Leute hier. Bei den Kollegen hier in Australien war ich eigentlich in diesen Bereichen immer eine Instanz. Sie kamen oft mit der Bitte: »Kannst du mir das durchlesen?«, obwohl sie hier gute Privatschulen besucht hatten. Die alte Art des Sprachunterrichts, wie ich sie genossen habe – keine Fehler zu machen –, hatte zur Folge, dass meine Rechtschreibung in Englisch um vieles besser ist als bei den Natives. Unser Unterricht war allerdings nicht auf Kommunikation ausgerichtet. Wenn man etwas nicht gewusst hat, hat man es nicht geschrieben. Ich habe jetzt hier keine Probleme mit der Sprache, ich kann mich mittlerweile in Englisch viel besser ausdrücken als in Deutsch, weil ich es jeden Tag verwende. Englisch lese ich, in Englisch habe ich eine Ausbildung gemacht, ich denke und träume englisch. Ich kann nicht mehr »g'scheit« Deutsch reden, würde ich sagen. Das Wort Klimaanlage z. B. hat es zu meiner Zeit noch nicht gegeben, da muss ich mich bemühen, dass es mir einfällt. Viele Computerausdrücke und Begriffe aus dem Turnen hat es in meiner Jugend noch nicht gegeben.

Ich habe nach wie vor noch die österreichische Staatsbürgerschaft und denke nicht daran, das zu ändern. Den Pass muss ich immer wieder verlängern lassen, im Konsulat in Perth. Das dauert zwar lange, aber wenn man es zeitgerecht macht, geht es.

Ich darf hier nicht wählen, kein politisches Amt annehmen und nicht zur Armee gehen. Hier ist der Dienst in der Armee bezahlt, man geht freiwillig hin. Es ist ein Beruf wie jeder andere, auch für Frauen.

Außerdem gibt es die Reservisten. Sie machen die Grundausbildung und haben einmal pro Monat ein Wochenende Dienst. Das bringt einen guten Nebenverdienst.

Sie sind »laid back«

Die Australier sind ein anderer Menschenschlag als die Österreicher. Sie sind lockerer, »laid back« heißt das hier, großzügiger und toleranter. Du musst dir vorstellen, dass hier viele verschiedene Nationalitäten nebeneinander wohnen. In Österreich, das hab ich in einem Internet-Forum gelesen, hat sich jemand aufgeregt, weil die Lehrerin seiner Tochter ein Kopftuch trägt. Das stört doch den Unterrichtsablauf nicht, ob sie Muslimin ist oder nicht.

Die Australier sind auch gemütlicher, es ist hier alles viel lässiger, »No worries!« Die Kleidung ist sehr leger, das hängt wohl auch mit der Hitze zusammen. Als ich einmal in Wien bei meiner Schwester zu Besuch war, hat sie gemeint, ich könne nicht »so« (in Shorts und T-Shirt) ins Geschäft gehen. Aber ich wollte nur Milch holen, nicht ins Restaurant gehen!

Man ist in Australien im Umgang miteinander auch nicht so förmlich. Ich habe das erst lernen müssen. Im Hilton habe ich anfangs zu meinem Boss nicht Fred sagen können, nur Mr Matti. Er hat sich deswegen krumm gelacht. Es hat mich immer wieder erstaunt, wie stark ich durch bestimmte Regeln oder Verbote aus meiner Jugendzeit geprägt war, wie lange ich gebraucht habe, das abzulegen. Auf der Uni gibt es eine große Rasenfläche mit dem Uni-Logo in der Mitte. Ich bin lange Zeit rundherum gegangen. Ich konnte nicht quer drüber gehen. Jetzt kann ich es.

Wenn ich nach der Matura nicht weggegangen wäre, sondern wie alle anderen studiert hätte, wenn ich nie woanders gelebt hätte, dann wäre mir vermutlich nichts abgegangen. Wenn du einmal woanders lebst, wo es besser und leichter ist, dann bist du zwischen den zwei Welten hin- und hergezogen. Dann bist du weder in Österreich noch in Australien zuhause. Diese »Heimatlosigkeit« dauert jahrelang. Jetzt fühle ich mich in Australien zuhause. Mein Fortgehen war auch ein bisschen Flucht, ich wollte unbedingt reisen, aber ich hatte keine Absicht für immer wegzugehen. Ich dachte eben, dass ich mir unbedingt einmal etwas von der Welt anschauen will, bevor ich mich auf ein sechsjähriges Studium einlasse.

Sie haben dieses »walkabout« in sich

Auf meinen Reisen habe ich in der Wüste Aboriginals kennen gelernt, das war faszinierend. Aber diejenigen, die man in der Stadt trifft, sind ein Problem. Als ich verheiratet war, haben wir in einem kleinen Haus mit Bullnose-Veranda gelebt. Nebenan wohnten zwei Aboriginal-Männer und eine weiße Frau. Die Männer haben jeden Mittwoch ihre Unterstützung gekriegt und jeden Mittwoch »hat es sich abgespielt«. Sie haben z. B. den Wohnzimmerboden aufgerissen und dort Feuer gemacht. Mit der Unterstützung könnten sie leben, aber die meisten versaufen das Geld nur.

Eine andere Erfahrung habe ich auch noch gemacht, mit »Mischlingen« – die meisten sind ja nicht reinrassig. An der Uni waren zwei in einer Fußballmannschaft, die bei mir einen Kurs belegt hatten. Da gab es die Direktive, man müsse sie bei Prüfungen durchlassen. Einmal habe ich eine Frau kennen gelernt, die ein Achtel Aboriginal-Blut in sich hatte. Sie kriegte deshalb ein hohes Stipendium, das finde ich auch nicht richtig. Ich weiß für das Problem »Aboriginals« aber auch keine Lösung.

Die Aboriginals sind urtümlicher, das kann man nicht anzweifeln. Außerdem haben sie dieses »walkabout« in sich, sie können nicht sesshaft werden. Ich habe schon erlebt, dass jemand einen Job hat und eines Tages einfach nicht kommt, weil er in die Wüste geht oder jagt oder sonst etwas. Dann kommt er zurück und will seinen Job wieder haben. Wenn einer studiert und etwas aus sich macht, kommt seine ganze Familie und hängt sich an ihn. Sie campieren in seinem Garten und wollen sein Geld haben. Er entkommt ihnen nicht. Wohin er auch geht, sie kommen nach, nach Darwin oder nach Perth. Er kann sie nicht rauswerfen, weil sie sein Stamm sind.

Die Australier haben die Ureinwohner im 19. Jahrhundert wirklich äußerst schrecklich behandelt. Sie sind an Sonntagen sogar Aboriginals jagen gegangen. Jetzt haben diese die Möglichkeit eine Art

Wiedergutmachung zu fordern. Sie erheben Ansprüche auf Land, wenn es für sie heiliges Land ist. Im Zentrum von Perth, zu Füßen des Kings Parks, wo ich mit meiner Freundin und unseren Hunden den Samstagsspaziergang mache, liegt die ehemalige Swan Brewery, die zu Luxuswohnungen und Lofts umgebaut worden ist. Vor Baubeginn haben die Aboriginals behauptet, dort sei heiliges Land, es gehöre ihnen. Sie ließen sich ihre Ansprüche dann um zehn Millionen Dollar abkaufen.

Es ist in der Vergangenheit viel Grausames passiert. Noch in den fünfziger Jahren haben Missionare Aboriginal-Kinder von ihren Familien getrennt und in weißen Familien erziehen lassen. Frauen in meinem Alter sind davon betroffen. Entsetzlich! Es gibt jetzt noch Familienzusammenführungen. So ein Schicksal – ein Eingeborenen-Mädchen, das von der weißen Familie weggelaufen ist und ihre Mutter sucht – wurde in dem Film »Rabbit Fence« aufgearbeitet.

Es ist für mich eine andere Welt geworden

Was sich in Österreich politisch und gesellschaftlich abspielt, kommt schon bis nach »down under«. Erstens lese ich österreichische Nachrichten. Zweitens habe ich am Anfang meiner Internet-Ära viele Leute in »Vienna online« kennen gelernt. Und wir machten vor Jahren das erste Internet-Treffen, das es gegeben hat. Das war zu einer Zeit, in der noch sehr wenige Leute Internet hatten. Ich habe aber auch vorher schon viel mitgekriegt, was in Österreich vor sich geht, durch meine Eltern und meine Schwester. Ich schreibe jetzt noch gelegentlich in Foren mit. Ich lese dort aber mehr und erfahre, was die Leute für Alltagsprobleme haben. Selten kommentiere ich etwas, denn es ist für mich schon eine andere Welt geworden, aber mich interessiert es. Die Alltagsprobleme sind hier ganz anders. Wenn ich in Wien lebte, hätte ich kein Auto, ich brauchte es höchstens fürs Wochenende. Hier kann man ohne Auto nicht sein, da gibt es zwei oder drei pro Familie. In Australien ist es mehr oder weniger wurscht, ob du modern angezogen bist oder nicht. Ich ziehe schon ein Kostüm an, wenn es einen offizielleren Anlass gibt, aber dass dieses Kostüm schon zwei Jahre alt ist, kümmert niemanden. Hier ist man weniger modebewusst, es gibt andere Prioritäten. Die Leute konzentrieren sich mehr darauf, dass sie

»a good time« haben, viel Lebensqualität. Geld ist nicht so ein Thema wie in Österreich. Wenn ein »typischer Australier« die Wahl hat, ob er sein Haus renoviert oder nach Bali auf Urlaub fliegt, dann wählt er letzteres. Das Haus ist ihm egal, es ist ihm auch egal, was die Nachbarn sagen. Das ist in Österreich, glaube ich, nicht so, zumindest in meiner Zeit war es nicht so. Geld ist hier nicht alles. Die Menschen in Österreich sind in so ein Radl eingespannt, sie haben Stress. Ich finde aber, man macht sich den Stress in Österreich eher selbst. Man steht nicht so unter Druck, wie man glaubt. Man muss nur auf manchen Luxus und auf Perfektion verzichten. »Impromptu parties« sind z. B. hier ein alltägliches Erlebnis, besonders an Wochenenden.

Ich habe mich in vielem angepasst

Das Alltagsleben ist in Australien stressfreier. Über mich hat man oft gelacht, weil hier nie jemand pünktlich ist. Und ich kann nicht unpünktlich sein, ich kann es ganz einfach nicht. Ich bin eher eine halbe Stunde früher dort als zu spät. Zum Unterricht war ich immer schon vor den Studenten da. Pünktlichkeit ist mir so eingetrichtert worden. Sie ist ein Ausdruck dafür, dass man den anderen schätzt. Die Australier kümmert das nicht. Wenn es nicht geht, geht es eben nicht. Die Konsequenzen bei Unpünktlichkeit sind auch nicht groß. Das Leben kommt deswegen nicht durcheinander. Ich habe mich auch in vielem angepasst, bezüglich Pünktlichkeit nicht, aber in anderen Dingen schon. Trotzdem machen es sich die meisten leichter als ich, sind entspannter, auch auf dem Arbeitsplatz. Es herrscht in der Arbeitswelt generell nicht so viel Druck, dadurch entsteht auch weniger Gegendruck.

Ich wurde natürlich durch meine Kindheit geprägt, habe die Werte meiner Eltern übernommen, was meiner Karriere in Australien förderlich war. Ich bin seit 1975 hier, wieder in Österreich zu leben wäre für mich jetzt unvorstellbar.

Perth, im Februar 2004

Du kannst dich immer ein bisschen neu erfinden!

SONJA HOLOCHER-ERTL, 33, liiert, stellvertretende Handelsdelegierte in der Außenhandelsstelle der Wirtschaftskammer Österreichs in Sydney, Australien

In der Keimgasse war ich nur in der Unterstufe, begonnen habe ich im September 1981. Ich erinnere mich gut an den Anfangsunterricht in Englisch. Ich habe damals gar nicht gewusst, wie man eine Fremdsprache lernt. Bei der ersten Vokabelprüfung hat sich das herausgestellt. Nach einiger Zeit bekamen wir Frau Professor Hantsch, sie gab gleich Vollgas. Wir haben viel bei ihr gelernt, ich war mit dem Unterricht sehr zufrieden. Da wurde eine gute Grundlage gelegt. Ich bin ja eher ein Sprachen-Typ, habe mich bloß aus Familientradition für das Realgymnasium entschieden. Es war allerdings die falsche Entscheidung. Geometrisches Zeichnen war für mich schrecklich.

Ich hätte mehr rausholen können

Nach der vierten Klasse bin ich in die Handelsakademie gekommen. Ich habe auch daran gedacht in die HBLA zu gehen, aber meine Eltern waren dagegen. Sie meinten, da hätte man »von jedem Dorf einen Hund«. Die HAK würde eine konkretere Berufsausbildung im kaufmännischen Bereich vermitteln. Ich habe mir in der HAK auch nicht schwer getan. In meiner Klasse habe ich die meisten Fehlstunden gehabt. Was ich Schule gestagelt hab'! Das war für mich ein Kavaliersdelikt. »Anything goes« war halt meine Einstellung. Ich habe nicht das Gefühl, dass ich verantwortungslos war. Überarbeitet habe ich mich beim Lernen nicht, bin relativ leicht durchgekommen. Der Unterricht hat mich schon interessiert. Manchmal denke ich, meine Mutter hat mir zu viel durchgehen lassen. Die Lehrer haben, glaube ich, nichts vom Schwänzen mitbekommen. Weil auch meine Noten gestimmt haben, war mein Fehlen weiter kein Problem. Es war eine ziemlich lockere Zeit, auch von den Unterrichtsstunden her. Ich glaube, in der ersten Klasse haben wir nur 30 Stunden gehabt. Ich hatte den Eindruck, ich gehe um neun Uhr hin und bin um zwölf schon wieder zuhause. Wenn man das mit der HTL vergleicht! Dort kommen die Schüler viel mehr dran. Im Nachhinein gesehen muss ich sagen, ich hätte mehr aus der Schule rausholen können, wenn ich mehr Tritte in den Hintern bekommen hätte. Aber es hat auch so geklappt. Und ich weiß nicht, wie ich auf mehr Druck reagiert hätte.

Ich habe während der dritten und vierten Klasse HAK an drei Nachmittagen Kinder beaufsichtigt, von 14 bis 19 Uhr. Zuerst die Tochter der Leiterin der Ballettschule in Mödling, dann waren es drei Kinder und ein Hund. Das habe ich lange gemacht. Da ist ziemlich viel Zeit draufgegangen, obwohl ich diese Zeit sinnvoll verbracht habe. Meine Mutter meint inzwischen, dass ich mir damit die Lust auf eigene Kinder verdorben habe, weil ich genau weiß, wie viel Arbeit es ist.

Vom Zeitaufwand her war die HAK also sehr »nett«, auch von den Lehrern her. Wir hatten einen sehr angenehmen Deutsch- und Französisch-Professor, in Englisch hatten wir Frau Professor Pregernig. Französisch war neu dazu gekommen, in dieser Sprache habe ich mir von Anfang an leicht getan. Die Scheu vor dem Sprechen hatte ich schon in Englisch überwunden. Und die Tatsache, dass Französisch ganz anders ist, hat mir nichts ausgemacht.

Das lernst du sonst nirgends

Mit den Fremdsprachen ist bei mir auch die Reisefreudigkeit gekommen, die dann im Studium darin gemündet hat, dass ich im ersten Studienabschnitt ein Trimester in England verbracht habe, an der University of Surrey, eine halbe Stunde südlich von London. Das war einfach ein ganz netter erster Auslandsaufenthalt. Wir waren zehn Studenten von der Wirtschaftsuniversität. Ich bin nach der Matura auf die WU gegangen, habe Handelswissenschaften inskribiert, das Paradestudium für HAK-Absolventen. Ursprünglich wollte ich an der Hauptuni studieren, aber bald hat es mich irgendwie auf die WU verschlagen. Die WU war schon sehr überlaufen, aber alles war verdammt gut organisiert. Ich musste nur einmal eine Prüfung verschieben, weil ich zu spät dran war und zu viele Kandidaten angemeldet waren. Ich bin in jedes Proseminar oder Seminar reingekommen, manchmal schon mit Bitten und Betteln, weil ich zu spät dran war. Aber es ist immer gegangen.

Der erste Studienabschnitt ist für Handelswissenschaftler und Betriebswirtschaftler ziemlich gleich, Volkswirtschaft und Internationale Betriebswirtschaftslehre wurden damals in Wien erst neu etabliert, das lief noch recht chaotisch.

Das Programm in Surrey war ganz anders, sprachorientiert. Ich habe die Professoren in Wien dazu überredet, dass ich das brauche, und ein »Joint-Study-Stipendium«[28] bekommen. Das hat mir, was die englische Sprache betrifft, wirklich viel gebracht. Ich hatte einen Übersetzungskurs vom Englischen ins Deutsche belegt. Dort war außerdem eine Uni-Assistentin, die mit uns Business-Englisch gemacht hat. Sie hat uns z. B. das Telefonieren beigebracht, die ersten Sätze, wenn du das Telefon abhebst, dass du nicht sagst, dass dein Kollege momentan auf dem Klo ist, sondern nicht auf seinem Platz usw. Ich bin so froh, dass ich das damals gelernt habe, das lernst du sonst nirgends, auch nicht in der HAK. Ich habe von diesem Trimester sehr viel mitgenommen. Meine erste Auslandserfahrung war gleich einmal sehr positiv. Es war auch ein schöner Campus, ein nettes Campus-Leben.

Man hat es mir klipp und klar gesagt

Nach meiner Rückkehr habe ich mich sofort für ein Praktikum bei der Wirtschaftskammer beworben und habe die Stelle in Sydney bekommen, im selben Büro, in dem ich jetzt sitze, noch dazu in den Hauptferien. Die Praktika in den Außenhandelsstellen der Wirtschaftskammer laufen das ganze Jahr, das heißt, du bewirbst dich für einen Zeitraum, eine Region und eine Sprache. Und dann nimmst du am besten das, was du bekommst. Für die »besseren Plätze« braucht man schon jemanden, der »anschiebt«. Das war mir nicht klar, aber man hat es mir klipp und klar gesagt. Ich habe die Unterlagen an der

---

28) ermöglicht ein Studium an einer ausländischen Partneruniversität ohne Studiengebühren

Landeskammer eingereicht. Die Sekretärin hat mich gefragt: »Haben Sie jemanden, der Sie protegiert?« – »Noch nicht!« – »Englisch, Sie wollen nach Übersee, mit erster Präferenz Australien – Sie brauchen jemanden!«

Da gibt es einen entzückenden Onkel von mir, einen Cousin meiner Mutter, der eine tolle Karriere als Koch gemacht hat, Sous-Chef im Sacher war und im »Seniorenklub« gekocht hat, Franz Zodl. Er lehrte an der Universität und ist jetzt Direktor der Gastgewerbefachschule der Wiener Gastwirte auf dem Judenplatz und Präsident des Verbandes der Köche Österreichs. Er ist ein unglaublicher Mann, der den Schmäh, den er im Fernsehen hatte, auch im wirklichen Leben gehabt hat. Ich erinnere mich daran, dass meine Schwester und ich einmal im »Häferlgucker« mit ihm gekocht haben. Wir waren so konzentriert, dass wir kein einziges Mal aufgeschaut haben. Mich hat aber diese Verwandtschaft kulinarisch nicht besonders geprägt.

Ich bekam jedenfalls mein Praktikum in Sydney, sechs Wochen, von Anfang Juli bis Mitte August 1995. Ich habe dann auch gleich mein Diplomarbeitsthema mit Australien verbunden. Nach einer tollen Reise mit meinem Freund Harald[29], die uns ins Northern Territory, nach Darwin, in den Kakadu National Park, nach Katherine und Cairns geführt hat, blieb ich noch sechs Wochen in Sydney und habe für meine Diplomarbeit recherchiert. Ich habe viel Material nach Österreich geschleppt und dort hat es noch ewig gedauert, bis ich zu schreiben begann.

1998 habe ich mein Studium abgeschlossen, Australien aber immer im Hinterkopf behalten. Bei jeder Bewerbung um einen Job habe ich darauf geachtet, dass es größere Firmen sind, die auch »was in Australien« haben. Das war für mich immer der Traum, mich innerhalb eines Unternehmens langsam dorthin zu bewegen, dass ich nach Australien gehen kann.

Eine Hühnermistverbrennungsanlage in Schottland

Noch vor Studienabschluss hatte ich mich bei »Austrian Energy« beworben, das lief über CEMS, die Community of European Manage-

---

29) Siehe S. 243 ff.

ment Schools. Über CEMS habe ich noch eine Zusatzausbildung angeschlossen, ich war dadurch ein Semester in Norwegen und habe ein paar Kurse und Sprachprüfungen absolviert. Das war auch sehr interessant. Ich habe mich ebenfalls bei ein paar anderen Unternehmen beworben, aber der Job bei Austrian Energy in Wien war der interessanteste, weil die Firma international arbeitete. Ich habe bei Austrian Energy angefangen, einer Tochter der VA-Tech, die dann leider in Konkurs gegangen ist. Was davon übrig geblieben ist, wurde von Mirko Kovats übernommen. In der Austrian-Energy-Unternehmensgruppe gab es über die VA-Tech-Mutter schon ein Büro in Australien, aber es war schwer, von einem österreichischen Posten dann auch wirklich ins Ausland zu wechseln. Das wird einem allerdings erst klar, wenn man »drinnen ist«. Ich kam ins kaufmännische Projektmanagement für Anlagenbau, also für Kraftwerksprojekte. Da gab es ein Riesenprojekt in der Türkei, ein 2 x 160-Megawatt-Kohlekraftwerk. Mein zweites Projekt war klein – im Umfang von etwa 150 Millionen Schilling. Da haben wir im Dreierteam gearbeitet. Es handelte sich um eine Hühnermistverbrennungsanlage in Schottland. Es war eine kleine Anlage 60 Kilometer nördlich von Edinburgh, die gut in der Landschaft verschwunden ist. Und ich habe die Farben für die verschiedenen Anlagenteile ausgesucht! Es war ziemlich spannend, denn es war das erste Mal, dass wir so einen Brennstoff verwendet haben. Als dann die Baustelle eröffnet worden ist, hat uns der Baustellenleiter ein Paket mit Hühnermist ins Büro geschickt. Mein Kollege Michael hatte nichts Besseres zu tun und riss das Paket auf. Das hat bestialisch gestunken! Aber der Job war sehr interessant, weil ich beim kaufmännischen Teil – es waren bei so einem Projekt immer ein Kaufmann, meist eine Kauffrau und ein Techniker dabei – das gesamte kaufmännische Management gemacht habe. Solche Bauprojekte werden äußerst knapp kalkuliert und man versucht dann ständig dem Kunden Geld für Zusatzleistungen rauszureißen. Ich habe viel dabei gelernt, es war auch viel negativer Stress dabei. Aber wir haben in einem ganz tollen Team gearbeitet, einen ganz tollen Chef gehabt. Als das Unternehmen 1999 von der deutschen Babcock übernommen worden ist, hatte ich das Gefühl, dass es abwärts ging.

Die Projektmanagement-Abteilung ist dann von jemandem übernommen worden, der den Sitz in Linz hatte und der relativ offen gesagt hat, dass er von kaufmännischen Projektmanagern nicht viel und von Frauen in diesem Bereich gar nichts halte. Wir haben ihn nicht oft zu Gesicht bekommen, wir haben ihn nicht rasend interessiert. Unter demjenigen, unter dem ich dann gekündigt habe, hätte ich es mir wieder vorstellen können zu arbeiten, weil er nämlich »viel drauf gehabt hat«. Er war auch nett und versuchte, die Abteilung wieder aufzubauen. Aber es war zu spät. Im Anschluss bin ich für ein Jahr zur OMV gegangen, das war vom Job her auch recht interessant, aber nicht so interessant wie bei Austrian Energy. Ich war im Bereich Erdgas eingesetzt, der gerade vor der Liberalisierung gestanden ist. Dieser Bereich war damals »paralysiert«, es ging um Strategiefindung. Wir konnten uns nirgendwohin bewegen, das war unbefriedigend. Ich hatte zwar sehr nette Kollegen, aber das reichte nicht. Dann ist für mich die Auslandsoption wieder aktuell geworden.

Das ist sich gerade noch ausgegangen

Ich hatte mich 1998 nach dem Studium auch gleich bei der Wirtschaftskammer – Abteilung Außenwirtschaft – beworben. Ich wäre genommen worden, aber damals hat man mir bei Austrian Energy das Projekt in Schottland angeboten, das für mich viel spannender war, und vor allem eine große Herausforderung. Dieses Projektmanagement so jung zu bekommen war toll. Wir haben das Projekt vorwiegend von Wien aus abgewickelt. Ich habe die Baustelle erst gesehen, als ich nicht mehr bei Austrian Energy war. Am Anfang meiner OMV-Zeit habe ich das Projekt noch weiter betreut und ein paar Mal am Abend noch eine Stunde dafür gearbeitet. Als Belohnung bekam ich die Reise zur Baustelle nach Schottland.

Wegen Austrian Energy hatte ich also zunächst bei der Wirtschaftskammer abgesagt. Aber jetzt wurde es knapp wegen der Altersbeschränkung von 27 Jahren, mit Auslandserfahrung 28. Ich habe die Bewerbungsunterlagen im März abgegeben und im April bin ich 28 geworden. Das ist sich gerade noch ausgegangen. Ich habe den Aufnahmeprozess noch einmal durchgemacht und sie haben mich netterweise noch einmal genommen. Dann ist im Jahr 2000 – das war absehbar – der Posten in Australien frei geworden. 1998 hätte ich gar keine Chance gehabt hierher zu kommen, weil es eine Drei-Jahres-Rotation gibt. Wenn man Australien nicht in »seinem Radl« hat, hat man keine Chance hineinzukommen, höchstens wenn jemand früher ausscheidet. Ich war unheimlich glücklich darüber, wie sich alles ausgegangen ist. Im September 2000 habe ich begonnen, war zuerst fast ein Jahr zur Weiterbildung in Wien, neun Monate Kurse und eine Abschlussprüfung. Mitte Juli 2001 bin ich nach Sydney gekommen. Jetzt sind es fast drei Jahre. Das Büro der Außenhandelsstelle der Wirtschaftskammer Österreichs liegt in Downtown, in der Nähe der Harbour Bridge.

Was nichts kostet, ist nichts wert

Die Arbeit hier ist sehr praxisbezogen, weil wir täglich eine Anzahl verschiedener Anfragen von österreichischen Unternehmen hereinbekommen, Unternehmen, die entweder schon mit Australien zu tun haben oder die hier einen Markt aufbauen wollen und von uns Markt-, Rechts- und Steuerinformationen brauchen. Wir sind ein Servicebetrieb für österreichische Firmen, die hier Geschäftsinteressen haben, unsere Spiegelorganisation in Australien ist »Austrade«. Wir sind rein unternehmensfinanziert, aus Kammerbeiträgen. Deshalb können wir auch nicht für jemanden arbeiten, der kein Mitglied ist, ausgenommen die Ministerien, da gibt es natürlich Regelungen. Aber im Grunde sind wir für unsere Mitglieder da, die unsere Leistungen bis zu einem gewissen Grad kostenlos erhalten. Nicht-Mitglieder müssen seit Jänner 2002 für die Leistungen bezahlen. Diese Regelung gab es auch schon früher, aber jetzt werden wirklich Rechnungen gelegt. In Österreich gibt es eine Pflichtmitgliedschaft für Unternehmen, die aufgrund der Gewerbeordnung bestehen. Aber nicht 100 % der Unternehmen sind Unternehmen im Sinne der Gewerbeordnung. Dann gibt es die Anwälte, Architekten und Steuerberater, die ihre eigenen Kammerorganisationen haben. Auch von ihnen kommen durchaus einmal Anfragen herein. Für diese Leistungen legen wir Rechnung, es sei denn, ihr Klient ist unser Mitglied, dann bekommt dieser die Information direkt von uns. Informationen sind etwas wert, nichts gibt es gratis. Das ist auch nie ein Problem, denn diese Unternehmer sind es gewohnt für Leistungen zu bezahlen, sie verrechnen es ihren Klienten einfach weiter. Was nichts kostet, ist nichts wert.

Wir sind eine Körperschaft öffentlichen Rechts und werden streng geprüft, wir haben ein eigenes Kontrollamt. Es sind alle Parteien darin vertreten, das bedeutet schon sehr viel Eigenkontrolle. Man kann und soll sich »nichts erlauben«, das ist auch gut so. Gerade die Kammerorganisationen sind in den letzten Jahren in den Medien sehr stark angegriffen worden. Ich glaube nicht, dass es viele Beispiele für Bereicherung gibt.

Österreich hat einen riesigen Handelsbilanzüberschuss

Wie interessant ist Australia für Austria? Es ist wenig bekannt, dass Australien ein ausgezeichneter Exportmarkt für Österreich ist. Wir haben rund 450 Millionen Euro von Österreich herexportiert und umgekehrt sind es 47 Millionen. Wir haben einen riesigen Handelsbilanzüberschuss. Den größten Anteil daran hat der Automobilbereich, irgendeine Mercedes-Diesel-Klasse wird in Österreich produziert, der Jeep Cherokee von Chrysler auch. Einige der hier sehr populären Automodelle kommen aus Österreich. Dann kommen schon die KTM-Motorräder und sehr stark ist der Spezialmaschinenbereich. Aber der Automobilbereich ist führend. Das, woran jeder denkt, z. B. Mozartkugeln, ist unbedeutend, der Lebensmittelbereich ist schwach vertreten. Ausnahme ist Red Bull, dieser Energy Drink ist das drittstärkste Einzelexportprodukt. Red Bull hat im letzten Jahr 17 % Exportzuwachs gehabt, das Unternehmen wächst, das ist irrsinnig. Es hat den Markt hier komplett in der Hand. Es gibt auch andere Energy Drinks, die neben Red Bull einen kleinen Marktanteil haben. Die Red-Bull-Story ist sehr interessant. Der Salzburger Dietrich Mateschitz hat, glaub ich, die weltweiten Vermarktungsrechte außer in Thailand. 1995 wollte er sein Produkt nach Australien exportieren, aber es ging nicht, weil es nicht dem australischen Lebensmittelstandard entsprochen hat. Es konnte aber in Neuseeland eingeführt werden. Und weil Neuseeland und Australien ein sehr starkes Wirtschaftsabkommen haben, d. h. dass man alles, was man in Neuseeland hat, auch in Australien einführen darf und umgekehrt, ging es dann. Dieses Schlupfloch hat die Außenhandelsstelle gefunden. Bis vor eineinhalb Jahren ist das gesamte Red-Bull-Kontingent über Neuseeland gekommen. Dann ist eine wirkliche Lex Red Bull beschlossen worden, eine Änderung des Lebensmittelstandards für »coffeinated beverages«. Jetzt ist ein Direktimport möglich.

Die Arbeit läuft hier ein bisschen anders ab als in Europa, weniger stressig, weil man nicht dauernd unterbrochen wird. Hier müssen wir nicht sofort reagieren, wir können ein bisschen überlegen, weil die Anfragen schriftlich hereinkommen. In Europa rufen die Leute an und sie erwarten sofort eine Antwort, die sie in der Regel auch kriegen. Wenn ich allerdings direkt mit Wien etwas abklären muss, ist es wegen der Zeitverschiebung mühsam. Da telefoniere ich oft abends von zuhause.

Das »Herumgondeln« taugt mir

Mir gefällt es hier sehr gut, ich muss viel telefonieren und im Internet recherchieren. Zur Zeit mache ich, da mein Chef, der Handelsdelegierte, nicht da ist, gar nicht so viel von den Marketingrecherchen. Geschäftspartnersuche, kleine Marktstudien usw. erledigen »unsere Jungen«, Barbara und Cameron. Ich mache alles, was Quarantäne, Steuer- und Rechtsrecherchen betrifft, und sonst geht momentan viel Zeit für die Korrektur drauf. Barbara und Cameron sind Australier. Bei Cameron muss ich bei allem, was schriftlich hinausgehen soll, viel an den Formulierungen verändern und Fehler ausbessern. Natürlich sind Fehler drinnen, das ist ganz klar, ich schreibe auch nicht fehlerfrei Englisch. Bei Barbara fehlt noch ein bisschen mehr an Sprachbeherrschung. Da haben wir etwas übersehen. Dadurch, dass sie eine österreichische Mutter hat, haben wir uns bei der Bewerbung etwas blenden lassen. Sie hat zuhause nicht Deutsch gesprochen, es dann in Deutschland relativ gut gelernt. Aber schriftlich ist sie »eine Katastrophe«. Wir stellen grundsätzlich lokales Personal ein. Früher gab es auch neben dem Handelsdelegierten und dem Stellvertreter entsendete Österreicher für Marketing und Administration, die Anspruch auf Auslandszulagen usw. hatten. Das ist einfach nicht mehr finanzierbar und auch nicht vertretbar. Vor Barbara und Cameron hatten wir eine irrsinnig engagierte Mitarbeiterin mit einem Arbeitsstil, dass ich ihr das Büro überlassen hätte können. Sie ist in Karenz gegangen, das hat uns sehr getroffen. Sie wollte nach sechs Monaten wieder zurückkommen, aber sie hat es nicht geschafft. Man kann einen so kleinen Wurm nicht einfach in eine Kinderkrippe geben.

Ich habe bei der Wirtschaftskammer einen unbefristeten Vertrag. Normalerweise wird man alle drei Jahre in ein anderes Land versetzt, nach dreimal drei Jahren kehrt man nach Wien zurück und arbeitet in der Außenwirtschaftsorganisation. Nach einer gewissen Wartezeit kann man sich für einen Handelsdelegierten-Posten bewerben. Je nachdem, ob ein angenehmer Posten frei wird, tut man das auch. Das könnte für mich eine Perspektive sein. Aber bis dorthin dauert es noch lange und wer weiß, was bis dahin passiert. Wer weiß, was sich privat ereignet! Heute kann ich noch gar nichts sagen. Grundsätzlich taugt mir der Job, das »Herumgondeln«.

Die nächste Station für mich ist Zagreb. Ich habe deshalb vor drei Wochen einen Kroatisch-Kurs angefangen, drei Stunden pro Woche. Diese Sprache ist ziemlich schwer zu lesen, sperrig wegen der Konsonantenfolgen, aber sie klingt relativ melodiös. Ich müsste vielleicht in meiner Lernmethode von Lesen auf Hören umsteigen. Sobald ich in Zagreb bin, habe ich Anspruch auf 120 Einheiten Unterricht durch einen Privatlehrer. Jetzt schaffe ich mir eine Basis, auf der ich aufbauen kann. Die Australier können selten eine Fremdsprache, es gibt wenig Anreiz eine zu lernen.

Unser Freundeskreis ist bunt gemischt, auch einige Österreicher sind darunter. Stefan stammt aus dem Vintschgau und ist ein Studienkollege von mir. Wir haben einander nicht aus den Augen verloren. Er war 1995 auch als Austauschstudent der WU hier und wollte eigentlich immer zurück, über Price & Waterhouse, eine große Steuerberatungskanzlei, hat er es auch geschafft.

Meinen Egoismus ausleben

Was ist das Besondere am Leben im Ausland? Mit der geografischen Entfernung bekommt man auch automatisch Abstand von zuhause. Du kannst dich so immer ein bisschen neu erfinden, du kannst alte Gewohnheiten, mit denen dich jeder konfrontiert, ablegen. Die Jugendfreunde haben manchmal die Tendenz, dir zu erzählen, wie du damals warst. Ich meine, ich weiß jetzt auch, dass ich vieles nicht noch einmal machen würde, und konnte das ein bisschen abwerfen. Ich habe außerdem einfach mehr die Möglichkeit meinen Egoismus auszuleben. Ich denke, man braucht das auch. Natürlich höre ich mir gerne die Probleme anderer an, ich höre gerne zu. Aber es ist ganz gut, wenn das von außen nicht mehr so möglich ist und ich mehr angehalten bin, mich mit mir selber zu beschäftigen. Ich wurde auch freier, Neues anzufangen. Was ich besonders genieße, wenn wir im Ausland sind, ist, dass wir nicht in eingefahrenen Bahnen leben. Ich weiß, ich bin nur drei Jahre hier. Für diese Zeit haben wir uns bestimmte Aktivitäten vorgenommen: einmal quer durch den Kontinent zu reisen, einmal rundherum, und tauchen zu gehen. Wir haben bereits mehr von Australien gesehen als 98 % der Australier. Im letzten Jahr sind wir vier Wochen unterwegs gewesen, durch das Zentrum, wir waren wirklich »in the middle of nowhere«. Western Australia kommt heuer dran.

An dem Auslandsjob ist so animierend, dass du woanders viel siehst, viele Anregungen mit nach Hause nimmst. In Neuseeland haben wir das Wandern für uns entdeckt. Dort haben wir Schotten getroffen, die die österreichischen Berge besser kennen als wir. Wir waren in Neuseeland wandern, aber wir kennen die österreichische Bergwelt nicht! Wir haben bis jetzt in Österreich nur einmal gemeinsam eine Bergwanderung unternommen, und das nur einen Tag lang. Wir haben auch wirklich vor in Österreich Wanderurlaub zu machen, darauf freue ich mich schon. Das ist der Stimulus, den ich offenbar brauche. Ich war jahrelang in Österreich und bin immer in Mödling »herumgekrochen«. Harald hat immer wieder am Wochenende gearbeitet. Das Wandern ist auch von der Kindheit her negativ besetzt, als »Sonntagsnachmittagsvergnügen« der Familie.

In Australien ist das Naturerleben schon besonders wichtig, Australien ist ein Outdoor-Land, man ist ausgerüstet, macht oft Barbecues. Man kann so viel draußen unternehmen, das ist toll. Selbst in Sydney hat man tolle Strände, z. B. Bondi Beach. Sogar im Zentrum der Stadt bist du mitten im Wald, nämlich im botanischen Garten.

Was für die USA Florida ist ...

In Australien fehlt diese große Mittelschicht, die gut situiert ist. Lebensmittel sind ziemlich teuer hier, die Bananen kosten mehr als in Österreich, obwohl es in Queensland jede Menge Bananenplantagen gibt. Das Lohnniveau ist generell etwas niedriger als in Österreich. Es gibt zwölf Gehälter pro Jahr und vier Wochen Urlaub. Die Altersvorsorge ist mehr privat geregelt, es gibt eine staatliche Mindestpension, auf die man nur Anspruch hat, wenn man kaum ein eigenes Einkommen hat. Das ist relativ hart, es ist wirklich nicht viel, zum Leben zu wenig und zum Sterben zu viel! Jetzt zahlen die Unternehmer 9 % des Bruttogehalts in einen »Super Annuation Fund«, aber das würde auch nicht reichen, wenn die Leute nicht privat vorsorgten.

Man hat den Eindruck, dass Australien ein Land der Jungen ist, man sieht irrsinnig viele Schwangere. Aber die Geburtenrate ist nur ein bisschen höher als in Österreich. In den Städten sieht man deshalb so viele junge Leute, weil die älteren in der Pension meistens nach Queensland ziehen. Recht haben sie, dort ist das Leben noch billiger. Was für die USA Florida ist, ist für Australien Queensland! Wenn man sein Haus in Sydney verkauft und ein billiges in Queensland kauft, bleibt einem noch eine Menge Geld zum Leben übrig.

»No worries!«

Das Leben ist in Australien insgesamt viel relaxter als in Europa, obwohl Sydney da ein bisschen eine Ausnahme ist, aber im Vergleich zu Europa ist Sydney immer noch relax. Mein Studienkollege Stefan war bei Price & Waterhouse in Wien und hat erzählt, dass er oft am Abend und am Wochenende gearbeitet hat. Dass er hier am Wochenende arbeitet oder abends sehr lange im Büro ist, kommt nur hin und wieder vor. Er kann es aber meistens vermeiden und arbeitet definitiv weniger als in Wien. Das ist einfach generell hier der Fall. Aber wenn einer einmal nachzieht, tun es vermutlich alle anderen auch. Claudia, eine Freundin von mir, hat in Wien in einer der ganz großen Anwaltskanzleien gearbeitet und auch diese typischen Jung-Consultant-Erfahrungen gemacht, wo sie die ersten drei Jahre einfach das Gefühl hatte, man saugt ihr die Energie raus. Sie hat damals jedes Wochenende gearbeitet. Die Australier kennen einfach nicht so viel Stress. Besonders die Menschen auf dem Land sind ziemlich »laid back«. Sie regen sich über kaum etwas auf. Wie oft ich hier schon »No worries!« gehört habe!

Sydney, im März 2004

Wie eine Nadel im Heuhaufen!

EDITH FISCHL-LEE (Moser), 83, verwitwet, Pharmazeutin im (Un-)Ruhestand, Sydney, Australien

Ich habe Österreich viel zu verdanken. In der Schule habe ich Latein und Englisch recht gut gelernt, ich danke der österreichischen Regierung dafür herzlich, denn es ist mir später sehr zugute gekommen. Natürlich war es zu wenig, man ist ja nie ausgelernt, besonders wenn man mit sechzehneinhalb Jahren die Schule verlassen muss. Da muss man noch viel dazulernen. Ich habe 1932, im elften Lebensjahr, in der Eisentorgasse in Mödling mit dem Gymnasium angefangen und war bis 1938, bis ich flüchten musste, dort. Das war eine Zeit der großen Not. Fast allen meinen Schulkolleginnen ging es schlecht. Entweder waren die Leute arbeitslos oder sie haben nicht viel verdient. Das ist durch alle Schichten gegangen. Auch Mädchen aus reichem Hause waren nicht ausgenommen. Mein Vater z. B. war Rechtsanwalt. Aber damals gab es zu viele Rechtsanwälte in Mödling. Sie konnten nicht gut leben. Jetzt soll es wieder so sein, habe ich gehört.

Ich war letztes Jahr bei der 1.000-Jahr-Feier in Mödling und war sehr glücklich darüber. Ich habe meinen Neffen mitgenommen. Dem hat es sehr gut gefallen. Er würde gerne in Mödling leben, aber er spricht kein Wort Deutsch. Er lebt jetzt in Luxemburg. Die anderen Mitglieder meiner Familie, die in England geboren sind, wohnen mittlerweile hier in Australien. Mein Bruder, er ist in die »Keimgasse« gegangen, ist schon gestorben. Er wollte von nichts, von niemandem aus der Vergangenheit wissen. Er wollte nicht einmal, dass seine Kinder Deutsch lernen.

Niemand hat mehr gezählt als der Kaiser

Mein Vater war ein großer Idealist, der den Habsburgern nahe stand. 1907 trat er als Freiwilliger in die k. u. k. Armee ein und wurde Oberst eines ungarischen Regiments, obwohl er kein Wort Ungarisch sprach. Er diente im Ersten Weltkrieg und wurde verwundet. Er zählte zu den Menschen, die Österreich zusammenhalten wollten. Niemand hat für ihn mehr gezählt als der Kaiser. Und danach war er alles, was man in den dreißiger Jahren nur Schlechtes sein konnte: Sozialist, kein Zionist, er glaubte an Österreich, nicht an Israel.

Heute ist unsere Familie zerstreut, wir haben auch Verwandtschaft in Israel. Alle mussten aus Österreich auswandern. Ich wollte immer in den Westen gehen und bin nach England gekommen. Ich habe England sehr respektiert und habe bald besser Englisch gekonnt als Deutsch. Nach meiner Ausreise habe ich etwa 50 Jahre lang kaum Deutsch gesprochen. Aber was man einmal kann, das bleibt. Mein Bruder wollte in England gar nicht mehr Deutsch sprechen. Deshalb unterhielten wir uns nur auf Englisch miteinander, auch damit es unsere Eltern lernten.

Wir konnten nur das Leben retten

Ich musste als jüdische Schülerin mit sechzehneinhalb Jahren die Schule verlassen und kam 1938 nach England. Sonst wäre ich nicht mehr weggekommen. Ich habe als Hausgehilfin geschuftet, damit nach und nach der Rest der Familie nachkommen konnte, die Eltern, der Bruder. Wir hatten damals in Österreich keine Existenz mehr. Wir konnten nur unser Leben retten. Die Nazis haben uns alles abgenommen. Mein Vater hat die Möbel verkauft um ausreisen zu können. Es war grauenhaft. Ich will das alles gar nicht erwähnen. Wenn man etwas sehr Schlechtes erlebt hat, spricht man nicht gerne darüber. Aber immerhin, man hat es überlebt. Die NS-Zeit ist vorbei und kann nicht wiederkommen.

Da habe ich plötzlich einen Pfeil durch das Gehirn gespürt

Eines Tages, nach dem Blitzkrieg – wir wurden in London zweimal ausgebombt –, bin ich vor einem Forschungsinstitut gestanden und habe plötzlich einen Pfeil durch das Gehirn gespürt. Ich hatte ein Ziel im Leben gefunden, wollte in der Pharmakologie arbeiten und neue Mittel erfinden, um Menschen zu helfen. Das war sehr ambitiös für eine 21/22-Jährige ohne Matura. Deshalb bin ich zur Universität gepilgert und habe gefragt, wie es mit einem Studium aussehen würde. Man wollte mich aufnehmen, wenn ich eine Eintrittsprüfung überstehe. Ich habe mich dann in Englisch und Mathematik vorbereitet, in Chemie und Physik hätte ich praktische Erfahrung gebraucht, die ich nicht hatte. Also musste ich zuerst Laborantin werden. Es hat insgesamt zwei Jahre gedauert, bis ich die Studienberechtigungsprüfung abgelegt hatte, tagsüber musste ich mein Brot verdienen und in den Abendstunden lernen. Ich konnte kein »scholarship« (Stipendium) bekommen, weil ich zu alt war und weil natürlich noch Kriegszeiten waren. Es war manchmal sehr hart.

Im Anschluss habe ich sechs Jahre studiert, Pharmakologie, Physiologie und Biochemie. Am Abend war ich immer todmüde. Danach, das war schon nach Kriegsende, habe ich zwei Jahre in einem großen Forschungsinstitut in London gearbeitet. Das ist mir dann zu fad geworden und ich habe meinem Professor mitgeteilt, dass ich lieber praktisch arbeiten möchte. Das hat er gleich gut verstanden. Ich bin anschließend in die Industrie gegangen und habe über 30 Jahre bei großen internationalen Firmen gearbeitet. Wir haben viele Arzneimittel auf den Markt gebracht. Bei Bayer war ich drei Jahre, zwei davon auf dem Kontinent, weil ich ja Deutsch konnte. Mit 60 Jahren bin ich in Pension gegangen. In den letzten 16 Jahren meiner beruflichen Tätigkeit habe ich nicht mehr in der Forschung gearbeitet, denn da sind die Computer gekommen und die jungen Leute waren diesbezüglich viel gescheiter als ich. Ich habe mich deshalb auf die Sprachen verlegt, war medizinische Bibliothekarin und dann, als ich gemerkt habe, dass man mein Deutsch so dringend braucht, bin ich Übersetzerin und »abstractor« (Referentin) im medizinischen Bereich bei Ciba-Geigy in London geworden. Ich muss schon sagen, mein Berufsleben war sehr interessant.

Ich habe mein ganzes Leben gearbeitet, auch als ich verheiratet war. Deshalb habe ich leider keine leiblichen Kinder. Beides ging eben nicht: Arbeit, Kinder und Mann. Ich habe in England vier Mädchen adoptiert und jetzt in Australien einen Sohn. Die Mädchen sind alle längst verheiratet. Ich habe schon 29 Enkelkinder.

Dass man so etwas auf der ganzen Welt findet!

Nach meiner Pensionierung bin ich nach Australien gereist, dieses Land behagt mir sehr. Ich bin nur zu Besuch gekommen, und es war ein Zufall, dass ich geblieben bin. Ich wollte meiner alten Tante – sie war damals 82 und ist vor kurzem mit über 103 Jahren gestorben – zur Hand zu gehen. Sie hat aber gesagt: »Ich brauch dich nicht, wirklich nicht!« Deshalb bin ich – ich hatte eine Aufenthaltsgenehmigung für sechs Monate – in Australien herumgereist, nach Neuseeland gefahren und bin in Melbourne viel herummarschiert. Dann habe ich durch Zufall meinen dritten Mann kennen gelernt. Das ging so: Ich hatte eines Nachmittags nichts Besonderes zu tun, bin herumspaziert und stand plötzlich vor einem Privatspital. Ich bin reingegangen und habe eine Schwester gefragt, ob man etwas dagegen hätte, wenn ich ein paar Patienten besuche. Man war sofort einverstanden, ich sollte am darauf folgenden Montag beginnen. Die erste Person, die ich besucht habe, war eine Dame, die eine furchtbare Verletzung hatte, sodass sie ihr Auto nicht mehr benutzen konnte. Sie hat es mir gleich geschenkt. Ich komme hin und habe ein Auto! Der zweite Patient war mein zukünftiger dritter Mann. Er lag da in seinem Bett und sah so lieb aus. Als ich zu ihm hingekommen bin, hat er mich gefragt: »Hast du einmal einen Garten gehabt? – »Natürlich!« – »Würdest du mir eventuell helfen?« – »Natürlich!« – Als echter Wiener fiel er mir um den Hals: »Würdest du mich auch heiraten?« Und ich habe ja gesagt. Mein dritter Mann war der liebste Mensch der Welt! Er war lustig, intelligent, so charmant und gebildet. Erst durch ihn habe ich begonnen wieder Deutsch zu sprechen. Dass man so etwas auf der ganzen Welt findet! So ein Glück gibt es nur hie und da. Wie wenn man eine Nadel im Heuhaufen findet! Ich habe ihn von Anfang an geliebt. Er war ein entzückender Mensch und hat mich dringend gebraucht. Er fühlte sich sehr verlassen. Etwa ein halbes Jahr vorher war seine Frau gestorben und er war schwer an Krebs erkrankt, obwohl er meiner Ansicht nach gut ausgesehen hat. Er sollte operiert werden, hatte schon seine Einwilligung dafür gegeben. Und er hat die Operation gut überstanden und noch fünf Jahre gelebt. Wir haben unseren Entschluss nie bereut. Er hat mir zwei Häuser in Melbourne vermacht. Ich bin eigentlich nicht nach Australien gekommen um zu heiraten. Aber ich habe ihn zufällig getroffen und es ist so ausgegangen.

Man wusste nichts über ihn

Mein dritter Mann war von der jüdischen Familie Fischl erzogen worden, weil er von seiner Familie vernachlässigt worden war. Sein Vater war nämlich – mit dem silbernen Besteck der Familie – nach Amerika durchgebrannt und hat dort eine Frau geheiratet, mit der er zwei Kinder hatte, die weltbekannt wurden: Fred Astaire und seine Schwester Adele. Die beiden waren also die Stiefgeschwister meines dritten Mannes. Geboren wurde er in Pressburg, und zwar als Protestant, aber das habe ich erst nach seinem Tod erfahren. Erzählt hat er es mir nie, es hat mich auch nicht interessiert. Wir heirateten jedenfalls in einer Synagoge.

Nach seinem Tod war ich in Wien und habe bei der jüdischen Gemeinde nachgefragt, ob man Informationen über ihn habe. Aber man wusste nichts über ihn. Was sollte das heißen? Ich hatte ihn doch am jüdischen Friedhof in Melbourne begraben lassen, ha ha ha! Aber ich habe ihn nicht rausholen lassen. Dann bin ich ins Alte Rathaus gegangen, dort hieß es: »Natürlich haben wir ihn! Er war Protestant, kam aus Pressburg, war in Wien wohnhaft und hatte die österreichische Staatsbürgerschaft ...«

Vieles, was er mir über sein Leben erzählt hatte, hörte ich dort wieder: Er war mit 16 im Ersten Weltkrieg, hat in Galizien an der Front gekämpft und wäre fast umgekommen. Danach ist er in Wien zu ESCOMP gegangen, einer Handelsbank, die von Rockefeller gegründet worden ist und in der viel jüdisches Kapital lag. Mein lieber Eugen war bereits in hoher Position, als im März 1938 Hitler kam. Da musste er eine ganz besondere Aktion für die Bank leisten, er musste Geld ins Ausland verschieben. Er wurde über Interpol gesucht und musste nach England fliehen. Dort wurde er gleich eingesperrt, weil man nicht wusste, ob er ein Spion war. Er war kein Jude, kein Flüchtling!

Man hat ihn dann mit 2.000 anderen nach Australien geschickt. 1943 wurde er aus dem Internierungslager entlassen und ist hier geblieben. Schließlich hat er einen wunderbaren Posten gefunden und gearbeitet, bis er sich im 76. Lebensjahr ins Privatleben zurückgezogen hat. Er war der anständigste und pedantischste Mensch, den ich gekannt habe, so verlässlich. Und das mit dieser Lebensgeschichte!

Ich lasse mich nicht entmutigen

Ich bin viel herumgekommen in meinem Leben und jetzt in Sydney gelandet. Ich liebe diese Stadt. Zuerst habe ich in Melbourne gewohnt, ich möchte nicht dorthin zurückkehren. Ich ziehe Sydney vor. Das Klima ist hier etwas besser als in Melbourne und auch mein Lebensgefühl.

An die Hitze habe ich mich auch gewöhnt. Ich mag natürlich die große Hitze nicht gern, aber man hält sich kühl. Es ist besser, man kühlt sich, als man muss frieren. In jedem Laden gibt es Aircondition. Manches Mal ist es sogar zu sehr heruntergekühlt. Wenn man ein Sportler ist, dann genießt man den Schnee und die Kälte. Aber das ist nichts mehr für mich. Voriges Jahr habe ich das ganze Jahr hindurch in Sydney nicht heizen müssen.

Man hält sehr viel aus in diesem Land und ich bin stoisch geworden. Die Menschen hier sind auch stoisch, wie die Engländer. Die meisten hier sind ja Engländer.

Ich bin glücklich und jeden Tag geht etwas ganz Besonderes vor. Lange Zeit habe ich ein Tagebuch geführt und 1994 damit aufgehört, als ich meinen Adoptiv-Sohn kennen gelernt habe. Damals habe ich gedacht, das ist schon das Ende. Aber was in den letzten zehn Jahren vorgefallen ist, ist kolossal. Als ich nach meiner Pensionierung hierher gezogen bin und mein dritter Mann leider Gottes schon gestorben war, habe ich mir gedacht, du musst doch jemand haben, wenn du alt bist. Meine Freundin hatte auch ihren Mann verloren und hat geweint, die ganze Zeit. Wir mussten etwas unternehmen. Damals waren wir beide stark über 70 und haben beschlossen tanzen zu gehen. Das war schön. Ich habe mich in unseren Tanzlehrer, der damals etwa 40 Jahre alt war, verschossen. Er ist ein englischer Lord, aber hier geboren und nur zum Vergnügen Tanzlehrer. Er ist ein fanatischer Tänzer. Das House of Lords interessiert ihn nicht, obwohl er durch Geburt Anrecht auf einen Sitz in dieser Kammer hat. Er war einmal dort und nie wieder. Ihn habe ich adoptiert.

Es geht mir gut. Ich sollte wieder Tagebuch schreiben und werde es auch bald angehen. Das Alter hat so seine Gebrechen – bei mir sind es die Augen –, aber ich lasse mich dadurch nicht entmutigen oder einschränken. Ich gehe jeden Tag lange Distanzen zu Fuß, ich sehe noch halbwegs gut. Man hat mir gesagt, dass ich nicht blind werde – das klingt ja beruhigend, nicht wahr! Ich lese immer noch enorm viel und genieße es sehr. Als ich in Pension ging, habe ich drei Bücher pro Woche gelesen, keine Romane, meistens wissenschaftliche Bücher aus den Bereichen Geschichte und Politik. Das interessiert mich am meisten. So bin ich zur Historikerin geworden. Das größte Vergnügen für mich im Alter ist es herrliche Bücher zu lesen, für die ich früher nicht genug Zeit hatte. Ich war sehr beschäftigt, habe auch jahrelang meine Mutter gepflegt. Mein Vater ist 1957 gestorben, dann habe ich sie zu mir genommen. Die letzten fünf Jahre war sie pflegebedürftig, saß im Lehnstuhl. Das war schwer. Meine Firma hat mir erlaubt zuhause zu arbeiten, damit ich auf sie aufpassen kann. Sie ist im Alter von 86 Jahren gestorben.

Während des Vortrags kommt alle zwei Minuten ein Witz

Jetzt bin ich auf der »Universität des dritten Zeitalters«. Die jährliche Gebühr beträgt 35 australische Dollar und ich gehe jeden Tag hin. Ab einem Alter von 55 kann jeder dieser Uni angehören. Alles, was es unter der Sonne gibt, was uns interessiert, können wir erfahren. Jeden Tag ist irgendein erstklassiger Vortrag, gehalten von Spezialisten in ihrem Fach. Einmal war es z. B. ein Berliner Kapellmeister. Gestern war »Philosophie der Sprache« das Thema. Wunderbar, ganz wunderbar! Da mussten wir Bücher lesen, die besprochen wurden. Eine Freundin hat mir erzählt, dass es heute so gut gewesen ist, eine ehemalige Lehrerin hat mit den Hörern die Bibel studiert. Das ist für alle Konfessionen interessant.

Morgen ist ein Pharmakologe dran, der sich auf Blut spezialisiert hat. Dann gab es Vorträge über Genetik, über Indonesien – über unsere nächsten Nachbarn müssen wir mehr wissen, das sind 215 Millionen Menschen, die uns im Genick sitzen. So far so good! Es ist jeden Tag etwas anderes, Geographie, Musik, Kunst, Literatur. Während des Vortrags kommt alle zwei Minuten ein Witz – denn alte Leute können sich nicht lange konzentrieren. Viele kommen allein wegen der Witze.

Ich bin schon sieben Jahre dabei, bin eine von 120 Personen, die in dem Bezirk wohnen und hinkommen. Viele davon sind nicht gebildet, weil sie ihr Leben lang arbeiten mussten. Die meisten sind über 70 und wir kennen einander mittlerweile sehr gut. Es sind viele liebe Leute, wenn man sich dort niemanden findet, dann ist man wirklich verlassen. Ich habe auch Laura[30] dort kennen gelernt.

In Australien leben etwa 1,3 Millionen alte Leute, Pensionisten, das ist nicht viel, bei insgesamt 22 Millionen Menschen. Deswegen leben wir noch recht gut. Diejenigen, die nur die australische Pension bekommen, müssen aber sehr bescheiden sein. Sie haben früher nicht einbezahlt. Deswegen kriegen sie nur eine Staatspension, die sehr schwach ist, 25 % des Durchschnittseinkommens. Das sind nur etwa 900 australische Dollar im Monat. Damit kann man gerade überleben. Wenn das Haus abbezahlt ist, geht es, wenn man Miete zahlen muss, ist es hart. Im Fall von Krankheit ist man auch versorgt, wir bezahlen ja einen Betrag für »Medicare«. Reich wird man hier im Alter nicht. Außer man spekuliert mit der Wertsteigerung des Hauses. Man kann es im Alter verkaufen und in eine billige Gegend ziehen, z. B. nach Queensland.

Das Geld kommt und geht

Finanziell habe ich keine Sorgen, ich bekomme die staatliche Pension aus England, eine kleine Firmenpension von Ciba-Geigy und aus Österreich bekomme ich auch etwas. Dafür habe ich nachzahlen müssen, von 1948 an wurde das gerechnet. Aber es war die Sache wert und ist besser als nichts. Natürlich bekomme ich auch eine staatliche Pension in Australien, die Witwenpension. Es geht mir gut, ich kann mich nicht beklagen. Wenn ich Menschen helfen kann, tue ich es,

---

30) Laura (Eleonora) Mayrhofer, Absolventin des BG Hollabrunn (1971), verstorben 2005.

natürlich auch wenn es um die Familie geht. Was soll ich in meinem Alter denn sonst damit machen? Soll ich in der Welt herumfahren? Ich bin schon so viel gereist. Als ich das letzte Mal in Wien war, im Oktober, gab es schon Schnee. Ich konnte mich nicht richtig erwärmen und bin die meiste Zeit im Hotel gesessen. Das Reisen macht ganz einfach nicht mehr so viel Spaß. Deshalb habe ich so kleine, so verrückte Projekte wie den Sohn, dem ich ein Haus geschenkt habe. Die Familie war entsetzt, als ich einen erwachsenen Mann adoptierte. Aber ich sage, so ist das Leben, das Geld kommt und es geht. Ich sitze nicht auf meinem Geld, ich bin ständig als Wohltäterin unterwegs.

Jetzt habe ich das große Glück meiner brillanten Großnichte beizustehen – sie ist 20 und verkörpert all das, was ich in diesem Alter selber gerne erreicht hätte. Hoffentlich geht sie bald zu ihrem Ökonomie-Studium nach Harvard.

Ich bin ein glücklicher Mensch. Mein Leben war wirklich sehr fein.

Sydney, im März 2004

ALTE INDUSTRIE UND »NEW ECONOMY«

School meets Business

Ein sehr konstruktiver Vorschlag zur Evaluierung in der Schule wird von Gregor Reitmayr gemacht, und zwar ein Feedback, wie es in großen Unternehmen üblich ist und in höheren Schulen generell eingeführt werden könnte. Es handelt sich dabei um eine Art Abgangsinterview, vielleicht ein oder zwei Jahre nach der Matura. Der Absolvent könnte offen sagen, was er von dem Gelernten, von der Schule und auch von den Lehrern denkt, ohne dass er Nachteile zu befürchten hätte. Dadurch könnte die Schule viele relevante Rückmeldungen erhalten.

... da brodelt es, Boston ist ein Melting Pot!

GEORG MIELING, 41, verheiratet, drei Kinder, Geschäftsführer von Jungbunzlauer Inc., Boston/Massachusetts, USA

Fangen wir mit der Schule an! Das, was mir sofort in den Sinn kommt, ist unser Deutschlehrer. Professor Beham war extrem beliebt bei uns allen. Ich habe auch noch Kontakt zu ihm. Viele meiner Klassenkameraden waren schon seit der dritten Klasse mit mir zusammen. Wir waren also eine Gruppe, die sehr gut zusammengewachsen ist. Hier in den USA ändert sich die Klassenzusammensetzung dauernd, damit die Kinder auch andere Leute kennen lernen. Bei uns herrschte so etwas wie eine Kohäsion in der Klasse. Es waren ein Drittel Mädchen, acht oder neun, und zwei Burschengruppen. Die einen waren sehr »outdoor«, sie sind später Bergsteiger, Ärzte usw. geworden, die anderen waren die Entrepreneure, da habe ich dazugehört. Wir haben einander sehr respektiert, es gab keine Häkeleien unter den Schülern.

Ich zähle mich zur Postnachkriegsgeneration

Meine Schulzeit fiel in die 1970er Jahre. Ich bin froh, dass ich in dieser Zeit aufgewachsen bin. Wir hatten kaum Ängste, bekamen wenige Restriktionen auferlegt, auch in der Schule. Wenn ich das mit den USA heute vergleiche! Wir waren keine Generation von Angst. Den Kalten Krieg und den politischen Hintergrund haben wir nicht wahrgenommen. Als Mao gestorben ist, wusste ich gerade, wer er war. Ich erinnere mich an Abbrüche der diplomatischen Beziehungen zwischen der ČSSR und Österreich, weil Leute über die Grenze gejagt und auf österreichischem Boden erschossen worden sind. Ich zähle mich zur Postnachkriegsgeneration, in der es nicht viele Ängste gab. Ich hatte viel Spaß in meiner Jugend.

Mödling war damals eine Musikstadt. Es gab den Gewerbesaal, den Kursalon, die Festsäle im Kino und gegenüber vom jetzigen Hofer-Markt war früher auch eine Halle. Ich war oft auf Festen oder Bällen. Es gab viele Musikgruppen. Ich hatte bis zur Matura sogar eine eigene Band. Wir sind häufig aufgetreten, in der Schule aber nicht.

Man vergisst nach 23 Jahren schon die Namen seiner Lehrer. Ich hatte Frau Steiner in Geographie und Solveig Wagner in Französisch. Frau Dr. Zelfel war noch nicht Direktorin. Zum Unterricht kann ich nur sehr wenig sagen, da ist vieles aus meinem Gedächtnis gestrichen, denn ich habe die letzten zwölf Jahre in den USA verbracht, meine gesamte Karriere, mein Lebensumfeld, mein Business, alles spielt sich hier ab. Englisch ist meine Kommunikationssprache geworden. Ich weiß, dass ich in der Schule nicht durchgefallen bin. In der fünften Klasse hatte ich einige Gefährdungen, fünf oder sechs, wie ein paar meiner Freunde. Aufgrund dieser Erfolgsbilanz hat meine Mutter, die in den USA, in Kalifornien, aufgewachsen ist, eine gemeinsame USA-Reise abgesagt. Ich habe aber dann in allen Fächern positiv abschließen können, hatte keine Nachprüfungen. Ich war nie ein besonders guter Schüler, hatte viele Befriedigend, auch ein paar Genügend. In Latein war ich schlecht und auch faul. Und dann hat mir das Gerüst gefehlt. In Mathe war ich wahrscheinlich auch schlecht und in den Naturwissenschaften. In Französisch und Englisch hatte ich nie ein Problem, in Deutsch habe ich bei Professor Beham in den besten Fällen einen Dreier bekommen.

Die Matura – sie war 1980 – bereitete mir keine Schwierigkeiten, ich bin gut durchgekommen, hatte keinen besonderen Stress und bekam auch keinen Vierer. Ich habe bei Professor Weihs in Geschichte maturiert, weiters in Englisch, Französisch, Deutsch und Mathematik.

Ein Bedauern muss ich offiziell aussprechen, in der Hoffnung, dass sich das nach vielen Jahren verändert hat: Der naturwissenschaftliche Bereich, speziell Chemie, ist so wichtig, das war mir damals nicht bewusst. Ich war irrsinnig schlecht in Chemie. Ich habe diesen Gegenstand zu Beginn nicht ernst genommen. Wenn einem dann die Grundlagen fehlen, kann man den weiteren Stoff nicht mehr verstehen. Auch in Physik war es nicht viel anders. Und jetzt arbeite ich seit Jahren im Chemie-Bereich!

Der Fremdsprachenunterricht in der Keimgasse war wirklich gut – wenn ich das mit Frankreich vergleiche. Meine Frau ist Französin, sie hat Deutsch und Englisch gelernt, aber sehr wenig gesprochen. Deshalb bekam sie zu wenig Sicherheit in der Fremdsprache. Sport, in den USA eine Riesensache, war auch nicht besonders wichtig in der österreichischen Schule.

Wir hatten eine lustige Maturareise nach Venedig, die Burschen gingen dann zum Bundesheer. Ich wollte den Präsenzdienst als einjährig Freiwilliger in Wöllersdorf ableisten, habe aber nach sechs Monaten abgebrochen. Wir waren der erste Jahrgang nach der Verkürzung dieser Ausbildung. Man wollte in diese Zeit alles hineinstopfen, was ging. Wir waren auch zuerst eine ungemein motivierte Gruppe, wir sind heute noch Freunde, viele Individualisten, »free thinker«, alle haben sich sehr angestrengt. Aber man wusste uns nicht zu motivieren, man hat nicht nach der Methode »the whip and the carrot« (Zuckerbrot und Peitsche) gearbeitet, sondern nur mit der Peitsche. Einige Freunde wollten deshalb nach sechs Monaten aufhören, ich wäre geblieben, denn auch mein Bruder und Vater haben einen Offiziersrang. Das ist Familientradition. Dennoch zu gehen war eine wichtige Entscheidung, die ich nie bereut habe. Ich bin eben kein Reservist geworden. Ein Offiziersrang wäre nicht schlecht für meinen Lebenslauf gewesen, ich war halt nur Wehrmann.

Mein Großvater hat zum Widerstand aufgerufen

Anschließend war ich sechs Monate Briefträger in der Hinterbrühl. Dann machte ich mit einigen meiner besten Freunde eine USA-Reise. Meine Mutter war ja US-Amerikanerin, gebürtige Österreicherin, aber ihre Eltern haben Österreich 1938 verlassen. Mein Großvater ist in Amstetten öffentlich gegen den Einmarsch aufgetreten. Er hat eine Rede gegen Hitler gehalten, als dieser durch Amstetten gefahren ist. Er war Ehrenbürger der Stadt und hat die Leute zum Widerstand aufgerufen. Dann wurde er verprügelt und zusammengeschlagen, er hat überlebt und meine Großeltern sind anschließend ausgewandert.

Deshalb ist meine Mutter in den USA aufgewachsen. Meine Großeltern haben lange Zeit drüben gelebt. Sie haben immer wieder
Besuche in Österreich gemacht und ihre letzten Lebensjahre ganz in
Österreich verbracht. Die Memoiren meines Großvaters liegen übrigens
in der Nationalbibliothek. Ich habe also internationale Wurzeln, war
als Kind öfter in den USA. Meine Familie ist alle fünf Jahre hinüber-
gereist. Das ist nach heutigen Begriffen nicht so oft, aber für damalige
Verhältnisse war das ein irrsinniges Ereignis, für eine Familie mit vier
Kindern.

Ich kann mich an das Feeling gut erinnern

Ich bin wie gesagt mit drei Freunden mit dem Greyhound durch die
USA, von Osten nach Westen, gefahren. Wir haben immer wieder
bei Freunden meiner Eltern übernachtet. Wir waren noch ungebun-
den, hatten die Matura geschafft – ich kann mich an das Feeling noch
gut erinnern, es war ein »Die-Welt-gehört-mir-Gefühl«. Diese USA-
Reise war für mich irrsinnig aufschlussreich. Ich habe zwei Wochen
bei einer schwarzen Familie in Alabama gewohnt. Die Tochter haben
wir im Bus kennen gelernt, sie hat uns durch das Busfenster ihre
Telefonnummer gegeben und uns zu ihren Eltern eingeladen. Sie
wohnten außerhalb von Mobile (Alabama). Das ist etwas, das man
heute nicht mehr tun würde. Es war gerade eine Hitzewelle, tagsüber
gingen wir Roller skaten oder hielten uns »indoor« auf. Wir haben
abends sehr viele Freunde des Mädchens kennen gelernt. Zwei meiner
Freunde sind aber nur kurz in Mobile geblieben, es war ihnen zu
dreckig. Sie haben auch einen gehörigen Kulturschock gehabt. Die
Mutter des Mädchens hatte eine Hamburger-Bude, ihr Vater war »car-
penter« (Tischler). Ich hatte eine Art Romanze mit ihr, wurde von
ihrer Mutter mit Hamburgern durchgefüttert. Ich habe meinen Vor-
rat an Gastgeschenken, u. a. Tiroler Tischtücher, dort nach und nach
aufgebraucht. Aber es war schön, diese Familie hat mich wirklich
aufgenommen.

Dann kam endlich das Studium an der Wirtschaftsuniversität Wien,
der damaligen »Welthandel«! Ich habe Handelswissenschaften und
Spanisch studiert. Weil ich Latein und Französisch in der Schule hatte,
habe ich mir mit Spanisch leicht getan. Ich mag die Sprache auch

heute noch sehr gerne. Ich komme eben aus Mexico City zurück, am Montag war mein Spanisch noch recht schlecht, aber gestern ging es schon wieder ganz gut.

An ein Ereignis aus der Studienzeit erinnere ich mich gut: Die alte Welthandels-Uni lag im 19. Bezirk, es war ein altmodischer Kasten. Wir mussten uns dort für eine recht nachgefragte Lehrveranstaltung persönlich anmelden und stundenlang anstehen. Mein Freund und ich haben nach drei Stunden aufgegeben, beschlossen es erst im nächsten Semester zu machen und sind ins Kaffeehaus gegangen. Das ist etwas, wo ich sagen würde, dass ich es heute anders machen würde. Ich habe drei Jahre an der neuen Wirtschaftsuniversität ziemlich engagiert studiert. Das neue Gebäude war super, viel Glas, nur das Grüne hat gefehlt, wie man es in den USA auf einem Universitäts-Campus findet. Man konnte damals auch noch in Uni-Nähe parken! 1986 habe ich mein Wirtschaftsstudium mit dem Magisterium abgeschlossen, ohne einen Auslandsaufenthalt und ohne praktische Fähigkeiten erworben zu haben. Ich habe z. B. kein Faxgerät bedienen können. Die Ausbildung war sehr theoretisch, es gab noch kaum Computerkurse.

Ich habe während des Studiums Teilzeit gearbeitet, als Tour-Guide bei den Vereinten Nationen. Das habe ich entschieden, als meine Eltern gerade auf einer Ägypten-Reise waren. Es war zu dieser Zeit in Österreich unüblich, dass man als Student nebenbei arbeitet. Aber ich habe alle Vorteile genutzt, konnte mir die Arbeitszeit gut einteilen. Es war super für mich, nicht nur weil ich der einzige männliche Tour-Guide war.

In Kalifornien bin ich Surfer geworden

Nach der Sponsion habe ich wiederum etwas »unresearched«, ungeplant und unüberlegt, gemacht: Ich habe mich entschlossen nach Kalifornien zu ziehen, ohne ein bestimmtes Ziel damit zu verfolgen. Ich war eben damals so! In Kalifornien bin ich Surfer geworden, leidenschaftlicher Wellenreiter. Ich bin schon vorher immer wieder in Gegenden gefahren, wo Surfen möglich war. Auf einer dieser Reisen habe ich meine Frau kennen gelernt, im letzten Studienjahr. Dann haben wir entschieden, »we love each other« und gehen nach Kalifornien. Dort habe ich mit einem Freund, wie ich damals glaubte, eine Autowäscherei aufgemacht. Das hat zunächst recht gut funktioniert. Wir haben Autos innen und außen gewaschen, haben bald Händler als Kunden bekommen und unser Service auf Boote ausgedehnt. Mein erstes Jahr Entrepreneurtum war recht erfolgreich, wir waren vier bis sechs Leute und hatten es sehr lustig. Eines Tages aber war das zu Ende, als mein Partner verschwand und mit ihm alles, was nicht angenagelt war. Er war Amerikaner, bei irgendeiner »church« und hoffnungslos verschuldet, wie ich nachher bemerkt habe. Aber er war ein genialer junger Entrepreneur, der viel zu viele Ideen hatte. Als ich an eine zweite Garage gedacht habe, hat er schon ein viel größeres Projekt überlegt. Sein Auto hat man dann am Flughafen gefunden. Ich habe nie wieder etwas von ihm gehört, habe auch nicht nach ihm gesucht. Aber ich hatte einen Verlust von 5.000 Dollar, das war damals irrsinnig viel Geld für mich.

Political Correctness

Ich habe dann beschlossen, in die Businesswelt einzusteigen. In San Francisco gab es drei große Arbeitgeber: Levi Strauss, Chevron (Erdöl) und die Bank of America. Banker zu werden hat mich damals nicht interessiert. Mein Vater hat für Shell gearbeitet, praktisch die ganze Zeit. Deshalb war mir Chevron nicht unsympathisch, aber Levi gab ich eindeutig den Vorzug. Ich bin hingegangen und habe mich vorgestellt, habe niemanden dort gekannt und bin auch nicht aufgenommen worden. Dann habe ich mich etwas ernsthafter bei Chevron beworben und nach vielen Interviews einen Job als totaler »underlevel« (überqualifizierter) Akademiker angenommen. In den drei Jahren San Francisco habe ich u. a. Büroetikette gelernt. Das war eine irre amerikanische »corporate school«, eine Unternehmensschule im funktionalen Bereich, im Fachbereich, aber auch im sozialen Bereich. Ich lernte die »dos and don'ts«. Das ist etwas, was mich sehr geprägt hat, was mich von einem durchschnittlichen europäischen Businessman unterscheidet. Ich bin irrsinnig beeinflusst durch die amerikanische Art – die »political correctness«. Ich halte mich total an diese Businessethik. Es heißt nicht gleichzeitig, dass man nicht hart im Verhandeln ist. Es geht eher darum, wie man sich verhält, einer Frau, einer Kollegin gegenüber, jemandem gegenüber, »who happens to be homosexual«. Es wird nicht akzeptiert, dass jemand diskriminiert wird. Das hat mir persönlich wirklich viel gebracht.

Ich war bei Chevron im Logistikbereich eingesetzt, die Verschiffung von Öl gehörte dazu. Dann habe ich mich – auch wieder typisch Mieling – im Finanzmanagement-Bereich beworben, habe ein paar Interviews gemacht und wollte unbedingt in einen Accounting-Management-Kurs (Finanzbuchhaltung) reinkommen. Ich dachte, o. k., ich kann nichts verlieren, bin aber zu diesen Interviews total unvorbereitet hingegangen. Ich hatte bereits einen Fuß in der Tür, als ich eines Morgens aufwachte und dachte: »Nein, ich bin kein Finanzmann!« Wäre ich in diesem Ausbildungsprogramm gewesen, hätte ich mich für fünf Jahre verpflichten müssen, hätte immer wieder Kurse machen und eine Karriere als Finanzmanager einschlagen müssen. Daraufhin bin ich zu meinem Chef gegangen und habe ihm abgesagt. Das hat natürlich meine Karriere nicht gerade gefördert, deshalb habe ich mich dann in eine andere Gruppe versetzen lassen.

... und sind mit unseren »belongings« nach Wien gezogen

Eines Tages hat mein Vater gefragt, ob ich nicht wieder nach Österreich kommen will. Auf einer meiner Reisen habe ich meine Bewerbungsunterlagen mitgenommen und mich bei der Firma Jungbunzlauer vorgestellt. Dieses Unternehmen habe ich damals nicht gekannt. Meine Frau und ich haben für uns Bedingungen festgelegt, unter denen wir zurückkommen wollten. Wir waren nämlich jung verheiratet und haben sehr gerne in San Francisco gelebt. Es war eine schöne Zeit in Kalifornien. Wir sind dann zurückgeflogen und ich habe das angeboten bekommen, was wir uns vorgestellt hatten. Und wir haben beschlossen: »Jetzt gehen wir!«, und sind mit unseren »belongings« nach Wien gezogen. Wir haben in der Salesianergasse im dritten Bezirk gewohnt und ich habe zweieinhalb Jahre bei Jungbunzlauer am Schwarzenbergplatz im Logistik-Bereich gearbeitet. Die Firma erzeugt hauptsächlich Lebensmittelzusatzstoffe. Bei Zitronensäure sind wir bei weitem Weltmarktführer. Wir haben ein großes Werk in Pernhofen bei Laa, Werke in Deutschland und Frankreich. In Kanada haben wir vor eineinhalb Jahren ein neues Werk eröffnet. Bei

Jungbunzlauer war ich für das »sales management«, den Verkauf, für einige Länder, u. a. Frankreich, zuständig. Ich habe die Großkunden besucht und alles Nötige von den guten alten Jungbunzlauer-Leuten aus Österreich gelernt.

Das war eine irre Erleuchtung

Der Eigentümer, Karl Kahane, hat dann den Firmensitz in die Schweiz verlegt. Warum, weiß man nicht genau. Vielleicht aus steuerlichen Gründen oder wegen des »Waldheim-Effekts«! In Basel sollte das Unternehmen neu aufgebaut werden. Einige damalige Mitarbeiter im mittleren Management haben hoch gepokert und wollten den Standortwechsel nicht mitmachen. Sie hätten davon schon zweimal gehört und nichts sei geschehen, hieß es. Es sind schließlich nur vier Leute aus dem Verkaufsbereich bereit gewesen von Wien nach Basel zu gehen. Ich war einer davon und bin deshalb dort gleich um eine Stufe aufgestiegen. Ich habe in Basel mehr oder weniger das gemacht wie vorher in Wien. Zwei Jahre später wurde dann der Posten eines stellvertretenden Geschäftsführers in den USA frei, der ursprünglich immer mit einem Österreicher, einem »Spion«, besetzt worden war. Dort sollte er dann dem US-Manager auf die Finger schauen. So habe ich das jedenfalls gesehen. Ich bin hingekommen, als US-Staatsbürger – ich bin ja Doppelstaatsbürger –, das war für die Firma natürlich sehr einfach, man musste keine Formalitäten mit Visa usw. erledigen. Deshalb habe ich meinen amerikanischen Pass aus dem Safe geholt und den österreichischen abgelegt. Ich habe zunächst einen Dreijahresvertrag unterschrieben, jetzt sind es bereits achteinhalb Jahre geworden. Mein Chef war damals über 60, ein total amerikanischer »corporate business executive«, der aus dem Chemiebereich gekommen ist und eine kleine Firma übernommen hat. Er hat das Unternehmen von der Verkaufs- und Vertriebsseite aufgebaut. Nach drei Jahren, als sich bei mir schon etwas die Ungeduld abgezeichnet hat, hat mich die Unternehmensführung auf das »Program for Management Development« (PMD) in Boston geschickt. Das war ein drei Monate dauerndes intensives Programm, das zu den tollsten Erlebnissen in meinem Leben gehört. Mit dem Abschluss war ich Alumnus (Absolvent) der Harvard Business School (HBS). Es ist schon ein

Wahnsinn, das Unternehmen schickt einen hin, es kostet sehr viel Geld. Ich hatte wirklich Glück. Gleich zu Beginn war es ein bisschen ein »obstacle« (Hindernis), dass ich hier gewohnt habe, meine Familie hier hatte, nur 25 Minuten weit weg. Aber ich habe trotzdem auf dem Campus gewohnt, war kaserniert, in einer Art Zelle. Es gab ein Bett, einen Tisch, auf dem Boden habe ich die »push-ups« gemacht, ich hatte kein Radio, kein Fernsehgerät, nur einen Computer mit Internet. Für meine Frau war das hart, sie hatte die drei kleinen Kinder. Aber für mich war das eine irre Erleuchtung. Ich hatte mir vorgenommen, wenn ich Geschäftsführer werden sollte, wollte ich alles über die strukturelle, organisatorische, regulatorische Seite des US-Business lernen, nicht nur durch Osmose, sondern durch wirkliches Studium. Ich wollte das alles lernen.

Ein total eingeführtes Geschäft

Vor vier Jahren habe ich dann den Job als Geschäftsführer der Jung-bunzlauer Inc. übernommen, zuständig für Verkauf, Marketing, Handel und Logistik in den USA, Kanada, Mexiko und Puerto Rico. Wir vermarkten jährlich etwa 55.000 Tonnen an Lebensmittelzusatzstoffen, die aussehen wie Zucker. Das repräsentiert etwa das Gewicht von 70.000 VW Golf. Es ist ein total eingeführtes Geschäft. Wir erzeugen ein »specialty chemical« (chemisches Spezialprodukt), das ein absolutes »commodity« (Verbrauchsgut) ist, wo es praktisch nur noch um den Preis geht. Die Qualität ist gleich bleibend gut. Wir sind 18 Leute hier und machen einen Umsatz von etwa 70 Millionen Dollar pro Jahr. Der Verkaufsbereich ist nach wie vor nicht groß, denn die Produktion zählt nicht dazu. Wir berichten auch getrennt an das Management Board. Das Unternehmen ist eine Aktiengesellschaft (Inc.), der Aufsichtsrat besteht aus internen Führungskräften, einem Anwalt und mir. Mexiko habe ich mir noch als meinen eigenen Markt behalten, andere Länderbereiche habe ich, als ich hier Nummer eins wurde, abgegeben. Da ich der Einzige bin, der gut genug Spanisch kann, bearbeite ich nach wie vor Mexiko. Außerdem kann ich mich auch gut in diese Kultur einordnen, ich bin mehr »latin« als »german« vom Typ her. Ich habe in Harvard oder auf Seminaren bemerkt, dass ich immer wieder mit Lateinamerikanern und Italienern in der Gruppe war und die Deutschen eher mit den Schweden und Holländern. Das hat sich so ergeben.

Im Moment herrscht in unserem Geschäft ein enormer Preiskampf mit der Konkurrenz. In den letzten Jahren gab es einen Preisverfall von 38 % für unser Hauptprodukt. Wir müssen jetzt sehr viel mehr verkaufen, um den Umsatz zu halten. In Mexiko haben wir einen neuen Distributionskanal eingeführt. Sonst fährt man einmal pro Jahr zu seinen Verteilern, besucht seine Kunden, hört selbst, was sie sagen. Eine Videokonferenz kann man vergessen, das kann man in unserer Industrie, die eine »alte Industrie« ist, nicht machen. Ich habe sehr bald gelernt, als ich Chef wurde – als Stellvertreter war ich Kollege – meine Verkaufsmanager als Kunden anzusehen oder als meine Kinder. Sie reisen gerne mit mir, zeigen mir ihren Markt, ihre Kunden. Sie lernen von mir und ich lerne irrsinnig viel von ihnen, wir profitieren beide, »a two way deal«.

In den letzten drei Jahren musste ich mich besonders auf Kostenreduktion konzentrieren, ohne abzubauen. Es ist vorbei mit hohen Preisen und hohen Margen. Ich habe viel umstrukturiert. Wir sind »extrem schlank« geworden für eine 70-Millionen-Dollar-Firma.

Ich reise viel, aber oft bin ich abends wieder zurück. Außerdem bin ich froh, dass ich trotz meines Managerberufes die Abende zuhause verbringen und meine Kinder morgens in die Schule bringen kann. Wir wohnen in einem Vorort von Boston, nur etwa 15 Minuten vom Büro entfernt.

Das ist mir irrsinnig nahe gegangen

Ich habe 9/11 hier erlebt, die zwei, drei Wochen danach waren schwierig. Aber davon waren alle betroffen. Ich war ein paar Wochen nach dem Anschlag in New York, es war grauenvoll. Als ich aus der U-Bahn gestiegen bin, hat es noch sehr stark nach Rauch gerochen. Ich bin am Ground Zero vorbeigegangen, habe die Abzäunungen gesehen. Das ist mir irrsinnig nahe gegangen. Wenn ich denke, wie enorm die Türme des World Trade Centers waren, Riesendinger! Die Tatsache, dass zwei der Flugzeuge von Boston gekommen sind, machte das emotional besonders stressig. Ich fliege ziemlich viel. Zuerst habe ich Flüge von Rhode Island aus genommen, nicht von Boston, aber bald sind diese Gedanken wieder weg gewesen. Man musste sich nur vergegenwärtigen, dass über den USA ständig etwa 6.000 Flugzeuge in der Luft sind. Welche Reaktionen hat es sonst bei mir gegeben? Man überlegt sich nach so einem traumatischen Ereignis schon, was man als Österreicher und als Französin hier macht, ob es nicht eine gute Idee wäre zurückzukehren. Aber bei den Überlegungen ist es auch geblieben. Wir fühlen uns in Boston sehr wohl. Unsere Kinder sind Amerikaner. Trotzdem leben wir anders als die typischen Amerikaner. Meine Frau hat vor kurzem ein kleines Business begonnen, sie verkauft französische Weine an Freunde, die keine puritanischen Antialkoholiker sind. Unsere Freunde sind ursprünglich alle nicht von hier.

Boston ist wirklich ein »melting pot«. In dieser Stadt brodelt es. Hier gibt es Harvard und das MIT, das Massachusetts Institute of Technology, die beste technische Hochschule der Welt, das sind Spitzenunis. Es ist toll, ein Harvard-Alumnus zu sein. Harvard steht für Spitzenqualität im Bereich Rechtswissenschaft, Medizin und Wirtschaft. Man verlässt so eine Uni als Spezialist. Boston ist auch groß im Forschungs- und Entwicklungsbereich. Pharmazeutische Firmen aus der Schweiz haben in den letzten Jahren ihre Forschungsabteilungen nach Cambridge/Massachusetts verlegt. Es gibt irrsinnig gescheite Leute hier, Studenten, die einfach nach der Graduierung bleiben.

... intellektuell und spirituell ungemein angeregt

Wenn ich die Uhr zurückdrehen könnte! Es muss schon toll sein, wenn man als junger Student hier studieren und das Campusleben mitmachen kann. Das beflügelt sicher. Als ich hierher kam, wurde ich intellektuell und spirituell ungemein angeregt. Deswegen wollte ich unbedingt noch ein Studium machen, obgleich ich meine Arbeit, meine Kinder hatte. Mein »Studium« dauerte nur drei Monate, aber ich habe einen starken Eindruck bekommen. Rückblickend gesehen war es besser, kaserniert gewesen zu sein; statt des zwei Jahre dauernden Wochenendmodells. Ich bin mit dem Skriptum eingeschlafen und mit ihm aufgewacht, das war echt super, ein Wahnsinn. Ich habe ein paar Tage zum Eingewöhnen gebraucht, dann ging es richtig los. Man musste drei »case studies« (Fallstudien) pro Tag abliefern, jeweils etwa 30 bis 40 Seiten. Man musste die Aufgabenstellung lesen und lösen. Zwei bis drei Stunden pro Case waren vorgesehen, aber das ist nur theoretisch, drei bis vier Stunden sind realistischer. Als Voraussetzung habe ich einige Bücher durchgearbeitet und in der ersten Woche Kurse besucht, z. B. einen Finanz-Crashkurs. Dann ging es schon los. Ich musste Firmen kaufen, verkaufen, abstoßen, Pläne erstellen ... Damals war ich 37 Jahre alt und erstaunt, was mein Hirn alles aufnehmen konnte. Ich habe mich total mitreißen lassen.

Boston, im Oktober 2003

Taxifahren in Mexico D. F.

oder

Der kategorische Imperativ für eine allein reisende Europäerin

Bevor ich mich anschicke als »Gringa« – und diese Tatsache ist nicht zu vertuschen – in ein Taxi in Mexico City zu steigen, muss ich laut Reiseführer unbedingt folgende Verhaltensmaßregeln beherzigen:

1) Halten Sie Ausschau nach einem froschgrünen VW-Käfer mit Original-Taxi-Aufschrift!

O. k., auch ohne Autoexperte zu sein kann ich diesen Autotyp auf Anhieb erkennen. Dann wird es allerdings um einiges schwieriger. Wie soll ich ohne eine RAL-Farbpalette feststellen, dass das Fahrzeug in dem typischen Taxi-Grün gespritzt und nicht erst vor kurzem in einer Fälscherwerkstatt präpariert worden ist? Da diese Hürde nicht leicht zu nehmen ist, muss ich sie wohl am besten umgehen – wenn ich immer auf Nummer Sicher gehen wollte, wäre es ohnehin vernünftiger gewesen zu Hause zu bleiben. Ob die Taxi-Aufschrift original ist, kann ich leicht feststellen, indem ich mich mit einem scharfen Gegenstand – einem Schlüssel, einer Nagelfeile oder Ähnlichem – an einem der Buchstaben zu schaffen mache. Lässt er sich wie ein Abziehbild entfernen, dann muss ich schnell das Weite suchen.... Lässt er sich nicht entfernen, dann wohl auch!

2) Vergleichen Sie unbedingt das Konterfei des Chauffeurs mit dem Foto auf seinem Ausweis, der links unten an der Windschutzscheibe angebracht ist!

Na ja! Ausgesprochen schwierig kann das werden, wenn das Foto sehr alt oder von der Sonne ausgebleicht ist bzw. wenn sich der Fahrer durch seine Frisur, die Barttracht, eine Sonnenbrille oder Kopfbedeckung einem derartigen Vergleich entzieht.

3) Vergleichen Sie nun das amtliche Kennzeichen auf dem Nummernschild mit dem auf der Zulassung, die links oben an der Scheibe angebracht ist!

Das ist vergleichsweise einfach und kann sogar ohne kriminaltechnisches Labor und forensische Fähigkeiten bewältigt werden, vorausgesetzt man sieht noch gut und kann sich eine Zahlenkombination merken.

4) Besprechen Sie die Fahrtroute und vergleichen Sie sie mit dem Vorschlag, den Sie über http://maps.yahoo.com erhalten haben! Handeln Sie dann den Fahrpreis aus!

Nun, für den der Landessprache mächtigen Touristen ist auch diese Schwierigkeit zu meistern. Und jeder andere sollte endlich einsehen, dass es Sinn macht, seine Sprachkenntnisse zu erweitern.

5) Holen Sie Papier und Stift aus der Tasche, damit Sie das Kennzeichen des davonbrausenden Fahrzeuges notieren können, und machen Sie eine Anzeige bei der Polizei! Oder rufen Sie das nächste Taxi herbei und beginnen mit dem Check wieder bei Punkt 1!

?!?   (RW)

Das ist wie bei einem Zentimeterstab, wenn er keine Millimeter hat, kann man sie nicht messen!

GREGOR REITMAYR, 52, verheiratet, vier Kinder, leitender Angestellter bei Bayer Mexiko, Mexico D. F., Mexiko

Ich bin Maturajahrgang 1969, bin also im September 1961 ins Hollabrunner Seminar und ins Bundesgymnasium eingetreten. Da es die Idee meiner Eltern war, dass ich Priester werden sollte, kam ich dorthin, obwohl ich aus dem 10. Wiener Gemeindebezirk stamme. Dass ich ins Internat gehen sollte, war eigentlich für mich kein Problem, kein Thema, ich war es nicht anders gewöhnt. Ich war schon in der Volksschule in einem Internat gewesen.

Natürlich erinnere ich mich – ich nehme an, in verklärender Weise – an die Zeit in Hollabrunn. Es war ein sehr geordnetes Leben. Der Alltag im Seminar lief sehr diszipliniert ab, wir hatten geregelte Lernzeiten, das war für alle Seminaristen selbstverständlich. Ich sah und sehe das auch heute nicht als aufgezwungen, sondern als vorteilhaft. Es ging uns bald in Fleisch und Blut über. Wenn der Unterricht vor 13 Uhr zu Ende war, gab es von 13:00 bis 13:30 Mittagessen, dann eine halbe Stunde Freizeit, gefolgt von einer Stunde Sport oder Bewegung, je nach Wochentag und Klasse. Auch die Lernstunden waren genau festgelegt. Bemerkenswert war die Beständigkeit und Intensität, mit der wir gelernt haben, und mit Lernen meine ich nicht nur das, was von der Schule gefragt war, sondern das ging im Seminar wesentlich weiter. Da gab es den Bastelonkel, zu dem nur die guten Schüler gehen durften, oder den Musikunterricht und natürlich die vielen Sportmöglichkeiten. Bei den Externen, die eigentlich jederzeit alles machen konnten, war der Tagesablauf sicher ganz anders. Wenn ich das jetzt bei meinen eigenen Kindern kritisch beleuchten soll, ist das ein einziges Chaos im Vergleich zum Internatsleben von damals.

Ich war damals schon ein sehr integrierender Mensch

Es war eine sehr wichtige Zeit für mich und ich komme alle fünf Jahre zum Maturajubiläum meiner Klasse, beim ersten war ich nicht. Wir, die Seminarklasse, haben das immer für uns gemacht, nie gemeinsam mit den so genannten Externisten. Wir haben auch nie Professoren dazu eingeladen.

Vielleicht hat mich das Internat in einer Beziehung besonders geprägt: Ich war damals schon ein sehr integrierender Mensch, ich fühle mich nach wie vor als solcher. Ich bin einer, der für viele, ich will nicht sagen für alle, aber für viele mitdenkt. Es ist für mich selbstverständlich bei allen Denkprozessen und Entscheidungen auch die Randgebiete mit einzubeziehen.

Es ist in der Schule, so habe ich das Gefühl gehabt, gerecht zugegangen, was mir hier in der Schweizer Schule, die meine Kinder besucht haben, nicht immer so vorkam. Das ist keine offizielle Schweizer Auslandsschule, eine solche gibt es, glaube ich, nicht, sondern eine Schule, die lebende Subventionen bekommt, nämlich die Lehrer. Auch die Schulbücher kommen aus der Schweiz und stattliche finanzielle Unterstützungen. So gesehen ist die Schweizer Schule Mexiko eine ziemlich offizielle Sache, auch wenn die Matura nicht einmal in der Schweiz anerkannt wird. Na gut, das wird sich vermutlich bald ändern. Umgekehrt ist es aber wieder so, dass die Schulen trotzdem irgendwie gleichwertig sind. Denn von hier gehen pro Jahr zwei oder drei Schüler an die ETH Zürich; die Eidgenössische Technische Hochschule ist unter den technischen Hochschulen schon etwas Besonderes, und es haben noch alle die Aufnahmsprüfung dort bestanden. Natürlich sind die mexikanischen Studenten nicht direkt mit den schweizerischen zu vergleichen, denn erstere sind hochgradig zweisprachig. Hier werden die Gegenstände Mathematik, Physik, Chemie, Biologie und natürlich Deutsch ständig in Deutsch unterrichtet, der Rest in Spanisch. Trotzdem habe ich den Eindruck, im Gymnasium Hollabrunn hat man noch mehr lernen müssen.

Ein Wahnsinniger, der tausendseitige Bücher liest

Ich muss im Nachhinein sagen, wenn ich das wieder mit der Mittelschulzeit meiner Kinder hier in Mexiko vergleiche, sie »g'fretten« sich nicht. Sie haben ein wesentlich vergnüglicheres Leben. Da kann es dann letztlich, fürchte ich, nur an der Ausbildung fehlen. Dass jemand eine perfekte Rechtschreibung mit null Fehlern beherrscht, das kommt nicht einmal mehr als Ziel in Frage. Oder wenn jemand einen Roman von Dostojewski oder Tolstoi gelesen hat, dann kann er ja nur ein Wahnsinniger sein, ein Wahnsinniger, der tausendseitige Bücher liest.

Ich kann außerdem feststellen, im Vergleich zur jetzigen Zeit waren meine Jugendjahre wohl die goldensten in der Geschichte der Menschheit. Ich hatte den Eindruck, dass einfach alles immer da war. Viel wurde von der öffentlichen Hand bezahlt, ich glaube, man hat für den Schikurs nichts bezahlt oder fast nichts. Ja, das Seminar hat zwar etwas gekostet, aber mein Vater war Arzt, das waren kleine Fische für ihn. Und als Schüler und Student ist man selbstverständlich gratis in alle Museen reingekommen. Gut, wir hatten auch die so genannte Schülerlade als Sparkomponente. Als dann das Gratisschulbuch kam, sahen wir das zum Teil als Verschwendung an. Aber das war bereits nach meiner Schulzeit.

Wir waren eine eigene Seminarklasse, nur ganz wenige sind ausgetreten und trotzdem weiterhin in der Klasse geblieben. Gemischte Klassen sind deshalb für mich unvorstellbar. Unsere Gruppe im Seminar war nicht homogen in dem Sinn, dass sich alle mit allen gleich gut verstanden hätten, es hat schon Kleingruppen gegeben. Wir Burschen aus der Stadt haben uns natürlich etwas von den Landkindern abgesetzt. Es hat auch Ausgeschlossene gegeben.

Ein kompletter Umfaller in Latein

Ich kann mich nur an einen schwerwiegenden, eher negativen Punkt erinnern, das war die Notengebung bei meiner Matura. Ich hatte bei der mündlichen Prüfung in Latein einen kompletten Umfaller, obwohl ich sonst in diesem Fach immer sehr gut war. In Deutsch und Chemie ist es mir bestens gegangen. Da muss es in der Kommission irgendwelche Verhandlungen gegeben haben, denn man wollte mir offensichtlich kein Genügend in Latein ins Maturazeugnis geben, weil ich ja immer Vorzugsschüler war. Es ist dann wohl ein Kompromiss ausgehandelt worden, dass ich in Chemie einen Zweier und in Latein einen Dreier bekommen sollte. Weil ich Chemie studieren wollte, hat mich das schon gestört. Ich hätte lieber den Vierer in Latein und mein Sehr gut in Chemie gehabt. Denn eine Auszeichnung habe ich sowieso nicht gekriegt, weil mein Durchschnitt zu schlecht war, nehme ich an. Aber das war das einzig Negative, das ich in der Schule erlebt habe. Und da ich später sowieso nicht Chemie studiert habe, war das letztlich – unabhängig von dieser Benotung – auch egal und hat meiner positiven Erinnerung an Hollabrunn inklusive Gymnasium keinen Abbruch getan.

Lesen ist der Grundstein für die Rechtschreibung

Das Seminar und die Schule waren für mich ein Leben, eine Einheit. Anfangs sind wir vom Internat nur »alle heiligen Zeiten« heimgefahren, zu Allerheiligen, zu Weihnachten, die so genannten Energieferien hat es damals noch nicht gegeben, zu Ostern, zu Pfingsten und in den großen Ferien. Ich habe in den großen Ferien meistens etwas Vernünftiges gemacht: Nach der zweiten Klasse war ich ein Monat in England, einige Jahre später habe ich die Bibliothek eines Pfarrers in Vorarlberg geordnet. Das waren etwa 2.000 Bücher. Den theologischen Teil hat er selbst übernommen, den Rest habe ich mir als Halbwüchsiger schon zugetraut. Ich habe immer sehr viel gelesen. Das Lesen ist meiner Meinung nach der Grundstein für die Rechtschreibung. Wer mehr liest, hat eine bessere Rechtschreibung. Dieses Phänomen habe ich auch bei meinen Kindern in Spanisch beobachtet und ich glaube, das ist in allen Sprachen gleich.

Manches Mal hatte ich ein bisschen den Eindruck, es gäbe Spannungen zwischen Seminar und Schule, und zwar dahingehend, dass das Bundesgymnasium nicht in erster Linie die Ausbildungsstätte für das Seminar sein wollte. Wir konnten das damals schwer beschreiben, es war eher atmosphärisch spürbar. Es war aus manchen Kommentaren zu erschließen, dass sich Seminar und Schule jeweils in einzelnen Fragen andere Dinge vorgestellt haben. Ich denke schon, dass das Gymnasium vom Seminar auch profitiert hat, die Seminarführung hat ein gewisses Leistungsniveau verlangt, das man ebenso von den Externen erwarten durfte. Aber insgesamt gab es keine stärkere Rivalität, kein Gegeneinander-Arbeiten, z. B. zwischen Direktor Scheibenreiter und Rektor Kurz.

Ich habe mich in der Schule nie fadisiert

Die ersten vier Jahre Gymnasium, glaube ich, verbrachten wir im alten Gebäude am Kirchenplatz. Dann übersiedelten wir in die Reucklstraße. Ich besuchte das humanistische Gymnasium, was für einen Seminaristen damals selbstverständlich war. Wir hatten ab der fünften Klasse Griechisch mit Professor Simhandl. In Englisch hatten wir Professor Skarke, in Latein und Geschichte Professor Jagenteufel. Ich habe noch genau vor Augen, wie er sich bei der Erklärung der Taktik der Kesselschlacht förmlich über die Tafel gelegt und erläutert hat: »… rechte Zange … linke Zange …!« Wir hörten gebannt zu. Er hat den Stoff sehr attraktiv vorgetragen. Wie ich überhaupt sagen muss, dass ich mich in der Schule niemals fadisiert habe. Ich nehme natürlich an, dass die Klassenbesseren immer mehr Positives finden und die am anderen Ende der Skala an allem oder den meisten Sachen gelitten haben. Das ist nicht objektiv. Ich aber habe im Sinne der Allgemeinbildung allem etwas abgewinnen können.

… dem geht viel im Leben verloren

Von all unseren Lehrern habe ich Professor Erika Müller besonders geschätzt. Wir haben in unserer Klassenzeitung einmal Folgendes über sie geschrieben: »Schubert hatt' gewiss die Erika im Sinn, als er schrieb ›Die schöne Müllerin‹!« Ihr Gegenstand Psychologie und Philosophie, das muss ich sagen, war – natürlich neben Deutsch und Englisch – das, was mir für's Leben später am meisten gegeben hat. Ich denke da z. B. an die Menschentypologie und an die Lerntheorien, die ich für sehr brauchbar hielt. Ich stellte fest, dass ich in überwiegendem Maß ein motorischer Typ bin. Ich habe immer viel geschrieben. Meine Vokabelhefte habe ich noch auf der Universität, wo ich Spanisch als Wirtschaftssprache gelernt habe, weitergeführt. Ich finde es bedauerlich, dass das heute nicht mehr üblich ist. In der Schweizer Schule hieß es dazu nur: »Die Vokabel stehen eh in jeder Lektion und es gibt auch ein Wörterbuch!« Ich finde aber, dass so keine individuelle Lernbetreuung stattfinden kann. Da sehe ich einen gewissen

Rückschritt gegenüber meiner Schulzeit, wie ich überhaupt nicht davon überzeugt bin, dass die Welt immer besser wird, immer fortschrittlicher. Das ist jedenfalls kein Fortschritt, sondern ein Rückschritt. Motorische Lerntypen werden heutzutage methodisch-didaktisch nicht so gefördert wie akustische oder visuelle Lerner.

Das wirkt sich Gott sei Dank im Sprachunterricht speziell im Englischen nicht so stark aus, denn die Schule ist nicht mehr alleiniger Vermittler der Fremdsprachenkenntnisse. Heute haben die Kinder viele Zugänge zum Englischen, die Popmusik, das Fernsehen, das Reisen ...

Wichtige Voraussetzung für das Beherrschen einer Fremdsprache ist, sich präzise in der Muttersprache ausdrücken zu können. Wer das Gefühl für die Präzision in der Sprache nicht hat, dem geht vermutlich sehr viel im Leben allgemein verloren, weil er das gar nicht bemerkt. Das ist wie bei einem Zentimeterstab, wenn er keine Millimeter hat, kann man sie nicht messen. Es fehlt einem zwar subjektiv nichts, aber es geht die größere Präzision ab. Gerade diese ist eine allgemeine Bereicherung im Leben, bedeutet eine allgemeine Verfeinerung, die in alle Gebiete hineingeht, auch in die Fremdsprache. Ich kann sie nicht genauer abbilden als die Muttersprache. Und dieser Zustand ist der feinste, den ich auch in der Fremdsprache erreichen kann. Wenn die Beherrschung der Muttersprache »grob« ist, kann die der Fremdsprache auch nur »grob« sein, wobei man sagen muss, dass man das letzte Prozent an Feinheit allerdings nur in der Muttersprache erreicht.

... ob der Aufwand im Verhältnis zum Ertrag steht

Ja, viele Inhalte waren so, dass man sagen konnte, man hat fürs Leben gelernt. Bei Mathematik ist das im Nachhinein gesehen wirklich stark zu hinterfragen. Wie viel davon hat man fürs Leben gelernt? 1 % und 99 % für die Schule? Das war meiner Meinung nach auch beim Wirtschaftsstudium so. Wenn man im Wirtschaftsleben steht, kommt man über das Multiplizieren und Dividieren nicht hinaus. Man hat dann auch keine Ansprechpartner mehr, wenn es um Exponentenrechnung oder Zinseszinstafeln geht, das verstehen die Leute nicht mehr, das glauben sie einem nur, wenn es auf dem Taschenrechner rauskommt. Mathematik im Gymnasium war nach meiner Erfahrung das Fach, wo die Anforderungen an uns Schüler weit überzogen waren. Wir mussten unheimlich viel Zeit und Arbeit investieren, überproportional zur Stundenanzahl. Chemie wollte ich studieren, das hat mich sowieso interessiert, Physik war eine notwendige Ergänzung und zum Teil sehr interessant. Da hat auch mein Vater zuhause immer wieder nachgeholfen, sozusagen Physik in Aktion betrieben. Immer wieder hat er mich im Alltag auf ein physikalisches Gesetz hingewiesen. Wenn das im Unterricht halbwegs intelligent verbunden wird, muss Physik durchaus nicht langweilig sein.

Was uns überdurchschnittlich viel persönliche Mühe und Schweiß gekostet hat, war Mathematik. Die höhere Mathematik habe ich dann nie wieder brauchen können und sie ist genauso in Vergessenheit geraten wie Griechisch. Natürlich, man kann allem etwas abgewinnen, aber man fragt sich, ob der Aufwand im Verhältnis zum Ertrag steht. Selbst wenn man bei Seminaristen unterstellt, dass Griechisch für das Theologiestudium notwendig ist, stellt sich auch dort die Frage, wie wichtig es für die Seelsorge ist, dass man die Bibel im griechischen Original lesen kann. Auch die Werke der griechischen Philosophen gibt es in viel besseren Übersetzungen, als ich sie hätte machen können. Sie waren im Unterricht außerdem nur Beiwerk. Das Übersetzen kann man auch in jeder lebenden Fremdsprache üben. Wir haben es in Griechisch und Latein wirklich gut gelernt. Während meines Studiums habe ich jahrelang mit einem Juristen, Professor Waldemar Hummer – er ist Ordinarius für Völkerrecht und internationales Recht in Innsbruck – Übersetzungen zu Lateinamerika-Themen gemacht, er vom Juristischen und ich vom Wirtschaftsstatistischen her. Wir sind oft halbe Tage über einer Formulierung gesessen oder haben stundenlang an einem Wort geknobelt.

Natürlich sind Ausdrucksfähigkeit und Präzision in der Muttersprache eine Voraussetzung für das Übersetzen, wenn sie dort fehlt, wird das Übersetzen leicht, aber es stimmt halt nicht. Wenn man etwas in der Muttersprache nicht versteht, kann man es in der Fremdsprache schon gar nicht verstehen.

Dann weißt du nicht einmal, wo der Motor ist

Ein großer Nachteil an der AHS war und ist natürlich, dass man nichts Praktisches gelernt hat, dass man mit der Matura z. B. nicht auch eine Gesellenprüfung in einem Handwerk abgelegt hat. Ich fragte mich dann schon: »Jetzt hast du acht Jahre Gymnasium hinter dir, hast dich jahrelang abgerackert, kannst Griechisch. Dann weißt du beim Auto nicht einmal, wo der Motor ist.« Und du denkst, wenn er nicht vorne ist, dann muss er hinten sein!

Die Entscheidung für die AHS war bei mir, wie bei vielen anderen wohl auch, vom Elternhaus vorgegeben. Als Neunjähriger weiß man nicht, welchen Weg man einschlagen soll. Auch mit 14 kann oder konnte man zu meiner Zeit nicht wirklich selbstständig entscheiden. Es war außerdem üblich, die Langform der AHS zu besuchen. Meine Eltern hatten das für mich vorgesehen. Die Schulformenwahl hängt stark von der Familie ab. Als 14-Jähriger ist man nicht immer damit einverstanden, was die Eltern sagen, aber man ist so unsicher, dass man im Normalfall das gleiche Gleis weiterfahren wird, wenn es nicht einen ganz wichtigen Grund gibt es nicht zu tun. Wenn man am Durchfallen ist, ist das ein Grund zum Wechseln. Aber wenn man wie ich unter den guten Schülern war, blieb man gerne. Außerdem ist die AHS auch auf ein akademisches Studium hin ausgerichtet. Ja, es fehlt eine konkrete Berufsausbildung, aber das wäre wohl die Quadratur des Kreises.

Trotzdem war es damals im Bankensektor üblich, dass man ohne Matura nicht mehr angestellt wurde, und attraktiver als eine BHS- war eine AHS-Matura. In einer Bank zu arbeiten, eigenes Geld zu verdienen war für mich verlockend. Deshalb habe ich in den Semesterferien 1970 in der Creditanstalt gearbeitet. Die Rückkehr an die Universität stand ja jederzeit offen. Ich dachte: »Wenn es mir nicht gefällt, gehe ich nach einem Monat wieder weg.« Ich habe nichts verloren dabei, nur ein paar tausend Schilling verdient und einen Monat Zahlen zusammengezählt!

Ein Abgangsinterview, vielleicht ein Jahr nach der Matura

Was vielleicht an Schulen generell eingeführt werden sollte: Man könnte, so wie das heute bei manchen Firmen praktiziert wird, eine

Art Abgangsinterview machen, vielleicht ein Jahr nach der Matura oder zwei, drei, vier Jahre danach. Viel später hätte es wenig Sinn. Wenn man das gut macht, sollte man aus einem Abgangsinterview viele Informationen kriegen. Man fragt jemanden, dem es egal ist, was herauskommt. Bei Bayer läuft das so ab, dass der nun ehemalige Mitarbeiter seine Papiere und seine Abfertigung bekommt und dann gebeten wird, einen Fragebogen auszufüllen. Er hat keinerlei Nachteile dadurch zu befürchten. Da kann er offen sagen, was er über das Unternehmen, den Chef, die Kollegen denkt. Das kann auch unsachlich sein, wenn sich – um ein Beispiel aus der Schule zu bringen – ein schlechter Mathematiker negativ über Mathematik äußert, kann man das ja relativieren. Wenn ein Sehr-gut-Schüler die Anforderungen überzogen findet, dann ist diese Aussage wohl relevant. Ich gebe zu, eine solche Befragung ist nicht ganz einfach zu machen, aber es kommt viel dabei heraus. Auch Schutzbehauptungen kann man herausfiltern. Unter dem Fehlen eines derartigen Feedbacks leidet die Schule.

Hollabrunn war von Paris und Heidelberg weit entfernt

Während meiner Gymnasialzeit war mein politisches Interesse relativ gering. Ich kann mich auch nicht an interessante Diskussionen und Auseinandersetzungen über Wertfragen erinnern. Irgendetwas muss aber schon zu uns durchgekommen sein. Wenn es 1968 die Studentenrevolutionen in der ganzen Welt gegeben hat, kann Hollabrunn nicht ganz verschont geblieben sein, aber andererseits war Hollabrunn von Paris, Berlin und Heidelberg doch weit entfernt. Ich kann mich nicht an viel erinnern, wir haben im Seminar abends »Zeit im Bild« sehen dürfen. Irgendwann hat es auch eine Tageszeitung für die Schüler ab der sechsten Klasse gegeben, die »Presse« oder die »Furche«. Irgendwann in meinem Leben bin ich dazu übergegangen, Tageszeitungen zu meiden, es steht so viel Aktuelles, aber doch auf längere Zeit Unnötiges drin. Man sollte eher eine Wochenzeitung lesen, dann kommt man erst gar nicht in Versuchung, diese Tagesmeldungen, die so viel Aufmerksamkeit beanspruchen, zu speichern, denn nach einem Monat hat man fast alles davon vergessen. Eine Wochenzeitung hat einen höheren Bildungswert. Ich habe in meiner Zeit in Hollabrunn auch mitbekommen, dass man seine Zeit in etwas Bleibendes investieren soll.

Die gesellschaftspolitischen Veränderungen waren für uns in der Schulzeit zu radikal entfernt. Jahre später, an der Universität, war ich im katholischen Lager aktiv. Als Kontrapunkt zu den Vietnamdemonstrationen der Linken starteten wir das Projekt »Frieden tun!« Wir kümmerten uns um Obdachlose, Alkoholiker, allein stehende, alte Menschen usw. Man konnte sich für eine Aktivität, einen Dienst melden. Das war die katholische Variante der Studentenbewegung, so brav, wie sie hätte sein sollen.

Ich hätte mir nichts Besseres vorstellen können

Hollabrunn war nach der Matura die Provinz des kleinen Gregor, die Universität, das war die große Welt. Ich habe zunächst einmal ein Jahr nicht gerade sehr zielstrebig Theologie, Sprachen und Bibelwissenschaft studiert, bevor ich mich wieder an die Berufsberatung erinnert habe, wo mir Folgendes gesagt worden ist: »Was Sie bei dem Test hingelegt haben, ist ganz eindeutig, Sie sollten Wirtschaftswissenschaften studieren. Sie haben diese einfachen Rechnungen so schnell gemacht!« Er habe es in seinem Beraterdasein noch nicht erlebt, dass jemand alle Rechnungen gemacht hatte und alle richtig waren. Ich hatte sogar noch Zeit sie nachzuprüfen!

Diesen Rat habe ich dann auch befolgt und ich muss ehrlich sagen, es war eine gute Entscheidung. Ich hätte mir im Nachhinein gar nichts Besseres vorstellen können. Dann habe ich an der Hochschule für Welthandel inskribiert und den ersten Studienabschnitt in Wien abgeschlossen. Das muss man betonen, weil ich nämlich dann erst nach Linz gegangen bin. Die meisten Leute haben es umgekehrt gemacht, den ersten Studienabschnitt in Linz, weil er in Wien sehr, sehr schwierig war. In Wien wurde auf Durchfallen geprüft, weil es keinen Numerus Clausus gibt. Deshalb haben die Professoren gemeint: »Da machen wir uns den Numerus Clausus selbst!«

Ich habe sehr erfolgreich studiert, ich war die Selbstdisziplin vom Seminar her gewohnt. Nebenbei habe ich immer wieder gearbeitet, habe die kaufmännischen Belange der Fachschaft Medizin geführt, habe Skripten gedruckt, wobei ich in einem einzigen Sommer etwa den Gegenwert eines Hauses in Mexiko verdient habe. Ich bin später wieder nach Hollabrunn gefahren, habe Nachhilfeunterricht gegeben und am Wochenende im Seminar Hilfspräfekt »gespielt«.

Ich zähle eindeutig zu dem 1 %

Ich habe nicht Chemie studiert, obwohl es so geplant war, sondern Handelswissenschaften. In Linz gab es damals keine Handelswissenschaft, sondern nur Betriebswirtschaft. Das hat mich auch sehr interessiert, als Schwerpunkte im zweiten Studienabschnitt wählte ich öffentliche Unternehmen und öffentliche Verwaltung und Betriebsinformatik. In Linz war die einzige Universität Österreichs mit Campus-Charakter. Während des Studiums erhielt ich ein Begabtenstipendium, mit dem ich mir das Reisen ein bisschen finanzieren konnte, das im Übrigen zu meiner Zeit viel billiger war als jetzt.

Ich war während meines Studiums in der Hochschülerschaft sehr aktiv, ich organisierte einen Studentenaustausch, gründete dazu ein Lokalkomitee. Und was auch immer es an Studentenaktivitäten gab, ich war dabei: als Heimsprecher im Studentenhaus, als Mitglied der Kommission für Begabtenstipendien und Studienversuche. Es hat sich eben schon damals gezeigt, dass es Menschen gibt, die sich für das öffentliche Leben interessieren, etwa 1 % sind das, würde ich sagen, und 99 %, die »bei überhaupt nichts dabei sind«. Ich zähle eindeutig zu dem 1 %. Ich engagiere mich auch hierzulande immer wieder in verschiedenen Bereichen: in Hausversammlungen, in der katholischen deutschsprachigen Gemeinde, dann kümmere ich mich darum, wenn z. B. in meiner Straße ein Beleuchtungskörper ausgefallen ist.

Das Studentenpolitische hat mich nicht so sehr interessiert, es gab damals eine sehr lebhafte Auseinandersetzung vor allem mit dem linken Lager, weil es natürlich das größte Studentenheim eröffnet hat und weil jedes Studentenheim in Linz einer Partei zuzuordnen war. Da hat es das ÖVP-Heim gegeben, das SPÖ-Heim und das freiheitliche Heim. Und das waren jeweils kleine Parteizentralen und Übungsstätten für zukünftige Politiker. Ich glaube, Madeleine Petrovic kam aus Linz und Wilhelm Molterer auch. In Linz war die Studentenvertretung sehr aktiv, da war mehr los als in Wien. Ich denke, dass der Campus-Charakter auch dazu beigetragen hat. Ich habe mich aber weniger um die Parteipolitik gekümmert, sondern mehr um den Studentenaustausch.

Nach Abschluss des Studiums war ich ein Jahr Assistent, ich sollte in dieser Zeit an der Ausarbeitung des Studienversuchs Verwaltungsinformatik mitarbeiten. Leider ist dann der zuständige Professor Thiemayr nach Bochum berufen worden. Deshalb ist nicht besonders viel vorwärts gegangen.

Das hat vielleicht mit Karl May angefangen

Ich habe auch schon mit Dr. Hummer, Ordinarius in Linz, gemeinsam veröffentlicht, über lateinamerikanische Integrationszonen. Er schrieb sehr viel, hielt Vorträge mit Fokus auf Lateinamerika. Ich hatte eine lang gehegte Sympathie für Lateinamerika, die vielleicht mit Karl May und Winnetou angefangen hat, das ist nicht auszuschließen. Dann kam Spanisch dazu, das damals schon die zweitwichtigste Wirtschaftssprache war und in fast ganz Lateinamerika gesprochen wird. Außerdem hatten diese Länder das Flair, die Länder der Zukunft zu sein, schon vor 100 Jahren war es so und vor 50 Jahren auch, und es ist weiter auf die Zukunft zu hoffen, weil die Gegenwart nicht so erfreulich ausschaut. Trotzdem ist auch schon ganz schön viel Entwicklung hier geschehen. Ich habe mich in meiner Linzer Zeit immer mehr mit Lateinamerika beschäftigt. Ich war Sekretär des Lateinamerika-Instituts und habe u. a. Stipendien vermittelt und kulturelle Veranstaltungen mitorganisiert. Der Rest hat sich dann mehr oder weniger von selbst ergeben.

Zu Ende des Studiums wollte ich eine Reise machen. Ich dachte: »Was kann ich mir denn leisten? Spanien ist gleich ums Eck, da war ich eh schon öfter, da habe ich ein Praktikum im Sommer gemacht. Lateinamerika, da wird das Geld hoffentlich bis Mexiko reichen!«

Ich bin also im Sommer 1976 zwei Monate in Mexiko herumgereist und habe mich nach meiner Rückkehr für ein Entwicklungshilfeprojekt nach Möglichkeit in Lateinamerika beworben. Ich habe dann einen Zweijahresvertrag (mit der Option zu verlängern) unterschrieben und kam an die Jesuiten-Universität in Guadalajara. Das IIZ, das Institut für internationale Zusammenarbeit, das der katholischen Kirche nahe steht, unterstützte ein Projekt: Mexikanische Studenten mussten im zweiten Studienabschnitt einen so genannten »servicio social« leisten. Zur Betreuung der Studenten wurden mexikanische Lehrer abgestellt, für die wir unterrichteten.

Aber 1978 hieß es, Mexiko sei ein Erdöl exportierendes Land – der Erdölpreis war ins Unermessliche gestiegen – und bekomme keine Entwicklungshilfe mehr. So ist mein Vertrag nach nur zwei Jahren ausgelaufen. Ich bin geblieben, habe mich hier verheiratet und um einen hiesigen Posten umgesehen. Spanisch habe ich auch schon gut gekonnt. Ein Jahr war ich in einem pharmazeutischen Betrieb tätig, ich bekam gleich einen Super-Posten, war Berater der Geschäftsleitung, das hat mich verblüfft. Ich sah, dass mein Wissen geschätzt wurde. Die Unternehmer hatten unheimlichen Respekt vor Leuten, die an der Universität unterrichten.

Einer, der viel über möglichst vieles weiß

Ich wechselte noch zu zwei weiteren Unternehmen, bevor ich 1983 bei Bayer begann. Heuer habe ich meine 20-jährige Firmenzugehörigkeit gefeiert. Bayer hat in Mexico rund 2.500 Beschäftigte. Zuerst bekam ich eine Stelle in der pharmazeutischen Abteilung, dann wurde ich von der Geschäftsführung abgeworben, war Berater des Geschäftsführers und kam darauf ins Rechnungswesen, das ich 18 Jahre lang geleitet habe. Und ich kann sagen, dass ich diesen Bereich von einem recht armen in einen vorbildlichen Zustand gebracht habe. Damals hat der Monatsabschluss zwei Wochen gedauert. Ich hab' dann irgendwann mal den Rekord aufgestellt, den 30. Juni vor dem 30. Juni abzuschließen. Das war möglich, weil der 30. Juni ein Sonntag war. Wir konnten am Freitag mit dem Abschluss anfangen, die ganze Nacht durcharbeiten, am Samstag kam die nächste Schicht usw. Ich habe am Sonntag dann versucht die Daten nach Leverkusen zu übermitteln. Weil das nicht ging, habe ich am Montag dort angerufen und gefragt, was los sei. »Na, so schnell geht das bei uns nicht!«, war die Antwort. Da mussten sie sich schon von Mexiko den Vorwurf gefallen lassen, dass sie in Deutschland sehr langsam arbeiten.

Nach Auseinandersetzungen mit meinem vierten oder fünften Chef habe ich den Kürzeren gezogen und bin versetzt worden, auf einen anderen Posten, es war ein Zurück zur Aktivität mit Kunden. Anfang dieses Monats habe ich wieder gewechselt, ich habe den Einkauf der Rohstoffe übernommen. Da arbeite ich mich jetzt ein. Die Tätigkeit hier ist wesentlich abwechslungsreicher als erwartet. Die Rotation sehe ich trotzdem eher als negativ an. Umfassendes Wissen über einen Bereich heißt eben umfassend, man ist kein Fachtrottel, aber auch kein Drüberflieger, der nichts über alles weiß, sondern einer, der viel über möglichst vieles weiß.

... wenn er ein bisschen zu heftig zuschlägt

Es gibt nicht sehr viele Österreicher in Mexiko, etwa 1.000 bis 2.000, je nach Berechnung. Viele Auswanderer sind nämlich mexikanische Staatsbürger geworden, denn eine Doppelstaatsbürgerschaft gibt es nicht.

Früher wäre es für mich noch attraktiv gewesen, nach Österreich zurückzugehen. Aber es gibt einen Punkt, wo es nicht mehr möglich wäre. Wenn ich das heute beschließen würde, weil es mir hier zu unsicher ist, könnte ich es nicht, weil ich wahrscheinlich keinen adäquaten Posten kriegen könnte. Mit über 50 Jahren kann man versuchen, sich als Freiberufler durchzuschlagen, z. B. eine Beraterfirma zu gründen. Selbst wenn das geht, ergibt sich ein Problem: Jetzt bin ich über 50 und wenn ich etwa bis 65 arbeite, so sind es nicht einmal 15 Jahre für eine Pension. Das geht nur, wenn man selbst vorgesorgt hat. Denn es gibt kein Sozialversicherungsabkommen zwischen Österreich und Mexiko. Ich denke also nicht mehr daran. Ich fühle mich wohl hier, habe mich eingelebt. Natürlich, wenn man nüchtern überlegt, ist das enorme Unsicherheitselement hier ein Wahnsinn, es wäre ein Grund nicht dazubleiben. Es kann jederzeit etwas passieren. Z. B. heute, ich gehe zum Bankomaten und hole Geld. Wenn da einer draußen steht und mich zusammenschlägt, wenn er ein bisschen zu heftig zuschlägt! Ich wäre nicht der Erste, dem das passiert, auch in Ausländerkreisen ist das vorgekommen. Da wird kein Unterschied gemacht, ob Ausländer oder Inländer, dem Geld sieht man es nicht an. Wenn man rational ist, sagt man sich: Selbst wenn man ein gutes

Auskommen hat, das Leben kann hier schneller zu Ende sein, als man glaubt. Natürlich ist die Kriminalität auch in Österreich stärker als vor 20, 30 Jahren, aber immer noch wesentlich geringer als hier. Und in den meisten Fällen kennt man Vorfälle nur aus der Zeitung, man kennt keinen Menschen, dem jemals selbst etwas Gröberes zugestoßen ist, vielleicht ein Auto aufgebrochen. Soweit ich das von meinen Brüdern weiß, ist in deren Bekanntenkreis nichts Ärgeres passiert, und wenn, dann geht es meist ohne Gewaltanwendung ab. Nicht so hier, wo Autos am helllichten Tag bei einer roten Ampel gestohlen werden. Die Passanten sehen es, aber sie werden sich hüten, einen Finger zu rühren, sie schauen weg, damit sie sagen können, dass sie nichts gesehen haben. Derartiges ist Kollegen von mir passiert, mir persönlich ist ebenfalls unter Gewaltandrohung das Auto abgenommen worden, meiner Frau auch. Das geht direkt gegen die Person. Es gibt von der Polizei die Empfehlung sich nicht zu wehren, allein wegen des Überraschungsmoments ist man als Opfer ja schon benachteiligt.

Ich schildere kurz, wie es passiert ist. Wir haben eine Mole (ein traditionelles mexikanisches Fleischgericht mit Schokoladensoße) von einer Tante meiner Frau gekriegt, die in einer ganz ruhigen Wohngegend lebt. Dort habe ich die Mole im Kofferraum so verstaut, dass sie nicht rutscht. Ich beuge mich hinein, sehe rechts und links von meinen Füßen zwei Paar Tennisschuhe. Der eine sagt leise: »Das ist ein Überfall, machen Sie nichts, sagen Sie nichts, geben Sie mir den Autoschlüssel!« Den zieht er mir gleichzeitig aus der Hand. Ich richte mich auf. Der Zweite nimmt mir die Brille ab, wirft sie vermutlich in den Kofferraum. Inzwischen hat der Erste den Motor angelassen. Ich gehe vorsichtig zurück und weg sind sie. Das Ganze hat maximal fünf Sekunden gedauert. Da kann man gerade anfangen sich zu ärgern. Das Auto ist nicht wieder aufgetaucht, gestohlene Fahrzeuge gehen oft nach Zentralamerika, wo noch weniger kontrolliert werden kann. Es passiert, schätze ich, pro Tag ein paar 100 Mal, dass Autos verschwinden oder als Ersatzteillager verwendet werden.

Er wird drüben bleiben

Dieser Aspekt ist Anlass über eine Veränderung nachzudenken, aber man bleibt wahrscheinlich bei seinen eingefahrenen Gleisen. In der

Provinz ist es schon ruhiger als hier. Dort hinzugehen ist aber keine Alternative, weil man sozial die Verbindung zum Leben vorher völlig verliert, man kann nirgends anknüpfen, hat keine Freunde, keine Familie dort. Ja, meine Familie! Wenn z. B. meine Tochter einen Österreicher heiratet und die beiden zurückgehen, wieso sollte ich etwas dagegen haben? Sie ist deshalb in die zweisprachige Schule gegangen, mit Deutsch, dass sie wählen kann, wo sie leben will. Sie kann Spanisch. Wenn sie nach Österreich geht, kann sie Deutsch. Mein mittlerer Sohn studiert in der Schweiz. Es kann sein, dass er nach Studienabschluss ein ideales Angebot bekommt und nach Lateinamerika zurückkehrt. Vielleicht wird sich bei ihm das Gleiche wiederholen wie bei mir, in jugendlichen Jahren ist man dafür sehr offen. Irgendwann ist es halt dann zu spät, da kann er nicht mehr zurück, aber es muss ja auch nicht sein. Ich sehe den größten Unsicherheitsfaktor des Lebens hier in der Situation des Landes, die Verbrechensrate ist hoch und es besteht keine realistische Aussicht, dass es sich jemals bessern wird. Bei einem Bevölkerungswachstum von 1,8 bis 2 % müssten – bei über 100 Millionen Einwohnern – jedes Jahr Jobs für zwei Millionen Menschen neu geschaffen werden. Das gelingt nicht einmal den USA. Geburtenkontrolle wird nicht propagiert. Man muss allerdings sagen, dass in den Städten die Ein-Kind-Familie schon verbreitet ist. Im ländlichen Bereich haben die Familien sechs bis sieben Kinder, weil diese eine Art Pensionsvorsorge sind. Solange es keine geregelten Einkommens- und Lebensverhältnisse gibt, wird auch die Kriminalität nicht zurückgehen.

Die Familie zählt viel, die Gesellschaft nichts

Was hier anders ist als in Europa, ist die Familienzusammengehörigkeit. Alle Feste werden hauptsächlich im familiären Kreis gefeiert. Die Familie zählt viel, die Gesellschaft nichts, von der Gesellschaft kann man nichts erwarten. Es gibt wenige Leute, die für die Allgemeinheit arbeiten, und es sind immer die Gleichen. Die findet man dort, wo es ehrenamtliche Posten zu übernehmen gibt, im Kirchenvorstand, in Vereinen usw. Ich engagiere mich z. B. in diesen Bereichen mehr, weil ich hier nur eine relativ beschränkte Familie habe, weil meine Hälfte nicht da ist. Aber zu einem kleinen Fest in der

Familie meiner Frau kommen 100 Leute, darunter fangen wir erst gar nicht an.

Ich bin nach wie vor österreichischer Staatsbürger, trotzdem sind meine Beziehungen zu Österreich schon locker geworden, besonders seit meine Eltern tot sind. Mit meinen Brüdern identifiziere ich mich nicht mehr so, ihnen gegenüber habe ich keine moralische Verpflichtung. Jeder von uns hat seine Kinder, seine Arbeit. Aber das ist auch von Mensch zu Mensch verschieden, manche Auslandsösterreicher reisen schon beruflich fünfmal pro Jahr nach Österreich, Leute von der VOEST Alpine z. B. Manche bleiben nur ein paar Jahre hier. Unter den Auslandsösterreichern gibt es hier viele Varianten. Das ist noch relativ klar zu definieren, Österreicher, die in aller Regel Deutsch als Muttersprache haben. In einigen Auslandsösterreicher-Vereinen wird ernsthaft diskutiert, ob man sich »Friends of Austria« nennen und Angehörige anderer Nationen, die viel für Österreich tun, aufnehmen soll.

Die meisten Auslandsösterreicher-Vereine in den USA sind prächtig organisiert und haben viele Mitglieder, in Chicago gibt es über 20 Burgenländer-Vereine. Dort leben mehr Burgenländer als in Eisenstadt. Die meisten dieser Vereine sind auf Unabhängigkeit bedacht, wollen mit dem offiziellen Österreich nicht viel zu tun haben.

Ich arbeite hier auch im »Centro Austríaco« mit, bin im Vorstand und versuche ihn nebenberuflich aufrecht zu erhalten. Wir organisieren einzelne Veranstaltungen. Die Vollversammlung ist ein Heuriger. Wenn es gutes Essen gibt, kommen viele Leute, auch viele Deutsche. Diese sind bei uns begeistert dabei, wegen der guten Stimmung. Aber die deutsche Gemeinde ist natürlich viel stärker, weil es hier einige Niederlassungen deutscher Industrieunternehmen gibt. Wir Österreicher sind sehr auf die Integration aller Deutschsprachigen bedacht, es soll lieber zu viel Interesse bestehen als zu wenig. So kommt es auch z. B. zu Wahlaufrufen in deutschen Zeitschriften, was uns schon Vorwürfe eingebracht hat. Aber ich finde das durchaus sinnvoll, denn es wird immer schwerer auseinander zu halten, wer Österreicher und wer Deutscher ist. Wenn ein Österreicher in Deutschland studiert hat und bei einer deutschen Firma arbeitet, was ist er dann? Beide haben den gleichen EU-Pass. Die Unterschiede verwischen sich mehr und mehr.

Ich bin wahrscheinlich jemand, der sich überdurchschnittlich für Österreich interessiert und auch einsetzt. Deshalb liefere ich auch Material für einen Newsletter, der über E-Mail verschickt wird. Das ist schneller und sicherer als die Post und kostet nichts. Ich fasse Informationen, die für Auslandsösterreicher wichtig sein können oder österreichtypisch sind, zusammen, z. B. über die Wiedereröffnung der Graphischen Sammlung Albertina.

Der Durchschnitt der Weltbevölkerung weiß überhaupt nichts über Österreich

Jedes Jahr zum Nationalfeiertag lädt die österreichische Botschaft ein. Man möchte den anderen Botschaftern Österreich näher bringen. Das österreichische Buffet ist bei allen sehr beliebt. Kulturelle Veranstaltungen sind nicht so gut besucht. Zur 1.000-Jahr-Feier war ein Monat zum Österreich-Monat erklärt worden. Der offizielle Beitrag von österreichischer Seite war das Konzert einer modernen Musikgruppe. Unglaublich, wie man daneben greifen kann! Da pfiff und schrillte es und jemand sagte: »Seid still, da hört man ja die Musik nicht!« – »Was, sie haben schon angefangen? Nein, sie stimmen die Instrumente.« – »Aber die stimmen schon lange!« – »Vielleicht hast du Recht! Wenn das das Spiel ist, gehen wir!« Und wir sind dann weggegangen. Ich muss sagen, dass moderne Kompositionen hier absolut null ankommen, das will hier kein Mensch hören. Die Mexikaner erwarten sich das Traditionelle.

Ich habe oft die Behauptung gehört: »Alle Welt weiß, dass Österreich das Land der Musik ist!« Ich sage: »Alle Welt weiß gar nichts!« Wenn es beim Durchschnittsmexikaner bei Mozart und Strauß klingelt, dann hat man Glück gehabt. Es hätte genauso gut sein können, dass er Österreich mit Australien verwechselt, er wüsste über Australien genauso wenig wie über Austria. Der Durchschnitt der Weltbevölkerung weiß überhaupt nichts über Österreich. Man sollte deshalb dort ansetzen, wo schon etwas ist, nicht bei null, sondern bei zehn, bei den Klassikern. Alles andere hat keinen Sinn.

Bei den Österreichern hier in Mexiko gibt auch es keine Debatten über Parteien, höchstens einmal über exzentrische Personen wie Haider. Man ist hier ganz vorsichtig mit politischen Urteilen, weil Leute aus ganz unterschiedlichen Richtungen zusammentreffen, da sind alte Leute, die rassisch oder politisch verfolgt worden sind, und Junge, die »nur« bessere Berufsaussichten hier gesehen haben, z. B. im akademischen Bereich. Bekannt sind Professor Nora Lustig, Rektorin einer angesehenen Privatuniversität in Puebla, und Dr. Johanna Broda, die Tochter des ehemaligen österreichischen Justizministers. Dann gibt es Junggesellen, die von Mädchen aus der Oberschicht mehr oder weniger geangelt werden. Für sie ist ein Europäer etwas Besseres als der Durchschnitt, er ist kultiviert, jemand, der eine Frau für voller nimmt und eine Berufsausbildung hat. Da kann der Mann eigentlich nichts falsch machen, er heiratet in eine Gesellschaftsschicht hinein, wo es ihm gut geht.

Korruption, die beiden Seiten nutzt

Auch die Mexikaner selbst sind sehr unterschiedlich, es gibt wirklich nette Menschen und die größten Rowdys und Gangster, die Unterschiede sind wesentlich größer als in einer normalisierten Mittelstandsgesellschaft wie in Mitteleuropa. Die Bandbreite geht vom Dorf, wo es einen gestampften Fußboden gibt, bis zum Luxus eines vergoldeten Badezimmers.

Das Hauptproblem, warum es hier nicht kontinuierlich weitergeht, ist die Korruption. Sie ist schwer zu bekämpfen, weil sie schon System ist und beiden Seiten nutzt. Einen Polizisten nicht anfällig für Korruption zu machen, da gehört viel Geld dazu. Wenn er jetzt 1.500 Pesos verdient, müsste man sein Gehalt mindestens auf 10.000 Pesos anheben. Das würde das ganze Gefüge durcheinander bringen und niemand wollte mehr Lagerarbeiter sein.

Die Menschen haben sich in Jahrhunderten daran gewöhnt, dass von der Gemeinschaft eigentlich nichts zu erwarten ist. Es heißt, du musst es mitnehmen, wenn es dir etwas bringt. Je mehr es dir bringt, desto besser. Man selbst investiert möglichst wenig. Es gibt nicht viele Leute, die bereit sind sich zu engagieren. Ausnahmen sind gerade unter jungen Politikern einige deutschstämmige Bezirksvorsteher. Um entgegenzusteuern müsste man meiner Meinung nach in der Erziehung ansetzen ...

Aber damit sind wir weit weg von Hollabrunn, schon bei »Gott und der Welt« ...

Mexico D. F., im November 2003

Ich habe keine Ahnung, was in zwei Jahren sein wird!

 PETER PLATZER, 34, Hedge-Fonds-Manager in New York, USA

Ich habe im Jahr 1987 an der »Keimgasse« maturiert und dort eine gute Ausbildung bekommen. Unsere Mathematiklehrerin Professor Huber hat es geschafft ihre Erwartungen an unsere Fähigkeiten und Voraussetzungen anzupassen. Sie hat von allen Schülern, relativ gesehen, das Gleiche verlangt. Das ist ziemlich schwierig, besonders in Mathematik und Physik. Ich habe davon sehr profitiert, ohne ihren Unterricht hätte ich mich an der Universität nicht so leicht getan. Professor Zeitlhofer hatten wir in DG, in Darstellender Geometrie. Zu ihm hatte ich auch nachher noch länger Kontakt. Er war überhaupt kein Bürokrat und wollte vieles neu und besser machen. Das hat mir besonders gefallen; er war für mich eindeutig eine wichtige Person in den letzten Jahren meiner Schulzeit. Lehrer, die uns in ihr Schema gepresst haben, hätte ich mir schenken können.

Wenn die Schule eine Lebensvorbereitung ist, dann ist wichtig, dass man lernt sich gut auszudrücken. Die Rechtschreibung zum Beispiel wird heutzutage von einem Computer-Programm erledigt. Stil und Inhalt sind unvergleichlich wichtiger. Das Ranking unserer Schule ist vermutlich ziemlich gut, oder?

Ich habe nach der Matura an der TU Wien Technische Physik studiert und nebenbei zu programmieren begonnen. Dazwischen hatte ich immer wieder längere Sommerjobs. Nach Beendigung meines Studiums habe ich noch das Doktoratsstudium in Astrophysik begonnen, an der Sternwartestraße. Dann ist mir aber das Geld ausgegangen und ich habe einen Job bei Siemens angenommen. Anschließend war ich drei Jahre bei der Boston Consulting Group, einem international täti-

gen Unternehmensberater mit Büros auch in Deutschland und Österreich. Zuerst bin ich beruflich viel gereist, dann war ich einige Zeit
in Asien stationiert, in Singapur und Bangkok.

In die USA kam ich, um in Boston an der Harvard University den
MBA (Master of Business Administration) zu machen. Ich wollte
schon immer meine technische Ausbildung durch eine betriebswirt-
schaftliche ergänzen, wollte immer schon Business mit Technik verbinden. Das ist eine großartige Kombination. Während meines Studiums in Boston habe ich weiter gearbeitet und auch schon daran
gedacht, eine eigene Firma zu gründen, was ich dann tatsächlich auch
gemacht habe, und zwar einen »hegde fund« mit einem Studienkollegen aus Harvard. Aber dieser hat sich Anfang dieses Jahres aus
unserer Firma verabschieden müssen, um ins Familienunternehmen
zurückzukehren. Und ich arbeite seit Mai hier in New York, wieder
in einem Hedge-Fonds. Man kann sich diesen als normalen Investmentfonds frei von jeglichen Restriktionen vorstellen. Wir dürfen mit
Aktien, Derivaten, festverzinslichen Wertpapieren und Ähnlichem
handeln. Wir fokussieren uns auf »emerging markets«, aufkommende
neue Märkte, besonders auf Länder wie Thailand, Süd-Korea, Argentinien, Brasilien, Ungarn, das ehemalige Jugoslawien, Tschetschenien
usw.

New York ist ein Magnet für Ehrgeizige

Wie es einem Österreicher in New York geht? Gut! Als ich nach
Boston kam, wollte ich alle Vorurteile über die Amerikaner, die es so
gibt, vollkommen vergessen und mir eine eigene Meinung bilden.
Aber komisch ist, dass diese Vorurteile viel Wahrheitsgehalt haben.
Nicht, was das Leben in New York betrifft, aber ich habe ein Jahr in
Maryland gelebt, bei Washington, dort habe ich den »suburban American« kennen gelernt, er ist ziemlich »anders«. Es war sehr schwierig
für mich, einen schon etwas herumgereisten Europäer, dort Fuß zu
fassen. Das Leben der Menschen besteht aus Football, Baseball,
TV-Shows, Movies und Pop Culture. Viele von ihnen besitzen nicht
einmal einen Reisepass, 80 % haben die USA noch nie verlassen.
Wenn sie in Delaware waren oder in Florida, sind sie weit gereist. Da
gab es kaum ein Überlappen im Erleben, im Erfahrungshorizont. In

New York ist das ganz anders. Mit den Leuten hier hat man automatisch ein gemeinsames emotionales Erlebnis, denn viele kennen das Gefühl des neu Hinzugekommenen.

Ich kann schwer beurteilen, ob New York ein Zentrum der Intellektuellen ist. Ich glaube, viele Leute kommen hierher, weil sie schnell weiterkommen wollen. New York ist ein Magnet für Ehrgeizige, das schon. Die geldgierige Elite des Landes kommt hierher, würde ich sagen.

Am 11. September 2001 hat es unser Unternehmen noch nicht gegeben, auch seine weitere Entwicklung ist nicht absehbar. Ich habe keine Ahnung, was in zwei Jahren sein wird, was ich dann machen werde. Ich bin flexibel, momentan macht mir die Arbeit sehr viel Spaß. Aber alles ist möglich. Ich wohne zur Zeit in einer Firmenwohnung und kann zu Fuß ins Büro gehen, das ist ein Luxus für Manhattan. Jetzt suche ich allerdings eine Wohnung, vorzugsweise in der Nähe des Büros – das tägliche Hin und Her mit der U-Bahn ist mir ein Graus! Das Wohnen in New York ist aber insgesamt gesehen ein Drama, denn die Apartments sind klein und unglaublich teuer.

Hier herrschen überhaupt ganz andere Verhältnisse als in Österreich. Ein paar Zahlen können dies leicht verdeutlichen: Die Stadt New York hat mit 8,5 Millionen ein bisschen mehr Einwohner als Österreich, der Großraum kommt sogar auf etwa 20 Millionen Menschen, das sind um fünf Millionen mehr als Österreicher und Schweizer zusammengezählt. Manhattan, mit 57 km^2 flächenmäßig kleinster Stadtteil von New York, hat etwa 1,6 Millionen Einwohner. Obwohl Wien sieben Mal so groß ist, leben dort auch nicht mehr Menschen.

New York, im September 2003

ROSA WEILNER

geboren 1958 in Hollabrunn/NÖ, Studium der Germanistik und Geschichte an der Universität Wien, seit Februar 1983 Unterrichtstätigkeit (BG/BRG Hollabrunn und BG/BRG Mödling, Franz-Keim-Gasse), Veröffentlichungen in lokalgeschichtlichen Büchern, kulturelles Engagement, Mitautorin und Mitorganisatorin zweier Theaterprojekte, lebt in Wien.

Herzlich gedankt sei den 22 Absolventen, deren Beiträge den Hauptteil des Buches bilden, und denjenigen, die durch ihr Interesse und positives Feedback zur Verwirklichung meines Projektes beigetragen haben, besonders Christa Magerl und Bernhard Pfeifer auch für ihre tatkräftige Unterstützung.

Mit freundlicher Unterstützung von:

Kulturabteilung des Landes Niederösterreich
Referat für Auslandsniederösterreicher
Verein der Absolventen des Bundesgymnasiums Mödling, Keimgasse
Stadtgemeinde Hollabrunn
Auslandsösterreicher-Weltbund
Peter Mooslechner, OeNB
Georg Mieling, Boston
Hollabrunner Runde – Absolventenvereinigung des Gymnasiums Hollabrunn
BAWAG-PSK Mödling

publication PN°1
Bibliothek der Provinz

Verlag für Literatur, Kunst und Musikalien